Dirk von Suchodoletz, Janne Chr. Schulz,
Jan Leendertse, Hartmut Hotzel, Martin Wimmer (Hrsg.)

Kooperation von Rechenzentren

Weitere empfehlenswerte Titel

Informatik und Gesellschaft
Andrea Kienle, Gabriele Kunau, 2014
ISBN 978-3-486-73597-0, e-ISBN 978-3-486-78145-8,
e-ISBN (EPUB) 978-3-486-99058-4

Datenbanksysteme
Alfons Kemper, 2015
10. Auflage
ISBN 978-3-11-044375-2

IT-Sicherheit
Claudia Eckert, 2014
9. Auflage
ISBN 978-3-486-77848-9, e-ISBN 978-3-486-85916-4,
e-ISBN (EPUB) 978-3-11-039910-3

Advanced Data Management
Lena Wiese, 2015
ISBN 978-3-11-044140-6, e-ISBN 978-3-11-044141-3,
e-ISBN (EPUB) 978-3-11-043307-4

Data Mining
Jürgen Cleve, Uwe Lämmel, 2016
2. Auflage
ISBN 978-3-11-045675-2, e-ISBN 978-3-11-045677-6,
e-ISBN (EPUB) 978-3-11-045690-5

Kooperation von Rechenzentren

Governance und Steuerung –
Organisation, Rechtsgrundlagen, Politik

Herausgegeben von
Dirk von Suchodoletz, Janne Chr. Schulz,
Jan Leendertse, Hartmut Hotzel, Martin Wimmer

DE GRUYTER
OLDENBOURG

Herausgeber

Dirk von Suchodoletz
Rechenzentrum Universität Freiburg
Hermann-Herder-Str. 10
79104 Freiburg
dirk.von.suchodoletz@rz.uni-freiburg.de

Janne Chr. Schulz
Universität Mannheim
Rechenzentrum
L 15, 1–6
68161 Mannheim
janne.schulz@rz.uni-mannheim.de

Jan Leendertse
Rechenzentrum Universität Freiburg
Hermann-Herder-Str. 10
79104 Freiburg
jan.leendertse@rz.uni-freiburg.de

Hartmut Hotzel
Bauhaus-Universität Weimar
Servicezentrum für Computersysteme
und -kommunikation (SCC)
Steubenstr. 6a
99423 Weimar
hartmut.hotzel@uni-weimar.de

Martin Wimmer
Rechenzentrum der
Universität Regensburg
Universitätsstr. 31
93053 Regensburg
Martin.Wimmer@rz.uni-regensburg.de

ISBN 978-3-11-045888-6
e-ISBN (PDF) 978-3-11-045975-3
e-ISBN (EPUB) 978-3-11-045895-4

Library of Congress Cataloging-in-Publication Data
A CIP catalog record for this book has been applied for at the Library of Congress.

Bibliographic information published by the Deutsche Nationalbibliothek
Die Deutsche Nationalbibliothek verzeichnet diese Publikation in der Deutschen Nationalbibliografie; detaillierte bibliografische Daten sind im Internet über http://dnb.dnb.de abrufbar.

Satz: Meta Systems Publishing & Printservices GmbH, Wustermark
Druck und Bindung: CPI books GmbH, Leck
Coverabbildung: Wavebreakmedia Ltd/Wavebreak Media/thinkstock
♾ Gedruckt auf säurefreiem Papier
Printed in Germany

www.degruyter.com

Editorial

Vom 14. bis zum 16. September 2015 trafen sich im Konzerthaus Freiburg die Mitglieder des ZKI e. V., um sich zum Tagungsmotto „Konzepte zur Zusammenarbeit in Rechenzentren" auszutauschen und den Vorträgen zu folgen. Die Programmkommission des ZKI e. V. war sich bewusst, als sie sich auf dieses Motto einigte, wie wichtig Kooperation für Rechenzentren von Universitäten und Fachhochschulen ist. Sie hatte dennoch Sorge, ob dieses Motto in der Welt der Rechenzentren genügend Strahlkraft hat, um über eine Tagung zu tragen.

Dass diese Sorge unbegründet war, wurde durch die Geschwindigkeit deutlich, mit der sich die Liste der Vortragenden füllte, ebenso wie die für das anschließende Festkolloquium zu Ehren des 60. Geburtstages von Prof. Gerhard Schneider, Leiter des gastgebenden Rechenzentrums und CIO der Albert-Ludwigs-Universität Freiburg.

Auf Initiative von Dr. Dirk von Suchodoletz, dem Leiter der Abteilung eScience am Rechenzentrum der Universität Freiburg, und Janne Chr. Schulz, dem Projektleiter des Landesprojekts bwCloud vom Rechenzentrum der Universität Mannheim, wurde ein zusätzlicher Workshop „Governance in Kooperationen" organisiert, der vor Beginn der ZKI-Herbsttagung am gleichen Ort stattfand.

Allein die Liste der Teilnehmenden des Workshops zeigt die Bedeutung, die diesem Thema zugemessen wird. In der Summe umfasst sie mehrere Jahrzehnte Erfahrung aus dem praktischen Betrieb von Rechenzentren. In einer Reihe von Kurzvorträgen wurden verschiedene Formen der Kooperation und ihre Steuerungsmechanismen vorgestellt. Besonders beeindruckend war, dass sich diese Präsentationen nicht aus rein theoretischen Überlegungen speisten, sondern auf Erfahrungen aus langjähriger Leitungsarbeit und konkreter Projektausführung beruhten. Die Teilnehmenden gelangten rasch zu der Erkenntnis, dass dieser Workshop nur ein erster Anstoß zu weiteren Aktivitäten in diesem Bereich sein kann. Die Spannbreite an Ideen und Erfahrungen war zu groß, um sie abschließend an einem Nachmittag durchzuarbeiten.

Parallel zum Workshop fanden Sitzungen von ZKI-Arbeitskreisen statt. Es ist gute Tradition, den Vortag vor der Tagung für solche Zusammenkünfte zu nutzen.

Die eigentliche Tagung am 15. und 16. September 2015 weitete den Blick auf zusätzliche Aspekte von Kooperation jenseits von Handshakes auf IP-Ebene. Der Austausch mit Kolleginnen und Kollegen vom Fach ist immer ein Gewinn und leitet oft genug eine tiefergehende Zusammenarbeit ein. Kooperationen werden aber auch durch die politische Großwetterlage nahegelegt, oder die wirtschaftlichen Verhältnisse lassen Rechenzentren zusammenrücken.

Zu ihren Anfangszeiten definierten sich Rechenzentren über ihre Rolle als Anbieter von Diensten für spezielle wissenschaftliche Interessengruppen. Diese Rolle hat sich über die Zeit gewandelt. Inzwischen sind Rechenzentren zu zentralen Einrichtungen von Universitäten und Fachhochschulen geworden. Die IT-Strategie ist

DOI:10.1515/9783110459753-202

zu einem integralen und maßgeblichen Bestandteil der Gesamtstrategie geworden, die eine Hochschule verfolgt. Die Rechenzentren werden damit zu einer politisch gestaltenden Kraft in der Hochschullandschaft. Diese Rolle gilt es anzunehmen und zu gestalten. Dabei reicht es nicht aus, sich auf den rein technischen Betrieb zu konzentrieren. Als Dienstleister müssen sich die Rechenzentren ebenso mit juristischen Fragestellungen und der Organisation von Prozessen befassen. Gleichzeitig muss ein immer größeres Portfolio an Diensten mit gleichbleibend hoher Qualität angeboten werden. Die Konkurrenz zu Diensten, die von großen, internationalen IT-Unternehmen aus der freien Wirtschaft erbracht werden, erzeugt zusätzlichen Druck von außen. Es erschließt sich einem neutralen Betrachter nicht, warum das Dienst-Angebot eines Rechenzentrums teurer sein soll, wenn es nicht besonderen Qualitätsansprüchen genügt oder das Angebot auf eine bestimmte Zielgruppe zugeschnitten ist. Der Aufpreis für den Mehrwert muss dabei aber attraktiv gestaltet sein, sonst treibt man Studierende oder die auf Autonomie bedachte Wissenschaft in die Arme von Dienstleistern, die sich nicht bildungspolitischen Zielen verschrieben haben oder außerhalb des deutschen Rechtsraums operieren.

Dieser Herausforderung können die Rechenzentren nur begegnen, indem sie sich zusammentun, sich spezialisieren oder Dienste hochschulübergreifend anbieten. Sie werden dazu durchaus ermuntert von Landesregierungen, der DFG e. V. als bundesweiter Vereinigung oder der Europäischen Union. Kooperation ist aber auch ein Hilfsmittel, in dieser Drucksituation Gestaltungsfreiheit zu gewinnen.

Wie Kooperation gestaltet, gelebt und umgesetzt werden kann, davon zeugen die zahlreichen und vielfältigen Beiträge in diesem Tagungsband. Der Tagungsband ist in fünf Teile untergliedert. Im ersten Teil finden sich die Ausarbeitungen von Vorträgen der Haupttagung, beginnend mit dem Vortrag von Gerhard Schneider als Direktor des gastgebenden Rechenzentrums Freiburg. Der zweite Teil widmet sich den beiden Beiträgen aus dem ZKI-Arbeitskreis „Servicemanagement und Sicherheit". Im dritten Teil folgen die Anstöße aus dem Workshop „Governance in Kooperationen". Teilnehmer des Workshops werden feststellen, dass die Ausarbeitung der Beiträge nicht mehr vollständig dem entspricht, was in diesem Workshop verhandelt wurde. In der Ausarbeitung hat sich die Diskussion weiterbewegt. Der vierte Teil rundet den Tagungsband mit zwei Vorträgen aus dem Kolloquium am Nachmittag des 16. September ab, in dem Werdegang und die Leistungen von Gerhard Schneider gewürdigt werden. Die Herausgeber bekennen gerne, dass der Anlass zu diesem Kolloquium, der 60. Geburtstag von Gerhard Schneider, die wesentliche Motivation für diesen Tagungsband war.

Am Ende schlagen im fünften Teil zwei Texte einen Bogen über die heterogenen Beiträge und ziehen eine Quintessenz für den Blick in die Zukunft.

Die Herausgeber bedanken sich bei allen, die auf der ZKI-Herbsttagung diskutiert, sich für einen Vortrag zur Verfügung gestellt und zu diesem Band einen Beitrag geliefert haben. Ebenso danken sie dem Organisationsteam für die erfolgreiche Veranstaltung im Konzerthaus Freiburg und dem Verlag Walter de Gruyter für die

Geduld, sich auf die komplexe Entstehung des Bandes mit mehr als 40 Autorinnen und Autoren einzulassen. Es ist vor allem den Autorinnen und Autoren der Beiträge zu wünschen, dass dieser Tagungsband fruchtbare Anstöße für weitere Diskussionen zwischen den Rechenzentren und ihren Partnern in Hochschule, Politik und Bildungsverwaltung gibt.

Danksagung

Der vorliegende Tagungsband ist passend zum Thema der ZKI-Herbsttagung eine kooperative Anstrengung vieler Beteiligter gewesen. Sie ist das Ergebnis der Zusammenarbeit von vielen Autorinnen und Autoren, Partnern und Ideengebern. Ohne die in der Danksagung genannten Personen wäre das vorliegende Buch nicht denkbar – sie haben den Entstehungsprozess auf vielfältige Weise bereichert, durch intensive Diskussionen im Vorfeld, während der Tagung und nicht zuletzt durch ihre Beiträge.

Zu danken ist besonders dem Organisationsteam vom Rechenzentrum der Universität Freiburg, das von Elvira Zähringer-Narani, Kathrin Maier, Markus Walther und Manja Dehmer gebildet wurde. Ohne ihre Mithilfe hätte die Tagung in Freiburg nicht stattgefunden. Ergänzt wurde das Team von Jörg Zembruski, der kleinere Pannen in der Planung der Medienversorgung vor Ort im Konzerthaus beseitigte. Die Organisation hat viel Zeit gebunden, daher sei auch den Mitarbeitern im Rechenzentrum gedankt, die geduldig blieben, obwohl ihre Kolleginnen und Kollegen so stark eingespannt waren.

Wohlwollend unterstützt wurde die Tagung von der Albert-Ludwigs-Universität, die in Person des Rektors Hans-Jochen Schiewer Grußworte ausrichtete. Ein weiteres Grußwort sprach Peter Castellaz vom Ministerium für Wissenschaft und Kunst Baden-Württemberg.

Ebenso gedankt sei den Referentinnen und Referenten der eigentlichen ZKI-Tagung, Bernd Eßer von der Deutschen Telekom, Richard Huber, CIO der Europa-Universität Viadrina, Klaus Eisold, Sprecher der Fachhochschulkanzler in Rheinland-Pfalz, und Stefan Eutebach, Leiter des ZIT-RLP, Boris Paal, Lehrstuhl für Zivil- und Wirtschaftsrecht, Medien- und Informationsrecht, Karl Jakobs vom Physikalischen Institut der Universität Freiburg, Marcus Wilms von der Deutschen Forschungsgemeinschaft, Peter Dräxler, Leiter des IT-Servicecentrums der Universität Kassel, Matt Watts von NetApp. Der Dank gilt auch den Moderatoren Hans-Dieter Weckmann und Bernd Beining, die die Diskussionen geleitet haben.

Im Anschluss an die Tagung folgte das Kolloquium zu Ehren des 60. Geburtstages von Gerhard Schneider mit den Vortragenden Hans Joachim Bungartz, Gudrun Oevel und Wolfgang Nagel, die ihre persönliche Sicht auf den Weg und die Leistungen von Gerhard Schneider warfen, verbunden mit Betrachtungen zur Entwicklung der Informationstechnologie an wissenschaftlichen Rechenzentren.

Nicht vergessen seien die Leiterinnen und Leiter der Arbeitskreise „Servicemanagement und Sicherheit“, „Multimedia und Grafiken“ und des Alumni-Arbeitskreises.

Die Organisatoren des Workshops „Governance in Kooperationen“ möchten an dieser Stelle nochmal ihren Mitstreitern in den Kooperationsprojekten bwEKlausuren und bwCloud, sowie der „Hardware-Föderation“ Regionales Zentrum Virtualisierung für ihre Teilnahme auch am Vorbereitungsworkshop in Mannheim, für

DOI:10.1515/9783110459753-203

die Unterstützung bei der Koordination und für den vielfältigen Input danken. Neben den im Tagungsband vertretenen Autoren gilt unser Dank auch für zusätzlichen Input zu „i-doit" von Matthias Bestenlehner der Hochschule Heilbronn, Martin Nussbaumer für das kritische Gegenlesen des Abschnitts zu bwIDM, sowie Barbara Windscheid und Thomas Mann von der Universität Freiburg für die Korrekturen am Abschnitt zum Hochschulrechnungswesen und Campus-Management. In dieser Reihe ist ebenso Thomas Nau vom kiz Ulm für Ergänzungen und Feedback zu den Backup-Verbünden und weitere Hintergrundinformationen zu nennen. Das Panel im zweiten Teil des Workshops wurde wesentlich von seinen engagierten Referenten, wie Peter Gietz vom DAASI, Jochem Pattloch vom DFN, Helmut Schöpflin vom KIVBF in Freiburg, Michael Resch von der hww beziehungsweise vom HLRS oder Thomas Walter als Vertreter der HIS e. G. getragen. Für viele Zuhörende war sicherlich der Beitrag von Eike Richter von der Senatskanzlei in Hamburg ein Highlight.

Das bwHPC-Konzept hat viele Mütter und Väter, so dass nur einige Personen hier stellvertretend für ihre Vorarbeiten an den Konzepten und Infrastrukturen oder Kommentare zu den vorliegenden Texten aufgeführt werden sollen: An dieser Stelle wollen die Autoren daher Hannes Hartenstein, Bernhard Neumair, Olaf Schneider und Robert Barthel vom SCC am KIT danken. Ebenso zählt Peter Castellaz vom Ministerium für Wissenschaft, Forschung und Kunst in Stuttgart zu dieser Liste als wohlwollender Begleiter der Entwicklung von großen Forschungsinfrastrukturen im Land. Der Kollege Marek Dynowski hat zuerst in Freiburg beim bwGRiD und später in Tübingen die Entwicklungen entscheidend mitgestaltet und viele Anregungen geliefert. Weiteren Input verdanken wir unseren Fach-Communities vom bwForCluster NEMO und den Partnern in Mannheim, Heidelberg und Ulm für ihre Beiträge und Rückmeldungen.

Ganz wesentlichen Anteil am Erfolg der ZKI-Tagung und des Tagungsbandes haben die Unternehmen, die als Aussteller und Sponsoren die Grundlage schufen. Ebenso zu danken ist dem Verlag Walter de Gruyter für die Bereitschaft und die Geduld, diesen Tagungsband in ihr Programm aufzunehmen. Nicht zuletzt gilt ein spezieller Dank Frau Elisabeth Maute für den unbestechlichen Blick auf die Manuskripte.

Die Herausgeber

Inhalt

Teil 3: **Beiträge zum Workshop „Governance in Kooperationen“**

Teil 1: **Vorträge der Herbsttagung der Zentren für Kommunikation und Informationsverarbeitung (ZKI)**

Gerhard Schneider

Vom Rechenzentrum zum IT-Dienstleister für die Wissenschaft

Rechenzentren stehen unter einem permanenten Veränderungsdruck, da sich die der IT zugrunde liegenden Technologien rasant weiterentwickeln und damit nicht nur neue Nutzungsszenarien entstehen, sondern auch neue Geschäftsmodelle. Diese kommerziell angebotenen Geschäftsmodelle ersetzen möglicherweise traditionelle Arbeitsfelder wissenschaftlicher Rechenzentren, schaffen aber auch Raum für ein Engagement in neuen Sektoren. Anhand der Situation in Freiburg werden verschiedene Möglichkeiten zur Weiterentwicklung eines Rechenzentrums aufgezeigt.

1 Allgemeine Vorbemerkungen

Auf ZKI-Tagungen ist es eine gute Tradition, dass sich das gastgebende Rechenzentrum mit seinen Stärken und Schwächen vorstellt und gleichzeitig einen Blick in die Zukunft wagt. Nun unterscheidet sich das Freiburger Universitätsrechenzentrum zunächst nicht so sehr von vielen anderen IT-Zentren im wissenschaftlichen Umfeld – in dem Sinne, dass es mit zu wenig Personal die vielfältigen Anforderungen aus der Wissenschaft bedienen muss und dabei den einzelnen Wissenschaftlerinnen und Wissenschaftlern einen kleinen Vorteil im vielfältigen Wettbewerb, sei es die individuelle Lehre oder die Exzellenzinitiative, verschaffen sollte.

Rechenzentren sind daher kein Selbstzweck. Ihre Auftrag- und Richtungsgeber, die Hochschulen, erfüllen zentrale gesellschaftliche Aufgaben und genießen deshalb eine herausgehobene Stellung. Hierzu zählen die hohe Unabhängigkeit der Gesamtinstitution und die Autonomie der einzelnen Wissenschaftler und Forschungsgruppen. Im globalen Wettbewerb in Forschung und Lehre gilt es, die besten Wissenschaftler/-innen und Studierenden zu gewinnen. Bei deren Standortwahl spielen, neben nationalen und internationalen Rankings, die Außendarstellung und Profilbildung sowie die gebotenen Möglichkeiten eine entscheidende Rolle. Aufgrund ihrer umfassenden Bedeutung in nahezu allen Forschungsbereichen kommt der IT-Infrastruktur dabei direkt eine fundamentale Rolle zu.

Die Informationstechnologie (IT) hat sich in den letzten 25 Jahren von einer durch wenige Wissenschaftszweige genutzten Hilfstechnologie zu einem absolut zentralen Werkzeug in fast allen Bereichen von Forschung und Lehre entwickelt.

Gerhard Schneider, Albert-Ludwigs-Universität Freiburg

DOI:10.1515/9783110459753-001

In dieser Zeit hat die Breite der Einsatzmöglichkeiten erheblich zugenommen und viele Forschungsbereiche revolutioniert. Die Hauptaufgabe der Hochschul-IT als Teil der Gesamtinstitution ist daher die Unterstützung der Wissenschaft in Forschung und Lehre in all ihren fachlichen Ausprägungen.

Das baden-württembergische Landeshochschulgesetz (LHG) von 2014 stärkt die Autonomie der Hochschulen und setzt neue Maßstäbe bei hochschul- und hochschulartenübergreifenden Kooperationen mit und ohne Industriebeteiligung. Der Rahmen der gesetzlichen Verpflichtungen des Datenschutzes und der Datensicherheit und die Einhaltung der Verträge zu Drittmittel-Forschungsprojekten mit Industriepartnern müssen dabei beachtet werden. Diese Nebenbedingungen erhöhen die Komplexität für die Hochschulrechenzentren bei der Neuausrichtung ihrer IT-Systeme hin zu den für diese Zwecke benötigten hochintegrierten Informations- und Steuerungssystemen. Diese Neuausrichtung ist aber längst nicht abgeschlossen und wird es auch nie endgültig sein können, so lange es gesellschaftliche, politische, hochschulspezifische und technische Veränderungsprozesse gibt.

Der Kundenkreis der heutigen Hochschulrechenzentren hat sich erweitert und umfasst einzelne Wissenschaftler/-innen, Lehrstühle und Forschergruppen aus allen Fakultäten sowie Rektorate, Hochschulverwaltungen und Studierende; diese erwarten Lenkung und Leitung im IT-Dschungel. Sie erwarten auch, dass ihre Probleme zeitnah und effektiv gelöst werden (DFG 2016). Diese Erwartungen müssen unter den Rahmenbedingungen der aktuellen technischen und politischen Anforderungen bedient werden. Eine Bestandsaufnahme des jetzigen Zustands und die Entwicklung von Visionen und denkbarer Zukunftsszenarien sind daher zwingend. Nicht alle bisherigen und teilweise liebgewonnenen Dienste ergeben im Licht der aktuellen Veränderungen noch Sinn und müssen angesichts neuer Ansprüche an das Rechenzentrum aufgegeben oder eingekauft werden.

2 Die zweite Krise der wissenschaftlichen Rechenzentren

Das Aufkommen des PC in den 1990er Jahren wurde von den Fakultäten als „Befreiung vom Joch der Rechenzentren" gefeiert. Die alleinige Hoheit der Rechenzentren über die IT-Entwicklung war das erste Mal gebrochen. Noch konnten sie sich als Internet-Service- und Applikations-Provider behaupten. Für leistungsfähige Campus- und Inter-Hochschul-Verbindungen existierte genauso wenig eine relevante private Konkurrenz wie für E-Mail oder Web-Angebote. Bis zur Jahrtausendwende verfügte vorrangig die Wissenschaft über leistungsfähige IP-Anschlüsse am Arbeitsplatz. Auch diese Zeiten sind nun vorüber, denn es geschahen inzwischen eine Reihe wesentlicher IT-Innovationen, wie die ubiquitäre Verfügbarkeit von virtualisierten IT-Ressourcen, der sogenannten Cloud, welche die tradierte Ortsabhängigkeit von Servern und Diensten untergrub und damit die Alternativlosigkeit der lokalen Rechenzentren in Frage stellte. Nachdem also eine Hardwareinnovation die erste Krise ausgelöst hatte, wird die zweite Krise durch eine Software- und Service-Innovation angestoßen.

Der physikalische Ort, an dem eine Software ausgeführt wird, wurde durch schnelle Netze und die Virtualisierung von Compute-Leistung und Storage zunehmend unwichtig, da ein Zugriff auf geographisch entfernte Standardanwendungen meist performant erfolgen kann. Dieses Konzept der Abstraktion vom physikalischen Ort und der darunterliegenden Hardware verbirgt sich hinter dem Begriff Cloud-Computing. In der Wissenschaft führt diese Entwicklung dazu, dass lokale Rechenleistung am Arbeitsplatz nicht mehr zwingend erforderlich ist, da ein Zugriff auf entfernte Ressourcen dank schneller Netzwerkinfrastrukturen problemlos gewährleistet werden kann. Große Anbieter wie Amazon, Google und Microsoft betreiben weltweit Rechenzentren für ihre Virtualisierungsangebote, die von Wissenschaftlern zunehmend wahrgenommen werden. Dieses Phänomen wird durch die Anbieter der Betriebssysteme für Desktop- und Mobilgeräte zusätzlich befördert.

Im Jahre 2015 begann Microsoft mit der Verteilung von Windows 10. Ein Nutzer, der bei der Inbetriebnahme des Laptops nicht aufpasst, erhält sofort eine Microsoft-ID sowie 15 GByte Cloud-basierten Speicher in OneDrive. Die Microsoft-ID erlaubt es dann auch, andere Nutzer, insbesondere Kolleginnen und Kollegen, weltweit einzuladen und den Zugriff auf einzelne Daten und Ordner zu gestatten. Hinzu kommen die Vorteile der Cloud, wie Online/Offline-Speicherung der Daten auf verschiedenen Geräten und Zugriff via Tablet oder Smartphone. Dies ist ein klarer Vorteil gegenüber den üblichen universitären Speichersystemen, die sich primär mit der Fragestellung NFSv3 vs. SMB3 befassen. Die Problematik der Speicherung dienstlicher Daten in der Cloud soll hier nicht weiter diskutiert werden, da sich eine diesbezügliche einschränkende Policy vielleicht noch im Umfeld der Verwaltung, aber nur schwer im Bereich der Wissenschaft durchsetzen lässt.

Wozu braucht also der Nutzer von Windows 10 noch ein Hochschulrechenzentrum? Die Zugangskennung für *eduroam* ist sicher nützlich. Der Rechenzentrum-Filespace wird möglicherweise nicht mehr genutzt und die Integration in eine Rechenzentrumsumgebung kann abschreckend sein, wenn durch *Roaming Profiles* der Login-Vorgang entsprechend lange dauert. Ein Zetern über den Datenschutz nützt hier wenig, denn in vielen Fällen ist dem Anwender das Grundproblem der falschen Zuständigkeit überhaupt nicht klar. Weiß ein Nutzer, dass es anders geht – bzw. will er dies überhaupt wissen? Früher musste er mangels Alternativen ins Rechenzentrum, heute kommt er/sie gar nicht mehr auf die Idee.

Die Gefahr am Horizont ist klar zu erkennen: Irgendwann kennen Nutzer nur noch ihre Google-ID oder Microsoft-ID. Da diese weltweit mit den großen Anbietern von Cloud-Lösungen abgestimmt sind, werden die Nutzer aufgrund der mit diesen IDs verbundenen Funktionalitäten komplett ausgewandert sein. In einem solchen Szenario ist die einzige verbleibende Aufgabe des Rechenzentrums das Bereitstellen von Netzwerkinfrastruktur, um den Zugriff auf externe Dienste zu ermöglichen.

3 Noch unbestrittene Basis-Dienste: Campus-Netz und Telefonie

Das Freiburger Rechenzentrum ist zuständig für das Datennetz der Universität, und zwar bis zur jeweiligen Anschlussdose. Während an manch anderen Hochschulen die Verantwortung bei der Netzübergabe im Gebäude endet, erlaubt hier die Gesamtzuständigkeit eine homogene Netzwerkplanung unter optimalem Einsatz der zur Verfügung stehenden Mittel. Aktuell umfasst das Freiburger Universitätsnetz ca. 42.000 Anschlussdosen, von denen aber nicht alle aktiv beschaltet sind. Zeitaufwändiges Umpatchen ist in Teilbereichen leider noch immer notwendig; erst die neuen Netzwerkkomponenten mit einem sehr niedrigen Preis pro Port und einer günstigen Energiebilanz erlauben seit einiger Zeit eine Vollbeschaltung. Es wird aber noch einige Zeit vergehen, ehe die gesamte Universität auf diesen Stand gebracht werden kann.

Die für die Netzpflege erforderlichen Mittel werden vom Rektorat und dem MWK mit einer etwa hälftigen Teilung aufgebracht. Dieser regelmäßige Mittelfluss verhindert ein vollständiges Veralten der Infrastruktur; ältere Komponenten werden regelmäßig modernisiert. Deshalb sind die meisten Komponenten jünger als sieben Jahre, was sich als günstige Standzeit herausgestellt hat.

Die Universität Freiburg ist eine Stadtuniversität mit fünf Hauptstandorten, die eine weitläufige Backbone-Infrastruktur erforderlich macht. Aktuell wird diese mit 40 Gbit/s betrieben. Die Außenanbindung an das Landesnetz BelWü kann bereits jetzt bei Bedarf auf 100 Gbit/s aufgerüstet werden (vorgesehen ist dies für 2017). BelWü verfügt über leistungsfähige Übergänge in andere Netze (USA, Schweiz, etc.) und besonders zum Deutschen Forschungsnetz DFN.

Dank dieser leistungsfähigen Netzinfrastruktur konnte bereits 2006 mit der Umstellung der Telefonie auf VoIP begonnen werden. Anfangs war dies nur ein Versuch, das nicht mehr mögliche Wachstum der alten Anlage aufzufangen. Die ausgesprochen positiven Erfahrungen führten aber dazu, dass VoIP als Ablösetechnologie für die alte ISDN-Technik schnell erkannt wurde. Die Expansion der Universität durch erfolgreiche Drittmittelanträge, nicht zuletzt in der Exzellenzinitiative, führten dank VoIP schnell zu einer drastischen Steigerung der Zahl der Telefonanschlüsse – mit dem lange angedachten Rückbau der alten ISDN-Anlage konnte somit erst 2014 begonnen werden. Trotzdem stellt sich auch hier die Frage nach langfristigen Entwicklungslinien. Mit der erheblichen Zunahme mobiler Kommunikation, Flatrate-Verträgen und alternativen Kommunikationsplattformen wie Smartphones inklusive WhatsApp kann dieser Bereich zumindest im wissenschaftlichen Umfeld an Bedeutung verlieren (von Suchodoletz et al. 2012).

Andere technische Fragen aus dem Rechenzentrumsalltag, wie Fragen des Serverbetriebs oder einer campusweiten Benutzerverwaltung, sind vielen Teilnehmern der ZKI-Tagung bestens vertraut, so dass hier nicht weiter darauf eingegangen werden muss.

Es bleibt somit die Frage, was trotz unbestrittener Basisdienste eigentlich ein wissenschaftliches Rechenzentrum wie das Freiburger so unersetzlich macht.

4 Forschungsinfrastrukturen als neues Zukunftsfeld

Wissenschaft ohne IT ist heute undenkbar. Datenerhebung, Datenverarbeitung und Archivierung sind Kernbestandteile jeder wissenschaftlichen Arbeit. Die Komplexität und Vielfalt der dabei eingesetzten Systeme ist in den vergangenen Jahren jedoch erheblich gestiegen. Dies führt in den dezentralen Infrastrukturen an den Instituten zunehmend zu Problemen, da das eingesetzte Personal für die entstandene Komplexität nicht ausreicht. Die Wissenschaft in den Instituten oder Fakultäten stellt in dieser Situation schmerzhaft fest, dass dezentrale Strukturen nicht mehr skalieren. Zu den bekannten Aufgaben beim Betreiben von eigenen Serverinfrastukturen kommen neue oder verschärfte Anforderungen an Brandschutz und Datenschutz hinzu. Der Effekt, wegen der heterogenen IT-Anforderungen nicht mehr das komplette Dienste-Portfolio unterstützen zu können, zeigt sich auf dieser Ebene ganz deutlich. Statt mit der IT Probleme zu lösen oder Wissenschaftlern wirksame Hilfsmittel an die Hand geben zu können, belegen die Institute und Fakultäten ihre Personalressourcen mit der Verwaltung der IT-Versorgung und damit gewissermaßen mit der Neuerfindung des Rades.

Der Umfang digitaler Forschungsinfrastrukturen, bestehend aus von Messgeräten gelieferten großen Datenmengen, verknüpften Auswerte- und Verarbeitungsprozessen und verteilten IT-Systemen, steigt aktuell erheblich und überfordert zunehmend die einzelnen dezentralen Einrichtungen vor Ort. Damit Wissenschaftler wieder die Chance bekommen, sich einerseits auf ihre Forschung und nicht die Verwaltung ihrer IT-Infrastrukturen konzentrieren zu können und andererseits trotzdem zeitnah mit modernsten Systemen und Methoden arbeiten können, muss die Aufgabenverteilung zwischen Rechenzentrum und Forschenden neu justiert werden. Ziel eines zukünftigen wissenschaftlichen Rechenzentrums muss es daher sein, Wissenschaftlern Ressourcen in Form von funktionalen Forschungsumgebungen bereitzustellen. Das Standardisieren und Zentralisieren von Infrastruktur am wissenschaftlichen Rechenzentrum entlastet den Wissenschaftler von administrativen Aufgaben, die beim Betreiben einer eigenen Infrastruktur zwangsläufig erforderlich sind. Auf Basis moderner Infrastrukturen ist es heute möglich, Forschungsumgebungen zentral zu betreiben und sie dennoch speziell auf die unterschiedlichen Anforderungen der wissenschaftlichen Arbeitsgruppen auszulegen. Die Bereitstellung der Ressourcen muss dabei flexibel und zeitnah erfolgen. Dabei wird die bereitzustellende Forschungsumgebung von der darunterliegenden Hardware mittels Virtualisierung abstrahiert. Diese Abstraktion erlaubt die passgenaue Bereitstellung zentral vorgehaltener Umgebungen an dezentralen Einsatzorten.

Auch kommerzielle Anbieter in der Wirtschaft bieten Virtualisierungsplattformen an, die flexibel Ressourcen bereitstellen können. Oft sind diese Umgebungen aufgrund ihrer kommerziellen Ausrichtung nur bedingt für die Nutzung in der Wissenschaft geeignet. Fragen zum Datenschutz können von den Anbietern nicht ausreichend beantwortet werden. In vielen Fällen ist eine lokale Nähe der bereitgestellten Forschungsumgebung zu den schon existierenden Datensätzen erforderlich, da ein Transfer der Daten juristisch nicht möglich oder aufgrund der Größe sehr zeitaufwändig wäre. Oft ist jedoch einfach der fehlende lokale Support für spezielle wissenschaftliche Anforderungen bei kommerziellen Anbietern ein ausschlaggebendes Argument, das gegen diese Angebote spricht. Hier kann das wissenschaftliche Rechenzentrum als Beratungs- und Support-Einrichtung eine wichtige Aufgabe erfüllen. Die Forschungsumgebung des Wissenschaftlers stellt Anforderungen, die im gemeinsamen Gespräch analysiert werden können, um eine möglichst optimale Plattform zu finden. Der Bedarf an hoher Rechenleistung kann beispielsweise mit einer Forschungsumgebung auf einem High-Performance-Cluster beantwortet werden, während die Anforderung für langfristig bereitzustellende interaktive Umgebungen besser mit einer dynamisch reagierenden Virtualisierungsplattform des Rechenzentrums erfüllt wird.

Die Forschungsdaten sind ein zentrales Asset einer Universität. Ihre Gewinnung wird meist durch öffentliche Mittel gefördert und sie werden zunehmend als zentrale Ressource wahrgenommen, die es einerseits zu schützen und andererseits optimal zu nutzen gilt. Hier wollen sowohl Universität als auch Forschende die Kontrolle behalten und entscheiden, wem sie zu welchen Konditionen Zugriff auf diese Daten einräumen. Open Access ist eine wichtige Facette dieser Thematik. Daher müssen die Rechenzentren die Nachfrage der Wissenschaft nach flexiblen Infrastrukturen zur Bereitstellung und langfristigen Aufbewahrung von Forschungsdaten beantworten und eine wirkungsvolle Unterstützung beim Forschungsdatenmanagement vor allem sehr großer Datenmengen geben.

Die Forderung nach Reproduzierbarkeit, Nachnutzbarkeit und Archivierung der Systeme und Daten, die zu wissenschaftlichen Erkenntnissen geführt haben, stellt bei IT-Systemen oft eine erhebliche Herausforderung dar (Tristram et al. 2014). Um Ergebnisse zuverlässig reproduzieren zu können, ist die Konservierung der Umgebung, in welcher die Ergebnisse erzeugt wurden, erforderlich. Diese Aufgabe ist bei der traditionellen Trennung von Hard- und Software nur schwer möglich. Ziel eines wissenschaftlichen Rechenzentrums muss es daher sein, zukünftig Wissenschaftlern Ressourcen in Form von archivierbaren virtualisierten Forschungsumgebungen bereitzustellen.

Doktoranden dürfen nicht mehr ihre Zeit auf die Installation von Treibern ohne Garantie auf Erfolg verwenden. Derartige Prozeduren sind hochgradig standardisierbar und eine solche Standardisierung vermeidet Fehler bei der Installation, was eine Grundvoraussetzung für eine zuverlässig archivierbare (virtualisierte) Forschungsumgebung darstellt. Die Dokumentation der Arbeit der Wissenschaftler und Wissenschaftlerinnen wird dadurch vereinfacht. Zwar können unbemerkte Veränderungen durch Betriebssystemupgrades auch in standardisierten Umgebungen nicht komplett verhindert werden, sie sind jedoch zumindest nachvollziehbar dokumentierbar.

Im Ergebnis wird das Rechenzentrum der Zukunft verschiedene Dienste für die Wissenschaft anbieten und so eine Reihe früherer (Fehl-)Entwicklungen in der Dezentralisierung rückgängig machen können. Zu den grundlegenden Infrastrukturen zählen sicherlich Storage-, Cloud-, HPC- und Campus- beziehungsweise Identity-Management-Systeme.

Im Folgenden wird in drei Ansätzen aufgezeigt, wie das wissenschaftliche Rechenzentrum auf die Anforderungen aus der Wissenschaft reagieren und sich für die Zukunft positionieren kann.

4.1 Ansatz 1: Freiwillige Reorganisation auf Landesebene

Die Universitätsrechenzentren im Land Baden-Württemberg haben sich auf eine Bündelung ihrer Ressourcen verständigt, um knappe Personalressourcen mit geringer Duplizierung schon vorhandener Strukturen einsetzen zu können. Im Bereich des High-Performance-Computing auf Tier-3-Ebene konzentrieren sich die Rechenzentren auf die Betreuung von Fachdisziplinen – und zwar landesweit (Hartenstein et al. 2013). Ein Ulmer Chemiker wird also vom KIZ der Universität Ulm genauso bedient und beraten wie eine Freiburger Chemikerin. Dieser neue Ansatz war anfangs sehr ungewohnt, nicht zuletzt auch für die Mitarbeiter in den beteiligten Rechenzentren, scheint sich aber inzwischen einzuschwingen. Da diese Arbeitsverteilung auch mit entsprechender HPC-Hardware an vier Standorten unterfüttert ist, wurde ein Landesnutzerausschuss eingerichtet, der über die Verteilung der Rechenzeit, die sinnvolle Ressourcennutzung und damit auch auf die Zufriedenheit der Nutzer wacht. Die landesweit koordinierte Spezialisierung ist somit eine Möglichkeit zum effizienten Personaleinsatz.

Die aktuelle Ausstattung der vier Standorte besteht im Wesentlichen aus Intel-Clustern (jeweils ca. 3 Mio. €). So umfasst das Freiburger System aus (zum Zeitpunkt der Drucklegung) modernen Broadwell-CPUs mit insgesamt ca. 15.000 Cores, knapp 100 TByte RAM und 180 TByte SSD-Scratchspace. An dieser Stelle könnte angemerkt werden, dass ein solches, an sich recht kleines System für jeden Menschen auf der Welt etwa 10 kByte, also ein nettes kleines Dossier, im Hauptspeicher halten könnte.

Hinzu kommt ein Grundversorgungscluster in Karlsruhe (anfangs ca. 4 Mio. €), an dem sich die anderen Hochschulen bei der Investition mit realem Geld beteiligt haben. Der Freiburger Anteil beläuft sich hier auf 10 %.

Es zeigt sich, dass dieses Konzept attraktiv für die Nutzer ist. Entgegen mancher Vorhersagen sind Forschergruppen tatsächlich bereit, die vorhandenen Systeme mit eigenem Geld zu erweitern – wenn die Konditionen stimmen. Dies bezieht sich

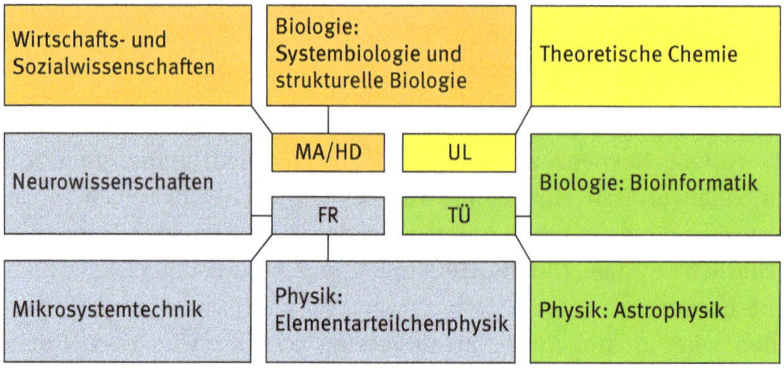

Abb. 1: Verteilung der Zuständigkeiten innerhalb des Landes (Hartenstein et al. 2013).

nicht so sehr auf den Preis, sondern auf die „AGBs" bzw. den wahren „Return on Invest". Keinesfalls darf eine solche Beteiligung zu einer Enteignung der Nutzer führen – in dem Sinne, dass der Nutzer bezahlt und das Rechenzentrum ihm anschließend mitteilt, was er mit dem von ihm finanzierten Anteil alles *nicht* darf. Hier sind geeignete Governance-Modelle zu entwickeln, um die Zufriedenheit dieser Geldgeber hoch zu halten. Ein Workshop, der im Rahmen der ZKI-Tagung stattfand, sollte hierfür geeignete Denkanstöße liefern.

Das aktuelle Landesprojekt bwCloud[1] hat die Aufgabe, ein Konzept für den Betrieb einer standortübergreifenden Servervirtualisierung auszuarbeiten. Der Dienst soll für die Nutzergruppen aus Universitäten und Hochschulen im Land Baden Württemberg eine Plattform für den Betrieb von virtuellen Maschinen liefern (IaaS-Cloud). Benutzer können dabei in einem Self-Service-Verfahren die benötigten Ressourcen eigenständig belegen. Ein Wissenschaftler hat somit die Möglichkeit, selbständig und flexibel virtuelle Infrastrukturen für eine benötigte Forschungsumgebung zusammenzustellen. Mit diesem Projekt wird sicher ein weiterer Pfeiler im Aufgabenspektrum der zukünftigen Rechenzentren gesetzt.

Zentrale Herausforderung bei standortübergreifenden Landesdiensten ist ein Konzept zum Identitätsmanagement. In Baden-Württemberg wurde mit dem wegweisenden Projekt bwIDM (Zahoransky und Semaan 2014) ein übergreifender Mechanismus geschaffen, mit dem die Benutzerkennung, zunächst nur für die eigene Hochschule gültig, auch für die Nutzung von Services an anderen Hochschulen im Bundesland genutzt werden kann. Das ist ein Ausweg aus den Disfunktionalitäten von passwortgestützten, insulären Berechtigungssystemen im Hochschulumfeld. Das Angebot eines solchen Dienstes stellt für kommerzielle Anbieter eine nahezu unüberwindliche Hürde dar.

Die Beschaffung von PCs und Notebooks ist ein weiteres Beispiel für die Kooperation. Obwohl in Baden-Württemberg kein Zwang zur Beschaffung der zentral aus-

1 bwcloud.uni-mannheim.de und www.bw-cloud.org.

gewählten Hardware besteht – ein solcher Zwang wäre auch kontraproduktiv angesichts der unterschiedlichsten Ausrichtungen der Wissenschaftsdisziplinen –, ist durch gelungene Ausschreibungen in der Vergangenheit eine weitgehende Standardisierung bei den Endgeräten erfolgt. Allein vom vierten Modell des bw-PC wurden in drei Jahren über 18.000 Geräte von den Hochschulen beschafft, das jüngste Notebook-Modell hat es in zwei Jahren auf 3.000 Geräte gebracht.

Die Standardisierung erlaubt auch, sonst gerne übersehene Eigenschaften mit zu berücksichtigen. So wurde von Anfang an, also seit 2006, bei den Ausschreibungen auf Energieeffizienz Wert gelegt – dies wurde in Baden-Württemberg inzwischen sogar schon in einer Kabinettsvorlage zum Thema GreenIT gewürdigt.

4.2 Ansatz 2: Freiwillige Bündelung lokaler und regionaler Ressourcen

Die Virtualisierung eröffnet ein weiteres, der Hochschule nützendes Geschäftsfeld für Rechenzentren. Heutige CPUs und auch die Hardware ganz allgemein sind so leistungsfähig geworden, dass das alte Client-Server-Paradigma hinterfragt werden muss. Es ist ohne weiteres möglich, mehrere Server sauber voneinander getrennt auf einer gemeinsamen Hardware zu betreiben, ohne dass es zu Engpässen kommt. Angesichts der notwendigen Softwarebeschaffungen für eine stabile Virtualisierung und der damit einhergehenden gestiegenen Komplexität sind die unmittelbaren Einsparungen bei der Hardwarebeschaffung zunächst allerdings nicht offensichtlich.

Jedoch ist die Kostenreduktion im Energiebereich heute zu einem wichtigen Argument geworden und die Virtualisierung liefert eine Verringerung dieser Kosten, gleiche Systemlast vorausgesetzt. Die nicht zu unterschätzende Komplexität einer Virtualisierungsumgebung übersteigt aber häufig die Leistungsfähigkeit einer Instituts-IT. Virtualisierungscluster bieten allerdings ganz neue Möglichkeiten: Institute benötigen in der Regel keine eigene Serverhardware mehr, wenn sie beim Betrieb ihrer (nun virtuellen) Server im Rechenzentrum keinerlei Einschränkungen unterworfen sind. Eine vertrauensvolle Zusammenarbeit zwischen Instituts-IT und Rechenzentrum erlaubt die Verlagerung von virtualisierten Institutsservern zurück ins Rechenzentrum.

Dies führt gleichzeitig zu einer Kostenverlagerung aus dem Institut in das Rechenzentrum. Daher sind auch hier geeignete Umlage-Modelle zu entwerfen, um Nutzer angemessen an den Investitions- und Betriebskosten zu beteiligen. In der Diskussion ist zu unterscheiden zwischen vollständigen Refinanzierungskosten einerseits und andererseits den Grenzkosten, die für eine Erweiterung einer von der Hochschule vorfinanzierten Infrastruktur anfallen. Da auch Institutsfinanzierungen üblicherweise antragsbasiert und damit ohne Nachhaltigkeit im Sinne einer späteren Reinvestition sind, kann im Rahmen einer Vergleichbarkeit nur die zweite Richtung verfolgt werden.

In Freiburg wurde jüngst gemeinsam mit umliegenden Hochschulen die Idee eines regionalen Virtualisierungsverbundes nach positiver Begutachtung durch die DFG umgesetzt. Jede beteiligte Einrichtung – die Hochschulen für Angewandte Wissenschaften (HAW) Offenburg und Furtwangen sowie Uni und PH Freiburg – brachten eigene Finanzmittel in das Projekt ein. Beschafft wurden Server zur Virtualisierung sowohl klassischer Dienste auf Basis von VMware als auch für Cloud-ähnliche Dienste auf Basis von OpenStack. Der Betrieb verteilt sich hier auf die beteiligten Einrichtungen. Die HAW Furtwangen stellt Studierenden aller beteiligten Hochschulen virtuelle Maschinen semesterweise zur Verfügung, so dass in den technischen Disziplinen ein vorhersehbarer und datenschutzmäßig sauberer Dienst für Experimente im IT-Bereich zur Verfügung steht. Das beschaffte zentrale Datenspeichersystem setzt auf modernen Ansätzen der Speichervirtualisierung auf. Somit muss die Betriebskompetenz nur an einer Stelle vorhanden sein, die anderen Partner können den bspw. über iSCSI bereitgestellten Speicher ohne Kenntnis der exakten Konfiguration bei Bedarf nach eigenen Vorstellungen „veredeln". Hier erkennt man die Balance zwischen Zentralisierung und dezentraler Verantwortung für den erbrachten Dienst.

Die für eine solche Ressourcenverteilung notwendigen Service-Level-Agreements (SLA) sind aufgrund der Struktur des Öffentlichen Dienstes nur sehr schwer in jeder Hinsicht rechtskonform zu gestalten. Die unverzichtbare Bedingung ist daher, dass eine versprochene Unterstützung nach dem *Best Effort*-Paradigma tatsächlich bestmöglich erbracht wird. Da sich dies nicht mit Vertragsstrafen belegen lässt, ist ein wechselseitiges Vertrauen der Beteiligten zwingend. Damit sind die Voraussetzungen sogar härter als bei SLAs in der freien Wirtschaft, wo Vertragsstrafen auch einkalkuliert werden und zur Besänftigung der Kunden tatsächlich auch gezahlt werden. Verlorenes Vertrauen hingegen gefährdet einen früher oder später notwendigen Antrag auf Reinvestitionsmittel substantiell.

Für eine Hochschule bringt eine solche Konzentration bisher dezentraler realer Server in eine Virtualisierungsumgebung ferner eine größere Rechtssicherheit, weil Rechenzentren üblicherweise organisatorisch besser auf juristische Probleme wie Abmahnschreiben vorbereitet sind als dezentrale Institute, die für solche Fälle nur selten über klare Kommunikationsketten verfügen.

Als zentrale Einrichtung einer Hochschule, die ihre Zielgruppen, Wissenschaftler, Studierende und Uni-Verwaltung kennt und einen hohen Stand der Professionalisierung hat, kann ein Rechenzentrum Speicherdienste anbieten, die besser in die Hochschullandschaft passen als ähnliche, aber generisch gehaltene Angebote von kommerziellen Cloudspeicher-Anbietern in den USA.

Ein weiteres Beispiel für eine solche übergreifende Koordination einzelner Einrichtungen ist der Backup-Verbund zwischen den Universitäten Mannheim, Heidelberg, Karlsruhe und Freiburg. Hier wird ein leicht anderes Vorgehen praktiziert. Im Prinzip ist jeder Standort unabhängig und betreibt die eigene Hardware. Gerade bei Betriebs- und Konfigurationsfragen aber bewährt sich die Abstimmung der

Mitarbeiter untereinander, weil nicht mehr jeder alles wissen muss. Die Pflege eines TSM-Systems am anderen Standort im Falle von Krankheits- oder Urlaubsvertretung wird so möglich, ebenso wie die Mitversorgung umliegender Hochschulen für Angewandte Wissenschaften. Die hierfür notwendige Kostenbeteiligung lässt sich über die Zahl der benötigten Bänder sehr gut vermitteln.

4.3 Ansatz 3: Neue Konzepte, effizientere Lösungen

Anforderungen aus der Realität führten in Freiburg zu neuen Lösungsversuchen für den Betrieb von Poolräumen. Es zeigte sich, dass für Schulungen die Dozierenden für ihre Kurse spezielle Anforderungen in Bezug auf die rechtzeitig zur Verfügung zu stellende Software in den Veranstaltungen haben. Dies bindet bei klassischen Betriebsmodellen die Administratoren des Computerpools und führt manchmal zu Widersprüchen und Instabilitäten, wenn Softwarepakete vorhandene Ressourcen unterschiedlich nutzen wollen.

Aus diesem Grund wurde eine Remote-Boot-Umgebung im Rahmen von bwLehrpool entwickelt, bei der zunächst nur ein kleiner Betriebssystemkern über PXE gebootet wird. Es folgt dann ein Auswahlmenu, das den Zugriff auf die jeweilige Kursumgebung erlaubt. Diese wird dann in einer virtuellen Maschine ebenfalls über Netz gebootet und lokal auf dem Pool-Rechner bereitgestellt.

Da die jeweiligen virtuellen Maschinen durch die Dozierenden bereitgestellt werden, besteht für diese nun die Sicherheit, dass genau die vorbereitete Umge-

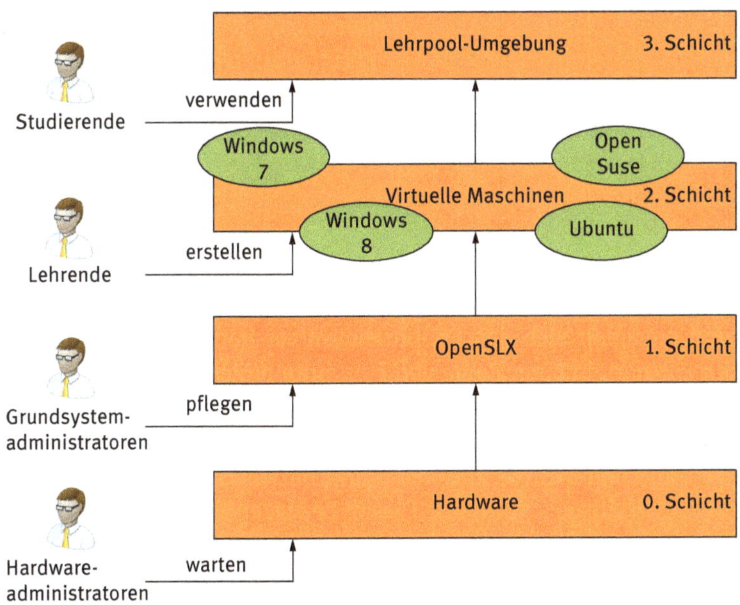

Abb. 2: Modell der Abstraktionsebenen (siehe Trahasch et al. 2015).

bung im Kurs zur Verfügung steht, ohne Überraschungen durch andere Softwarepakete. Der Aufwand für die notwendige Einarbeitung und Betreuung der Dozierenden ist zwar notwendig, hält sich aber in Grenzen und kann gegebenenfalls auch durch ausgebildete studentische Hilfskräfte erfolgen.

Es zeigt sich, dass diese Lösung auch hervorragend für E-Klausuren eingesetzt werden kann. Die Grundkonfiguration der Rechner lässt sich einfach absichern. Die für Prüfungen speziell notwendigen virtuellen Maschinen können – im Gegensatz zum normalen PC-Pool-Betriebskonzept – ohne Umrüstung der Hardware in der gesicherten Umgebung bereitgestellt werden.

5 Fazit

In den vorangegangenen Ausführungen wurden verschiedene Ansätze vorgestellt, die aufzeigen, wie ein Rechenzentrum sein Aufgabenfeld trotz Ressourcenbeschränkung an aktuelle Entwicklungen anpassen und sich so in Richtung zukünftiger Anforderungen weiterentwickeln kann. Der zentrale Gedanke ist, dass die Nutzer eingebunden werden müssen – die Betonung liegt hier auf „einbinden" und nicht etwa auf „bevormunden". Wenn auf diese Weise eine Glaubwürdigkeit erreicht wird, dann können auch Institute „erobert" werden, in dem Sinne, dass von diesen Betreuungskonzepte übernommen und im Gegenzug Personalressourcen abgegeben oder zumindest langfristig ans Rechenzentrum ausgeliehen werden.

Mit dieser Sichtweise erlauben Virtualisierung und „Cloudifizierung" eine neue Aufteilung der Aufgaben zwischen Wissenschaftlern, Instituts-IT und dem Rechenzentrum. Das Rechenzentrum stellt notwendige Basis- und Forschungsinfrastrukturen, angefangen vom Netz bis zu Storage-, Servervirtualisierungs- und HPC-Diensten mit hoher Betriebsgüte. Auf dieser Basis können Forschende ihre eigenen Umgebungen und Methoden frei realisieren. Sie werden dabei zusätzlich durch Angebote zu automatischem Backup und Beratung zum Forschungsdatenmanagement unterstützt.

Um solche Angebote erfolgreich weiterentwickeln zu können, muss sich ein Rechenzentrum auch an Forschungs- und Infrastrukturbegleitprojekten beteiligen. Aus diesem Grund engagiert sich das Freiburger Universitätsrechenzentrum mit unterschiedlichen Partnern in einer Reihe von Drittmittelprojekten von DFG, MWK und EU.

Die Arbeit eines Hochschulrechenzentrums darf sich nicht im Nacherfinden von Diensten, die sich bereits auf dem freien Markt beziehen lassen, erschöpfen, sondern muss wissenschaftsbezogen sein. Dieser Bezug auf die Bedürfnisse der Wissenschaft lässt sich weit interpretieren, so dass an verschiedenen Einrichtungen sicherlich unterschiedliche Wege beschritten werden können, um die Vorteile eines Rechenzentrums für die Hochschule auch weiterhin aufzuzeigen. Die zugrunde liegende Währung aber heißt stets „Vertrauen".

Literatur

DFG. 2016. *Informationsverarbeitung an Hochschulen – Organisation, Dienste und Systeme. Stellungnahme der Kommission für IT-Infrastruktur für 2016–2020.* [online] www.dfg.de/download/pdf/foerderung/programme/wgi/kfr_stellungnahme_2016_2020.pdf [13. 05. 2016].

Gronenschild, H. B. M., Petra Habets, Heidi I. L. Jacobs, Ron Mengelers, Nico Rozendaal, Jim van Os und Marcelis Machteld. 2012. *The Effects of FreeSurfer Version, Workstation Type, and Macintosh Operating System Version on Anatomical Volume and Cortical Thickness Measurements.* PlosOne. [online] http://dx.doi.org/10.1371/journal.pone.0038234 [13. 05. 2016].

Hartenstein, Hannes, Thomas Walter und Peter Castellaz. 2013. *Aktuelle Umsetzungskonzepte der Universitäten des Landes Baden-Württemberg für Hochleistungsrechnen und datenintensive Dienste. PIK – Praxis der Informationsverarbeitung und Kommunikation* 36(2): 99–108.

Landtag von Baden-Württemberg. 2013. *Energieeinsparung in den EDV-Anwendungen der Landesverwaltung.* [online] www.landtag-bw.de/files/live/sites/LTBW/files/dokumente/WP15/Drucksachen/3000/15_3386_D.pdf [13. 05. 2016].

Trahasch, Stephan, Dirk von Suchodoletz, Jan Münchenberg, Simon Rettberg, Christian Rößler, Michael Wilson. 2015. *bwLehrpool: Plattform für die effiziente Bereitstellung von Lehr- und Klausurumgebungen 2015.* 8. DFN Forum Kommunikationstechnologien, Lübeck 2015, Germany, Lecture Notes in Informatics (LNI – Proceedings, GI-Edition), 1–11.

Tristram, Frank, Dennis Wehrle, Ugur Cayoglu, Jessica Rex und Dirk von Suchodoletz. 2014. *Status Report of bwFDM-Communities – A State Wide Research Data Management Initiative. INFORMATIK 2014.* Gesellschaft für Informatik e. V. (GI), 1669–1673.

von Suchodoletz, Dirk, Konrad Meier, Dennis Wehrle und Gerhard Schneider. 2012. *Telefonie an Universitäten. PIK – Praxis der Informationsverarbeitung und Kommunikation* 35(3): 213–220.

von Suchodoletz, Dirk, et al. 2005. *Identity-Management in der Praxis.* In: Jan v. Knop, et al. (Hrsg.) *Springer Lecture Notes in Informatics.* Vol. P-73, 255–264.

von Suchodoletz, Dirk, Jan Münchenberg, Wolfgang Honigberger, Simon Rettberg, Michael Wilson und Markus Lohr. 2014. *bwLehrpool – ein landesweiter Dienst für die Bereitstellung von PC-Pools in virtualisierter Umgebung für Lehre und Forschung. PIK – Praxis der Informationsverarbeitung und Kommunikation* 37(1): 33–40.

Zahoransky, Richard und Semaan Saher. 2014. *bwIDM: Anbindung nicht-webbasierter IT-Infrastrukturen an eine SAML/Shibboleth-Förderation.* Hochleistungsrechnen in Baden-Württemberg – Ausgewählte Aktivitäten im bwGRiD. *KIT Scientific Publishing*, 161–176.

Boris P. Paal und Jakob Rüder

Rechtliche Rahmenbedingungen für Kooperationsprojekte von Rechenzentren

1 Einleitung und Ausgangsfrage

Die schnell voranschreitende Digitalisierung stellt auch und gerade die Hochschulrechenzentren vor immer neue, komplexe Herausforderungen. Ein Weg zur Bewältigung dieser Herausforderungen kann sich nicht zuletzt auch durch Kooperation und Vernetzung eröffnen.[1] Vermittels der zunehmenden Digitalisierung und Virtualisierung sind verschiedene Dienstleistungen von Rechenzentren nicht mehr ortsgebunden. So ist es etwa möglich, Hardware und Personal für ein bestimmtes Projekt in einem gemeinsamen Pool zu verwalten, wie es konkret bei „bwHPC-C5: Coordinated-Compute-Cluster-Competence-Centers" der Fall ist.[2] Durch dieses Projekt soll die Koordination einer hochschulübergreifenden Unterstützung für die Nutzer der baden-württembergischen Hochleistungsrechner sowie die Verwirklichung der dafür erforderlichen Maßnahmen eröffnet werden; zu diesem Zwecke sind die Unterstützungsangebote für die Nutzer von Hochleistungsrechnern thematisch aufgefächert worden.

Vergleichbare Kooperationsprojekte, aber auch darüber hinausgehende Formen der Zusammenarbeit dürften nicht zuletzt unter den Aspekten des Wissenstransfers, des Kompetenzclusterings und der gemeinsamen Ressourceneinsparung zunehmend angezeigt und nachgefragt sein. Der ZKI e. V. hat sich vor diesem Hintergrund bereits jetzt zum Ziel gesetzt, die Rechenzentren bei der Organisation des Meinungs- und Erfahrungsaustausches, der Anregung von Kooperationen sowie der Beratung und Zusammenarbeit mit bildungs- und wissenschaftsfördernden Einrichtungen im In- und Ausland zu unterstützen.[3]

---

1 *Grosse/Held/Radloff/Tomaselli*, Geschichte der Zusammenarbeit der Rechenzentren in Forschung und Lehre, Praxis der Informationsverarbeitung und Kommunikation 2010, 66, 75.
2 Siehe www.bwhpc-c5.de/, zuletzt aufgerufen am 12. Oktober 2015.
3 Siehe www.zki.de/der-verein/, zuletzt aufgerufen am 12. Oktober 2015.

Anmerkung: Der Autor *Paal* ist Inhaber eines Lehrstuhls für Zivil- und Wirtschaftsrecht, Medien- und Informationsrecht sowie Direktor des Instituts für Medien- und Informationsrecht, Abt. I (Privatrecht) an der Albert-Ludwigs-Universität Freiburg; der Autor *Rüder* ist Wissenschaftlicher Mitarbeiter ebenda, siehe www.jura.uni-freiburg.de/institute/imi1/. Die Vortragsform des Beitrags wurde weitgehend beibehalten.

Boris P. Paal, Albert-Ludwigs-Universität Freiburg
Jakob Rüder, Albert-Ludwigs-Universität Freiburg

DOI:10.1515/9783110459753-002

Die Beweggründe und Motivationen für Kooperationen und Vernetzung unter Hochschulrechenzentren dürften vielfältig sein. Beispielhaft und keinesfalls abschließend lassen sich insoweit anführen: Wissenstransfer, Kompetenzclustering, Wirtschaftlichkeit, Synergieeffekte oder auch die Beteiligung privater Dritter. Vor diesem Hintergrund ist es wichtig, sich einen Überblick zu verschaffen, welche Kooperationsmöglichkeiten sich für Hochschulrechenzentren in rechtlicher Hinsicht eröffnen und welche rechtlichen Gesichtspunkte dabei zu berücksichtigen sind. Dieser Themenstellung ist der vorliegende Beitrag gewidmet.[4]

2 Mögliche Kooperationsformen

Hochschulrechenzentren sind Einrichtungen einer Hochschule, welche unmittelbar der Hochschulleitung unterstehen. Insoweit haben die Hochschulrechenzentren ihrerseits keine eigene Rechtspersönlichkeit, werden nicht selbständig im Rechtsverkehr tätig und können mithin insbesondere keine Verträge abschließen. Für allfällige Kooperationsformen und -vereinbarungen ist somit unmittelbar auf die Ebene der Hochschule abzustellen. Die öffentlichen Hochschulen sind in Deutschland in der Regel als Körperschaften des öffentlichen Rechts organisiert und damit rechtsfähig.[5] Körperschaften des öffentlichen Rechts können sowohl öffentlich-rechtlich als auch privatrechtlich tätig werden;[6] in beiden Rechtsgebieten und Organisationsformen können sich Kooperationsmöglichkeiten ergeben.

2.1 Voraussetzungen für Kooperationen

Voraussetzung für eine vertiefte Kooperation ist grundsätzlich das Vorliegen von legitimierenden gesetzlichen Ermächtigungen. Rechtsfähige Verwaltungsträger können nur durch Gesetz oder aufgrund eines Gesetzes geschaffen werden;[7] dies ergibt sich aus dem sog. Vorbehalt des Gesetzes.

Da das Hochschulrecht in die Kompetenz der Bundesländer fällt, ist der Blick auf das jeweilige Landesrecht zu richten. In vielen Landeshochschulgesetzen finden sich Regelungen, welche die Delegation von Aufgaben an andere Hochschulen

---

4 Außer Betracht bleiben Fragestellungen zu Haftung und *public-governance*.

5 Mit einer zunehmenden Zahl von Ausnahmen, wie z. B. der Johann-Wolfgang-Goethe-Universität Frankfurt als rechtsfähige Stiftungsuniversität des öffentlichen Rechts des Landes Hessen, vgl. § 1 Abs. 1 Hess. HG.

6 Vgl. *Maurer*, Allgemeines Verwaltungsrecht, 18. Auflage 2011, § 21 Rn. 4.

7 *Sommermann*, in: *v. Mangoldt/Klein/Starck*, Kommentar zum Grundgesetz, Band 2: Art. 20–82, 6. Auflage 2010, Art. 20 Rn. 283.

oder juristische Personen des öffentlichen Rechts[8] oder des Privatrechts[9] zulassen. Teilweise finden sich auch Bestimmungen, die juristische Personen des öffentlichen Rechts zu einer Zentralisierung der Datenverarbeitung und den damit zusammenhängenden Aufgaben ermächtigen.[10] Dabei ist jeweils im konkreten Einzelfall zu überprüfen, ob und inwiefern eine Aufgabendelegation (auch) über Landesgrenzen hinaus zulässig ist. Die Zulässigkeit solcher länderübergreifenden Kooperationen kann sich aus gesetzlichen Bestimmungen in den jeweiligen Landesgesetzen ergeben.[11] Darüber hinaus ist eine entsprechende Regelung durch Staatsverträge mit anderen Ländern denkbar; solche Staatsverträge würden darüber hinaus auch das anwendbare Recht bestimmen.[12]

Im Folgenden wird zur konkreten Veranschaulichung vorwiegend auf die Rechtslage in Baden-Württemberg eingegangen.

2.2 Öffentlich-rechtliche Kooperationsformen

Im Landesrecht finden sich an verschiedenen Stellen konkrete Ermächtigungen, wonach Hochschulen auf bestimmte Weise und in bestimmten Bereichen mit anderen Hochschulen kooperieren dürfen. Grundsätzlich reicht die Wirkungsmacht dieser Ermächtigungen jedoch nur bis zu den jeweiligen Landesgrenzen. Gleichwohl ermächtigen einige Landeshochschulgesetze die Hochschulen zum eigenständigen Abschluss länderübergreifender Vereinbarungen. Eine solche Regelung findet sich

8 Vgl. § 77 HG NRW Abs. 2 Satz 1: „Mehrere Hochschulen können durch Vereinbarung gemeinsame Fachbereiche, Organisationseinheiten im Sinne des § 26 Absatz 5, wissenschaftliche Einrichtungen und Betriebseinheiten sowie Verwaltungseinrichtungen (gemeinsame Einheiten) bei einer oder mehreren der beteiligten Hochschulen errichten oder Verwaltungsverbünde bilden, wenn es mit Rücksicht auf die Aufgaben, Größe und Ausstattung dieser Einrichtungen zweckmäßig ist." Siehe weiterhin § 77 HG NRW Abs. 3 Satz. 1: „Die Hochschule kann andere Hochschulen des Landes, Behörden des Landes oder sonstige Stellen, die Aufgaben öffentlicher Verwaltung wahrnehmen, im gegenseitigen Einvernehmen mit der Wahrnehmung ihrer Aufgaben im Bereich der Verwaltung beauftragen oder mit ihnen zur Erfüllung derartiger Aufgaben zusammenarbeiten."

9 Vgl. Art. 16 Abs. 4 BayHSchG.

10 Vgl. § 15 Abs. 1 des Gesetzes über die Zusammenarbeit bei der automatisierten Datenverarbeitung Baden-Württemberg besagt, dass „Gemeinden und Landkreise sowie andere der Aufsicht des Landes unterstehende juristische Personen des öffentlichen Rechts [...] Aufgaben der automatisierten Datenverarbeitung und damit zusammenhängende Aufgaben anderen Rechtspersonen zur Erledigung übertragen oder sich zur gemeinsamen Erledigung dieser Aufgaben in Gesellschaften des privaten Rechts oder Zweckverbänden (Zusammenschlüsse für kommunale Datenverarbeitung) zusammenschließen [können]".

11 Vgl. *Lange*, Kommunalrecht, 2013, § 19 Rn. 29.

12 Vgl. *Lange*, Kommunalrecht, 2013, § 19 Rn. 29; vgl. auch z. B. Dataport-Staatsvertrag der Länder Schleswig-Holstein, Hamburg, Niedersachsen, Mecklenburg-Vorpommern und Sachsen, www.dataport.de/ueber-uns/zahlenfakten/Seiten/staatsvertrag.aspx, zuletzt aufgerufen am 12. Oktober 2015.

für Baden-Württemberg in § 6 LHG BW (Landeshochschulgesetz Baden-Württemberg), welcher die Hochschulen zum Zusammenwirken mit Hochschulen anderer Länder und Staaten nicht nur ermächtigt, sondern vielmehr darüber hinaus sogar anhält zusammenzuarbeiten.

2.2.1 Öffentlich-rechtliche Vereinbarungen

Hinsichtlich der konkreten Form der Kooperation ist zunächst an die Möglichkeit von öffentlich-rechtlichen Vereinbarungen zwischen den Hochschulen zu denken. Das Ob und Wie des Abschlusses öffentlich-rechtlicher Vereinbarungen im Allgemeinen ist vielfach in den Landesgesetzen über kommunale Zusammenarbeit geregelt.[13] Auf der Grundlage und am Maßstab dieser Bestimmungen kann vereinbart werden, dass eine Körperschaft bestimmte Aufgaben für alle Beteiligten erfüllt. Durch eine solche Vereinbarung gehen die Rechte und Pflichten der übrigen Körperschaften zur Erfüllung der Aufgaben auf die übernehmende Körperschaft über.[14] Den übrigen Beteiligten können (und gegebenenfalls müssen) Mitwirkungsrechte bei der Erfüllung der Aufgaben eingeräumt werden.

Allerdings ist zu berücksichtigen, dass die Kooperationsmöglichkeiten von Hochschulen (zumeist) abschließend durch spezialgesetzliche Vorschriften festgelegt werden. In Baden-Württemberg ist dies durch § 6 LHG BW der Fall: Gemäß der Absätze 1 und 3 dieser Bestimmung kann durch öffentlich-rechtliche Vereinbarung geregelt werden, „dass eine der beteiligten Hochschulen bestimmte Aufgaben für alle Beteiligten erfüllt, insbesondere den übrigen Beteiligten und deren Mitgliedern die Mitbenutzung ihrer Einrichtungen gestattet“. Unter Einrichtungen sind insbesondere Betriebseinrichtungen zu verstehen, worunter auch Rechenzentren fallen.[15] Ähnliche Vorschriften finden sich überdies in Hochschulgesetzen und ministerialen Verordnungen anderer Bundesländer.[16]

Zu öffentlich-rechtlichen Vereinbarungen im Bereich von Rechenzentren finden sich in der Praxis einige Beispiele, welche nachfolgend beschrieben werden.

2.2.1.1 Beispiel RHRK

Bei dem Regionalen Hochschul-Rechenzentrum Kaiserslautern (RHRK)[17] handelt es sich gemäß seiner Satzung[18] um die gemeinsame wissenschaftliche Einrichtung

13 Vgl. §§ 25 Abs. 1, 2 Abs. 1 GKZ BW, § 18 Abs. 1 GKZ SH.

14 Vgl. § 25 Abs. 1 Satz 2 GKZ BW.

15 Vgl. *Sandberger*, Landeshochschulgesetz Baden-Württemberg – Heidelberger Kommentar, 2. Auflage 2015, § 6 Rn. 6.

16 Vgl. § 6 LHG BW, §§ 12, 13 Brem. HG, Art. 16 Abs. 4 i. V. m. Abs. 2 BayHSchG..

17 Siehe www.rhrk.uni-kl.de/home/, zuletzt aufgerufen am 12. Oktober 2015.

18 Siehe www.rhrk.uni-kl.de/wir/rechtsvorschriften/satzung/, zuletzt aufgerufen am 12. Oktober 2015.

der Universitäten und Hochschulen des Landes Rheinland-Pfalz. Das RHRK ist für die IT-Dienstleistungen an allen öffentlichen Hochschulen des Landes Rheinland-Pfalz zuständig und wird von der Universität Kaiserslautern betrieben. Dem liegt ein Kooperationsvertrag nach § 93 HochSchG Rheinland-Pfalz zugrunde,[19] der mit einer Vereinbarung nach Maßgabe von § 6 LHG BW vergleichbar ist.

2.2.1.2 Beispiel ZENDAS

Die Zentrale Datenschutzstelle der baden-württembergischen Universitäten (ZENDAS) unterstützt die Universitäten des Landes in allen rechtlichen und technisch-organisatorischen Fragestellungen des Datenschutzes. Vornehmliches Ziel von ZENDAS ist es, unter Nutzung von Synergien effektiv die auftretenden datenschutzrechtlichen Fragestellungen lösen zu können.[20] Dabei wird weitestgehend auf die Bestellung dezentraler universitärer Datenschutzbeauftragter verzichtet. ZENDAS ist eingegliedert in die Universität Stuttgart. Rechtsgrundlage ist ein Kooperationsvertrag im Sinne einer öffentlich-rechtlichen Vereinbarung nach Maßgabe von § 6 Abs. 3 LHG BW.

2.2.2 Zweckverbände

Angestoßen durch Forderungen des Wissenschaftsrats nach neuen „Fördermöglichkeiten für strategische institutionelle Verbünde auf lokaler oder regionaler Ebene“[21], sieht der im Jahre 2014 neu geschaffene § 6 Abs. 5 LHG BW vor, dass Hochschulen mit anderen Hochschulen oder anderen juristischen Personen des öffentlichen oder privaten Rechts eine rechtsfähige Körperschaft des öffentlichen Rechts zur gemeinsamen Erfüllung der Hochschulaufgaben errichten können.[22] Vorbild für die Vorschrift ist der kommunale Zweckverband nach Maßgabe von § 3 GKZ BW (Gesetz über Kommunale Zusammenarbeit – Baden-Württemberg).[23] Ein Zweck-

---

19 Vgl. § 93 HochSchG Rheinland-Pfalz: „1. Wissenschaftliche Einrichtungen und Betriebseinheiten für mehrere Hochschulen dienen den beteiligten Hochschulen zur gemeinsamen Erfüllung ihrer Aufgaben im Bereich der Forschung, der Lehre einschließlich der Hochschuldidaktik, des Studiums oder der wissenschaftlichen Weiterbildung. 2. Wissenschaftliche Einrichtungen und Betriebseinheiten nach Absatz 1 werden durch einen von den beteiligten Hochschulen zu schließenden Kooperationsvertrag errichtet, geändert oder aufgehoben und in ihren organisatorischen Einzelheiten bestimmt.“

20 Vgl. www.zendas.de/zendas/index.html, zuletzt aufgerufen am 12. Oktober 2015.

21 Wissenschaftsrat, Perspektiven des Deutschen Wissenschaftssystems, Drs. 3228-13, Braunschweig, 12. 07. 2013, S. 15.

22 Vgl. auch *Sandberger*, Landeshochschulgesetz Baden-Württemberg – Heidelberger Kommentar, 2. Auflage 2015, § 6 Rn. 6.

23 *Sandberger*, Landeshochschulgesetz Baden-Württemberg – Heidelberger Kommentar, 2. Auflage 2015, § 6 Rn. 6.

verband verwaltet seine Angelegenheiten im Rahmen der Gesetze in eigener Verantwortung nach Maßgabe seiner Verbandssatzung und hat für das solchermaßen abgegrenzte Aufgabengebiet die Satzungshoheit.

Nach der Gesetzesbegründung dient § 6 Abs. 5 LHG BW explizit (auch) dazu, dass gemeinsame Einrichtungen geschaffen werden können, welche die Trägerschaft eines gemeinsamen Rechenzentrums übernehmen.[24] Die Gründung eines privatrechtlichen Unternehmens ebenso wie eine Beteiligung an einem solchen durch den Zweckverband ist nach dem Gesetzeswortlaut dagegen untersagt.[25] Eine öffentlich-rechtliche Vereinbarung zur Gründung des Verbandes bedarf der Zustimmung des Wissenschaftsministeriums.

Grundsätzlich sind dabei auch länderübergreifende Zweckverbände denkbar. Wie vorstehend bereits ausgeführt, hängt dies allerdings von der jeweiligen Ermächtigungsgrundlage der Landeshochschulgesetze bzw. anderweitiger gesetzlicher Regelungen ab. In Baden-Württemberg dürfte sich aus der Systematik des § 6 Abs. 5 LHG BW ergeben, dass der Wortlaut „mit anderen Hochschulen" auch solche Hochschulen außerhalb des Landes Baden-Württemberg iSd § 6 Abs. 1 LHG BW einschließt. Mithin ist jedenfalls in Baden-Württemberg auch die Errichtung eines Zweckverbandes von der Ermächtigung zu länderübergreifenden Kooperationen umfasst.[26]

Gerade bei der Kooperation im Bereich kommunaler Rechenzentren ist die Rechtsform des Zweckverbandes sehr beliebt, wie die folgenden Beispiele belegen.

2.2.2.1 Beispiel KIRU

Der Zweckverband Kommunale Informationsverarbeitung Reutlingen-Ulm (KIRU)[27] ist ein kommunaler IT-Dienstleister im Bereich Schwaben, der integrierte IT-Lösungen für Kommunalverwaltungen anbietet. Der Verband erledigt die ihm von seinen Mitgliedern übertragenen Aufgaben der Informationsverarbeitung im hoheitlichen Bereich, insbesondere den Betrieb von Zentren für Dienstleistungen der Informationsverarbeitung und der damit zusammenhängenden Leistungen, die Einrichtung, Wartung und Pflege von Anlagen und Programmen der Informationsverarbeitung sowie den Betrieb von Rechnern und die Beratung über Angelegenheiten der Informationsverarbeitung.[28]

---

24 Gesetzesentwurf des Landtags, Drittes Gesetz zur Änderung hochschulrechtlicher Vorschriften (Drittes Hochschulrechtsänderungsgesetz – 3. HRÄG), Drucksache 15/4684, 04. 02. 2014, S. 178.

25 Ermächtigungsgrundlage hierfür ist vielmehr § 13a LHG BW, siehe nachfolgend 1.3.1.

26 So wohl auch §§ 12, 13 Brem. HG, Art. 16 Abs. 4 i. V. m. Abs. 3 BayHSchG.

27 Siehe: www.rz-kiru.de/,Lde/Startseite/Unternehmen.html, zuletzt aufgerufen am 12. Oktober 2015.

28 Vgl. § 3 Verbandssatzung des Zweckverbandes Kommunale Informationsverarbeitung Reutlingen-Ulm, www.rz-kiru.de/site/KIRU-Internet-Root/get/documents_E1716034046/KIRU/dictionaries/PDF/KIRU%20Satzung.pdf, zuletzt aufgerufen am 12. Oktober 2015.

2.2.2.2 Beispiel KDRS

Der Zweckverband Kommunale Datenverarbeitung Region Stuttgart (KDRS) ist der kommunale Zweckverband für IT-Dienstleistungen in der Region Stuttgart mit insgesamt beinahe zweihundert kommunalen Verbandsmitgliedern.[29]

2.2.2.3 Beispiel KIVBF

Der Zweckverband Kommunale Informationsverarbeitung Baden-Franken (KIVBF) ist neben seiner Tätigkeit im Bereich der IT-Gesamtlösungen im Auftrag der Verbandsmitglieder alleiniger Gesellschafter des Kommunalen Rechenzentrums Baden-Franken GmbH, welches Kommunen und sonstigen öffentlich-rechtlichen Körperschaften, die ihrerseits nicht Mitglied im KIVBF sind, sowie kommunalen Wirtschaftsunternehmen allfällige IT-Dienstleistungen anbietet.[30]

2.2.3 Betriebseinheiten

Nach § 6 Abs. 4 LHG BW besteht zudem die Möglichkeit, zur Verbesserung der Zusammenarbeit und zur gemeinsamen Erfüllung von Aufgaben hochschulübergreifende Betriebseinrichtungen zu errichten. Die Leistungsverantwortung der jeweils beteiligten Hochschulen bleibt hiervon allerdings unberührt.[31] Die jeweiligen Betriebseinheiten sind gerade nicht rechtlich selbständig. Ein Beispiel für eine solche Betriebseinheit findet sich etwa im gemeinsamen Gründungsbüro von TU und FH Kaiserslautern.

2.2.4 Stiftung

Die Stiftung im Rechtssinne ist eine rechtsfähige Einrichtung, welche die Aufgabe hat, mit Hilfe des der Stiftung gewidmeten Vermögens den vom Stifter festgelegten Stiftungszweck dauernd zu verfolgen (vgl. die §§ 80 ff. BGB).[32] Eine Besonderheit der Stiftung liegt darin, dass es sich um eine mitgliederlose, verselbständigte Vermögensmasse handelt. Die Stiftung unterliegt damit nicht dem Willen von Mitgliedern, sondern ist lediglich dem dauerhaften Stiftungszweck gewidmet, der grund-

---

29 Vgl. www.kdrs.de/pb/site/kdrs/node/3133/Lde/index.html, zuletzt aufgerufen am 12. Oktober 2015.

30 Vgl. www.kivbf.de/pb/,Lde/start/KIVBF/Unser+Auftrag.html, zuletzt aufgerufen am 12. Oktober 2015.

31 *Sandberger*, Landeshochschulgesetz Baden-Württemberg – Heidelberger Kommentar, 2. Auflage 2015, § 6 Rn. 5.

32 BVerwGE 106, 177, 181; *Saenger*, Gesellschaftsrecht, 2. Auflage 2013, Rn. 477.

sätzlich auch nicht veränderbar ist.[33] Diese grundsätzliche Unveränderbarkeit führt in der Praxis auch dazu, dass die Stiftung sich für den Betrieb eines Unternehmens als eher ungeeignet darstellt.[34]

Zu unterscheiden ist zwischen Stiftungen des bürgerlichen Rechts sowie Stiftungen des öffentlichen Rechts.[35] Stiftungen des öffentlichen Rechts sind gegeben, wenn der Stiftungszweck zum Aufgabenbereich eines Verwaltungsträgers gehört und von einem Verwaltungsträger verwaltet wird.[36] Ein solcher wäre bei einer Stiftung mit dem Zweck der kooperativen Organisation von Hochschulrechenzentren anzunehmen, da der Betrieb von eigenen Rechenzentren – wie oben erläutert – eine (öffentliche) Aufgabe der jeweiligen Hochschule darstellt. Stiftungen des öffentlichen Rechts unterliegen ebenso wie die Hochschulen der Rechtsaufsicht des jeweiligen Ministeriums.[37] Als praktisches Beispiel zu nennen ist etwa die kirchliche Stiftung „Kirchliches Rechenzentrum Südwestdeutschland".[38]

Zu unterscheiden ist darüber hinaus zwischen selbständigen und unselbständigen Stiftungen: Erstere können selbst Träger von Rechten und Pflichten sein. Letztere sind dagegen rechtlich unselbständig. Sie dienen allein dazu, bestimmte Vermögenswerte als dem Stiftungszweck dienendes und vom sonstigen Vermögen getrenntes Sondervermögen zu behandeln und zur Verfolgung dieses Zwecks zu verwalten.[39]

Mit Blick auf die demokratische Legitimation ist eine Stiftung (auch) in der Selbstverwaltung der Hochschulen allerdings nicht unproblematisch, da der Stiftungszweck bei der Errichtung in der Regel dauerhaft festgelegt wird und mithin allenfalls schwerlich veränderbar ist.[40] Zudem verliert die Stiftung weitestgehend ihren Zweck, wenn sie aus regelmäßigen Zuschüssen aus öffentlicher Hand (also der Hochschulen) finanziert wird.[41]

§ 14 LHG BW lässt die Gründung von rechtlich unselbständigen Stiftungen zur Körperschaftsvermögensverwaltung zu. Darüber hinaus dürfte – jedenfalls für Baden-Württemberg – davon auszugehen sein, dass die Errichtung von Stiftungen zwecks Ausgliederung der Rechenzentren unzulässig und somit nicht zweckmäßig wäre.[42]

---

33 *Saenger*, Gesellschaftsrecht, 2. Auflage 2013, Rn. 491.
34 *Saenger*, Gesellschaftsrecht, 2. Auflage 2013, Rn. 491.
35 Daneben existieren außerdem kirchliche Stiftungen, die zusätzlich dem Kirchenrecht unterliegen.
36 *Ehlers*, in: *Erichsen/Ehlers*, Allgemeines Verwaltungsrecht, 14. Auflage 2010, § 1 Rn. 15.
37 Vgl. § 20 Abs. 1 Stiftungsgesetz BW sowie § 67 Abs. 1 LHG BW.
38 Siehe www.krz-swd.de/de/rechenzentrum/index.php?thisID=7, zuletzt aufgerufen am 12. Oktober 2015.
39 *Saenger*, Gesellschaftsrecht, 2. Auflage 2013, Rn. 478.
40 *Ehlers*, in: *Erichsen/Ehlers*, Allgemeines Verwaltungsrecht, 14. Auflage 2010, § 1 Rn. 15.
41 *Ehlers*, in: *Erichsen/Ehlers*, Allgemeines Verwaltungsrecht, 14. Auflage 2010, § 1 Rn. 15.
42 Streng zu trennen ist diese Frage freilich von der Zulässigkeit und Zweckmäßigkeit der gänzlichen Organisation einer Hochschule als Stiftung.

2.3 Privatrechtliche Kooperationsformen

Ob den Rechenzentren neben öffentlich-rechtlichen Kooperationsmöglichkeiten auch privatrechtliche Kooperationsformen offen stehen, hängt zunächst davon ab, ob und inwieweit das jeweilige Landesrecht dies gestattet. Eine Ermächtigungsgrundlage zur wirtschaftlichen Betätigung in privatrechtlicher Form findet sich in § 13a LHG BW. Angesichts des an Zweckverbände gerichteten Verbots in § 6 Abs. 5 S. 9 LHG BW, selbst ein privatrechtliches Unternehmen zu gründen oder sich an einem solchen zu beteiligen, kommt als Gründer jedoch nur die Hochschule selbst als Körperschaft des öffentlichen Rechts in Betracht; dem dürfte die gesetzgeberische Zielsetzung einer Absicherung der unmittelbaren Verantwortung des Rektorats zugrundeliegen, vgl. § 13a Abs. 1 LHG BW. An einem nach diesen Maßgaben errichteten wirtschaftlichen Unternehmen könnten sich in der Folge andere Hochschulen auf der Grundlage des § 13a LHG BW beteiligen.

2.3.1 Zulässigkeit privatrechtlicher Organisationsformen

Zunächst statuiert § 13a Abs. 1 LHG BW einen Vorrang der Eigenerledigung der Hochschulen betreffend wirtschaftliche Betätigungen. Das Gesetz geht dabei davon aus, dass die wirtschaftliche Betätigung in unmittelbarer Verantwortung des Rektorats den Grundsatz darstellt.[43] Eine wirtschaftliche Betätigung in privatrechtlicher Form bedarf der besonderen Rechtfertigung durch die nachfolgenden Absätze des § 13a LHG BW.[44] Allerdings ist fraglich, ob und inwieweit der Betrieb eines Hochschulrechenzentrums überhaupt unter den Begriff der „wirtschaftlichen Betätigung" fällt. Dies kann nach derzeitigem Stand nicht abschließend beantwortet werden, denn zu dem im April 2014 eingefügten § 13a LHG BW besteht noch keine belastbar erkennbare Linie in Rechtsprechung bzw. Schrifttum zur Definition der Wirtschaftlichkeit.

Allerdings kann insoweit wohl auf die Maßgaben des § 102 GemO BW rekurriert werden. Diese Vorschrift befasst sich mit der Zulässigkeit der wirtschaftlichen Betätigung durch Gemeinden. Der Begriff des wirtschaftlichen Unternehmens wird hier allgemein definiert als eine Einrichtung, die auch von einem Privatunternehmer mit der Absicht der Gewinnerzielung betrieben werden kann.[45] Gemeindliche wirtschaftliche Unternehmen unterscheiden sich von privaten wirtschaftlichen Unternehmen mithin nur insoweit, als dass sie von der Gemeinde betrieben werden.[46]

---

43 *Sandberger*, Landeshochschulgesetz Baden-Württemberg – Heidelberger Kommentar, 2013, § 2 Rn. 1.

44 *Sandberger*, Landeshochschulgesetz Baden-Württemberg – Heidelberger Kommentar, 2013, § 2 Rn. 2.

45 BVerwGE 39, 329, 333; *Engels/Heilshorn*, Kommunalrecht Baden-Württemberg, 10. Auflage 2015, § 19 Rn. 19.

46 *Lange*, Kommunalrecht, 2013, § 19 Rn 14.

Gewinnerzielungsabsicht ist allerdings nicht konstitutives Merkmal für den Tatbestand des wirtschaftlichen Unternehmens des § 102 GemO BW.[47] Es erscheint hinsichtlich der Eigenschaft der Gemeinde als Selbstverwaltungskörperschaft und der sich zwischen § 102 GemO BW und § 13a Abs. 1, 2 LHG BW überschneidenden Tatbestandsvoraussetzungen dem Willen des Gesetzgebers zu entsprechen, im Rahmen des § 13a LHG BW eine entsprechende Auslegung vorzunehmen.[48]

Zieht man mithin die dem Kommunalrecht entspringende Definition heran, so ergibt sich, dass auch Private ein Rechenzentrum betreiben könnten. Fraglich ist allerdings, wie es sich verhält, wenn das Unternehmen von vornherein nur für die Hochschulen bzw. deren Mitglieder selbst tätig sein soll (auch § 102 GemO BW geht grundsätzlich von einem „Service" nur für die Einwohner aus, vgl. § 102 Abs. 7). Möglich wäre es, sich diesbezüglich am Begriff der Wirtschaftlichkeit aus dem Vereinsrecht zu orientieren. Nach dort herrschender Meinung liegt eine wirtschaftliche Tätigkeit dann vor, wenn der Verein eine planmäßige, anbietende und entgeltliche Tätigkeit entfaltet. Dabei ist unerheblich, ob diese Tätigkeit an einem äußeren Markt oder lediglich den eigenen Mitgliedern angeboten wird.[49] Abzustellen ist insoweit insbesondere darauf, ob eine Anbieter-Kunden-Beziehung zwischen Rechenzentrum und Nutzern besteht. Dies kann je nach Aufgabe und Ausgestaltung des Rechenzentrums unterschiedlich sein – und deshalb gerade nicht pauschal beurteilt werden.

Selbst wenn man nach alledem zu dem Ergebnis käme, dass bei der gewählten Kooperation keine wirtschaftliche Betätigung iSd § 13a Abs. 1 LHG BW vorliegt, würde dies nicht dazu führen, dass die Hochschule bei der Gründung von privatrechtlichen Unternehmen von den Voraussetzungen der weiterhin in § 13a LHG BW enthaltenen Absätze entbunden wäre. Dieser Befund ergibt sich bereits aus dem Wortlaut des Abs. 2, der insoweit keinen Bezug auf Abs. 1 nimmt. Zudem ergibt sich dies aus dem Telos der folgenden Absätze, wonach die privatrechtliche Betätigung grundsätzlich nur subsidiär zulässig ist und die Hochschule sich durch ein privatrechtliches Unternehmen nicht der Einflussnahme, der Haftungsbegrenzung, den Tarifbestimmungen und anderen Pflichten entziehen darf. Ob dies im Rahmen wirtschaftlicher Betätigung iSd Abs. 1 erfolgen würde oder nicht, muss insoweit unerheblich sein.

2.3.2 Subsidiaritätsvorbehalt

Folglich ist insbesondere § 13 Abs. 2 Nr. 1 LHG BW zu beachten, demzufolge die privatrechtliche Aufgabenerfüllung subsidiär gegenüber derjenigen in Eigenver-

---

47 *Hafner*, in: *Aker/Hafner/Notheis*, Gemeindeordnung, Gemeindehaushaltsverordnung Baden-Württemberg, 2013, § 102 GemO BW Rn. 23; *Lange*, Kommunalrecht, 2013, § 19 Rn 15.

48 Vgl. auch *Sandberger*, Landeshochschulgesetz Baden-Württemberg – Heidelberger Kommentar, 2013, § 2 Rn. 3.

49 BVerwGE 105, 313, 316; *Grunewald*, Gesellschaftsrecht, 9. Auflage 2014, § 8 Rn. 27.

antwortung ist. Ein privatrechtliches Unternehmen als Kooperationsform darf nur dann gewählt werden, wenn dadurch die zu bewältigende Aufgabe besser und wirtschaftlicher als mit eigenen Mitteln erfüllt werden kann. Voraussetzung für eine privatwirtschaftliche Betätigung ist mithin jedenfalls eine positiv verlaufende Wirtschaftlichkeitsprüfung.[50]

Ob § 13a Abs. 2 Nr. 1 LHG BW auch eine Subsidiarität gegenüber öffentlich-rechtlichen Kooperationsformen statuiert, ergibt sich nicht eindeutig aus dem Gesetzeswortlaut. Für eine solche Subsidiarität spricht jedoch, dass Sinn und Zweck der Vorschrift gerade ist, eine übermäßige Privatisierung der Aufgabenerfüllung von Hochschulen dort zu verhindern, wo diese auf öffentlich-rechtlichem Wege ebenso gut und wirtschaftlich gelingen kann.

Als Rechtsformen kommen im Bereich des Privatrechts vor allem körperschaftliche Gesellschaften in Frage. Denn Personengesellschaften lassen – abgesehen von der Kommanditistenstellung bei der Kommanditgesellschaft (KG)[51] – eine unbeschränkte Haftung der Gesellschafter zu und dürften zudem keinen ausreichenden Einfluss auf die Gesellschaft eröffnen.[52] Dieser Befund wird bekräftigt durch einen Blick auf § 13a Abs. 2 Nr. 3, Nr. 4 LHG BW: Zwar weicht § 13a Abs. 2 Nr. 4 LHG BW von der alten Fassung des Gesetzeswortlautes insoweit ab, als dass die beschränkte Haftung nicht mehr Erfordernis einer privatwirtschaftlichen Betätigung zu sein scheint. Doch ergibt sich etwas anderes aus dem Willen des Gesetzgebers, der erkennbar davon ausging, die bisherige Regelung des § 2 Abs. 5 S. 1 Nr. 4 LHG BW in die neue Vorschrift zu übernehmen.[53]

Im Folgenden wird auf die denkbaren jeweiligen Rechtsformen eingegangen.

2.3.3 Eingetragener Verein (e. V.)

Der eingetragene Verein (e. V.) ist jedenfalls für die wirtschaftliche Betätigung wenig geeignet.[54] Denn das BGB als maßgebliche Gesetzesmaterie geht davon aus, dass eingetragene Vereine ideelle Zwecke verfolgen. Anderenfalls wäre gemäß § 22 BGB eine staatliche Verleihung erforderlich, die nur in sehr wenigen Fällen er-

---

50 Vgl. *Sandberger*, Landeshochschulgesetz Baden-Württemberg – Heidelberger Kommentar, 2. Auflage 2015, § 13a Rn. 3.

51 Sowie als mitgliedschaftlich organisierte Genossenschaft (eG) mit ihrer Möglichkeit der Haftungsbeschränkung.

52 Vgl. so auch *Sandberger*, Landeshochschulgesetz Baden-Württemberg – Heidelberger Kommentar, 2. Auflage 2015, § 13a Rn. 4.

53 Vgl. Gesetzesentwurf des Landtags, Drittes Gesetz zur Änderung hochschulrechtlicher Vorschriften (Drittes Hochschulrechtsänderungsgesetz – 3. HRÄG), Drucksache 15/4684, 04. 02. 2014, S. 181; im Ergebnis so auch *Sandberger*, Landeshochschulgesetz Baden-Württemberg – Heidelberger Kommentar, 2. Auflage 2015, § 13a Rn. 4.

54 *Grunewald*, Gesellschaftsrecht, 9. Auflage 2014, § 8 Rn. 1.

folgt.[55] Vielmehr sind andere privatrechtliche Körperschaften nach dem Willen des Gesetzgebers für eine wirtschaftliche Zwecksetzung vorgesehen.

2.3.4 Aktiengesellschaft (AG)

Die Funktion der Aktiengesellschaft (AG) besteht darin, eine Vielzahl von Kapitaleinsätzen unternehmerisch zu organisieren.[56] Charakteristika der Aktiengesellschaft sind der Ausschluss der Gesellschafterhaftung und die erleichterte Übertragbarkeit von Gesellschaftsanteilen (Aktien) sowie ausdifferenzierte und zwingende Regelungen zur Innenstruktur der AG zum Schutz ihrer Aktionäre.[57] Gerade letzteres führt zu einer gering(er)en Attraktivität der AG für Hochschulkooperationsprojekte. Denn solche Hochschulkooperationen werden sich regelmäßig gerade durch eine geringe Zahl Beteiligter auszeichnen. Rechtlich erheblich weniger aufwändig und zudem flexibler wäre daher der Rückgriff auf die Gesellschaft mit beschränkter Haftung (GmbH).[58]

2.3.5 Gesellschaft mit beschränkter Haftung (GmbH)

Die Gesellschaft mit beschränkter Haftung (GmbH) zeichnet sich gegenüber der AG insbesondere durch eine regelmäßig geringere Zahl von Gesellschaftern und deren engere Bindung untereinander aus.[59] Zudem ist das GmbH-Recht in größerem Maße dispositiv und ermöglicht so eine den Anforderungen an das Unternehmen angepasste Gestaltung des Gesellschaftsvertrages.[60] Zudem ist die GmbH dadurch geprägt, dass die Gesellschafter prinzipiell nicht für die Gesellschaft haften, sondern lediglich mit ihrer verpflichtenden Einlage. Darüber hinaus ist die Gründung der GmbH durch die geringeren Auflagen einfacher und billiger.

Auch für die GmbH kann zur Illustration auf einige Beispiele verwiesen werden.

2.3.5.1 Beispiel KRBF GmbH

Im Bereich der kommunalen Rechenzentren findet sich u. a. das Kommunale Rechenzentrum Baden-Franken GmbH (KRBF GmbH), eine 100 %-Tochter des Zweckverbandes KIVBF (siehe oben). Es handelt sich insofern um einen kommunalen Zweckverband, für den das Verbot des § 6 Abs. 5 S. 9 LHG BW nicht eingreift.

---

55 *Grunewald*, Gesellschaftsrecht, 9. Auflage 2014, § 8 Rn. 1.
56 Vgl. *Saenger*, Gesellschaftsrecht, 2. Auflage 2013, Rn. 521.
57 *Roth/Weller*, Handels- und Gesellschaftsrecht, 7. Auflage 2010, Rn. 433.
58 Vgl. *Roth/Weller*, Handels- und Gesellschaftsrecht, 7. Auflage 2010, Rn. 436.
59 *Saenger*, Gesellschaftsrecht, 2. Auflage 2013, Rn. 724.
60 *Roth/Weller*, Handels- und Gesellschaftsrecht, 7. Auflage 2010, Rn. 435.

Die KRBF GmbH bietet IT-Fachlösungen für Kommunen, sonstige öffentlich-rechtliche Körperschaften und kommunale Wirtschaftsunternehmen, die nicht Mitglied im Zweckverband Kommunale Informationsverarbeitung Baden-Franken sind.[61]

2.3.5.2 Beispiel regio it

Ein weiteres Beispiel aus dem kommunalen Bereich ist die *regio it* Gesellschaft für Informationstechnologie mbh (*regio it*) mit Sitz in Aachen und Gütersloh, ein IT-Dienstleister für Kommunen, Schulen, Energieversorger und Entsorger sowie Non-Profit-Organisationen in den Bereichen IT-Service und -Betrieb, Verwaltung und Finanzen, Energie und Entsorgung sowie Bildung und Entwicklung.[62] Die Gesellschafter von regio it bestehen weitestgehend aus Kommunen und Kommunalverbänden.

2.3.6 Gemeinnützige GmbH

Eine GmbH kann einen steuerrechtlichen Sonderstatus erlangen, wenn sie gemeinnützige Zwecke selbstlos, ausschließlich und unmittelbar fördert. Eine solche gemeinnützige GmbH (gGmbH) hat, abgesehen von der expliziten Zulässigkeit der gGmbH als Firma gem. § 4 S. 2 GmbHG, keinen gesonderten gesellschaftsrechtlichen Status. Steuerrechtlich können sich allerdings insoweit Vorteile ergeben, als dass die gGmbH – unter anderem – gem. § 5 Abs. 1 Nr. 9 KStG von der Körperschaftssteuer und gem. § 3 Nr. 6 GewStG von der Gewerbesteuer befreit ist. Als gemeinnütziger Zweck ist auch die Förderung von Wissenschaft und Forschung gesetzlich anerkannt (§ 52 AO).

Gemeinnützigkeit iSd Abgabenordnung ist dabei aber nur dann gegeben, wenn der Zweck der Körperschaft (abseits des eigentlichen Wortlauts) im Interesse der Allgemeinheit liegt.[63] Ob diese Voraussetzung bei einer Rechenzentrumskooperation auf Hochschulebene gegeben ist, erscheint fraglich. Nutznießer der Kooperation wären in erster Linie die Hochschulen als Kunden und Gesellschafter. Aber auch Wissenschaftler und sonstiges Personal und Studierende würden ggf. von den Früchten der Kooperation profitieren.

Entscheidend dürfte im Einzelfall sein, ob der eigentliche Zweck der Gesellschaft über finanzielle Aspekte hinausgeht und inwieweit die Mitglieder der Hochschulen unmittelbar „gefördert" werden. Denn nach der Rechtsprechung des Bundesfinanzhofs ist Gemeinnützigkeit dann ausgeschlossen, wenn die Körperschaft ausschließlich Mitglieder fördert und sich hieraus ein fest abgeschlossener

---

61 Vgl. www.kivbf.de/pb/,Lde/start/KIVBF/Unser+Auftrag.html, zuletzt aufgerufen am 12. Oktober 2015.

62 Vgl. www.regioit.de/home.html, zuletzt aufgerufen am 12. Oktober 2015.

63 *Koenig*, Abgabenordnung, 3. Auflage 2014, § 52 Rn. 18.

oder nach abstrakten Merkmalen bestimmbarer dauerhaft kleiner Personenkreis ergibt.[64] Stellt man auf die Hochschulen als Gesellschafter ab, so könnte die Gemeinnützigkeit nach dieser Rechtsprechung und nach dem Gesetzeszweck, altruistische Aktivitäten zu fördern,[65] zu verneinen sein.[66]

2.3.7 Genossenschaft

Die Genossenschaft ist eine Gesellschaft, deren Zweck darauf gerichtet ist, die wirtschaftlichen, sozialen oder kulturellen Belange ihrer Mitglieder durch gemeinschaftlichen Geschäftsbetrieb zu fördern, § 1 Abs. 1 GenG. Wichtiges Merkmal der Genossenschaft ist das gemeinsame Wirtschaften der Beteiligten. Eine reine Kapitalbeteiligung, wie etwa bei der GmbH oder der AG, reicht in dieser Rechtsform nicht aus.[67] Die Förderung der Mitglieder erfolgt in der Praxis regelmäßig durch Geschäfte zu Konditionen, die das einzelne Mitglied auf dem Markt selbst gerade nicht erzielen kann. Jedes der Mitglieder wirtschaftet zwar einerseits weiter selbständig, ist aber zur aktiven Förderung der Belange verpflichtet. Mitglieder können (sofern in der Satzung so vorgesehen) auch juristische Personen des öffentlichen Rechts sein, wie etwa § 30 Abs. 2 Nr. 1 GenG zeigt.[68]

Allerdings ist § 13a Abs. 2 Nr. 4 LHG BW zu berücksichtigen, wonach die Einlageverpflichtung der Hochschule auf einen bestimmten und ihrer Leistungsfähigkeit angemessenen Betrag begrenzt werden muss. Daraus ergibt sich, dass die Nachschusspflicht iSd § 119 GenG beschränkt bzw. ausgeschlossen werden muss.[69] Eine solche Regelung ist gem. § 6 Nr. 3 GenG durch Satzungsrecht vorzunehmen.

Die Genossenschaft als Kooperationsform, die zwar nach außen hin am Markt auftritt, aber die Förderung der Belange der Mitglieder im Fokus hat, dürfte unter gewissen Voraussetzungen eine geeignete Form der privatwirtschaftlichen Kooperation von Rechenzentren sein.[70] Dies ist insbesondere dann anzunehmen, wenn der Kooperationsverband in erster Linie dazu dient, den Mitgliedern den Abschluss von Fördergeschäften zu ermöglichen.[71] Es läge also eine losere Bindung vor als bei Zweckverband oder GmbH.

---

64 BFH I R 36/76, BStBl. II 1979, 492; *Koenig*, Abgabenordnung, 3. Auflage 2014, § 52 Rn. 18.

65 Vgl. *Koenig*, Abgabenordnung, 3. Auflage 2014, § 52 Rn. 19.

66 Anderer Auffassung sind offenbar die Hochschulen im Falle der HIS Hochschul-Informations-System eG, vgl. § 2 Abs. 1 ihrer Satzung, vgl. www.his.de/fileadmin/user_upload/ PDFs/satzung_his_eg_28012014.pdf, zuletzt aufgerufen am 12. Oktober 2015.

67 Vgl. *Saenger*, Gesellschaftsrecht, 2. Auflage 2013, Rn. 478.

68 So auch *Pöhlmann/Fandrich/Bloehs*, Genossenschaftsgesetz, 4. Auflage 2012, § 15 Rn. 3.

69 Vgl. so auch *Pöhlmann/Fandrich/Bloehs*, Genossenschaftsgesetz, 4. Auflage 2012, § 15 Rn. 3 mit Hinweis auf § 103 Abs. 1 Nr. 4 GemO BW.

70 Für ein Beispiel eines genossenschaftlich organisierten Rechenzentrums in der Privatwirtschaft vgl. www.datev.de/portal/ShowPage.do?pid=dpi&nid=309, zuletzt aufgerufen am 12. Oktober 2015.

71 Vgl. *Saenger*, Gesellschaftsrecht, 2. Auflage 2013, Rn. 516.

Prominentes Beispiel einer eG von Hochschulen ist die HIS Hochschul-Informations-System eG, deren Geschäftsgegenstand gem. § 2 Abs. 2 ihrer Satzung die Entwicklung sowie Pflege und Wartung von IT-Verfahren zur Unterstützung der Mitglieder bei der Aufgabenerfüllung sowie die Mitwirkung bei deren Einführung und Anwendung und die Bereitstellung von IT-Diensten einschließlich der Erbringung informationstechnischer und beratender Dienstleistungen für Mitglieder ist.[72]

2.4 Vergleichende Gegenüberstellung

Welche Rechtsform für eine Kooperation gewählt werden kann und soll, wird vom konkreten Einzelfall abhängen. Die durch Kooperationen und Vernetzungen verfolgten Ziele können sowohl durch öffentlich-rechtliche als auch durch privatrechtliche Kooperationen erreicht werden. In öffentlich-rechtlicher Hinsicht steht die Flexibilität von öffentlich-rechtlichen Vereinbarungen dem vergleichsweise engen institutionellen Korsett des Zweckverbandes gegenüber.

Der privatrechtliche Weg sieht sich angesichts § 13a LHG BW erheblichen gesetzlichen Hürden ausgesetzt: So ist vor allem auch an das mögliche Bestehen eines Subsidiaritätsvorbehalts zu denken. Lohnend kann ein solcher Weg gleichwohl insbesondere dann sein, wenn dritte, hochschulfremde natürliche oder juristische Personen an der Kooperation beteiligt werden sollen. Allerdings ist diese Möglichkeit jedenfalls in Baden-Württemberg mit § 6 Abs. 5 LHG BW (mit der Einschränkung durch S. 9) auch für den Zweckverband vorgesehen. Vorteilhaft kann schließlich sein, dass eine geringere Zweckbindung gegenüber dem Zweckverband und insoweit unter Umständen eine größere unternehmerische Flexibilität bestehen dürfte. Allerdings wird die Einflussnahme und Kontrollierbarkeit dann auch entsprechend eingeschränkt sein.

Die „richtige“ Lösung hängt nach alledem von der konkreten Tätigkeit des Hochschulrechenzentrums, der genauen Zielsetzung der Kooperation und den zu beteiligenden Mitgliedern ab. Eine individuelle Einzelfallberatung dürfte in jedem Fall angezeigt sein. Schließlich sind über das bisher Ausgeführte hinaus auch vergaberechtliche Herausforderungen zu vergegenwärtigen, auf die nunmehr der Blick gerichtet werden soll.

3 Vergaberechtliche Überlegungen

Im Kontext der Zusammenarbeit von Hochschulrechenzentren können sich nicht zuletzt auch vergaberechtliche Fragen stellen. Das europäische Vergaberecht, dessen Vorgaben in Deutschland vor allem durch die §§ 97 ff. GWB umgesetzt sind,

---

72 Vgl. www.his.de/willkommen.html, zuletzt aufgerufen am 12. Oktober 2015.

dient dazu, die Verwirklichung des Gleichbehandlungsgrundsatzes der europäischen Grundfreiheiten des AEUV bei der wirtschaftlichen Betätigung des Staates abzusichern. Das Vergaberecht dient mithin der Liberalisierung des öffentlichen Auftragswesens.

Wenn und soweit der Staat als Marktakteur tätig wird, soll durch einheitlich und transparent ausgestaltete Verfahren die Gleichbehandlung von Marktteilnehmern sichergestellt werden. Somit können öffentliche Auftraggeber unter bestimmten Voraussetzungen gerade keine willkürlichen Entscheidungen zur Auswahl für oder gegen einen Bewerber treffen.

Falls Hochschulen beziehungsweise Hochschulrechenzentren untereinander kooperieren, können diese Grundsätze relevant werden, da es auch denkbar wäre, die gemeinsame Aufgabenerfüllung durch Private durchführen zu lassen, etwa ein privates Unternehmen die Rechenzentren bereitstellen zu lassen oder mit der Server-Wartung zu beauftragen.

3.1 Anwendbarkeit des Vergaberechts bei universitären Kooperationen

Handelt es sich bei einem Projekt um einen Auftrag durch einen öffentlichen Auftraggeber nach Maßgabe der §§ 97 ff. GWB, können die vergaberechtlichen Vorschriften ab bestimmten Schwellenwerten zur Anwendung kommen, was zur Folge hätte, dass der Inhalt der geplanten Kooperation öffentlich ausgeschrieben werden und den allgemeinen Grundsätzen des Vergaberechts entsprechen müsste.

3.1.1 Hochschulen als öffentliche Auftraggeber iSd § 98 GWB

Der personelle Anwendungsbereich des nationalen Vergaberechts ist in § 98 GWB statuiert. Hierbei sind „wissenschaftliche Hochschulen und verfasste Studentenschaften“ als juristische Personen des öffentlichen Rechts iSd § 98 Nr. 2 GWB zu verstehen.

3.1.2 Kooperationen als öffentliche Aufträge

In den §§ 100 ff. GWB finden sich einige Ausnahmetatbestände für die Anwendbarkeit des EU-Vergaberechts: Nach § 100a Abs. 3 GWB findet das Vergaberecht keine Anwendung auf „die Vergabe von Dienstleistungsaufträgen an eine Person, die ihrerseits Auftraggeber nach § 98 Nummer 1, 2 oder 3 ist und ein auf Gesetz oder Verordnung beruhendes ausschließliches Recht hat, die Leistung zu erbringen“.[73] Der Ausnahmetatbestand setzt dabei im Wesentlichen zweierlei voraus:

---

73 Vgl. auch Art. 18 Vergabekoordinierungsrichtlinie, Richtlinie 2004/18/EG vom 31. März 2004.

Zum einen muss die beauftragte Person ihrerseits ein öffentlicher Auftraggeber sein. Das wäre beispielsweise dann der Fall, wenn eine Hochschule von anderen Hochschulen mit der Wahrnehmung bestimmter Aufgaben beauftragt (vgl. vorstehend RHRK) oder wenn eine Körperschaft des öffentlichen Rechts geschaffen würde, die mit der Aufgabenwahrnehmung betraut ist (vgl. vorstehend KIRU).

Zudem ist nach § 100a Abs. 3 GWB Voraussetzung, dass diese Person das ausschließliche Recht hat, die Leistung zu erbringen. Es handelt sich insofern um eine Ausnahmeregelung für staatsinterne Vorgänge.[74] Aus dem Merkmal der Ausschließlichkeit geht hervor, dass lediglich staatliche Monopole vom Tatbestand erfasst sind.[75] Davon ist im Rahmen der Hochschulkooperation gerade nicht auszugehen, da den Hochschulen in der Regel gerade mehrere Möglichkeiten der öffentlich-rechtlichen und privatrechtlichen Kooperation im Verwaltungsbereich offen stehen.

3.1.3 Schwellenwerte

Ein Projekt ist gem. § 100 GWB zudem nur dann ausschreibungspflichtig, wenn es einen bestimmten Schwellenwert überschreitet. Für Kooperationsprojekte von Rechenzentren, die allgemeine Liefer- und Dienstleistungsaufträge betreffen, gilt hier (gegenwärtig) ein Schwellenwert in Höhe von 207.000 €. Die Schwellenwerte gelten jeweils für ein Jahr und sind auf Grundlage der Vergabeverordnung zu schätzen. Werden die Schwellenwerte unterschritten, findet das europäische Recht keine Anwendung im Vergabeverfahren. Nach deutschem Recht gibt es dann auch keine anderweitigen verbindlichen Vergabeverfahren.[76]

3.2 Anwendbarkeit bei Public-Public-Partnerships (PuP)

Nach den bisherigen Ausführungen ist es also denkbar, dass ein Kooperationsprojekt der erheblichen Hürde eines Vergabeverfahrens ausgesetzt ist. Dies gälte selbst dann, wenn der Auftragnehmer seinerseits öffentlich-rechtlicher Natur ist, also etwa bei einem beauftragten Zweckverband oder wenn eine Hochschule von anderen Hochschulen zur Aufgabenwahrnehmung durch eine öffentlich-rechtliche Vereinbarung beauftragt wird.

Es besteht allerdings Einigkeit, dass dieses Ergebnis unter bestimmten Voraussetzungen einer Korrektur bedarf: Zweck des Vergaberechts ist die Verwirklichung

---

74 Vgl. *Reider*, in: *Montag/Säcker*, Münchener Kommentar Europäisches und Deutsches Wettbewerbsrecht (Kartellrecht), 2011, GWB § 100, Rn. 83.

75 Vgl. *Dreher*, in: *Immenga/Mestmäcker*, Wettbewerbsrecht Band 2 GWB/Teil 2, 5. Auflage 2014, § 100a GWB Rn. 35.

76 Vgl. dazu *Reider*, in: *Montag/Säcker*, Münchener Kommentar Europäisches und Deutsches Wettbewerbsrecht (Kartellrecht), 2011, GWB § 100, Rn. 5 f.

des Gleichbehandlungsgrundsatzes auf dem Markt, falls der Staat als Auftraggeber tätig wird. Dieser Zweck wird jedoch nicht unterlaufen, wenn es zu Public-Public-Partnerships (PuP) kommt. Wo öffentliche Stellen allfällige öffentliche Aufgaben erfüllen, tritt der Staat im eigentlichen Sinne nicht auf dem Markt auf. Der Staat erfüllt insofern vielmehr seine originären Aufgaben. Dass dies durch eine Kooperation verschiedener staatlicher Stellen erfolgt, ist gleichsam zufällig. Denn der Staat könnte, jedenfalls nach Unionsrecht, auch von vornherein gesetzlich ein zentrales Rechenzentrum für die gesamte Verwaltung vorsehen.[77] Ebenso besteht Einigkeit, dass der Staat sich dabei auch privatrechtlicher Rechtsformen bedienen dürfen soll, ohne dass ein Projekt dabei stets dem Vergaberecht unterfällt.[78]

3.2.1 Rechtsprechung des EuGH

Es hat sich vor diesem Hintergrund eine differenzierte Rechtsprechung des Europäischen Gerichtshofs (EuGH) entwickelt, die Vorgaben zur Vergaberechtsfreiheit von innerstaatlichen Kooperationsprojekten aufstellt.[79] Ein öffentlicher Auftraggeber ist danach unter drei kumulativen Voraussetzungen von der Ausschreibungspflicht befreit:

Erstens müssen öffentliche Auftraggeber 100 % der Anteile an der von ihnen gegründeten Gesellschaft halten. Zweitens müssen Auftraggeber auf die wichtigen und wesentlichen Entscheidungen der Gesellschaft Einfluss nehmen können;[80] erforderlich ist hierbei eine Kontrolle, die vergleichbar ist mit einer solchen über die eigenen Dienststellen.[81] Drittens darf die beauftragte juristische Person im Wesentlichen nur für ihre Anteilseigner tätig werden.[82]

---

77 Vgl. *Säcker/Wolf*, in: *Montag/Säcker*, Münchener Kommentar Europäisches und Deutsches Wettbewerbsrecht (Kartellrecht), 2011, GWB § 99 Rn. 89.

78 Vgl. *Hertwig*, Die Abgrenzung Öffentlich-Öffentlicher Partnerschaften von bloßen Auftragsverhältnissen, NZBau 2013, 278.

79 Der Gesetzgeber arbeitet für 2016 an einer umfassenden Reform des Vergaberechts unter Einschluss einer Umsetzung der RL 2014/24/EU. Art. 12 der RL 2014/24/EU sieht eine Kodifizierung der Grundsätze über die innerstaatliche Zusammenarbeit vor; im Wesentlichen wird an die Rechtsprechung des EuGH angeknüpft, weshalb auch im Folgenden auf diese eingegangen wird, vgl. auch *Ziekow*, Inhouse-Geschäft und öffentlich-öffentliche Kooperationen: Neues vom europäischen Vergaberecht?, NZBau 2015, 258, 264.

80 *Hertwig*, Die Abgrenzung Öffentlich-Öffentlicher Partnerschaften von bloßen Auftragsverhältnissen, NZBau 2013, 278.

81 *Säcker/Wolf*, in: *Montag/Säcker*, Münchener Kommentar Europäisches und Deutsches Wettbewerbsrecht (Kartellrecht), 2011, GWB § 99 Rn. 47.

82 Vgl. *Hertwig*, Die Abgrenzung Öffentlich-Öffentlicher Partnerschaften von bloßen Auftragsverhältnissen, NZBau 2013, 278, 278; *Säcker/Wolf*, Münchener Kommentar Europäisches und Deutsches Wettbewerbsrecht (Kartellrecht), 2011, GWB § 99 Rn. 47.

3.2.2 Anwendung auf Kooperationen von Rechenzentren

Zu untersuchen ist nunmehr, ob diese Kriterien bei den diskutierten Kooperationsmöglichkeiten erfüllt sind. Denkt man zunächst an die gemeinschaftliche Gründung einer privatrechtlichen Gesellschaft, so hat der EuGH für diese Fälle festgestellt, dass es ausreicht, wenn mehrere öffentliche Auftraggeber gemeinsam 100 % der Anteile halten und gemeinsam die Kontrolle über die juristische Person ausüben.[83] Zwar ist „Kontrolle" nicht gleichzusetzen mit einer Gesellschafterstellung. Es lassen sich aber im Gesellschaftervertrag gleichwohl die erforderlichen Vorkehrungen treffen, um dem benannten Kontrollerfordernis gerecht zu werden. Hat dagegen ein öffentlicher Auftraggeber keine hinreichende Kontrolle über die Gesellschaft, gilt die Befreiung von der Ausschreibungspflicht für diesen nicht.

Sollten mehrere Hochschulen lediglich eine öffentlich-rechtliche Vereinbarung abschließen wollen, wonach eine Hochschule allfällige Aufgaben im Auftrag einer anderen erfüllt (vgl. etwa das Beispiel RHRK), ist dies nach den aufgestellten Kriterien nicht unproblematisch. Denn es fehlt dem Grunde nach an dem Kontrollkriterium, da die beauftragte Hochschule weiterhin in eigener Verantwortung tätig wird. Der EuGH entschied in dieser Konstellation in der Rs. *Stadtreinigung Hamburg*, dass das Kontrollkriterium hier unter bestimmten Umständen nicht greift.[84] Dies soll dann der Fall sein, wenn nur öffentliche Stellen beteiligt sind, die Kooperationsvereinbarung der gemeinsamen Wahrnehmung im Allgemeininteresse liegender öffentlicher Aufgaben dient und ein kooperativer Charakter gegeben ist. Ein kooperativer Charakter ist insofern auch dann gegeben, wenn ein Beteiligter lediglich zu einer Kostenerstattung verpflichtet ist. Zudem wird wohl davon auszugehen sein, dass die EDV-Versorgung von Hochschulen eine öffentliche Aufgabe darstellt.

Wendet man sich schließlich der Möglichkeit eines öffentlich-rechtlichen Zweckverbandes mit eigener Rechtspersönlichkeit zu, so gilt dem Grunde nach das vorstehend Ausgeführte. Von einer Befreiung ist damit nur unter den drei benannten kumulativen Voraussetzungen auszugehen. Ist im Einzelfall das Kontrollkriterium nicht gegeben, lässt sich allerdings unter Umständen auf die Ausnahmeregelungen aus *Stadtreinigung Hamburg* zurückgreifen, wonach auch dann keine Ausschreibungspflicht bestünde.

---

83 EuGH, Urteil vom 13. 11. 2008 – C-324/07 – *Coditel Brabant*, Rn. 50; EuGH, Urteil vom 10. 09. 2011 – C-573/07 – *Sea*, Rn. 59.

84 EuGH, Urteil vom 09. 06. 2009 – C-480/06 – *Stadtreinigung Hamburg*.

4 Zusammenfassung in Thesen

1. Durch den technischen Fortschritt ergeben sich Möglichkeiten für Kooperationen, von denen Hochschulrechenzentren, insbesondere durch Wissenstransfer und finanzielle Einsparungen, in erheblichem Maße profitieren können.
2. Eine wichtige rechtliche Weichenstellung folgt daraus, ob und inwiefern die Landeshochschulgesetze hochschulübergreifende Kooperationen erlauben. Dies gilt auch und gerade bei bundesländerübergreifenden Kooperationen.
3. Die möglichen öffentlich-rechtlichen Kooperationsformen sind, abhängig vom jeweiligen Bundesland, die (flexiblere) öffentlich-rechtliche Vereinbarung, der Zweckverband und die gemeinsame Betriebseinheit.
4. Unter den privatrechtlichen Kooperationsformen kommen wegen des Erfordernisses der begrenzten Haftung regelmäßig nur Kapitalgesellschaften in Frage. Zur Auswahl unter diesen wird der Umfang des Projektes für die Rechtsformwahl entscheidend sein; grundsätzlich dürften die Rechtsformen der (g)GmbH oder der Genossenschaft vorzugswürdig sein.
5. Bei Kooperationen von Rechenzentren mit einem großen Auftragsvolumen sind vergaberechtliche Vorgaben zu vergegenwärtigen. Durch die Berücksichtigung bestimmter Kriterien und Ausgestaltungen wird allerdings regelmäßig die anzustrebende Ausschreibungsfreiheit gesichert werden können.

Literatur

Aker, B., W. Hafner und K. Notheis. 2013. *Gemeindeordnung, Gemeindehaushaltsverordnung Baden-Württemberg*. Stuttgart: Boorberg.

Emrich, R. 2000. *Das Regionale Hochschul-Rechenzentrum Kaiserslautern (RHRK), Praxis der Informationsverarbeitung und Kommunikation*, 178–180. Münster: Monsenstein und Vannerdat.

Engels, R. und T. Heilshorn. 2015. *Kommunalrecht Baden-Württemberg*. 10. Auflage. Baden-Baden: Nomos.

Erichsen, H. und U. Ehlers (Hrsg.). 2010. *Allgemeines Verwaltungsrecht*. 14. Auflage. Berlin/New York: de Gruyter.

Gesetzesentwurf des Landtags. 2014. *Drittes Gesetz zur Änderung hochschulrechtlicher Vorschriften (Drittes Hochschulrechtsänderungsgesetz – 3. HRÄG)*. Drucksache 15/4684, 04.02. 2014, 178.

Grosse, P., W. Held, J. Radloff und G. Tomaselli. 2010. *Geschichte der Zusammenarbeit der Rechenzentren in Forschung und Lehre. Praxis der Informationsverarbeitung und Kommunikation*, 66–76. Münster: Monsenstein und Vannerdat.

Grunewald, B. 2014. *Gesellschaftsrecht*. 9. Auflage. Tübingen: Mohr Siebeck.

Hertwig, S. 2013. *Die Abgrenzung Öffentlich-Öffentlicher Partnerschaften von bloßen Auftragsverhältnissen. Neue Zeitschrift für Baurecht und Vergaberecht*, 278–282. München: Beck.

Immenga, U. und E. Mestmäcker (Hrsg.). 2014. *Wettbewerbsrecht*. Band 2 GWB/Teil 2, 5. Auflage. München: Beck.

Koenig, U. 2014. *Abgabenordnung*. 3. Auflage. München: Beck.

Lange, K. 2013. *Kommunalrecht*. Tübingen: Mohr Siebeck.
v. Mangoldt, H., F. Klein und C. Starck (Hrsg.). 2010. *Kommentar zum Grundgesetz*. Band 2: Art. 20–82, 6. Auflage. München: Beck.
Maurer, H. 2011. *Allgemeines Verwaltungsrecht*. 18. Auflage. München: Beck.
Montag, F. und F. J. Säcker (Hrsg.). 2011. *Münchener Kommentar Europäisches und Deutsches Wettbewerbsrecht (Kartellrecht)*. Band 3 – Beihilfen- und Vergaberecht. München: Beck.
Pöhlmann, P., A. Fandrich und J. Bloehs. 2012. *Genossenschaftsgesetz*. 4. Auflage. München: Beck.
Roth, G. und M.-P. Weller. 2013. *Handels- und Gesellschaftsrecht*. 8. Auflage. München: Vahlen.
Saenger, I. 2013. *Gesellschaftsrecht*. 2. Auflage. München: Vahlen.
Sandberger, G. 2013. *Landeshochschulgesetz Baden-Württemberg – Heidelberger Kommentar*. 1. Auflage. Heidelberg: C. F. Müller.
Sandberger, G. 2015. *Landeshochschulgesetz Baden-Württemberg – Heidelberger Kommentar*. 2. Auflage. Heidelberg: C. F. Müller.
Wissenschaftsrat. 2013. *Perspektiven des Deutschen Wissenschaftssystems*. Drs. 3228-13, Braunschweig, 12. 07. 2013.
Ziekow, J. 2015. *Inhouse-Geschäft und öffentlich-öffentliche Kooperationen: Neues vom europäischen Vergaberecht? Neue Zeitschrift für Baurecht und Vergaberecht*, 258–264. München: Beck.

BFH I R 36/76, BStBl. II 1979, 492.
BVerwGE 39, 329.
BVerwGE 105, 313.
BVerwGE 106, 177.
EuGH, Urteil vom 13. 11. 2008 – C-324/07 – *Coditel Brabant*.
EuGH, Urteil vom 10. 09. 2011 – C-573/07 – *Sea*.
EuGH, Urteil vom 09. 06. 2009 – C-480/06 – *Stadtreinigung Hamburg*.

Websites

bwHPC-C5 – www.bwhpc-c5.de/
Dataport-Staatsvertrag – www.dataport.de/ueber-uns/zahlenfakten/Seiten/staatsvertrag.aspx
Datev eG – www.datev.de/portal/ShowPage.do?pid=dpi&nid=309
HIS Hochschul-Informations-System eG – www.his.de/willkommen.html
HIS Hochschul-Informations-System eG-Satzung – www.his.de/fileadmin/user_upload/PDFs/satzung_his_eg_28012014.pdf
KDRS – www.kdrs.de/pb/site/kdrs/node/3133/Lde/index.html
KIRU – www.rz-kiru.de/,Lde/Startseite/Unternehmen.html
KIRU-Satzung – www.rz-kiru.de/site/KIRU-Internet-Root/get/documents_E1716034046/KIRU/dictionaries/PDF/KIRU%20Satzung.pdf
KIVBF und KRBF GmbH – www.kivbf.de/pb/,Lde/start/KIVBF/Unser+Auftrag.html
KRZ Südwestdeutschland – www.krz-swd.de/de/rechenzentrum/index.php?thisID=7
regio iT Gesellschaft für Informationstechnologie mbh – www.regioit.de/home.html
RHRK – www.rhrk.uni-kl.de/home/
RHRK-Satzung – www.rhrk.uni-kl.de/wir/rechtsvorschriften/satzung/
ZENDAS – www.zendas.de/zendas/index.html
ZKI e. V. – www.zki.de/der-verein/

Dirk von Suchodoletz und Janne Chr. Schulz

Bericht vom Workshop „Governance in Kooperationen"

Der Workshop „Governance in Kooperationen" hat eine Brücke zwischen der „Beschreibung des Problemraums" in der ersten Hälfte und der Präsentation aktueller und individueller Lösungsansätze sowie ihrer Gegenüberstellung in einer Podiumsdiskussion in der zweiten Hälfte geschlagen.

Der erste Teil in Form eines kurzen „historischen" Abrisses fasste sowohl Anläufe in anderen Bundesländern als auch die Erfahrungen im Land Baden-Württemberg zusammen. Anschließend kamen sowohl die Dienste-Provider als auch deren Nutzer zu Wort, wobei durchaus ein Provider eines Dienstes als Nutzer eines anderen auftreten kann. Ergänzt wurde dieser Überblick durch individuelle Perspektiven ausgewählter Projekte mit ganz konkreten Herausforderungen für deren dauerhaften Betrieb und dessen Nachhaltigkeit. Die folgende Podiumsdiskussion skizzierte institutionalisierte Lösungsansätze. Diese Ansätze umfassten das Spektrum eines IT-Dienstleisters zur Strukturierung von Kooperation im öffentlichen Sektor, die bundes- und EU-weite Kooperation im Höchstleistungsrechnen, die kommunale Zusammenarbeit in einem Zweckverband mit Leistungsrechnung, das Genossenschaftsmodell am Beispiel der HIS e. G. für die Erstellung von Campus-Management-Software und den eingetragenen Verein für die Bereitstellung von Netzwerkkonnektivität sehr hoher Netzwerkbandbreiten. Komplementiert wurde die Darstellung durch Gedanken zu einem öffentlichen Kooperationsrecht. Die Diskussion bot dem Publikum die Chance, einzelne Aspekte mit den Referenten ausführlicher zu erörtern.

1 Das Workshop-Format

In diesem Beitrag werden die Ergebnisse des Workshops „Governance in Kooperationen" vorgestellt, die aus der Sicht der Autoren für die Teilnehmer der ZKI-Tagung interessant waren. Dieser Workshop war kein genuiner Bestandteil der Tagung wie die parallel stattfindenden Arbeitskreissitzungen. Die Organisation des Workshops bot sich einerseits an, um die Arbeitspakete zur Entwicklung von Governance-Strukturen der laufenden Projekte bwEKlausuren und bwCloud zu bearbeiten und Ideen für die Steuerung der HPC-Cluster im Landesverbund und für das Regionale

Dirk von Suchodoletz, Albert-Ludwigs-Universität Freiburg
Janne Chr. Schulz, Universität Mannheim

DOI:10.1515/9783110459753-003

Zentrum Virtualisierung zu gewinnen. Andererseits waren durch die ZKI-Tagung viele potenzielle Referenten und Gäste für den Workshop bereits in Freiburg.

Es wurden darüber hinaus Sprecher eingeladen, die konkrete Erfahrungen mit dem Thema „Governance in Kooperationen" gesammelt haben, sei es in Projekten oder in Organisation von Zweckverbänden, gemeinnützigen Vereinen, gemeinsam gegründeten Gesellschaften oder anderen Organisationsformen. Ein regionaler Schwerpunkt der Besucher des Workshops lag auf Baden-Württemberg. Es konnten aber auch Referenten aus Nordrhein-Westfalen, Hessen und Hamburg sowie von bundesweiten Institutionen gewonnen werden.

Obwohl der Workshop nicht unter der „ZKI-Flagge" organisiert wurde, hat die Programmkommission der ZKI-Tagung die Zusammenfassung der Ergebnisse aus dem Workshop gerne als Beitrag für die Haupttagung aufgenommen. Dies geschah sicherlich nicht nur, weil altbewährte ZKI-Mitglieder an der Gestaltung des Workshops mitarbeiteten, in deren Wirkenszeit die Administration von Rechenzeiten an Mainframes eine der zentralen Aufgaben von Rechenzentren war.

Das Tagungsmotto „Konzepte zur Zusammenarbeit" verdeutlichte, dass der ZKI e. V. Fragen in den Mittelpunkt stellt, mit denen sich die Workshop-Organisatoren durch ihre Rollen in der jeweiligen Institution seit einiger Zeit beschäftigen. In den unterschiedlichen Perspektiven darauf, wie Kooperation oder Zusammenarbeit organisiert und ausgefüllt wird, lag der Gewinn für die teilnehmenden ZKI-Mitglieder und Gäste, die auf der Tagung den Vorträgen folgten, auf dem dieser Textbeitrag beruht. Zu betonen ist, dass der Workshop nicht auf ein formal geschlossenes Ergebnis abzielte, sondern den Stand feststellen und damit einen Einstieg in weitergehende fruchtbare Diskussionen geben wollte.

Die Thematik und Fragestellungen von „Governance in Kooperationen" der Rechenzentren von Universitäten und Hochschulen begleiten die Akteure seit mehreren Jahrzehnten. Da sich bestimmte Fragestellungen immer wieder und regelmäßig zeigen, gibt der erste Teil des vorliegenden Textes einen Überblick über die Gründe zur Zusammenarbeit, über die Aspekte von Kooperationen, die berücksichtigt werden sollten, und über bislang ungeklärte Bereiche. Einige Herausforderungen werden exemplarisch an abgeschlossenen Projekten und laufenden Kooperationen illustriert.

Kooperationen brauchen, so eine Erkenntnis des Workshops, einen geeigneten institutionellen Rahmen, um langfristig leben und funktionieren zu können. Ebenso benötigen große Projekte Strukturen für ihre Lenkung, Weiterentwicklung und Konfliktlösung. Abgeleitet aus den Erfahrungen der Förderung von Großprojekten setzen inzwischen viele Ausschreibungen zur Beantragung von Mitteln die Beschreibung von Governance-Strukturen voraus. Dies gilt beispielsweise für alle größeren Projekte von Forschungskonsortien bei Zuwendungsgebern wie der DFG oder der EU-Kommission. Weitere thematische Felder sind Finanzen, Leistungserbringung und -abrechnung, Verrechnungsmodelle oder Service-Level-Agreements. Größere Herausforderungen liegen im Bereich des Personals, der Nachhaltigkeit bei kurzen Projektlaufzeiten und der Überführung von Projekten und Ergebnissen in betriebliche Strukturen von Hochschulrechenzentren.

2 Status quo

Die Vorgeschichte hält vielfach nutzbare Erfahrungen bereit, die in zwei Kurzvorträgen von W. Held und B. Lix am Beispiel Nordrhein-Westfalen dargelegt wurden. Zentrale Aussage der Vorträge war die Erkenntnis, dass Kooperationen von Rechenzentren die Unterstützung der höchsten Entscheidungsebene ihrer Hochschule wie Rektor oder Kanzler benötigen, um mit entsprechender Verhandlungsmacht und Durchsetzungskraft gegenüber Dritten ausgestattet zu sein. Zudem sollten die zentralen Institutionen der Hochschule eingebunden sein. Im NRW-Verbundprojekt (Rechnerverbund NRW)[1], war der Lenkungsausschuss, bestehend aus Personen aus Fakultäten, Rektorat und anderen zentralen Einrichtungen, die Entscheidungen herbeiführen können, ein maßgeblicher Erfolgsfaktor, genauso wie regelmäßige gegenseitige Konsultationen. Erfolge in Projekten bestehen nicht zwangsläufig nur aus der Erreichung der vereinbarten Ziele, sondern können weitere Faktoren wie Aufbau von Kommunikationsbeziehungen, Know-how-Transfer, Plattformen für weitere Zusammenarbeit, effiziente Ressourcennutzung oder die Verbesserung der Zufriedenheit der Mitarbeitenden umfassen. Wie Erfolg wirklich zu messen ist, wurde im Workshop nicht abschließend geklärt, jedoch wurde darauf hingewiesen, dass er sich aus vielen Faktoren ergibt, unter anderem aus dem Vertrauen der handelnden Personen.

Konkrete Herausforderungen für den Eintritt in die Zusammenarbeit von Rechenzentren hat W. Honigberger von der Hochschule Reutlingen in seinem Kurzvortrag mit dem Titel „Provider- und Nutzerperspektiven einer HAW“ zusammengefasst. Eine Kooperation wird, so Honigberger, unter der impliziten Erwartung eines Mehrwerts für alle beteiligten Seiten aufgebaut und umgesetzt. In den meisten Fällen streben die Partner eine Spezialisierung an und geben dafür bestimmte Tätigkeiten und Dienste ab. Für diese, auch hochschulartenübergreifende, Kooperationen genügt der traditionelle informelle Rahmen von Austauschvereinbarungen jedweder Art, beispielsweise per Handschlag, nicht mehr. Wenn Rechenzentren in neuer Funktion als Anbieter von Dienstleistungen für Nutzer auch außerhalb ihrer eigenen Hochschule auftreten, muss zudem das Selbstverständnis und die reflexive Sicht der Einrichtung auf sich selbst angepasst werden. Kunden und Anwender treten nun mit berechtigten Anliegen von außerhalb der eigenen Institu-

1 Vgl. beispielsweise www.uni-muenster.de/ZIV/Kooperationen/RV_NRW.html.

tion heran, denen die Einrichtung angemessen antworten können sollte. Mit der Providerfunktion gehen daher neue Aufgabenstellungen und Funktionen einher. Eine zusätzliche Rolle ist die des Nachfragenden, der bestimmte Dienste oder Produkte von außen hereinholt, um sie dann den eigenen Kunden anbieten zu können.

Weitere Kurzvorstellungen laufender Projekte bauten auf diesen Überlegungen auf: das „Regionale Zentrum Virtualisierung" (RZV), vertreten durch Ch. Reich von der Hochschule für angewandte Wissenschaften (HAW) in Furtwangen und M. Duffner von der Pädagogischen Hochschule Freiburg, „bwLehrpool und bwEKlausuren" von J. Münchenberg aus Offenburg und „bwCloud – Konzeptentwicklung für einen Landesdienst", präsentiert durch J. Chr. Schulz vom Rechenzentrum der Universität Mannheim. Die von ihrer Zusammensetzung, Laufzeit und Ausrichtung durchaus verschiedenen Projekte teilen sich eine Reihe von Fragestellungen.

Das Projekt RZV wurde in den Jahren 2013 bzw. 2014 im Zuge einer gemeinsamen Antragstellung mit einer Vereinbarung der Rechen- und Informationszentren der Hochschule Offenburg, der Universität Freiburg sowie der Pädagogischen Hochschule Freiburg und der Hochschule Furtwangen mit dem primären Ziel der gemeinschaftlichen Bearbeitung von kontinuierlich wachsenden und wechselnden Anforderungen und Entwicklungen innerhalb bestimmter IT-Bereiche heraus gegründet. Es dient dem Aufbau von verschiedenen Umgebungen für die Servervirtualisierung und der kooperativen Bereitstellung verschiedener Storage-Dienste. In diesem durch das Ministerium für Wissenschaft, Forschung und Kunst in Baden-Württemberg geförderten Hardwareprojekt sollen zentrale IT-Services in der Virtualisierung konsolidiert und gemeinsam betrieben und damit eine längerfristige Hardwarenachhaltigkeit[2] erreicht werden. Es soll den verschiedenen Einrichtungen der Hochschulen, Studierenden und Mitarbeitern einen zeitgemäßen Dienst für ihre Bedürfnisse anbieten. Weitere Ziele liegen in der Schaffung einer hohen Ausfallsicherheit mit geografischer Redundanz. Hierzu zählt auch die Gestaltung eines föderativen Managements, welches zudem ein kooperativ abgestimmtes Verrechnungsmodell umfasst. Die Herausforderung der Zielsetzung liegt hierbei in der fortwährenden Aktualisierung leistungsfähiger IT-Ausstattungen. Darin enthalten sind innovative Software und Dienste wie auch eine moderne IT-Infrastruktur, auf deren Basis diese betrieben werden kann. Da die Erweiterung der Dienste-Portfolios der Partner in der Beschaffung wie auch in der Wartung und Erweiterung kostenintensiv ist und von den einzelnen Einrichtungen allein nicht in diesem Umfang gestemmt werden kann, liegt das Augenmerk auf einer gemeinschaftlichen Zusammenarbeit, welche die Erweiterung durch Kostenaufteilung und Neuverteilung der Aufgaben an spezifiziertes Personal nutzt.

Für eine Leistungsverrechnung ist es notwendig, die Kosten zu identifizieren, um sie dann nach einem festzulegenden Schlüssel auf Nutzer umlegen zu können. Diese Herangehensweise, illustriert am am Beispiel der RZV StudiCloud, erfordert

---

2 Im Sinne regelmäßiger Ersatz- und Erweiterungsinvestitionen.

Umlage pro Jahr

	Furtwangen	Uni Freiburg	Offenburg	PH Freiburg
Anteile im Antrag (%)	10	70	10	10
Umlage in €	**2.000**	**14.000**	**2.000**	**2.000**

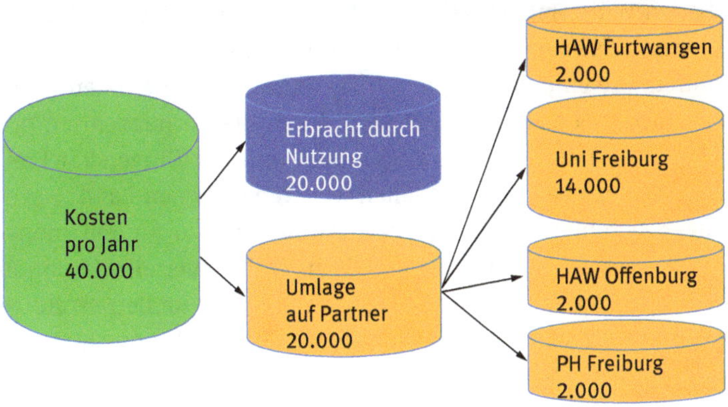

Abb. 1: Versuch der Entwicklung eines Umlage-Modells im RZV (Quelle: Folie des Referenten Ch. Reich).

ein Controlling der IT, welches für das föderative Management die Kostenquellen und Leistungserbringer der RZV-Dienste sowie Optimierungspotenziale identifiziert. Mit ihm können rechtzeitig Fehlentwicklungen erkannt und Maßnahmen zur Gegensteuerung ergriffen werden. Eine weitere Funktion des Controllings ist die Transparenz. So können die Rektorate der beteiligten Partner, die sich in einem gemeinsamen *Memorandum of Understanding* auf eine engere Zusammenarbeit geeinigt haben, ihren Anteil an der Kooperation nachvollziehen.

Für die erbrachten Leistungen bieten sich Mischformen der Abrechnung an. Einerseits kann die Verrechnung über Preise mit einem Prognosezeitraum von einem Jahr erfolgen, wobei die Preisbestimmung einer messbaren Nutzungseinheit auf der Basis der Servicekosten und der prognostizierten Service-Nutzung vorgenommen wird; andererseits wird eine Verrechnung über eine anteilige Umlage angestrebt, wenn die Nutzungsprognose nicht eintritt.

Das Leistungsverrechnungsmodell zeigt dem föderativen Management und den Nutzern, wie das Budget für die IT-Dienstleistungen eingesetzt wurde und liefert gleichzeitig Daten für eine mögliche Anpassung und Optimierung der Dienste. Das am Ende verwendete Leistungsverrechnungsmodell nach Preisen kann von den ermittelten Kosten abweichen. Die für die StudiCloud mit Standort Furtwangen entwickelten Komponenten aus Leistungsermittlung und Steuerung sollen in einem nächsten Schritt auf die weiteren RZV-Dienste wie Virtualisierungs-Cluster und Storage, betrieben am Standort Freiburg, übertragen werden. Die Verhältnisse der Nutzung dieser Dienste durch die einzelnen Partner werden erheblich von denen der StudiCloud abweichen. Für die Steuerung wird eine übergreifende Ebene gesucht, die alle Dienste umfasst, optimalerweise aber auch offen genug ist, spätere neue Kooperationen mit abzudecken.

Das Projekt bwLehrpool[3] bietet eine Infrastruktur zur zentralen Bereitstellung von virtuellen Desktopumgebungen für Lehr- und Prüfungszwecke für Lehrende an Hochschulen in Baden-Württemberg. Es offeriert die Chance, einfach und unabhängig von Dritten personalisierte Lehrumgebungen und interaktive Forschungsumgebungen zu schaffen, die eine flexible, multifunktionale Nutzung heterogener Rechner in Poolräumen erlauben. Das Projekt wird durch die Rechenzentren der Hochschule für Angewandte Wissenschaften Offenburg und der Universität Freiburg maßgeblich entwickelt und an verschiedenen weiteren HAWs im Land ausgerollt. Die Partner einigen sich hierzu auf eine Organisationsstruktur für den kooperativen bwLehrpool-Betrieb. Die räumlich in Baden-Württemberg verteilte Situation schafft ganz neue Herausforderungen für den Support. So können im Betrieb einige kritische Situationen auftreten, die nicht in allen Fällen durch die Ansprechpartner vor Ort gelöst werden können. Zu diesem Zweck werden spezielle Strukturen für das IT-Service-Management geschaffen wie beispielsweise spezielle Ticket-Bearbeitungsprozesse. Diese werden in Übereinkunft aller Beteiligten als Bewertungs-Prioritätenmatrix nach dem ITIL-Framework gestaltet und von Beginn an mit klaren Verantwortlichkeiten belegt. Auch hier sind Fragen der Leistungsverrechnung zwischen den Hochschulen zu klären und die Einsparpotenziale zu benennen. Offene Punkte des Projekts sind die Definition von einheitlichen Service-Level-Agreements, die Einrichtung eines Entscheidungsgremiums für Priorisierungen und Weiterentwicklungen, die Regelung der Haftung oder die Sicherung des Personalstamms für den zuverlässigen Betrieb. Wie beim Regionalen Zentrum Virtualisierung stellt sich die Frage, wie eine effektive übergreifende Organisations- und Steuerungsstruktur aussehen könnte, die solche Aktivitäten sinnvoll aufnehmen kann.

Das Landesprojekt bwCloud[4] entwickelt ein umsetzbares und belastbares Konzept zur föderierten Virtualisierung von Servern und Diensten für die Hochschulen in Baden-Württemberg. Insbesondere die Kombination der technischen und organisatorischen Flexibilisierung in der Bereitstellung von Ressourcen auf der einen und des Leistungsabrufs durch Nutzer und Anwender aus dem gesamten Land stellt im Landesprojekt bwCloud hohe Anforderungen an die zu entwickelnden Governance- und Steuerstrukturen, da die zu entwickelnde Lösung sowohl ausreichend flexibel sein muss, um bedarfsgerecht zu skalieren, ohne betriebliche Eigenschaften wie Stabilität der Infrastruktur zu vernachlässigen. Die hohe Flexibilität in der Verwendung der Ressourcen bedeutet aber auch, dass entsprechende Reporting-Modelle Fragen wie beispielsweise nach einem strukturierten Ausbau der Ressource fundiert und zeitnah beantworten können. Die Vereinbarung von nur

3 Projekt-Homepage bwlehrpool.hs-offenburg.de.
4 www.bw-cloud.org.

schwer vorhersehbaren Anforderungen an die Ressource und schwankenden Nachfragezeiträumen mit den klassischen Investitionsmodellen und -horizonten der betreibenden Standorte stellt einerseits eine zusätzliche Komplexität an die Steuerstrukturen dar. Andererseits bietet sich hier die Chance, durch ein diversifiziertes Anwenderfeld eine möglichst hohe Auslastung des Gesamtsystems zu erzielen.

Grundsätzlich konzentrieren sich die bwCloud-Steuerungs- und Governance-Strukturen auf drei Bereiche: 1. Weiterentwicklung des verteilten Betriebsmodells; 2. Steuerung und Weiterentwicklung des Services bzw. des Dienstes; 3. Integration und Organisation der Stakeholder- bzw. Anwendergruppen. Die Weiterentwicklung des verteilten Betriebsmodells bedeutet, dass die Steuerungsstrukturen in der Lage sein müssen, prinzipiell neue Betriebsstandorte aufzunehmen oder den Ausstieg bislang aktiver Betriebsstandorte unter Berücksichtigung des laufenden Betriebs zu organisieren. Dies setzt belastbare Vereinbarungen der Betriebsstandorte untereinander voraus, in denen Rechte und Pflichten, Fristen und Übergangsprozesse dokumentiert sind und deren Einhaltung durch die gemeinsamen Governance-Prozesse sichergestellt werden muss. Die Frage nach der Verankerung der bwCloud-Umgebungen an den jeweiligen Betriebsstandorten durch den Einsatz von qualifiziertem Betriebspersonal muss genauso in den Fokus gerückt werden. Nur durch dauerhafte Beschäftigungsverhältnisse kann eine nachhaltige Diensterbringung garantiert werden.

Da die Betriebsstandorte der bwCloud gleichzeitig Rechenzentren von öffentlichen Einrichtungen (Hochschulen) sind, ist die Einbindung und Integration von zusätzlichen Ressourcen aus anderen Quellen im Sinne der Weiterentwicklung und des Ausbaus des Services grundsätzlich umsetzbar. Dies vergrößert besonders das Nutzungsspektrum für Anwender aus dem wissenschaftlichen Bereich und steigert so die Attraktivität des Dienstes. Dabei ist zu beachten, dass, wenn die zusätzlichen Ressourcen nur an die bestehende Infrastruktur angebunden werden, lediglich dafür gesorgt werden muss, nur den berechtigten Benutzergruppen darauf Zugriff zu geben. Wenn jedoch im Zuge einer Konsolidierung der verfügbaren Mittel und zur Ausnutzung von Konzentrationseffekten Hardware in die bestehende Infrastruktur integriert werden soll – ein Vorgang, der betrieblich und organisatorisch vorgesehen ist – bedeutet dies für die Steuerung des Dienstes, dass die individuellen Bedingungen und Anforderungen, die mit den Mitteln für die Ressourcen verknüpft sind und von den Fördergebern ausgesprochen werden, beachtet und berücksichtigt werden müssen.

Den dritten Schwerpunkt der bwCloud-Steuerung betrifft die Integration und Organisation der unterschiedlichen Stakeholder- bzw. Anwendergruppen. Schwerpunkt des bwCloud-Services ist die Zurverfügungstellung von Basisinfrastruktur in Form von virtuellen Maschinen und deren Vernetzung. Unter diesen Bedingungen sind die Anwendergruppen sehr breit gestreut, was die Kommunikation mit ihnen erschwert. Besonders deutlich wird dies bei der Gruppe der Studierenden, die perspektivisch Zugang zur bwCloud bekommen sollen. Dennoch müssen Prozesse entwickelt werden, wie die Interessen und Anforderungen dieser Anwender(gruppen) Eingang in die Weiterentwicklung des Services finden und wie dies im Betriebsmodell operativ und organisatorisch abgebildet wird. Dafür Sorge zu tragen, dass 1. die unterschiedlichen Akteure und Parteien gemäß ihrer Rolle und ihres Anspruchs repräsentiert und gehört werden (Integration), dass 2. die vereinbarten Prozesse regelmäßig und rechtzeitig durchgeführt werden (Kontinuität), und dass es eine regelmäßige Überprüfung dieser Prozesse gibt (Evaluation), sind die Kernaufgaben der Steuerung und Koordination der bwCloud.

Insgesamt wurde nach Ansicht der am Workshop Beteiligten deutlich, dass Kooperationen insbesondere für kleinere Einrichtungen unausweichlich werden. Diese wollen jedoch die Auswahl der beteiligten Kooperationspartner selbst bestimmen, da Vertrauen in Einrichtungen und Personen zentrale Faktoren sind. Vertrauen als Bedingung gelungener Kooperation zieht sich wie ein roter Faden durch die verschiedenen Darstellungen. Ebenso unterstrich die Breite der Beiträge die Vielfältigkeit möglicher Kooperationsbeziehungen mit sehr unterschiedlichen Provider-Nutzer-Verhältnissen. Insbesondere kleinere Projekte und Kooperationen benötigen Rahmenstrukturen, in die sie sich einfach einfügen können, da oft nur sehr wenig Kapazität innerhalb eines Projekts hierfür reserviert werden kann. Einflüsse der politischen Ebenen sind zu verspüren: Hochschulen werden nicht nur zum engeren Austausch mit Wirtschaft und Gesellschaft, sondern auch zur verstärkten Kooperation untereinander angehalten. Diese Entwicklungen sollen langfristig funktionieren, was ohne entsprechende Strukturen nicht zu erreichen sein wird. Deshalb ist in vielen Projektausschreibungen etlicher Fördergeber seit einiger Zeit die Anforderung zu finden, die notwendigen Grundlagen für einen späteren dauerhaften Betrieb zu legen.

3 Lösungsansätze und Erfahrungen

Der zweite Teil des Workshops widmete sich der Vorstellung ausgewählter Lösungsansätze, wobei sowohl verschiedene Formen und Optionen von Kooperation als auch hierzu notwendige oder bereits implementierte Governance-Strukturen präsentiert wurden. Es wurde die Form der Podiumsdiskussion mit kurzen Eingangs-Statements genutzt, wobei die Sprecher aufgrund ihrer langen Erfahrung und als Fachleute ihres Gebiets ausgewählt wurden. Die Reihe wurde durch eine Darstellung der Entwicklung bei DARIAH-DE[5] durch P. Gietz eröffnet. Es folgte eine detaillierte Erörterung der rechtlichen Rahmenbedingungen für die Durchführung von Projekten im öffentlichen Bereich durch E. Richter von der Senatskanzlei der

5 Das Projekt unterstützt die mit digitalen Ressourcen und Methoden arbeitenden Geistes- und Kulturwissenschaftler in Forschung und Lehre (de.dariah.eu).

Hansestadt Hamburg. Als Vertreter des KIVBF hat H. Schöpflin das Modell Zweckverband kommunaler Rechenzentren vorgestellt. Anhand der Vorlage HIS e. G.[6] präsentierte Th. Walter vom Rechenzentrum der Universität Tübingen das Genossenschaftsmodell. Die Kooperation in Großverbünden von Wissenschaft und Wirtschaft wurde von M. Resch von der Universität Stuttgart am Beispiel der hww GmbH mit dem Gesellschafter HLRS[7] exemplarisch diskutiert. Der Ansatz der Gründung eines eingetragenen Vereins wurde durch J. Pattloch vom DFN, dem Daten- und Kommunikationsnetz für Forschung mit Sitz in Berlin, vertreten. In dieser Aufstellung hätten sich die Veranstalter des Workshops weitere Beispiele wie das Modell einer gGmbH, die Gebührenordnungen von wissenschaftlichen Bibliotheken oder die Steuerung von großen HPC-Verbünden gewünscht, was jedoch den geplanten zeitlichen Umfang des Workshops deutlich gesprengt hätte. Einige dieser Aspekte wurden daher in eingeladene Beiträge ausgelagert, die sich im Workshop-Teil des Tagungsbandes wiederfinden.

Das als Erstes vorgestellte DAASI International entwirft eine Modellierung von Kooperation für digitale Geisteswissenschaften, die sowohl die Nutzer und Provider von Diensten als auch die Mittelgeber zusammenbringt und hierfür geeignete Lenkungsstrukturen und Steuerungsgremien vorschlägt. Dabei handelt es sich bei DAASI International um einen technischen Dienstleister, der aus den Erfahrungen im Schwerpunktbereich AAI[8] heraus zunehmend als Koordinator von Anwendern und Ressourcen auftritt. Im von P. Gietz vorgestellten Modell wird gemeinsam mit den Nutzern und Dienstanbietern eine Abstraktionsschicht (DeISU) als organisatorische Schnittstelle zwischen heterogenen Anbietern, heterogenen Diensten, heterogenen Kunden und heterogenen Förderern aufgebaut. Die DeISU steht dabei in bilateralem Kontakt mit den einzelnen Parteien und handelt mit ihnen deren Anforderungen, Bedingungen und Leistungen aus. Sie schließt beispielsweise mit Service-Providern individuelle Vereinbarungen, die wiederum die Anforderungen der Nutzer beinhalten. Mit dem Aufbau der DeISU wird so eine Entkopplung der Komplexität zwischen den unterschiedlichen Beteiligten angestrebt. Die Herausforderungen für den Aufbau dieser Organisationseinheit bestehen auch in der Auswahl der gesellschaftlichen Organisationsform (Paal 2016, im gleichen Band).

3.1 Kooperation und Recht

Ein zentraler Vortrag des Workshops befasste sich mit den „Rechtlichen Rahmenbedingungen von Kooperationen“ im öffentlichen Sektor. Aus Rechtssicht liegt der Fokus auf der vertraglichen Kooperation, für die es jedoch keine standardisierte

6 Das Softwarehaus HIS, www.his.de, befindet seit Mai 2014 als eingetragene Genossenschaft in der unmittelbaren Trägerschaft der Hochschulen zur Bereitstellung von Produkten und Dienstleistungen für die IT-Unterstützung von Geschäftsprozessen im Hochschulmanagement.

7 High-Performance-Computing-Center Stuttgart, www.hlrs.de/.

8 Authentication and Authorization Infrastructure (AAI): Verfahren, um Angehörigen unterschiedlicher Institutionen Zugriff auf verteilte, geschützte Informationsangebote zu erlauben.

Lösung gibt. Hier sind die Rechtsnormen nach Ansicht des Referenten E. Richter noch nicht ausreichend definiert, um vorbereitet mit bestimmten Problemlagen, wie der Definition von Abbruchbedingungen und eventuell notwendiger Kompensationen, umgehen zu können. Das Vertragsrecht liegt quer zu den verschiedenen Rechtsgebieten und ist daher eine Herausforderung für Juristen, die sich traditionell auf ein bestimmtes Gebiet spezialisieren. Es ist daher mit individueller Komplexität ausgestattet, die bei der Vertragsgestaltung eine Rolle spielt.

Das Recht definiert nicht den Inhalt der Kooperation, sondern bietet Orientierung und Konfliktlösung. Für die Zusammenarbeit zwischen Universitäten und Hochschulen existieren bereits Rahmenfestlegungen, wie sie beispielsweise durch die Landeshochschulgesetze (LHG) vorgegeben sind. Kooperationen entstehen aus einer bestimmten Motivation und haben einen Gegenstand (siehe Abb. 2). Hiervon ausgehend sind Grenzsetzungen und Lösungen zu betrachten, um eine rechtskonforme Gestaltung der Zusammenarbeit unter Einhaltung der gesetzlichen Rahmenbedingungen zu erreichen. Grenzen können sich materiell durch Gesetze, wie im Landesdatenschutz-, Urheberrechts-, Werkvertrags-, IT-Sicherheits- oder Steuerrecht manifestieren. Mögliche Lösungen müssen sich mit formellen und materiellen Inhalten der Zusammenarbeit befassen sowie dafür eine geeignete Form finden. Die genannten Faktoren sind extern vorgegeben und können nicht durch die kooperierenden Parteien verändert werden.

Inhalte von Kooperationen bestimmen Aufgaben und Eigentumsfragen beziehungsweise legen Bei- und Austritt von Partnern fest. Die Form von Kooperationen kann sich in formellen Vereinbarungen ebenso wie in der Bestimmung einer geeigneten Gesellschaftsform begründen. Die Landeshochschulgesetze erlauben beispielsweise, dass eine Hochschule Dienste oder Einrichtungen weiteren Hochschulen im Land zur Verfügung stellt. In ihnen sind Hochschulen die Rechtssubjekte – das „Wer" der Kooperation –, nicht die nachgeordneten Einrichtungen wie beispielsweise Rechenzentren. Die Zusammenarbeit kann zwischen unabhängigen Rechtssubjekten als Vertrag definiert werden, es wäre aber auch der Zusammenschluss zu einem neuen Rechtssubjekt möglich. Sie bildet dann eine neue gesellschaftlich-rechtliche, öffentlich-rechtliche – Körperschaft, Anstalt, Stiftung – oder privatrechtliche Form – GmbH, Aktiengesellschaft, Genossenschaft. Diese Faktoren lassen sich durch die kooperierenden Parteien mittels eigener Entscheidungen und Festlegungen beeinflussen.

Die Zusammenarbeit von öffentlichen Einrichtungen mit privaten Unternehmen bedarf nach Meinung des Redners und seiner Auftraggeber einer Neujustierung.[9] Während Projekte im kommerziellen Umfeld seit langem ein Mittel der In-

9 Viele prominente Großprojekte, von der Oper in Hamburg bis zum Flughafen in Berlin, sind erheblich in Schieflage geraten und untergraben das Vertrauen in diese Form der Zusammenarbeit.

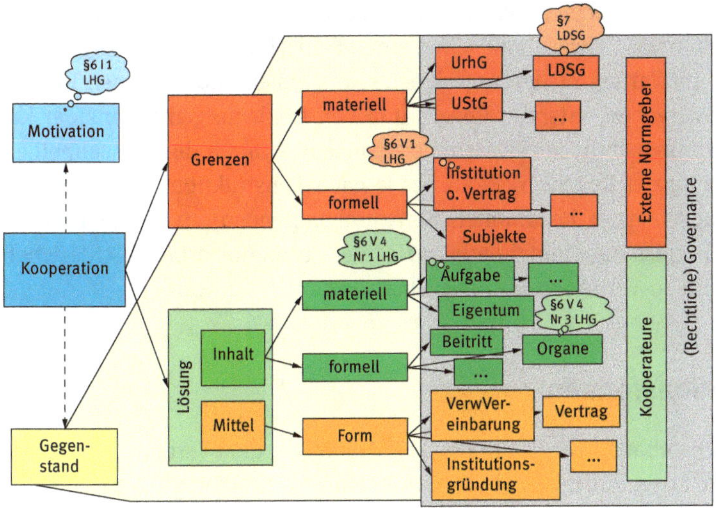

Abb. 2: Anhand dieser Bausteine entwickelte E. Richter von der Senatskanzlei Hamburg seinen Vortrag (Quelle: Folie des Referenten E. Richter).

novationssteuerung sind, bei dem sich konkrete Formen des Ablaufs und der Organisation festlegen lassen, sind „Projekte rechtlich nichts" in der öffentlichen Sphäre, da sie juristisch nicht geregelt sind. Der Referent E. Richter forderte, dieses zu ändern und die Entwicklung eines gemeinsamen Projektbegriffs voranzutreiben. Hierzu zählt die Beantwortung von Fragen, wann ein Projekt „gestartet" wurde oder unter welchen Umständen und wann ein Abbruch opportun ist. Dieses passiert im Augenblick in Hamburg, wo im Senat eine Projektrichtlinie für die Steuerung teurer Vorhaben entwickelt wird.

Das „Wie" der Zusammenarbeit kann entweder durch Verträge oder eine institutionelle Kooperation geregelt werden. Letztere hat den entscheidenden Vorteil, dass viele vorbereitete Regeln (Bausteine) bereits existieren, aus denen sich beispielsweise die Zusammensetzung eines Steuerungsgremiums herleiten lässt. Verträge sind hingegen sehr viel offener, so dass sie beispielsweise Fragen wie Finanzen, Sanktionen, aber auch Bestimmungen aus dem öffentlichen Dienstrecht, behandeln sollten. Das gesetzliche Recht lässt Vorgaben zum Aussehen eines Steuerungsgremiums völlig offen, so dass hier weitestgehender Gestaltungsspielraum besteht, der sich lediglich an die Gebote des Grundgesetzes, wie Demokratieprinzip oder Gewaltenteilung, halten muss. Deshalb haben Verträge einen starken Querschnittscharakter und es finden sich viele Einzelparagraphen aus den verschiedenen Rechtsgebieten wieder. Anders als im Zivilrecht, wo es im BGB beispielsweise Regelungen zu verschiedenen Vertragstypen wie Miet-, Werk- oder Kaufverträgen gibt, besteht im öffentlich-rechtlichen Bereich historisch bedingt eine große Lücke. Hieraus resultiert einige Unsicherheit, da vieles lediglich auf Gewohnheitsrecht basiert, was wenigen Beteiligten jedoch bewusst ist. Beispielsweise werden viele Vertragswerke einfach aus bestehenden abgeschrieben unter der Annahme, dass „so wie es gemacht wurde, es auch richtig sein muss" – was nicht selten einen Fehlschluss darstellt. Grundsätzlich gilt, dass das im Vertrag niedergeschriebene Konglomerat aus externen Regeln, den gesetzlichen Vorgaben, internen Regeln und den Festlegungen seitens der Kooperationspartner, die rechtliche Governance ausmacht.[10] Durch die sich schnell ergebende Komplexität des Regelwerks kann es je nach Konstruktion passieren, dass bereits der Austausch einer bestimmten Softwarekomponente zu einem Problem führt. Letztendlich muss unabhängig vom „Wie" der Zusammenarbeit Rechtssicherheit hergestellt und so Vertrauen und Legitimation gewonnen werden.

3.2 Organisationsformen

Das Modell „Zweckverband" wurde am Beispiel des KIVBF, dem Verbund kommunaler Rechenzentren, ausgeführt. Im Fall der KIVBF sind die Kunden die Anteilseigner. Innerhalb dieser Struktur erfolgte im Laufe des Bestehens eine Transformation bei der Erbringung und Verrechnung von Dienstleistungen von einer ursprünglich einheitlichen „Kopfpauschale" hin zu einer passenderen Lösung. Jeder Teilnehmer dieses Zweckverbands zahlte alle Dienstleistungen und Produkte nach Größe der Gemeinde unabhängig vom tatsächlichen Bedarf und der abgerufenen Leistung. Dies wurde geändert hin zu einer Abrechnung auf der Basis eines produktbasiertem Vollkostenpreises, der nach tatsächlichem Bedarf ermittelt wird.

Die Governance-Struktur des KIVBF achtet auf eine ausgewogene Beteiligung der Regionen und Interessen in allen Gremien. Die Entlastung der Geschäftsführung wird gemeinsam von den Anteilseignern, die gleichzeitig die Anwender sind, beschlossen. Es gibt neun themenbezogene Fachbeiräte zu Abfallwirtschaft, E-Government, IT-Leiter, Kommunale Finanzverwaltung, Geoinformation, Meldewesen, Ordnungs- und Bürgerservice, Personalwirtschaft, Schul- und Bildungs-Cloud (Abb. 3).

Die Anteilseigner berichten zweimal im Jahr dem Organisationsbeirat, der aus 30 Mitgliedern aus allen Regionen besteht. Dieser entsendet neun (drei aus jeweils einer der drei Regionen) Mitglieder in den Strategieausschuss, der zweimal im Jahr tagt. Der Verwaltungsrat verfügt über 31 Mitglieder, die aus allen Regionen stammen und den KVBW[11] als Gast hinzuziehen. Er wird durch den Strategieausschuss und den Organisationsbeirat auf seiner zweijährlichen Sitzung beraten. Die Verbandsversammlung tagt einmal im Jahr mit allen KIVBF-Mitgliedern. Diese im Laufe der letzten Dekaden vorangetriebene Struktur und Positionierung am Markt hat die Stellung gegenüber dem kommerziellen Mitbewerb gestärkt und neue Handlungsfelder eröffnet.

---

10 Im juristischen Gebrauch ist dieser Begriff etwas unklar, so dass eher von Regelungsstrukturen gesprochen wird.

11 Kommunaler Versorgungsverband Baden-Württemberg, www.kvbw.de/.

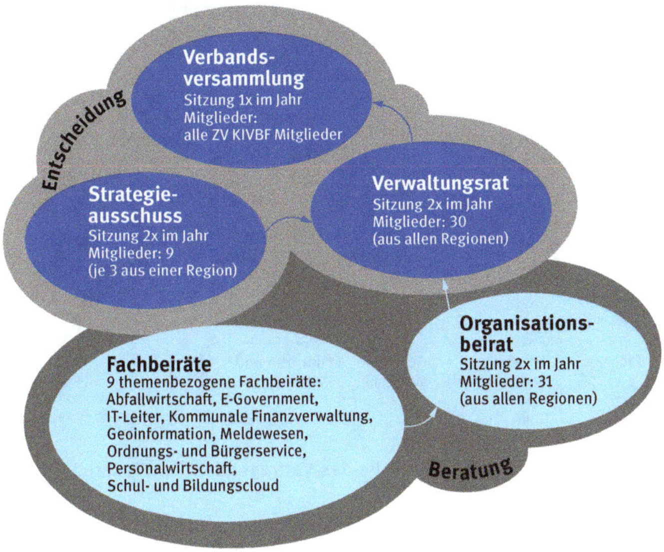

Abb. 3: Gremien und Entscheidungsstrukturen des Zweckverbands KIVBF kommunaler Rechenzentren (Quelle: Folie des Vortragenden H. Schöpflin).

Im Hochschulbereich fand die Gründung der HIS e. G. viel Beachtung. Das Modell Eingetragene Genossenschaft (eG) für die Durchführung von Softwareentwicklung und Serviceaufgaben findet sich auch in anderen Bereichen der IT, wie beispielsweise der DATEV. Die eG entspricht einer AG mit dem Unterschied, dass alle Mitglieder den gleichen Einfluss haben, der über Stimmrechte ausgeübt wird. Ein zentrales Ziel der HIS eG liegt in der langfristigen und zuverlässigen Versorgung der Mitglieder mit Verwaltungssoftware zu vernünftigen Konditionen. Dabei unterstützt die HIS ihre Mitglieder bei der Erfüllung ihrer Aufgaben im Campus-Management und wirkt bei der Einführung und Anwendung entsprechender Systeme mit.

Die ursprüngliche Struktur der HIS mit einer Unterteilung in einen GmbH- und einen grundfinanzierten Anteil[12] waren politisch nicht mehr haltbar. Gleichzeitig galt es, die Bindung und Zufriedenheit der Kunden langfristig sicherzustellen. Durch das Modell der eG erfolgt eine vollständige Steuerung der HIS in ihren Gremien, bestehend aus Generalversammlung, Aufsichtsrat, Vorstand und Beraterkreisen, durch die Hochschulen (Abb. 4). Diese finden sich auf diese Weise in einer Doppelrolle als Anteilseigner und Leistungsbezieher wieder. Alle Anteilseigner sind dabei gleich, unabhängig von ihrer Größe und Ausrichtung. Mitgliedern der Genossenschaft ist das Recht vorbehalten, aktiv an der Gestaltung der Genossenschaft mitzuwirken. Sie dürfen keine Gewinnanteile oder sonstige Zuwendungen der Genossenschaft erhalten und sind verpflichtet, eine Geschäftsanteilszahlung

---

12 Forschungs- und Prognoseabteilungen der HIS.

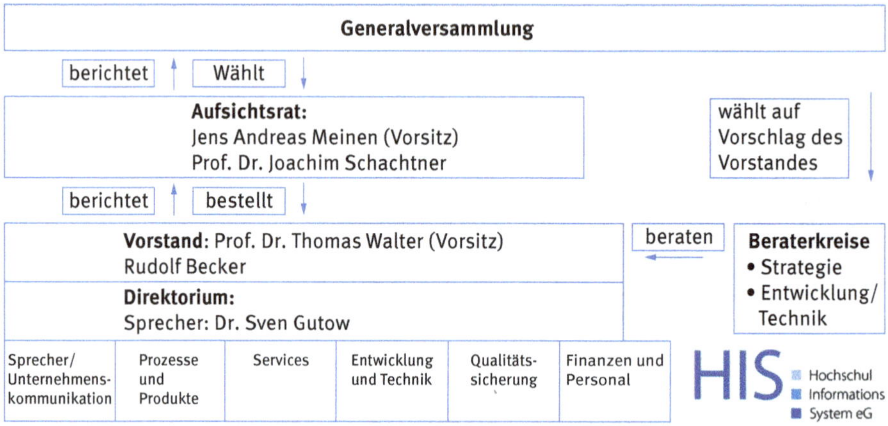

Abb. 4: Aktuelle Governance-Struktur der HIS (Quelle: Folie des Vortragenden Th. Walter).

zu leisten. Die Höhe des Beitrags wird durch den Vorstand bestimmt. Der Beitrag wird nach der Anzahl der Studierenden beziehungsweise nach Größe der Einrichtung im Vergleich zu anderen berechnet. Es gibt keine Unterschiede der Mitglieder untereinander, so dass dieses sorgfältig in entsprechenden Gremien abgebildet werden musste.

Der Vorstand übernimmt generell die operativen Aufgabenbereiche und ist für die folgenden Bereiche zuständig:
- Planung und Durchführung des Geschäftsbetriebes;
- Ausführung und Verfolgen einer strategischen Zielsetzung;
- Zusichern einer ordnungsgemäßen Liefer- und Leistungserbringung;
- Vorlegen eines Besetzungsvorschlags für Beraterkreise;
- Buchführung und Rechnungswesen;
- Zuleiten des Jahresabschlusses und des Lagerberichts an den Prüfverband;
- Zulassen von neuen Mitgliedern sowie die Entscheidung der Geschäftsanteilbeteiligung.

Die Vorstandsmitglieder werden vom Aufsichtsrat ernannt. Der Aufsichtsrat wird von der Generalversammlung gewählt und führt eine kontrollierende und überwachende Funktion in der Rechtsorganisation aus. So gehören neben der Aufgabe der Überwachung der Geschäftsführung des Vorstandes die Prüfung des Jahresabschlusses zu seinen Tätigkeiten. Bei der Wahl des Vorsitzenden des Aufsichtsrates muss mehr als die Hälfte der Mitglieder anwesend sein, um einen gültigen Beschluss zu erhalten. Die Wahl folgt dem Prinzip einer einfachen Mehrheitsabstimmung. Die Generalversammlung wird innerhalb der ersten sechs Monate nach Ablauf eines Geschäftsjahres vom Vorstand mobilisiert. Alle zahlenden Mitglieder sind in der Generalversammlung stimmberechtigt. Inhalte, welche bei der Versammlung verhandelt werden, umfassen: Geschäftspolitik, Wahl der Aufsichtsratsmitglieder sowie deren Vergütung, Entscheide über zukünftige Anschaffungen sowie Satzungsänderungen. Durch die hohe Anzahl der Generalversammlungsmitglieder werden Beschlüsse nach einfachem Mehrheitsbeschluss gefasst.

Das Aufgabenspektrum der HIS umfasst das Erbringen von Beratungsleistung und Entwicklung sowie die Pflege und Verwaltung von Campus-Management-Services. Die Innovation der Software wird durch die Bedürfnisse der Anteilseigner getrieben. Hierbei spielen die Beraterkreise eine zentrale Rolle. Die Satzung verankert zwei Beraterkreise für Strategie sowie Entwicklung und Technik. Sie sind eine Art erweiterter Vorstand und kommunizieren zum einen in ihre Mitgliedernetzwerke und stärken zum anderen gleichzeitig den Einfluss der Hochschulen auf die HIS und die Kompetenz des Vorstandes.

Im Zuge des Umbaus erfolgte die Fokussierung auf ein klares Geschäftsmodell. Durch Aufgabe der beanstandeten Grundfinanzierung änderte sich das Kostenmodell grundlegend und wurde auf eine reine Finanzierung über Serviceverträge umgestellt. Die kontinuierliche Steigerung der Zahl der Verträge begründet eine gute wirtschaftliche und finanzielle Situation, was einen personellen Ausbau erlaubt. Gleichzeitig hat die Veränderung der Rechtsform und das damit eingeleitete Wachstum einen positiven Wandel der Mitarbeitermotivation verursacht.

In einem weiteren Referat stellte M. Resch vom High-Performance-Computing-Center Stuttgart (HLRS) an der Universität Stuttgart das Modell einer Mini-GmbH für ein eng abgegrenztes Aufgabenprofil vor. Die hww ist eine Speziallösung für ein besonderes Gebiet in der Form einer Public-Private-Partnership. Das HLRS dient als eines der Bundeshöchstleistungszentren der Forschung und verfolgt ebenso das Ziel der Unterstützung der Wirtschaft. Für Letzteres kann es aus organisatorischen und fiskalischen Gründen nur bedingt als Ansprechpartner dienen, weshalb die hww als Vehikel hierfür geschaffen wurde. Bei ihrer Gründung standen Synergieeffekte im Vordergrund, die durch die Bündelung von Kräften aus dem öffentlichen und privaten Bereich erreicht werden sollten. Das Interesse sowohl seitens des Ministerpräsidenten als auch eines großen Industrieunternehmens aus der Automobilbranche erwiesen sich als förderlich. Anteilseigner sind neben dem Land Universitäten und Industrieunternehmen. Der Zweck der GmbH besteht in der Bereitstellung von Rechenleistung als eine Art Cloud-Service. Das Geschäftsmodell ist recht einfach, da das HLRS beziehungsweise das KIT die Systeme betreiben und sich um Simulationen und bei Bedarf um Anpassungen kümmern. Es existieren eine Anzahl von großen und kleinen Kunden aus dem Bereich der Industrie. Begleitend wurden einige Solution-Center für die Bearbeitung von Spezialproblemen als Vereine gegründet. Die hww verfügt über drei Gremien. Die Geschäftsführung managt das operative Tagesgeschäft und kümmert sich um die Weiterentwicklung der Strategie. In der Gesellschafterversammlung sitzen die Eigentümer, die sich um Strategieentscheidungen und operative Globalfragen kümmern. Zusätzlich besteht ein Beirat, der bei strategischen Fragen und im operativen Bereich unterstützend wirkt. Herausforderungen liegen in der Festlegung der Entgelte, da unterschied-

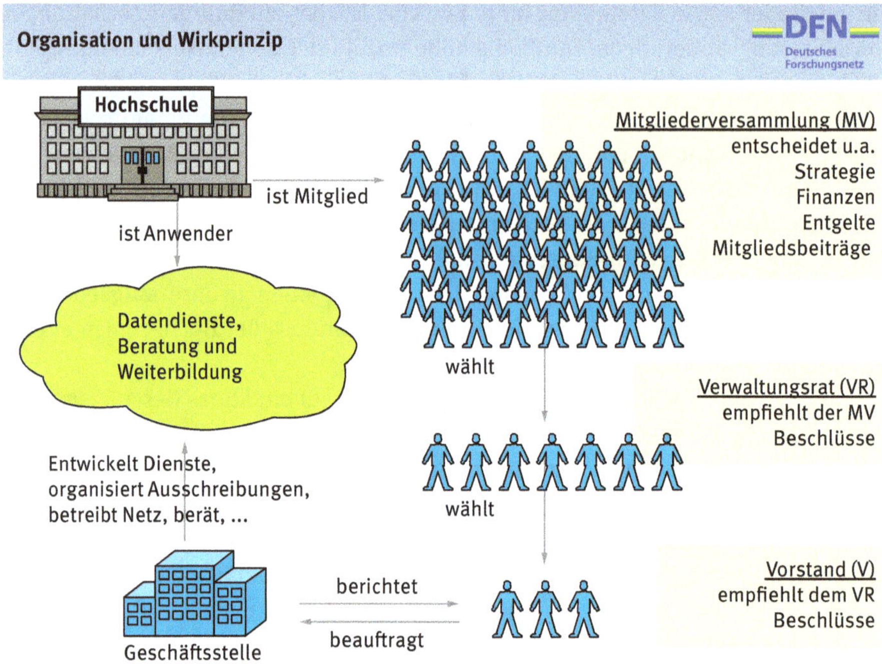

Abb. 5: Governance-Struktur des DFN (Quelle: Folie des Vortragenden J. Pattloch).

liche Sichtweisen auf die steuergesetzlich korrekte Ausgestaltung bestehen. Steuerfragen werden mithilfe eines Steuerberaters beantwortet, da sie ziemlich komplex ausfallen und einige gesetzliche Vorgaben zu beachten sind. Es sind Abstimmungsfragen mit den Großnutzern und dem HLRS für den öffentlichen Teil zu klären, um eine optimale Auslastung des Systems zu erreichen. Die GmbH darf wegen der öffentlichen Finanzierung durch Bund und Land keinen Ertrag oder Gewinn erzielen, so dass die Einnahmen direkt reinvestiert werden. Das Konzept erweist sich als sehr erfolgreich und wurde bereits zweimal kopiert: Einmal in Shanghai und ein weiteres Mal in Paris. Herausforderungen in der Zukunft bestehen bei den Themen Sicherheit oder Lizenzierung von Software.

Startbedingungen und Nutzerstruktur des Deutschen Forschungsnetzes (DFN) sind etwas anders gelagert. Daher wurde als die für das DFN passende Organisationsform der „eingetragene Verein" gewählt, da es für öffentliche Körperschaften wesentlich einfacher ist, einem solchen beizutreten und einen Mitgliedsbeitrag zu leisten, als Anteile eines Unternehmens zu erwerben. Gleichzeitig liefert die Wahl der Form bereits einen gewissen rechtlichen Rahmen beispielsweise für die Gremienstruktur.[13] Der Verein verfolgt als Ziel die Bereitstellung eines Kommunikati-

13 www.dfn.de/verein/governance.

onsnetzes für Wissenschaft und Forschung und existiert inzwischen seit mehr als 30 Jahren. Für die Beantwortung von Fragen zu Aufbau und Struktur eines Datennetzes oder den darauf basierenden Diensten werden Strukturen benötigt, die einerseits einfach und andererseits stabil genug sind, um die derzeit mehr als 300 Mitglieder aufzunehmen und zu integrieren. Die Vereinsstrukturen sind daher als „Regelkreis" angelegt: Jede Hochschule findet sich in einer Doppelrolle. Sie ist einerseits Mitglied des Vereins und zahlt einen kleinen Beitrag. Sie erhält dafür das Stimmrecht in der Mitgliederversammlung, die in einem zweistufigen Delegationsprinzip 13 Verwaltungsräte bestimmt. Diese wiederum wählen drei Vorstände, die wiederum als Vorsitzende des Verwaltungsrates agieren.

Das schafft eine einfache Struktur, die mittels Delegation der Wahl und umgekehrt durch das Vorbereiten von Beschlüssen die Willensbildung organisiert. Mit der Geschäftsstelle an zwei Standorten besteht ein operativer Arm, der über ca. 50 Dauerstellen für den langfristigen Aufbau von Wissen und für den stabilen Betrieb verfügt. Hierzu zählen Ausschreibungen für den Netzbetrieb ebenso wie die Steuerung von Unterauftragnehmern oder das Angebot bestimmter Dienstleistungen. Die Herausforderung der Geschäftsstelle besteht im Vorschlagen guter Lösungen, die operativ und wirtschaftlich tragfähig sind, um diese später in der großen Mitgliederversammlung beschließen zu lassen. Die Willensbildung erfolgt sehr eng an den Bedarfsträgern mit sehr wenig mittelbarem politischen Einfluss. Die Finanzierung erfolgte bis 2004 mit einer Teilfinanzierung durch das BMBF. Seitdem werden die ca. 40 Mio. € Betriebsausgaben aus den Entgelten erbracht.

4 Fazit und zukünftige Herausforderungen

Der Workshop zeigte mit einer hohen Teilnehmerzahl und konzentrierter Aufmerksamkeit die Wichtigkeit des Themas in Hochschulrechenzentren. Diese sind getrieben durch die permanenten technischen Innovationen in der IT, die innerhalb der verschiedenen Wissenschaftsdisziplinen und durch unterschiedliche Kundengruppen in den Forschungseinrichtungen permanent neue Anforderungen erzeugen. Die Erfüllung der anstehenden Aufgaben nach optimaler Unterstützung der Wissenschaft erfordert deshalb neue Konzepte, Methoden und Organisationsformen. Im kommerziellen und kommunalen Bereich lässt sich der zunehmende Zwang zu großen Strukturen schon seit längerem beobachten. Er hat sich mit der Ausbreitung von Cloud-basierten IT-Diensten noch einmal verstärkt. Das ändert die Rolle der Rechenzentren. Sie sollten sich in Zukunft verstärkt als Einstiegspunkte für Beratungsleistungen zu IT-Aufgaben generell verstehen und deshalb moderne und belastbare Support-Infrastrukturen für die verschiedenen Gruppen der Hochschulen bereitstellen. Das „lokale Idiom" – die geeignete Kundenansprache und die Kenntnis der organisatorischen Rahmenstrukturen – kann der entscheidende Vorsprung der Hochschulrechenzentren gegenüber kommerziellen Konkurrenz sein.

Dieses bedeutet jedoch auch, zu fokussieren, wo eine Hochschule oder ein Rechenzentrum eigene Akzente setzen kann oder will, um sich so von anderen Hochschulen abzuheben, und wo sie kooperative Lösungen anstreben sollte, die gemeinsam in Verbünden angegangen werden.

Es zeigte sich in den Eingangspräsentationen des Workshops auch, dass die Analyse des Handlungsbedarfs an sich nicht neu ist und eine Reihe von Fragen bereits seit etlichen Jahren gestellt werden. Ohne diese jedoch nachhaltig zu beantworten, sind Fortschritte in der Organisation der Zusammenarbeit trotz teilweise hohen Erwartungen nur schwer zu erreichen. Offene Punkte, die an verschiedenen Stellen genannt wurden, sind die formale Einbindung der Nutzer von IT-Diensten und von Anwendern in den Hochschulen. Die Bildung geeigneter Gremien und Entscheidungsfindung sind vielfach unklar und folgen keiner von außen so ohne weiteres erkennbaren Logik. Die Mitarbeiter der Rechenzentren bilden das Fundament für die Umsetzung neuer Konzepte, weshalb ihre Weiterbildung und der Ausbau ihrer Qualifizierung integraler Bestandteil der Förderung und Stärkung der Kompetenzen sein müsste. Dabei sind Personalfragen im Laufe der Zeit nicht einfacher geworden, gerade im IT-Umfeld wird die Rekrutierung geeigneter Kandidaten insbesondere für kurzlaufende Projekte immer schwieriger. Das eigentlich attraktive Arbeitsumfeld Hochschule konkurriert hier mit einer dynamischen IT-Wirtschaft, die mit oft sehr guter Bezahlung und einem modernen Arbeitsumfeld lockt. So lassen sich die Strukturen des öffentlichen Dienstes teilweise nur schwer mit der IT-Dynamik vereinbaren. Hierunter leidet nicht nur die Nachhaltigkeit von Projekten.

Die Analyse der bestehenden rechtlichen Rahmensituation zeigte, dass Kooperationen grundsätzlich immer möglich sind. Die LHGs und entsprechende weitere Gesetze sehen Kooperationen explizit vor, auch wenn sie hierfür keine expliziten Vorgaben machen. Für Rechenzentren, die als zentrale Einrichtungen in ihren Hochschulen agieren, gilt, dass formal nur die jeweilige Hochschulleitung Kooperationen wirklich vereinbaren kann. Diese schaffen den Bezugsrahmen, in dem sich Absprachen bewegen müssen. Auch wenn durch jahrzehntelange Drittmittelförderung das Projektgeschäft zur handwerklichen Grundausstattung von Hochschuleinrichtungen zählen sollte, sind viele Strukturen noch sehr unklar. So sind beispielsweise zentrale Fragen wie Projektabbruch oder Wechsel von Partnern während der Laufzeit oft nicht definiert und bringen hierdurch Projekterfolg und -nachhaltigkeit in Gefahr. Das bestehende Recht gerät zusätzlich in die Dynamik der Veränderung der Geschäftsmodelle, wie die Zentralisierung von Diensten in der Cloud. Nichtsdestotrotz setzt sich die Erkenntnis nach dem Bedarf formalerer Ordnungsrahmen durch, so dass Bewegungen in Richtung abstrakter Strukturformen zu beobachten sind. Ein gutes Beispiel für den Aufbau solcher abstrakten Strukturformen ist der Aufbau der DeISU, die als „Mittler“ zwischen den einzelnen Parteien agiert und bestimmte Prozesse zentralisiert und steuert, um einerseits die Komplexität, beispielsweise bedingt durch die hohe Anzahl der Parteien, zu reduzieren und andererseits damit eine Verbindlichkeit in den Vereinbarungen zu erzielen.

Parallel hierzu steigt die Erwartungshaltung der Akteure an rechtliche Sicherheiten in der Zusammenarbeit. Diese Entwicklungen in Summe führen dazu, dass sich Kooperationen mittelfristig in ihrem Charakter als *Beutegemeinschaft*, die sich zusammen findet, um kurzfristig eine Projektförderung zu erreichen, hin zur *Wertegemeinschaft* mit langfristigen gemeinsamen Zielen und Vorstellungen bewegen müssen. Ein zentrales Moment in dieser Entwicklung stellt das gegenseitige Vertrauen der Partner und die Verbindlichkeit, welche die notwendige Ebene der persönlichen Einzelkontakte überwölben sollte, dar.

Ein erheblicher Klärungsbedarf besteht im Bereich Finanzen wie beispielsweise für die Organisation von Leistungsaustauschen zwischen Partnern, wenn nicht „große Lösungen“ wie die Gründung eines Vereins, Zweckverbands oder gemeinnützigen GmbH angestrebt werden. Solche Strukturen bedürfen langfristiger Ziele und nicht selten einer geeigneten politischen Unterstützung und eignen sich daher weniger für eher kurze Projekte. Bei der Betrachtung dieser verschiedenen formalen Organisationsformen für die Zusammenarbeit zeigt sich, dass sich Kooperations- und Gremienstrukturen nicht so erheblich unterscheiden. Sie werden bestimmt durch die Kooperationspartner und ihre vereinbarten Ziele.

Die „Politik“ in der einen oder anderen Form, sei es Landespolitik oder Förderung bestimmter Entwicklungen durch Projektlinien, wurde von den Teilnehmern als wesentlicher Faktor wahrgenommen. Umgekehrt wurde jedoch die Vertretung der Hochschulen in politischen Gremien als schwach empfunden. Dies macht den Abgleich der jeweiligen Vorstellungen der Akteure nicht einfacher. Die Hochschulen erwarten eine stärkere strukturelle Anleitung im Sinne einer übergreifenden IT-Strategie, um zukünftige Herausforderungen angehen zu können. Hierzu zählen nicht zuletzt zentrale Fragen von Datensicherheit und Privatsphäre. Sicherheitsbegriffe im IT-Umfeld von Hochschulen müssen spätestens nach aktuellen Erfahrungen geheimdienstlicher und kommerzieller Aktivitäten neu gedacht werden. Die Innovationsfähigkeit der Institutionen muss deshalb kontinuierlich hochgehalten werden.

Peter Dräxler

10-GB-Netz zwischen den hessischen Hochschulen als Basis für Kooperationsprojekte

Junge Eulen (Projekte) nach Athen (Baden-Württemberg) tragen

1 Einleitung

Gegenstand dieses Beitrags sind Kooperationsprojekte zwischen den hessischen Hochschulen[1] seit etwa dem Jahr 2012. In diesem Jahr hat im Rahmen einer größeren Initiative zur Landeshochschulentwicklungsplanung (LHEP) unter anderem auch eine Arbeitsgruppe zur Thema Infrastruktur ihre Arbeit aufgenommen, die zum einen aus einer Bestandsaufnahme der IT-Infrastrukturen ein Positionspapier

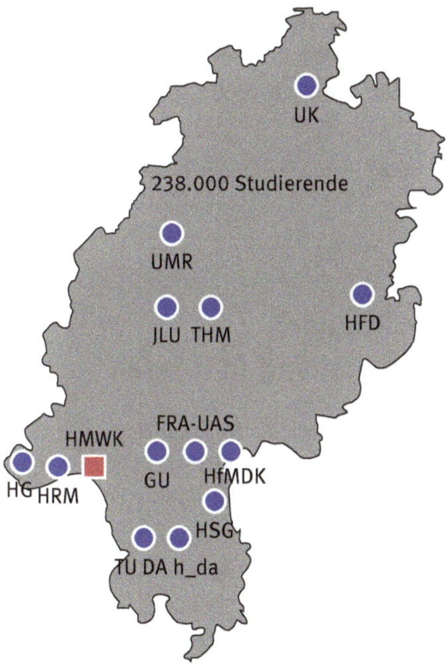

Abb. 1: Hochschulen in Hessen.

1 An den Kooperationen beteiligt sind bislang die staatlichen hessischen Hochschulen, wie in der Landkarte verzeichnet.

Peter Dräxler, Universität Kassel

DOI:10.1515/9783110459753-004

zur kooperativen Weiterentwicklung abgeleitet hat, zum anderen aber mit Unterstützung des Hessischen Ministeriums für Wissenschaft und Kunst schon einige Projekte initiieren und umsetzen konnte.

Eines dieser Projekte war der Aufbau eines Virtual Private Network (HessenVPN) zur Ermöglichung und dem Ausbau weiterer Kooperationen. Dabei ging es nicht nur um neue Kooperationsprojekte, sondern auch um die Fortführung, Intensivierung und in einigen Fällen idealerweise auch Zusammenführung von Zusammenarbeit, wie sie besonders zwischen den hessischen Hochschulbibliotheken und -rechenzentren auch schon vor 2012 in verschiedenen Kontexten gepflegt wurde. Erwähnt seien etwa der HEBIS-Verbund, der HPC-Beirat, das FH HRZ oder der zkihessen.

1.1 Autonomie versus Kooperation

Kooperationen zwischen Hochschulen bewegen sich im Spannungsfeld der durch die Hochschulautonomie entstandenen Konkurrenz und dem zunehmenden Streben der Wissenschaftler und Studierenden nach standortübergreifender und mobiler Tätigkeit in Forschung und Lehre. Ein Treiber, um das Pendel in die Richtung von hochschulübergreifenden Kooperationen ausschlagen zu lassen, sind die schnell zunehmenden Möglichkeiten, welche die Informations-, Kommunikations- und Multimediatechnologien zur überregionalen und globalen Zusammenarbeit bieten.

Hier sind es neben der immer breitbandigeren Vernetzung die neuen, auf Cloud-Infrastrukturen aufbauenden Dienste in Form von Infrastructure-, Platform- und Software as a Service.

1.2 Kooperative IT-Infrastrukturen im Rahmen der Landeshochschulentwicklungsplanung in Hessen

Im Rahmen einer Initiative zur Landeshochschulentwicklungsplanung des Hessischen Ministeriums für Wissenschaft und Kunst hat im Jahre 2012 auch eine Arbeitsgruppe zum Thema Infrastruktur (LHEP-AG Infrastruktur) ihre Arbeit aufgenommen, wobei sich die Gruppe ausschließlich auf IT-Aspekte konzentriert hat.

Als Ausgangspunkt wurde eine ausführliche Bestandsaufnahme durchgeführt, die zeigte, dass bei der IT-Infrastruktur alle hessischen Hochschulen im Wesentlichen dieselben Herausforderungen und Kooperationsmöglichkeiten sehen. In einem Positionspapier hat die Arbeitsgruppe dann zehn Handlungsfelder in den Bereichen Technik, Medienversorgung und organisatorische Prozesse identifiziert.

Technik
- Großgeräte,
- zeitgemäße Technologien,
- Hochleistungsrechnen,
- Hochgeschwindigkeitsdatennetz.

Medien
- Medienversorgung,
- Digitalisierung von Bibliotheksbeständen.

Organisatorische Prozesse
- Forschungsinformationen,
- Identitätsmanagement,
- integriertes Campus-Management und DoSV (Dialogorientiertes Serviceverfahren),
- Dokumentenmanagement und Langzeitarchivierung.

2 Kooperationsprojekte 2012–2015

In einigen dieser Handlungsfelder war es möglich, sofort Projekte abzuleiten, da hinreichende Vorarbeiten und Vorprojekte bereits existierten.

2.1 HessenVPN

Die Notwendigkeit für eine breitbandige Vernetzung zwischen den hessischen Hochschulstandorten zur Verstärkung der Kooperationen war schon erkannt worden. In Zusammenarbeit mit dem DFN-Verein und der man-da.de GmbH konnte, unterstützt durch das HMWK, ein Virtual Private Network (VPN) aufgebaut werden. Die dabei eingesetzte VPN-Technologie ist das Multiprotocol-Label-Switching (MPLS). Dieses HessenVPN verbindet in einem Backbone die hessischen Univer-

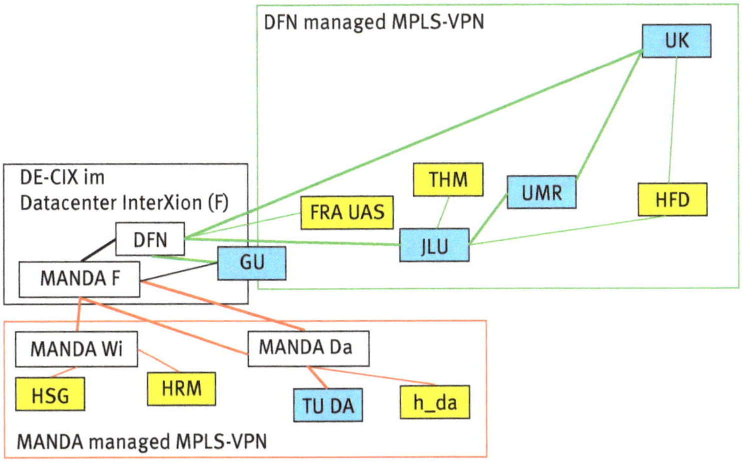

Abb. 2: HessenVPN.

sitäten mit einer Bandbreite von 10 Gbit/s. An diesen Backbone sind die meisten weiteren hessischen Hochschulen mit einer Bandbreite von 1 Gbit/s angeschlossen. Das HessenVPN liefert den Titel für diesen Beitrag und auch den roten Faden für die weiteren Projekte, die im Folgenden vorgestellt werden.

2.2 HKHLR

Eine noch längere Historie als beim HessenVPN hat die Zusammenarbeit in Hessen im Hochleistungsrechnen (HHLR), die schon aus den neunziger Jahren des letzten Jahrhunderts datiert. Der HHLR-Beirat trifft sich zweimal im Jahr, überwacht den Betrieb der hessischen Hochleistungsrechner, kann bei Engpässen im Betrieb Regeln und Kontingentierungen beschließen und begutachtet auf den hessischen Hochleistungsrechnern durchzuführende Großrechenprojekte.

Abb. 3: Hessisches Kompetenzzentrum für Hochleistungsrechnen.

Schon im Vorfeld zu den Diskussionen in der LHEP-AG-Infrastruktur war klar geworden, dass das hessische HPC-Ökosystem neben Hardware besonders auch Wissenschaftler/-innen braucht, die in der Lage sind, aus ihren neuen methodischen Ideen mit vertretbarem Aufwand parallele Codes zu erzeugen sowie ihre Software dann effizient einsetzen und weiterentwickeln zu können. Nach Begutachtung durch die DFG konnte, unterstützt durch das HMWK, das Hessische Kompetenzzentrum für Hochleistungsrechnen (HKHLR; www.hpc-hessen.de) gegründet werden. Unter dem Motto *brainware for science* arbeiten junge Wissenschaftler an allen hessischen Universitätsstandorten zusammen, um den Aufwand zur Erstellung und Pflege von parallelen Programmen und Softwaresystemen zu reduzieren, wissenschaftlich validierte Simulationswerkzeuge in ihrer Leistung zu optimieren und Methoden zur kontinuierlichen Pflege der Programme vor dem Hintergrund sich verändernder architektonischer Randbedingungen zu realisieren.

Die bisherigen Erfahrungen zeigen, dass der durch immer intensiver werdenden Wissensaustausch erzeugte Datenverkehr nur mit Hilfe einer breitbandigen Plattform wie dem HessenVPN bewältigt werden kann.

2.3 HeFIS

Ein Forschungsinformationssystem für alle, das ist die Zielvorstellung eines Verbundes aus zunächst sieben hessischen Hochschulen, die nach gemeinsam koordinierter Beschaffung mit Unterstützung durch das HMWK nun jeweils ein CONVERIS-System aufbauen und einsetzen. Ein gemeinsam definiertes Kerndatenmodell ist das herausragende kooperative Ergebnis dieses Projekts.

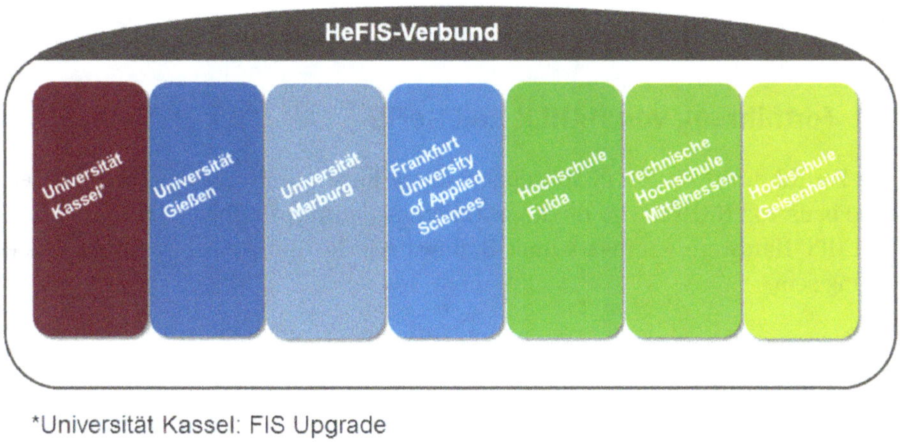

Abb. 4: Mitglieder des HeFIS-Verbund.

2.4 Hessenbackup

Die Goethe-Universität Frankfurt konnte im Auftrag der beteiligten Universitäten (gemeinsam mit Rheinland-Pfalz) mit IBM für die Laufzeit 2015–2019 eine TSM-Landeslizenz verhandeln, die auch schon für zwei hochschulübergreifende Backup-Strecken (zwischen Frankfurt und Darmstadt sowie zwischen Kassel und Frankfurt) über das HessenVPN eingesetzt wird. Zur Fortführung dieses Projekts gehört auch eine gemeinsame Evaluation alternativer Lösungen für die Zeit nach 2019.

2.5 Campus-Management

Das Thema Campus-Management ist ein Beispiel, dass eine Kooperation sich trotz vielversprechenden Beginns nicht weiterentwickelt. Zum einen müssen und wollen alle Hochschulen in Hessen in diesem Thema vorwärtsgehen, zum anderen haben die Mehrzahl der Hochschulen HIS-Systeme im Einsatz. Trotzdem sind Herangehensweise und Zeitplanung so heterogen, dass kooperative Projekte nicht entstehen konnten.

3 Geplante Kooperationsprojekte 2016–2020

Die Handlungsfelder aus dem Positionspapier der LHEP-Arbeitsgruppe Infrastruktur wurden auch von der neuen hessischen Landesregierung aufgegriffen, so dass voraussichtlich einige Projekte fortgesetzt und andere neu begonnen werden können.

3.1 Fortführung von HKHLR und HeFIS

Die Fortführung von HeFIS soll auch weitere hessische Hochschulen einbinden, der Fokus von HKHLR wird die Konsolidierung der Aufbauarbeit in Hessen bezüglich HPC-Hardware, -Software und -Brainware in Richtung einer weiteren Verstetigung sein.

3.2 Hessenbox

Ziel des Projekts ist, eine hesseninterne Sync&Share-Plattform für die staatlichen Hochschulen zu schaffen, die insbesondere auch von Studierenden dieser Hochschulen genutzt werden kann und für die Wissenschaftler den Datenaustausch über die Landesgrenzen hinaus unterstützt. Adressaten für den Dienst sind also circa 30.000 Beschäftigte und circa 240.000 Studierende. Im aktuellen Planungsstand wird, aufbauend auf den Erfahrungsaustausch mit ähnlichen Projekten in Berlin, Göttingen, Karlsruhe und Münster, von einem Basiskontingent von 30 GB pro Nutzer ausgegangen.

Für den Datenaustausch zwischen den Betreiberhochschulen wird selbstverständlich das HessenVPN eingesetzt werden. Eine Besonderheit des Projekts ist, dass fünf hessische Hochschulen als Betreiber eine verteilte, kooperative Systemarchitektur aufbauen wollen. Die dadurch bedingte Komplexität ist sicher eine Herausforderung, die sich aber langfristig bei der Aufnahme weiterer kooperativer Dienste und der damit verbundenen Ausdifferenzierung der Kompetenzschwerpunkte an den Standorten in Form von gewonnener Erfahrung auszahlen wird. Schon jetzt zeichnet sich ab, dass neben den technischen Aufbauaufgaben eine administrative Struktur in Form eines Verbundes gebildet werden muss, wobei der Blick auf vorhandene Vorbilder, z. B. in Nordrhein-Westfalen, ungemein hilfreich ist.

3.3 Forschungsdatenmanagement

Seit immer mehr Förderorganisationen ein bewusstes und dokumentiertes Management der in Projekten erzeugten Forschungsdaten einfordern, ist das Forschungsdatenmanagement ein Hype-Thema geworden. Die Bibliotheken und Rechenzentren der hessischen Hochschulen werden in diesem Projekt die vorhandenen Infrastrukturen und Kompetenzen zur Speicherung und Archivierung der Daten prüfen und auf eine Planung hinarbeiten, wie eine kooperative wissenschaftsgemäße Nachnutzung erreicht werden kann, wobei das HessenVPN und die Hessenbox erste Bausteine sein könnten.

3.4 Medienversorgung

Unter Federführung des HEBIS-Verbundes soll die erfolgreiche landesweite Kooperation bei der wissenschaftlichen Medienversorgung auf den Einsatz mobiler Endgeräte ausgedehnt und dabei die Zusammenarbeit bei der Bereitstellung der Materialien intensiviert werden.

4 Fazit

Auch wenn die lange Historie der Zusammenarbeit der hessischen Hochschulrechenzentren sicherlich eine sehr hilfreiche Rahmenbedingung war, muss festgestellt werden, dass der Impuls für die aktuellen, relativ breit angelegten kooperativen Projekte durch die hochschulpolitischen Anforderungen der Landeshochschulentwicklungsplanung und die damit verbundenen finanziellen Anreize gegeben wurde.

Der Projektcharakter der Aktivitäten impliziert allerdings das Risiko, dass nach Projektende wieder zentrifugale Kräfte die Oberhand gewinnen. Unter diesem Gesichtspunkt sind es vielleicht nicht die gemeinsamen technischen Projekte, sondern ist es eher die damit verbundene, oft sogar als lästig empfundene Bildung administrativer Verbundstrukturen, die hoffentlich für eine Nachhaltigkeit der Kooperationen sorgen wird.

4.1 Perspektiven

Gelingt die Etablierung einer dauerhaften Zusammenarbeit, so ist der nächste Schritt voraussichtlich das gegenseitige Angebot von Infrastructure-, Platform- und Software as a Service, wobei erste Schritte in Form einer kooperativen Server-Virtualisierung bereits im Aufbau sind. Wie auch in anderen Bundesländern wird ein föderiertes Identitätsmanagement dazu eine notwendige Voraussetzung sein.

Weitere Perspektiven bieten standortübergreifende Multimedia- und Dokumenten-Management-Lösungen, bei denen die weiter fortgeschrittenen Hochschulen die anderen „kooperativ" mitnehmen könnten.

4.2 Risiken und Chancen

Kooperation ist möglich, allerdings muss man sich gegen die zentrifugalen Kräfte anstrengen. Dabei ist die Hochschulautonomie längst nicht die einzige solche Kraft. Zunächst überraschend ist, dass die eigenen Mitarbeiter sehr skeptisch sind. Letztlich ist aber nachvollziehbar, dass Veränderungen im Arbeitsbild durch Inanspruchnahme von Leistungen aus anderen Standorten als Bedrohung für den eigenen Arbeitsplatz wahrgenommen werden, auch wenn Entlastungen eigentlich dringend notwendig sind.

Eine weitere abstoßende Kraft zeigt sich erst, wenn man in konkrete Umsetzungen einsteigt. Von einer genügend hohen Abstraktionsebene aus sind alle Hochschulrechenzentren gleich. Im Detail hat dann aber z. B. eine Hochschule nur einen oder zwei große Standorte, während eine andere in vielen, räumlich weit verteilten Standorden untergebracht ist. Oder die eine Hochschule hat eine medizinische Fakultät, aber keine ingenieurwissenschaftliche, während es bei einer anderen genau umgekehrt ist. Alle diese Unterschiede in der Ausprägung können zu Unterschieden bei der konkreten Realisierung eines Infrastruktur-Projekts führen, was einen kooperativen Ansatz zumindest potenziell erschwert.

Am Ende ist der entscheidende Faktor, um gegen die zentrifugalen Kräfte erfolgreich ankämpfen zu können, das gegenseitige Vertrauen, verbunden mit der Bereitschaft, in die Zusammenarbeit Zeit und Einsatz zu investieren. Die Hochschulen in Hessen sind dabei auf einem guten Weg, den sie gemeinsam weiter beschreiten wollen.

Klaus Eisold und Stefan Eutebach

Von der Idee zum Zentrum für Hochschul-IT

Eine Kooperation der Hochschulen in Rheinland-Pfalz zum gemeinsamen Betrieb eines Campus-Management-Systems

1 Einleitung und Ausgangslage

Der folgende Artikel beschreibt die Aktivitäten der Hochschulen des Landes Rheinland-Pfalz im Kontext des Aufbaus und Betriebs einer gemeinsamen zentralen Serviceeinrichtung für die Implementierung, den Betrieb und den Support zentraler Software-Systeme. Die Autoren beschreiben die mit der Gründung des *Zentrums für Hochschul-IT Rheinland-Pfalz* (*ZIT-RLP*) verbundenen Ziele und Aufbau-Motivationen, legen die organisatorischen und inhaltlichen Rahmenbedingungen dar, die zu schaffen waren, und geben einen Ausblick auf den aktuellen Umsetzungsstand und die geplanten nächsten Schritte der Einrichtung.

In Rheinland-Pfalz studieren heute etwas mehr als 38.000 Menschen an den sieben staatlichen Hochschulen Bingen, Kaiserslautern, Koblenz, Ludwigshafen, Mainz, Trier und Worms mit insgesamt 13 Standorten. Mit einem Anteil von rd. 33 % Hochschul-Studierenden liegt das Land im bundesdeutschen Durchschnitt.

Die seit 1996 eigenständigen Hochschulen gehen auf die rd. 25 Jahre zuvor geschaffene Fachhochschule Rheinland-Pfalz zurück. Auch nach dem Übergang in die Selbständigkeit bewiesen die Hochschulen ein hohes Maß an Kooperationsfähigkeit, die sich heute in verschiedenen zentralen Serviceeinrichtungen wie der *Zentralstelle für Fernstudien an Hochschulen* oder dem *Virtuellen Campus Rheinland-Pfalz* ausprägt. Eine solch enge und vertrauensvolle Zusammenarbeit gestalten insbesondere auch die Fach- und Leitungskräfte der einzelnen Häuser, beispielsweise auf Ebene der Kanzler*innen oder der Leitungen der Rechenzentren.

So entsteht auch in eben diesen Runden im Jahr 2011 die Idee, gemeinsamen zukünftigen Herausforderungen im Kontext komplexer Software-Lösungen gemeinsam zu begegnen. Ausgangslage ist hierbei insbesondere die Ankündigung der damaligen HIS GmbH im Jahr 2011, die bestehenden Campus-Management-Lösungen *HIS-GX* nicht weiter zu entwickeln. Diese Software-Generation findet in allen Häusern gleichermaßen flächendeckend Anwendung und ist eine derartig zentrale Applikation, dass die Leitungsebenen umgehend mit der Auseinandersetzung um Alternativszenarien beginnen.

Klaus Eisold, Hochschule Ludwigshafen am Rhein
Stefan Eutebach, Zentrum für Hochschul-IT Rheinland-Pfalz (ZIT-RLP)

DOI:10.1515/9783110459753-005

Schnell wird deutlich, dass die Anschaffung einer neuen Software gemeinsam mit allen Hochschulen des Landes angegangen werden soll. Die unklare vergaberechtliche Situation im Kontext der Firma HIS GmbH als zentrale Versorgungseinrichtung der Hochschulen und später sogar Unklarheiten bezüglich des Fortbestandes der Gesellschaft sowie ihrer Softwareprodukte begleitet und verzögert die folgenden Beratungen fortlaufend.

Regelmäßige Abstimmungen auf Fach- und Führungsebenen werden etabliert und schaffen die Voraussetzungen für eine Vergabeentscheidung hinsichtlich eines neuen Produktes in Form von Anforderungsprofilen. Die Herausforderung besteht insbesondere darin, sieben Hochschulen auf ein gemeinsames Anforderungsprofil zu verständigen. Dies gelingt durch die sehr konstruktive und mit dem Ziel der Zusammenarbeit geprägte Kompromissbereitschaft aller Beteiligten. Hier sind nicht nur die Kanzler*innen zu nennen, sondern auch die vielen weiteren Akteure unterschiedlichster Ebenen.

Mitte 2012 entsteht erstmalig die Idee, nicht nur die Software künftig gemeinsam zu beschaffen, sondern diese auch gemeinsam einzuführen und zu betreiben. Dies erscheint sinnhaft insbesondere vor dem Hintergrund der individuellen Hochschulgrößen, die zur Folge haben, dass für solche Aufgaben die kritische Masse an Fachpersonal nicht durchgängig ausgeprägt und vorgehalten werden kann.

Die Hochschulleitungen greifen die Idee eines gemeinsamen Zentrums für Hochschul-IT auf und verständigen sich auf eine Konkretisierung dieses Vorhabens.

2 Motivation zum Aufbau

Im Fokus des neuen Zentrums soll eine Verbesserung der Servicequalität für die einzelnen Partnerhochschulen sowie eine Entlastung der individuellen Einrichtung von Expertenfragestellungen im Betrieb komplexer Applikationen stehen.

Als Motivationstreiber sind aus heutiger Sicht mindestens zu nennen:

Erfahrungsaustausch bei identischer Aufgabenstellung

Grundsätzlich vergleichbare Fragestellungen der Hochschulen im Rahmen der Einführung neuer Software sollen gemeinsam diskutiert und Konzepte übergreifend erarbeitet werden. Hiervon verspricht man sich einen institutionellen Lerneffekt und eine Verbesserung insbesondere der individuellen prozessualen Abläufe.

Individuelle Kostenreduktion durch Bündelung von Know-how und Technik

Die gemeinsame Implementierung und die antizipierte Herausforderung eines individualisierten Betriebsmodells einer Campus-Management-Software lassen Synergieeffekte in gemeinsamen Lösungen entstehen. Ein Team von Expert*innen soll die Hochschulen begleiten. Dieses soll nah an der individuellen Einrichtung arbeiten und die jeweiligen Spezifika kennen, aber übergreifend angesiedelt sein und Wissen aus allen beteiligten Hochschulen im Sinne individuell geeigneter Lösungen umsetzen können.

Vergleichbare Fragestellungen zwischen Einrichtungen – beispielsweise im Kontext technischer Bereitstellung von Systemen – sollen übergreifend gelöst und Ressourcen zentral bereitgestellt werden.

Fokussierung auf die Kernaufgaben der Hochschule
Zentral bereitgestellte Unterstützungsleistung soll der einzelnen Hochschule Entlastung bringen und den durch Fragen des laufenden Betriebs und des Second-Level-Supports belasteten Organisationseinheiten eine Fokussierung auf ihre eigentlichen Kernaufgaben in Beratung oder Sachbearbeitung ermöglichen.

Technik und Verfügbarkeit
Eine Modernisierung einer Kernapplikation stellt erhöhte Anforderungen an die verwendete technische Infrastruktur und expliziert im gleichen Atemzug Wünsche der Nutzer*innen in Bezug auf deren Verfügbarkeit bzw. Ausfallsicherheit. Es soll eine Architektur entstehen, die durch Bündelung technischer Kapazitäten bei einem darstellbaren finanziellen Beteiligungsgrad der Hochschulen eine individuell spürbare Optimierung der lokalen Verfügbarkeit und der Bereitschaft der Wiederherstellung im Kontext von Ausfallzeiten bewirkt.

Datenschutz und Datensicherheit
Eine Modernisierung und zielgruppenadäquatere Bereitstellung häufig personenbezogener Daten und Informationen wird begleitet durch gesteigerte Anforderungen bzgl. Datenschutz und Datensicherheit. Die zentrale Serviceeinrichtung soll hier übergreifend gültige Konzepte für die Hochschulen entwickeln und Abstimmungen mit den Datenschutzbeauftragten des Landes und der beteiligten Einrichtungen vornehmen.

3 Parallelität von iCMS und Aufbau des ZIT-RLP

Auf dem Weg zur tatsächlichen Gründung des *Zentrums für Hochschul-IT Rheinland-Pfalz* sind also zwei zeitweise parallel verlaufende Handlungsstränge durch die Hochschulen zu gestalten:

Die Vorbereitung einer Systemauswahl zur Einführung eines integrierten Campus-Management-Systems beschäftigt die Häuser mit ganz konkreten Fragestellungen und Herausforderungen im Kontext von Anforderungsdefinition und Anbieterauswahl und der Schaffung individueller Grundlagen wie Rahmendienstvereinbarungen mit den örtlichen Personalräten.

Dies fällt zusammen mit der Ausgestaltung einer Organisationsstruktur des *ZIT-RLP* in Bezug auf Stellen, Kostenstrukturen, Leitung und Kontrolle der Einrichtung, Auswahl eines Infrastrukturproviders und Wahl einer Trägerhochschule für die neue Einrichtung.

Daneben beschäftigen die Hochschulen Fragen korrespondierender vertraglicher Ausprägungen der Kooperation zwischen den Partnerhochschulen und Vereinbarungen mit dem Ministerium für Bildung, Wissenschaft, Weiterbildung und Kultur.

In den Jahren 2013 und 2014 liegt der Schwerpunkt im Bereich der Konkretisierung des iCMS-Vorhabens auf Workshops, insbesondere auf Anwenderebene zur Definition von Anforderungen an das künftige System. Mit Hilfe externer Unterstützung werden systematisch Anforderungskriterien definiert, geprüft und vereinheitlicht. Das schafft die Grundlage für sachliche Diskussionen und Kompromisslinien zwischen den beteiligten Akteuren. Im Ergebnis liegen eine Bewertung individueller und gemeinsamer Anforderungen sowie konkrete Erfahrungen in Bezug auf Systemanwendungsfälle der einzelnen Prozessdomänen vor.

Einzelne Akteure aus Projektsteuerung und Rechenzentren erarbeiten quasi zeitgleich ein umfangreiches Konzept, welches das künftige *Zentrum für Hochschul-IT* definiert und in seinen Kernaufgaben charakterisiert, und prüfen zahlreiche Varianten personeller Ausstattung sowie unterschiedliche Möglichkeiten in der Wahl eines geeigneten Infrastrukturproviders. Hierbei kann auf einige, aber bislang wenige vergleichbar geprägte Strukturen anderer Bundesländer geschaut werden.

4 Auftrag und organisationale Einbettung der neuen Einrichtung

Am 27. April 2015 wird schließlich der Kooperationsvertrag der Hochschulen für das neue Zentrum unterzeichnet. Das *Zentrum für Hochschul-IT* des Landes nimmt als gemeinsame hochschulübergreifende Dienstleistungseinrichtung gemäß § 93 HochSchG seine Arbeit für alle am *ZIT-RLP* beteiligten Hochschulen auf.

Die Kernaufgaben der neuen Einrichtung in Implementierung, Betrieb und Support sind im Folgenden aufgezeigt.

4.1 Fokus Implementierung

- Beratung der Hochschulen bei der Konzeption und Planung zentraler IT-Versorgung;

- Einführungskoordination (Landesprojektleitung) von gemeinsam eingesetzter Software; erster Fokus ist hier das Campus-Management;
- Begleitung und Überwachung der Umsetzung eines gemeinsamen RLP-Referenzprozessmodells;
- Koordination, Implementierung und Wartung von Standards, bspw. im Hinblick auf zentrale Schnittstellen;
- Abstimmung und Koordination von und mit externen Auftragnehmern;
- übergreifende Koordination landesweiter Aktivitäten, bspw. Schulungen.

4.2 Fokus Betrieb

- Betrieb zentraler Technik, inklusive Planung, Beschaffung und Betreuung von Infrastruktur und Systemen, Überwachung der Systemverfügbarkeit und Kooperation mit dem ausgewählten Provider;
- Lizenzvertragsmanagement;
- Pflege, Prüfung und Test eingesetzter Software;
- Unterstützung in Fragen von Datenschutz und IT-Sicherheit.

4.3 Fokus Support

- Second-Level-Support der Partnerhochschulen mit dem Betrieb eines zentralen Helpdesks und Ticketsystems sowie Zusammenführung und Validierung von Anforderungen und Störungen in Bezug auf das eingesetzte Softwaresystem;
- Herstellerkommunikation im Hinblick auf die Anpassung der eingesetzten Lösung;
- Verwaltung von Zugangsberechtigungen zur technischen Infrastruktur;
- Bereitstellung von Dienstleistungen wie Berichts- und Dokumentvorlagen.

Zur Bewältigung dieser Aufgaben unterstützt das Bildungsministerium den Aufbau der Einrichtung mit zwei Dauerstellen. Die beteiligten Hochschulen finanzieren den weiteren Auf- und Ausbau jeweils anteilig.

Trägerhochschule des Zentrums ist die Hochschule Koblenz, die die räumliche, organisatorische und administrative Verwaltung zur Verfügung stellt. Organe des *Zentrums für Hochschul-IT Rheinland-Pfalz* sind dessen Geschäftsführung sowie eine gemeinsame Lenkungsgruppe. Der Geschäftsführung obliegt dabei die Leitung des *ZIT-RLP*. Sie verantwortet die laufenden Geschäfte und ist für die Einhaltung des Finanzplans und der haushaltsrechtlichen Bestimmungen verantwortlich. Darüber hinaus plant sie die Sicherung und Erweiterung des Dienstleistungsspektrums der Einrichtung und vertritt diese gegenüber der Lenkungsgruppe.

Die Lenkungsgruppe organisiert sich über jeweils eine Vertretung der Hochschulleitung jeder am *ZIT-RLP* beteiligten Hochschule. Sie bündelt und koordiniert die Interessen der involvierten Einrichtungen, legt den Umfang der Leistungen des Zentrums fest, entscheidet über dessen strategische Ausrichtung und berät über zusätzliche Anträge und Projekte sowie die Aufnahme weiterer Hochschulen.

5 Stand, Bewertung und Ausblick

Auch wenn – gerade im Hinblick auf die Spezifika eines ausgeprägten Systembetriebs und Applikationssupports – die Aufgaben der neuen Einrichtung sich erst parallel zu dem Aufwachsen der Nutzung der neuen Campus-Management-Lösung an den Hochschulen prägen und differenzieren werden, so arbeitet das *Zentrum für Hochschul-IT Rheinland-Pfalz* heute bereits ganz konkret mit und für die beteiligten Hochschulen des Landes.

Die Aufnahme der Geschäftstätigkeit ist mit Ansiedlung der Einrichtung an der Trägerhochschule sowie der Besetzung der ersten Stellen erfolgt. Im Kontext der Einführung des integrierten Campus-Management-Systems arbeiten heute Application-Manager und Systemadministratoren an der Systemvorbereitung.

Die zentral vorgehaltene technische Infrastruktur für den späteren Systembetrieb ist in erster Ausbaustufe ausgeprägt. Es wurde bewusst entschieden, kein (weiteres) eigenständig und zentral betriebenes Rechenzentrum mit eigener Hardware zu installieren, sondern auf bestehende Kapazitäten eines hochschulaffinen Partners zurückzugreifen und die Struktur quasi als virtuelles Rechenzentrum zu definieren. Die Mitarbeiter des *ZIT-RLP* arbeiten hier in enger Abstimmung mit dem gewählten Infrastruktur-Provider zusammen. So lassen sich schon heute wertvolle Erfahrungen sammeln im Hinblick auf eine effiziente, aber auch sicher getrennte Infrastruktur für jede beteiligte Hochschule.

Es lässt sich bereits zum jetzigen Zeitpunkt erahnen, dass die Wahl eines hochschulnahen Dienstleisters im Bereich der Infrastrukturbereitstellung positive Effekte im Bereich finanzieller Aufwendungen, aber auch in Kenntnis und Unterstützung fachlich-organisatorischer Spezifika von Bildungseinrichtungen aufweist.

Im Kontext der vorbereitenden Tätigkeiten zur gemeinsamen Einführung des neuen Campus-Management-Systems haben sich die Hochschulen auf gemeinsame Rahmenparameter von Prozessen verständigt, den Projekt- und Umsetzungsrahmen festgelegt und die Aufwände in Zuordnung zu beteiligendem Personal antizipiert. Gemeinsam mit einem Projektplan ist damit heute die Grundlage verfügbar, im Januar 2016 mit dem Projekt starten zu können.

Es lässt sich festhalten, dass die Etablierung eines für die individuelle Hochschule Mehrwerte generierenden, aber hochschulübergreifenden Servicezentrums eine auf vielen Dimensionen herausfordernde Aufgabe darstellt. Diese wird bislang bewältigt durch engagierte Unterstützung der Mitarbeiter des *Zentrums für Hochschul-IT* selbst, aber vor allem durch gemeinsamen Invest und Unterstützung durch viele Fach- und Leitungskräfte der beteiligten Hochschulen.

Gemeinsam mit der ausgeprägten ministeriellen Unterstützung, auch in Form von Stellen für die neue Einrichtung und des auf Dauerhaftigkeit ausgelegten Servicecharakters lässt sich heute festhalten, dass das *Zentrum für Hochschul-IT Rheinland-Pfalz* mindestens für dieses Bundesland Modellcharakter hat und wir sehr gespannt sind, wie sich die Ausprägung weiter gestalten wird und wo die Einrichtung vielleicht auch als Anregung oder Blaupause für andere interessierte Hochschulverbünde dienen kann.

Dirk Moeller

Hybride Cloud-Lösungen in Forschung und Lehre

Mit IT-Services aus der Cloud erhalten Universitäten die Mittel und Werkzeuge, um das rasante Datenwachstum zu beherrschen

Eine moderne IT-Infrastruktur ist heutzutage zwingend notwendig. Nicht nur in Industrie und Wirtschaft, sondern auch in Bildungseinrichtungen sowie in Forschung und Wissenschaft fallen täglich enorme Datenmengen an – und werden zur Herausforderung für die IT-Mitarbeiter. Zentrale Treiber des Datenwachstums sind unter anderem die zunehmende Digitalisierung von Prozessen sowie neue Themen wie Industrie 4.0 und das Internet der Dinge. Die digitale Transformation ist kein Modebegriff aus dem Wirtschaftsumfeld, vielmehr sind alle modernen Bildungseinrichtungen gefordert, eine digitale Strategie zu entwickeln, um weiterhin eine Spitzenposition in der Forschung einzunehmen.

Im Zusammenhang mit der Verarbeitung großer Datenmengen und deren Nutzung gewinnt Cloud-Computing immer mehr an Bedeutung. Die Cloud mit ihren flexibel einsetzbaren IT-Ressourcen bildet die wirtschaftlich sinnvollste Alternative zur dynamischen Erweiterung des eigenen Rechenzentrums. Auch im Spannungsfeld zwischen Kostendruck und Schutz des geistigen Eigentums, das durch die NSA-Affäre auch die Wissenschaft erreicht hat, ist Cloud-Computing eine echte Alternative geworden, da es bereits viele IT-Dienstleister mit Rechenzentren in Deutschland gibt.

Wie weit Cloud-Lösungen bereits in der deutschen Industrie verbreitet sind, zeigt die Studie „Cloud-Monitor 2015“ von KPMG und Bitkom. Hier vermelden die Analysten, dass bereits 44 Prozent der Unternehmen IT-Leistungen aus der Cloud beziehen. Weitere 24 Prozent planen oder diskutieren noch über den Einsatz. Dabei sind die gemachten Erfahrungen durchweg positiv, wie bis zu 78 Prozent der Befragten aussagen (Cloud-Monitor 2015). Auch Universitäten, die durch die Forschung und die immens zunehmende Nutzung von Daten durch mobile Endgeräte oft ein noch höheres Datenwachstum zu bewältigen haben, können durch moderne Cloud-Technologien eine zukunftsfähige IT-Infrastruktur aufbauen, um beispielsweise das Potenzial von Big Data für sich besser zu nutzen.

Dirk Moeller, Director Sales Public Sector, NetApp

DOI:10.1515/9783110459753-006

1 Die Datenflut hat die Hochschulen erreicht

In den Universitäten entstehen komplexe, unstrukturierte Daten beispielsweise durch Forschungsprojekte aller Art. Die Auswertung dieser Daten wird zudem immer rechenintensiver. Als besonders datenintensiv gelten zum Beispiele Bereiche wie Geologie, Genetik, Klimaforschung, Kernphysik und Medizin, aber auch die Wirtschaftswissenschaften können rund um die Statistik enorm große Datenmengen erzeugen.

Daten sind ähnlich wie für Unternehmen auch für Universitäten ein wichtiger Produktionsfaktor geworden, der durchaus die künftige Wettbewerbsfähigkeit einer Hochschule bestimmt. Bildungs- und Forschungseinrichtungen stehen heute zusätzlich im Wettbewerb um Studierende. Damit hängt die Attraktivität der Hochschulen zunehmend stärker vom Angebot moderner IT-Umgebungen ab. Ein einfacher WLAN-Zugang für mehrere mobile Endgeräte ohne Beschränkung wird mittlerweile als Grundversorgung auf jedem Campus angesehen.

2 Wachsende Anforderungen im Wandel der Zeit

Die Anforderungen an die IT-Landschaft einer Universität nehmen durch die geschilderte Entwicklung dramatisch zu und werden sich rasant verändern. Es gibt immer mehr Studierende, der Beratungsaufwand steigt, Professoren arbeiten, bedingt durch befristete Anstellungen, oft an kürzeren, aber rechenintensiven Projekten. Viele Mitarbeiter bringen zudem ihre eigenen Geräte wie Laptops oder Tablet-PCs mit, die häufig leistungsfähiger sind als die in die Jahre gekommenen Arbeitsplatzrechner mancher Bildungseinrichtungen. Darüber hinaus benötigen die Forscher zunehmend einen mobilen Zugriff auf ihre Daten, auch von zu Hause aus. Eine heutige IT-Umgebung in Universitäten muss also insgesamt sehr flexibel sein, um die verschiedenen Anforderungen der Mitarbeiter und Studierenden zu erfüllen. Aber sie muss insbesondere die Datenverfügbarkeit und den Datenschutz sicherstellen.

Angesichts wachsender, immer komplexer werdender Datenmengen stellt sich auch in den Hochschulen die Frage, wie die IT-Abteilung angemessen reagieren kann. Schließlich geht es im Zuge von Big Data vor allem darum, aus diesen Daten einen möglichst hohen Nutzen für die eigene Institution zu ziehen. Hier agieren die zentralen IT-Abteilungen der Hochschulen und Universitäten meist weitblickender und progressiver als manche Hochschulleitung und kooperieren hinsichtlich der Erbringung von Diensten mit anderen Instituten.

3 Wettbewerbsvorsprung durch IT-Infrastruktur

In der Forschung können durch Verknüpfung großer Datenmengen und statistischer Auswertungen gänzlich neue Erkenntnisse gewonnen werden. Vor dem Hintergrund der zunehmenden nationalen und internationalen Konkurrenz zwischen den Hochschulen kann die IT-Umgebung entscheidende Vorteile bringen. Sie muss aber zielgerichtet ausgebaut und stetig an neue Anforderungen angepasst werden.

Die derzeitige Situation an den meisten Universitäten sieht meist jedoch noch wenig strukturiert aus: Sie ist insgesamt von einer heterogenen IT-Landschaft und einem Nebeneinander verschiedener zentraler und dezentraler IT-Abteilungen mit teils konkurrierenden Angeboten gekennzeichnet. Oft sind verteilte Server ohne zentrales Backup und zentrale Administration vorhanden. Für andere Abteilungen wertvolle Daten sind in Datensilos gefangen und verlieren dort an Wert. Für das Datenmanagement existiert weder eine übergreifende Software-Lösung noch sind durchgängige IT-Service-Prozesse implementiert. Hinzu kommt, dass in vielen Universitäten immer noch Hardware für einzelne intensive Forschungsprojekte angeschafft wird, die nach Beendigung oder nach dem Weggang von Wissenschaftlern ungenutzt herumsteht. Man spricht gerne über die „Freiheit von Forschung und Lehre", damit werden kleinere, dezentrale Rechenzentren und IT-Abteilungen in den Instituten gerechtfertigt. Die Konsolidierung solcher Serverlandschaften innerhalb einer modernen IT-Infrastruktur ist jedoch für die Bewältigung zusätzlicher Datenmengen und deren Nutzung unabdingbar.

Für die Rechenzentren der Universitäten bedeuten die veränderten Bedürfnisse auch wachsende Anforderungen auf personeller Ebene. Doch IT-Fachkräfte sind teuer und können in der freien Wirtschaft meist mehr verdienen. Universitäten sind mit ihren Kosten an starre Budgetpläne gebunden und müssen deshalb mit wenigen qualifizierten IT-Fachkräften große Projekte stemmen. Ein Spagat, der nur durch geschickte Integration externer IT-Leistungen machbar ist – beispielsweise durch Einsatz innovativer Cloud-Lösungen.

Vorrangiges Ziel bei der Weiterentwicklung der IT-Umgebungen in Bildungs- und Forschungseinrichtungen sollte daher die kontinuierliche Anpassung der Lösungen an die sich stetig ändernden Anforderungen der Wissenschaftler und Studenten sein. Gleichzeitig sollten die Inselsysteme stärker in einen Gesamtverbund integriert werden. In diesem Zusammenhang sollten die eingesetzten Storage-Lösungen flexibel nutzbar sein, sich also beispielsweise dynamisch dem Bedarf der Wissenschaftler anpassen lassen.

4 Mehr Flexibilität durch IT aus der Cloud

Mit Hilfe von Cloud-Services beziehen IT-Organisationen zusätzliche IT-Leistungen nach Bedarf über das Internet und rechnen diese nutzungsabhängig ab. Klassifizierungsmerkmale sind die Einteilung einerseits nach Art der Dienste in die drei Ebenen Infrastruktur (Infrastructure as a Service – IaaS), Plattform (Platform as a Service – PaaS) und Software (Software as a Service – SaaS) und andererseits die Unterscheidung nach Betriebs-, Eigentums- und Organisationsgesichtspunkten in Private-, Public- und Partner-Cloud. Private bedeutet in diesem Zusammenhang, dass Zugriffe auf die Dienste lediglich über ein privates Netz möglich sind; Public-Clouds sind für jedermann zugänglich, und Dienste in Form einer Partner-Cloud werden nur einer definierten Anzahl von (Partner-)Gesellschaften angeboten. Hybrid-Cloud stellt einen Mischbetrieb von traditioneller IT-Umgebung und Private-, Public- oder Partner-Cloud dar.

5 Innovative hybride Cloud-Strategien bringen Struktur in Datenmassen

Trends wie Big Data und die Integration von IT-Leistungen aus der Cloud führen dazu, dass die IT-Infrastruktur einer Institution insgesamt immer komplexer wird. Wer als IT-Verantwortlicher einer Universität das IT-Management vereinfachen möchte, beispielsweise um die laufenden Betriebskosten zu senken, muss seine Systeme daher zunächst konsolidieren und kann anschließend die IT-Prozesse stärker automatisieren.

IT-Verantwortliche in Universitäten sind gefordert, neue und innovative Ansätze für das Datenmanagement zu entwickeln. Gleichzeitig müssen sich die Rechenzentren neu aufstellen und IT-Services für Fachbereiche schneller und flexibler erbringen. Denn Wissenschaftler, Lehrkräfte und Studierende vergleichen die IT-Leistungen von Universitäten immer öfters mit frei auf dem Markt angebotenen Diensten und sind es durchaus gewohnt, auch Cloud-Services zu nutzen.

Für die Universitäten liegt ein Lösungsansatz in der Implementierung von hybriden IT-Infrastrukturen im eigenen Rechenzentrum. Bei einer hybriden Cloud-Lösung verbleiben Daten und Applikationen, die für die Einrichtung kritisch sind (beispielsweise personenbezogene Daten), im eigenen Rechenzentrum, während besonders standardisierte Systeme und Daten in die Public-Cloud verlagert werden. In einer modernen hybriden Umgebung lassen sich anstehende Berechnungen oder Datenauswertungen (sogenannte Workloads) beliebig zwischen vorhandenen IT-Systemen verschieben, also auch in die Cloud. So ist es möglich, je nach Anforderungen und den Kosten-/Nutzenaspekten, die jeweils bestmöglichen IT-Ressourcen anzuzapfen. Die IT der Universität kann so ihre Agilität und Leistung sowie die Geschwindigkeit in der Bereitstellung steigern und flexibel auf neue Aufgaben reagieren.

Einer der ersten Schritte, um die Herausforderungen der digitalen Transformation anzugehen, sind angepasste Storage-Infrastrukturen. Zu den wachsenden

Datenmengen kommen Compliance-Richtlinien und Sicherheitsvorschriften, die es zu beachten gilt. Die Erfahrung aus zahlreichen Projekten zeigt, dass das Thema Compliance an vielen Universitäten noch zu wenig beachtet wird, obwohl die Bedeutung und der Wert von Daten in den letzten Jahren kontinuierlich zugenommen hat.

6 Mit der richtigen Strategie die Kontrolle behalten

Um die anfallenden Datenmengen langfristig zu beherrschen und einen Mehrwert daraus zu generieren, bedarf es einer übergreifenden Strategie für das Datenmanagement: Denn Daten bringen nur dann einen Mehrwert, wenn man sie zur Verfügung stellen, mit ihnen arbeiten und sie auswerten kann.

Ein wichtiges Instrument ist hierbei die Bereitstellung von IT-Ressourcen aus der Cloud. Auf der ZKI-Tagung in Freiburg im September 2015 hat Matt Watts, Director Technology & Strategy, bei NetApp interessante Lösungsansätze vorgestellt, wie sich die Datenmengen der Zukunft sinnvoll verarbeiten lassen. Da ein Neustart der gesamten IT auf der grünen Wiese nicht realistisch ist, sollten CIOs und Rechenzentrumsleiter neue Cloud-Ressourcen in ihre bestehende Storage-Infrastruktur integrieren. Die Gefahr hierbei: Wer von unterschiedlichen Cloud-Providern IT-Ressourcen bezieht, ohne diese innerhalb der gesamten IT-Landschaft sauber zu integrieren, baut sich isolierte und inkompatible Datensilos.

Vor diesem Hintergrund entwickelte der US-Hersteller NetApp das Konzept der Data-Fabric: Ein Datengewebe, das IT-Ressourcen aus dem eigenen Rechenzentrum sowie aus der Cloud zu einem einzigen integrierten Gebilde verknüpft. Das Data-Fabric-Konzept bietet dem IT-Administrator eine effiziente Möglichkeit zur Integration und dem Management selbst größter Datenbestände. Ohne einheitliche Strategie sieht sich die IT-Abteilung einer Universität ständig der Herausforderung gegenüber, verschiedene Verfahren für das Datenmanagement für isolierte und nicht kompatible Datensilos in Einklang zu bringen. Data-Fabric ist eine strategische Initiative, mit der Universitäten das Potenzial von neuen und innovativen Services ausschöpfen, die speziell für Cloud-Architekturen entwickelt werden. Gleichzeitig behält die IT-Abteilung die volle Kontrolle über ihre Daten und kann diese beliebig zwischen Cloud-Ressourcen verschieben, beispielsweise um Kostenvorteile oder leistungsfähige Plattformen zu nutzen.

Wichtiger Bestandteil ist das Speicherbetriebssystem ONTAP. Mit dieser Lösung behalten Organisationen auch bei Nutzung der Public-Cloud weiterhin die volle Datenkontrolle. IT-Verantwortliche können so ihre Daten unabhängig von Speicherorten wie im eigenen Rechenzentrum, bei Service-Providern oder in der Public-Cloud jederzeit frei verschieben und transparent verwalten.

7 Sicherheit, Stabilität und Verfügbarkeit

Die Universität Stuttgart setzt bereits seit einigen Jahren auf die Storage-Lösungen von NetApp und betreibt basierend darauf eine moderne IT-Infrastruktur. Die Universität umfasst rund 160 Institute. Die etwa 22.000 Studierenden und 7.000 Mitarbeiter produzieren täglich neues Wissen und Daten. Zentrale Betriebseinrichtung für die IT ist das TIK (Technische Informations- und Kommunikationsdienste). Die IT-Experten betreiben das Datennetz der Universität und stellen den Studierenden IT- und Telekommunikationsdienste (Rechner-Pools, Drucker, LAN-Zugänge) und weitere Services zur Verfügung.

Für Datenmanagement und Datensicherheit nutzt das TIK seit 2006 Lösungen von NetApp. Technologien für schnelle Datenspiegelung schaffen Sicherheit und senken die Ausfallzeiten. Die Universität Stuttgart hat gute Erfahrungen mit den Lösungen gemacht: Das im Jahr 2010 in Betrieb genommene Storage-System von NetApp läuft, bis auf einen Wartungseingriff, unterbrechungsfrei und zuverlässig. Mit den Storage-Lösungen wird die hybride Cloud zur Realität, denn bestehende Storage-Infrastrukturen können flexibel und homogen in die Cloud erweitert werden. So lassen sich zum Beispiel Cloud-Ressourcen von Hyperscale-Providern wie Amazon AWS, IBM Softlayer oder Microsoft Azure in die eigene IT der Institution einbinden.

8 Kooperationen bringen mehr Flexibilität in die Cloud

Für kleinere Hochschulen ist es oftmals effektiver, keine eigenen großen Storage-Plattformen zu betreiben, sondern mit anderen Bildungseinrichtungen zu kooperieren und IT-Infrastrukturen gemeinsam zu nutzen. Solche Modelle, bei denen Universitäten und Hochschulen beim Betrieb von Rechenzentren zusammenarbeiten, sind lange angedacht, basierten jedoch meist auf Erfahrungsaustausch und weniger auf konkret umgesetzten Projekten in Bezug auf gemeinsam genutzte IT-Infrastruktur. Beispielhaft genannt seien hier der ALWR (Arbeitskreis der Leiter wissenschaftlicher Rechenzentren) in Baden-Württemberg (ALWR-BW) und der Arbeitskreis der Rechenzentren in Bayern (BRZL). Themen waren der Aufbau landesweiter Rechnerverbünde, die Erstellung gemeinsamer DV-Pläne, die Beschaffung von Software-Lizenzen, die Einrichtung und Finanzierung landesweiter Netze sowie der gemeinsame Betrieb von Hochleistungsrechnern (Supercomputern). Gegenüber Cloud-Konzepten waren die Verantwortlichen lange Zeit kritisch eingestellt, da man das geistige Eigentum der eigenen Universität bedroht sah, wenn Daten außer dem der eigenen IT-Systeme verarbeitet werden.

Seit ein paar Jahren gibt es aber auch Kooperationen, die das Thema Cloud mit einbeziehen, so beispielsweise in Baden-Württemberg und in Bayern. Auch die

Universität Stuttgart arbeitet im Verbund mit anderen Hochschulen zusammen: Daraus ist 2012 das Kooperationsprojekt KOVIS entstanden, bei dem vier Stuttgarter Hochschulen (Universität Stuttgart, Universität Hohenheim, Hochschule der Medien Stuttgart und HFT Stuttgart) gemeinsam zu realisierende Themen identifizieren, herausarbeiten und planen. KOVIS steht für Kollaboratives Virtuelles Informationszentrum Stuttgart. Das Pilotprojekt, die automatisierte Software-Verteilung für die Verwaltungs-IT, wurde im Verbund bereits 2013 umgesetzt. Es dient als Vorbild für zukünftige kooperative Projekte. Die Ziele des Projektes waren beispielsweise eine Verbesserung der Qualität von Forschung und Lehre sowie eine Verbesserung der Wettbewerbsfähigkeit des Hochschulstandortes Stuttgart. Um diese Ziele zu erreichen, wurden durch KOVIS vor allem Ressourcen und Wissen gebündelt sowie Projekte gemeinsam geplant und umgesetzt. Diese Kooperation führte damit sowohl zu einer Verbesserung der IT-Servicequalität als auch zu einer Entlastung der IT-Beschäftigten im Arbeitsalltag und schaffte damit Raum für neue technische Entwicklungen.

Wie dieses Beispiel zeigt, haben Kooperationen für die IT-Strategien der Hochschulen eine wachsende Bedeutung, und es können sich hier auch neue Geschäftsmodelle entwickeln. Unter dem Stichwort bwCloud gibt es unter den Universitäten Freiburg und Heidelberg ein entsprechendes Projekt, bei dem auch die gemeinsame Nutzung von IT-Infrastruktur in einer Hybrid-Cloud vorgesehen ist.

Die konkreten Ziele des Projekts bwCloud sollen von der Förderung der Kooperation und des gegenseitigen Austauschs der Rechenzentren, zuerst auf Wissens- und Know-how-Ebene, bis hin zur praktischen Umsetzung von Prozessen wie der Verlagerung kompletter virtueller Umgebungen über mehrere Standorte hinweg reichen. Diese Aktivitäten könnten in einen neuen, gemeinsam erbrachten Basisdienst für Private-Cloud-Umgebungen münden. Und nicht zuletzt soll diese Infrastruktur die Basis für gemeinsam erbrachte neue Dienstleistungen bilden. Das Landesprojekt bwCloud hat das Ziel, ein umsetzbares und belastbares Konzept zur landesweiten Virtualisierung von Servern und Diensten zu entwickeln, zu testen und eine prototypische Implementierung einer Cloud-Umgebung („Hochschul-Cloud") zu erstellen und richtet sich an Nutzergruppen aus allen Bereichen von Universität, Hochschulen oder Forschungseinrichtungen in Baden-Württemberg. Gemeinsam mit der Umsetzung der praktischen Ziele werden außerdem Strategien für den Aufbau und den Betrieb neuer IT-Service-Angebote (ergänzend zu Serverhousing und -hosting) entwickelt. Neue Betriebs- und Kostenmodelle könnten als Grundlage für einen Landesdienst bwCloud dienen. Hier sind bisher die Universitäten Freiburg, Heidelberg, Karlsruhe, Mannheim, Stuttgart und Ulm beteiligt.[1]

Im Zusammenhang mit Hybrid-Clouds werden Kooperationen mit anderen Universitäten und Hochschulen noch interessanter, denn nur so wird man die ständig wachsenden Anforderungen an die Dienstleistungen und die Servicequalität erfül-

---

1 bwcloud.uni-mannheim.de.

len können. Angesichts knapper Ressourcen in den IT-Abteilungen der Hochschulen bei immer höheren Studierendenzahlen müssen auch hochschulübergreifende und extern unterstützte Betriebsmodelle als Alternativen in Betracht gezogen werden. Beispiele hierfür könnten Business-Cloud-Dienste oder ein kommerzieller Filesharing-Dienst sein.

9 IT-Kosten optimieren trotz steigender Datenmengen

Die Notwendigkeit zur Kostenreduzierung im IT-Bereich verleiht der Nutzung von Cloud-Speicherlösungen wie Backup as a Service (kurz BaaS) zusätzlich an Bedeutung. Hierbei sichern IT-Abteilungen die Backup-Daten direkt in die Cloud, nutzen also die Flexibilität und günstigen Kostenstrukturen der großen Cloud-Anbieter. Jedoch funktioniert das Prinzip nicht nur mit Public-Clouds. Im Rahmen einer Hochschul-Kooperation lassen sich auch Cloud-Dienste anderer Bildungseinrichtungen nutzen.

So bietet beispielsweise die Uni Karlsruhe mit dem Karlsruher Institut für Technologie (KIT) einen Online-Speicherdienst, der es Beschäftigten und Studierenden der Universitäten und Hochschulen im Land Baden-Württemberg ermöglicht, ihre Daten zwischen verschiedenen Computern, mobilen Endgeräten und Benutzern zu synchronisieren bzw. auszutauschen. Die Daten werden sicher vom KIT in Baden-Württemberg gespeichert. Damit steht eine Alternative zu kommerziellen Filesharing-Diensten zur Verfügung. Den bwSync&Share-Dienst können Beschäftigte und Studierende der Universitäten und Hochschulen in Baden-Württemberg kostenfrei nutzen. Nutzer, die nicht an wissenschaftlichen Einrichtungen in Baden-Württemberg beschäftigt sind, können zu bwSync&Share eingeladen werden und nach Erteilung entsprechender Zugriffsrechte auf die Daten der Einladenden zugreifen und ihren Speicherbereich mitbenutzen. Während der initialen Betriebsphase werden alle Kosten für den Basis-Service mit 25 GByte pro Nutzer zentral durch das Ministerium für Wissenschaft und Kultur finanziert. Die Konditionen für eine Service-Erweiterung bzw. Service-Verlängerungen (über den 31.12.2016 hinaus) sind noch nicht abschließend geklärt. Das KIT strebt aber an, den Sync&Share-Service über das Jahre 2016 hinaus für die Universität Stuttgart fortzuführen (www.alwr-bw.de/kooperationen/bwsync-share/).

Ähnliche Dienste in Form einer Campus-Cloud bietet auch die Westfälische Wilhelms-Universität Münster im Verbund mit über 20 Universitäten und Fachhochschulen in NRW an. „Sync&Share NRW“ ist ein Interessenverband aus 18 wissenschaftlichen Universitäten in Nordrhein Westfalen. Mit bis zu 500.000 Anwendern handelt es sich hier um eines der größten Cloud-Projekte in Deutschland.

Die Technische Universität München (TUM) setzt auf zentrale Services, um ihre drei Standorte in München, Garching und Weihenstephan sowie ihren asiatischen

Ableger in Singapur mit den für Forschung und Lehre notwendigen Anwendungen zu versorgen. Auch hybride Cloud-Lösungen kommen zum Einsatz, wie eine vom Leibniz-Rechenzentrum der Bayerischen Akademie der Wissenschaften betriebene Cloud.

10 Mit BaaS Made in Germany bleiben die Daten in Deutschland

Bei den meisten der aktuellen Beispiele handelt es sich um Alternativen zu kommerziellen Cloud-Speicherdiensten. Manche Organisationen befürchten, dass ihre Daten bei Auslagerung in die Cloud nicht auf deutschen Servern vorgehalten werden. Der Betrieb einer eigenen Private-Cloud ist eine sichere, aber auch sehr arbeitsintensive Variante, die nicht alle hochschuleigenen Rechenzentren leisten können.

Universitäten, die sich für die NetApp-zertifizierte Lösung BaaS (Backup as a Service) entscheiden, erhalten nicht nur technisch eine qualitativ hochwertige Lösung für die Sicherung ihrer Daten, sondern können auch darauf vertrauen, dass der Dienst von Backup-Experten angeboten und betrieben wird. Die von NetApp autorisierten Service-Provider sind Experten in Datensicherungsfragen und zugleich langjährige NetApp-Partner, die sich mit den Technologien und Produkten bestens auskennen. Zudem ist über das Prädikat „Made in Germany“ sichergestellt, dass die Sicherung der Daten in Rechenzentren erfolgt, die von den autorisierten Partnern in Deutschland betrieben werden. So können sich Universitäten ganz auf ihre Forschungsprojekte und die Bedürfnisse von Studierenden und Wissenschaftlern konzentrieren und die Aufgaben der Datensicherung an Partner ihres Vertrauens übergeben.

11 Fazit

Künftig sollte die IT-Infrastruktur von Universitäten ein modernes, standortübergreifendes Datennetz bieten, welches alle Nutzräume versorgt. Darüber hinaus wird auch der mobile Zugriff auf Daten steigen, und das Datenwachstum wird weiter fortschreiten. In diesem Zusammenhang ist das Thema Cloud in den deutschen Universitäten angekommen, und es gibt Beispiele für hochschuleigene und übergreifende Cloud-Lösungen, die jedoch meist auf dem Konzept der Private-Cloud beruhen und dieses auf kooperierende Institute ausweiten.

Die Angst vor Datenverlust und unberechtigtem Datenzugriff ist nach wie vor groß bei der Frage der Cloud-Nutzung. Hybride Cloud-Konzepte bieten jedoch auf Dauer weit mehr Vorteile und sind deshalb auch für Universitäten ein wichtiges Element einer flexiblen und agilen IT-Landschaft. Die Hybrid-Cloud vereint die

Vorteile der Private-Cloud mit eigenen Applikationen mit der Flexibilität der Cloud-Dienste einer öffentlichen Cloud. Zu den Vorteilen gehören neben der Flexibilität vor allem eine hohe und schnell zu realisierende Skalierbarkeit der Cloud-Ressourcen. Das bedeutet, dass sich Ressourcen innerhalb kürzester Zeit bedarfsgerecht aufstocken lassen. Damit lässt sich konkret die Wettbewerbsfähigkeit einer Universität steigern, und im Vergleich zu einer separaten Private- oder Public-Cloud werden Kosten reduziert.

Universitäten und Hochschulen, die durch die Forschung ein noch höheres Datenwachstum zu bewältigen haben als die freie Wirtschaft, sollten vermehrt moderne Hybrid-Cloud-Technologien nutzen und bei der Nutzung kooperieren. Denn zusätzlich zu Vorteilen hinsichtlich Flexibilität und Ressourcen kommt die Möglichkeit, Big Data zu analysieren und daraus in überschaubaren Zeiträumen fundierte Forschungsergebnisse zu erzielen. Nur wer der Herausforderung Datenwachstum frühzeitig eine wirkungsvolle Strategie entgegensetzen kann, wird auf Dauer eine leistungsfähige IT-Infrastruktur betreiben können, die wirkliche Innovationen hervorbringt – und eine solche ist ohne hybride Cloud-Strategien nicht denkbar.

Literatur

„Cloud-Monitor 2015“. 2015. *Cloud-Computing in Deutschland – Status quo und Perspektiven.* KPMG in Zusammenarbeit mit Bitkom Research GmbH.

Hochschule für Technik Stuttgart. 2012. *Rechenschaftsbericht 2012.* [online] www.hft-stuttgart.de/Hochschule/Organisation/Rektorat/Rechenschaftsberichte/2012/index.html/IZ.pdf [30. 03. 2016].

Karl Jakobs

Die Entdeckung des Higgs-Teilchens am CERN und Kooperation in der Teilchenphysik

Am 4. Juli 2012 gaben die beiden großen Experimente ATLAS und CMS am europäischen Forschungszentrum für Elementarteilchenphysik CERN in Genf die Entdeckung eines neuen Teilchens bekannt, das die Eigenschaften des lange gesuchten Higgs-Teilchens zeigte. Kaum eine andere wissenschaftliche Entdeckung hat, sowohl in der Fachwelt als auch in der Öffentlichkeit, derart großes Aufsehen erregt. Die Wissenschaftszeitschrift Science bezeichnete sie als „The Top Breakthrough of the Year". Beteiligte Physiker sprechen vom Beginn einer neuen Ära in der Teilchenphysik. Im Jahre 2013 wurden François Englert und Peter Higgs für ihre theoretische Formulierung des sog. Brout-Englert-Higgs-Mechanismus mit dem Nobel-Preis für Physik ausgezeichnet. Warum ist diese Entdeckung so spektakulär?

Im vorliegenden Beitrag wird neben der Beschreibung der Entdeckung auch die Kooperation in der Teilchenphysik beleuchtet. Diese Entdeckung wäre ohne die Zusammenarbeit von mehreren Tausend Wissenschaftlern nicht möglich gewesen. Zu Beginn wird das heutige Bild der Elementarteilchen und die Rolle des Higgs-Teilchens aufgezeigt. Anschließend werden CERN, der Teilchenbeschleuniger LHC, die Experimente sowie wichtige Kooperationsaspekte diskutiert. Abschließend werden die Entdeckung des Higgs-Teilchens sowie der heutige Stand der Forschung zusammengefasst.

1 Das heutige Bild der Elementarteilchen

Schon seit jeher versuchen die Menschen, den Aufbau und die Struktur der Materie und das Wesen der in der Natur wirkenden Kräfte zu ergründen. Sie gehen dabei grundlegenden Fragen nach: Woraus besteht die Materie, die uns umgibt? Ist sie teilbar? Wenn ja, wie weit? Welche Kräfte wirken zwischen den Bausteinen?

Im Laufe des 20. Jahrhunderts wurden durch wichtige Entwicklungen, sowohl auf theoretischer als auch auf experimenteller Seite, bei der Beantwortung dieser Fragen wichtige Fortschritte erzielt (Bethge und Schröder 2006; Griffiths 2008). Mit der Entdeckung des Elektrons, des ersten subatomaren Teilchens gegen Ende des 19. Jahrhunderts, nahm die Teilchenphysik ihren Anfang. Wenige Jahre später wies E. Rutherford nach, dass die Atome aus einem winzigen, äußerst dichten Kern bestehen und dass die Elektronen die Hülle der Atome bilden. Wie sich später zeig-

Karl Jakobs, Albert-Ludwigs-Universität Freiburg

DOI:10.1515/9783110459753-007

te, setzen sich die Atomkerne aus elektrisch positiv geladenen Protonen und elektrisch neutralen Neutronen zusammen. Anfang der 1930er Jahre hatte man damit ein System gefunden, das den Aufbau der Materie anhand von nur drei verschiedenen Bausteinen erklärte.

Doch schon bald zeigte sich, dass die Natur wesentlich reichere Formen besitzt: Mit dem Positron entdeckte man das erste Antimaterie-Teilchen, bei der Erforschung von radioaktiven Zerfällen der Atomkerne zeigte sich, dass das Elektron ein elektrisch neutrales Partnerteilchen, das Neutrino, besitzt. Die systematische Erforschung von Kollisionen hochenergetischer Teilchen in den 1950er und 1960er Jahren führte zu einer Flut von Entdeckungen neuer Teilchen, die in zwei Klassen eingeteilt werden konnten: sogenannte *Leptonen*, zu denen das Elektron und das Neutrino gehören, sowie eine Vielzahl sogenannter *Hadronen*, zu denen auch das Proton und das Neutron gehören. Zu Beginn der 1960er Jahre war klar, dass die Hadronen nicht elementar sein konnten. Die beiden theoretischen Physiker M. Gell-Mann und G. Zweig schlugen unabhängig voneinander vor, dass diese Teilchen eine Substruktur haben müssen und aus kleineren Bausteinen bestehen, die von Gell-Mann als *Quarks* bezeichnet wurden. Erste experimentelle Hinweise auf die Existenz der Quarks im Inneren von Protonen und Neutronen zeigten sich durch Streuexperimente von hochenergetischen Elektronen an Protonen gegen Ende der 1960er Jahre am *Stanford Linear Accelerator Center* (SLAC) in den USA.

Teilchenbeschleuniger, in denen Elektronen oder Protonen auf hohe Energien gebracht werden können, haben bei der Erforschung des Aufbaus der Materie eine zentrale Rolle gespielt. Aus der Quantentheorie ergab sich, dass hohe Energien oder Impulse notwendig sind, um kleine Strukturen zu untersuchen. So können in Streuexperimenten nur solche Strukturen aufgelöst werden, die kleiner als die Wellenlänge der Probe sind, mit der diese Strukturen untersucht werden. Nach der Quantentheorie kann Teilchen eine Wellenlänge λ zugeordnet werden, die umgekehrt proportional zu ihrem Impuls p ist: $\lambda = h / p$, wobei h das Planck'sche Wirkungsquantum darstellt. Aber auch um neue, schwere Teilchen zu erzeugen, werden hohe Energien benötigt. Nach der Einstein'schen Relativitätstheorie besteht zwischen der Energie E und der Masse m die Äquivalenzrelation $E = m \cdot c^2$, wobei c die Lichtgeschwindigkeit darstellt. Diese Relation besagt, dass Energie in Masse oder Materie, und umgekehrt Materie in Energie umgewandelt werden kann.[1] Beide Prinzipien erklären die Entwicklungen in der experimentellen Teilchenphysik des letzten Jahrhunderts, die zum Bau immer leistungsstärkerer Teilchenbeschleuniger führten.

1 Aufgrund der Äquivalenzrelation $E = m \cdot c^2$ können Massen in Energieeinheiten dividiert durch c^2 angeben werden. Die gängige Einheit ist das eV/c^2, wobei 1 eV (Elektronvolt) der kinetischen Energie entspricht, die ein Elektron beim Durchlaufen einer Potenzialdifferenz (z. B. einer Batteriespannung) von 1 Volt gewinnt. In diesen Einheiten gemessen beträgt die Masse des Elektrons 511 keV/c^2. Dies entspricht in den uns vertrauten Einheiten einer winzig kleinen Masse von $9{,}11 \cdot 10^{-31}$ kg. Das Proton ist etwa 1.800-mal schwerer als das Elektron und hat eine Masse von 938,3 MeV/c^2.

1.1 Die Bausteine der Materie

Bis heute konnte die Existenz von sechs Quarks (u-, d-, s-, c-, b- und t-Quark) nachgewiesen werden. Das sechste Quark, das sogenannte *t*- oder *top*-Quark, wurde im Jahre 1994 entdeckt, und seine Masse wurde mit 172 GeV/c^2 bestimmt. Aufgrund seiner im Vergleich zu den anderen Quarks sehr großen Masse hat es sich lange einem experimentellen Nachweis entzogen, bis schließlich am US-Forschungslabor Fermilab die zu seiner Produktion notwendige Energie zur Verfügung stand.

Neben diesen sechs Quarks sind mittlerweile auch sechs Leptonen nachgewiesen worden. Hierzu gehören das Elektron sowie zwei schwerere, in ihren Eigenschaften dem Elektron vergleichbare Teilchen, die man als Myon und Tau-Lepton bezeichnet. Auch bei den Leptonen zeigen sich signifikante Unterschiede in den Massen. Das Myon ist etwa 200-mal, das Tau-Lepton etwa 3.500-mal schwerer als das Elektron. Diese elektrisch geladenen Leptonen werden von drei Neutrinos begleitet, so dass auch im Lepton-Sektor sechs Bausteine identifiziert worden sind. Die Neutrinos tragen keine elektrische Ladung, und ihre Massen sind sehr klein.

Bis heute wurde weder bei den Quarks noch bei den Leptonen eine weitere Substruktur nachgewiesen. Dies kann jedoch nur bis zu der heute durch die Energie der Teilchenkollisionen vorgegebenen erreichbaren Auflösung von etwa 10^{-18} m behauptet werden. Im sogenannten Standardmodell der Teilchenphysik stellen die-

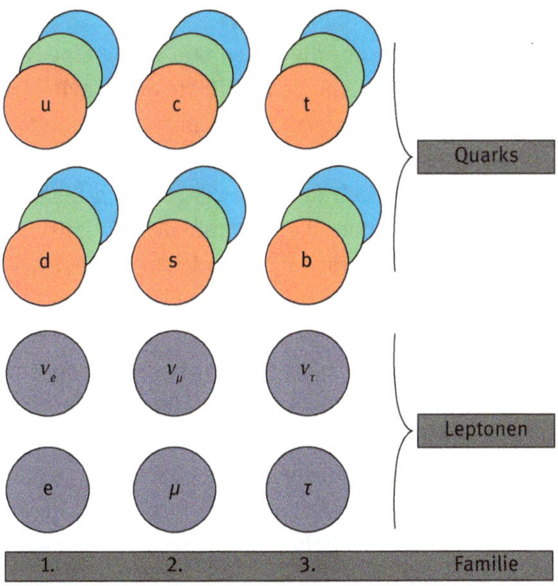

Abb. 1: Quarks und Leptonen, die Bausteine der Materie, die in drei Familien vorkommen. Die Quarks tragen ein weiteres Unterscheidungsmerkmal, das man bildlich als „Farbe“ bezeichnet (KET 2002).

se Teilchen die fundamentalen Bausteine der Materie dar. Sowohl die Leptonen als auch die Quarks haben einen Eigendrehimpuls (Spin) von $\frac{1}{2}\,\hbar$ und gehören somit zu den als *Fermionen* bezeichneten Teilchen. Teilchen mit einem Eigendrehimpuls von $m\hbar$ werden auch als Spin-m-Teilchen bezeichnet. Elektronen sind somit Spin-½-Teilchen. Die Bausteine der Materie sind in Abb. 1 dargestellt.

1.2 Die Kräfte

Zwischen den elementaren Bausteinen wirken vier fundamentale Kräfte, die die uns umgebende Welt in ihrer heutigen Form geprägt haben.

- Die elektromagnetische Kraft: Sie wirkt zwischen elektrisch geladenen Teilchen und demzufolge unterliegen ihr alle Bausteine bis auf die Neutrinos.
- Die starke Kraft: Sie wirkt zwischen den Quarks und ist z. B. für den Zusammenhalt der Protonen und der Neutronen im Atomkern verantwortlich.
- Die schwache Kraft: Sie ist für die Umwandlung verschiedener Quarks ineinander verantwortlich und erklärt somit z. B. die Umwandlung eines Neutrons in ein Proton und umgekehrt, wie sie bei radioaktiven β-Zerfällen von Atomkernen auftritt.
- Die Gravitationskraft: Sie wirkt als anziehende Kraft zwischen allen Massen und ist beispielsweise die Ursache der Erdanziehung und damit unserer Gewichtskraft.

Im Bereich der Elementarteilchenphysik spielen nur die ersten drei Kräfte eine Rolle. Aufgrund der kleinen Massen der Elementarteilchen sind Effekte der Gravitation in ihrer Stärke bei unseren heutigen Laborenergien, gegenüber allen anderen Kräften, völlig vernachlässigbar.

Theoretisch werden die Kräfte oder Wechselwirkungen zwischen den Elementarteilchen durch Quantenfeldtheorien beschrieben, die im Laufe des 20. Jahrhunderts entwickelt wurden. Der Prototyp dieser Theorien stellt die Quantenelektrodynamik dar, in der die Kraftwirkung zwischen geladenen Teilchen durch den Austausch eines Vermittlerteilchens, des Photons, erzeugt wird. Diesem Prinzip folgend, wurden auch für die anderen Wechselwirkungen Austauschteilchen postuliert: Gluonen (engl. *glue* = Leim) werden als Trägerteilchen der starken Kraft zwischen Quarks ausgetauscht, sogenannte W- und Z-Teilchen übernehmen die Rolle der Vermittlerteilchen für die schwache Wechselwirkung (s. Abb. 2). Im Gegensatz zu den Bausteinen der Materie haben die Vermittlerteilchen einen Eigendrehimpuls von $1\,\hbar$ und gehören damit, wie alle Teilchen mit ganzzahligem Eigendrehimpuls (in Einheiten von $\hbar$), zu den *Bosonen*.

Für die elektromagnetische Kraft ist die elektrische Ladung der Teilchen ausschlaggebend, und demnach unterliegen ihr alle elektrisch geladenen Teilchen. In ähnlicher Weise ordnet man den Teilchen Ladungen für die starke und schwache

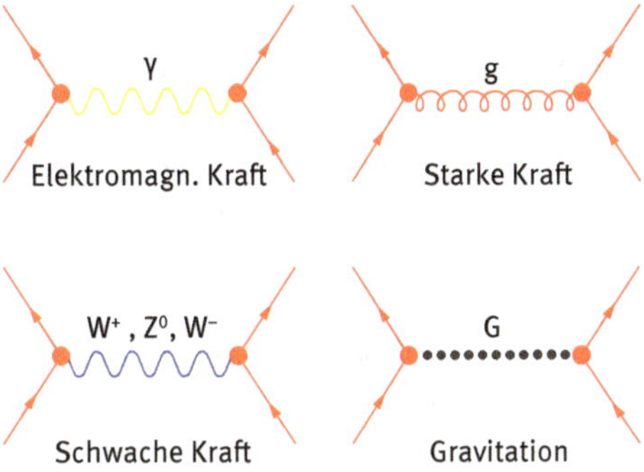

Abb. 2: Die vier fundamentalen Kräfte, die zwischen Materieteilchen wirken. Die Materieteilchen sind als Pfeile dargestellt. Die Kraftwirkung kann durch den Austausch von Vermittlerteilchen (Photon (γ), Gluonen (g), W- und Z-Bosonen und Gravitonen (G)) verstanden werden (KET 2002).

Kraft zu, an denen die ausgetauschten Gluonen bzw. die W- und Z-Teilchen angreifen. Die schwache Ladung wird von allen Teilchen getragen, allerdings besitzen nur die Quarks eine starke Ladung. Da die starke Ladung in drei verschiedenen Formen auftritt, spricht man in Anlehnung an die drei Grundfarben auch von Farbladung.

Ähnlich wie es dem Physiker J. C. Maxwell im 19. Jahrhundert gelang, elektrische und magnetische Eigenschaften in der Theorie des Elektromagnetismus als zwei Facetten einer Wechselwirkung zusammenzufassen, gelang es den theoretischen Physikern S. Glashow, A. Salam und S. Weinberg in den 1960/70er Jahren, die elektromagnetische und die schwache Wechselwirkung als vereinheitlichte Theorie, als sogenannte Elektroschwache Theorie, zu formulieren. In ihrer Struktur ähnlich aufgebaut ist die Theorie der starken Wechselwirkung. Die Quantenfeldtheorien der elektroschwachen und der starken Wechselwirkung werden zusammen mit dem im Folgenden beschriebenen Brout-Englert-Higgs-Mechanismus als Standardmodell der Elementarteilchen bezeichnet. Gestützt wird dieses theoretische Modell auf zahlreiche experimentelle Ergebnisse, die am CERN und in anderen Forschungszentren gewonnen werden konnten.

1.3 Das Higgs-Teilchen

Die Struktur der Quantenfeldtheorien erfordert, dass die beteiligten Austauschteilchen masselos sind. Dies trifft für die Photonen und Gluonen zu. Allerdings haben die W- und Z-Bosonen sehr große Massen von etwa 80 bzw. 91 GeV/c^2.

Um diese Massen erklären zu können, wurde nahezu zeitgleich von den belgischen theoretischen Physikern R. Brout und F. Englert und dem schottischen Theoretiker P. Higgs im Jahre 1964 die Theorie erweitert und ein neuer Mechanismus vorgeschlagen (Englert und Brout 1964; Higgs 1964). Nach diesem ist der gesamte Raum mit einem Feld, dem Higgs-Feld, erfüllt, das eine besondere Eigenschaft besitzt. Während Felder üblicherweise verschwinden, solange keine Energie zugefügt wird, erreicht das Higgs-Feld seinen Zustand minimaler Energie bei einem endlichen Wert, dem Vakuumerwartungswert v. Dementsprechend ist das Vakuum von einem omnipräsenten Feld ausgefüllt. Teilchen erhalten ihre Masse nun durch eine Wechselwirkung mit diesem Feld. Nach den Gesetzen der Quantentheorie ist mit diesem Feld ein Teilchen, das sogenannte Higgs-Teilchen, verbunden.

Alle Eigenschaften des Higgs-Teilchens sind in der Theorie festgelegt, mit Ausnahme seiner Masse. So wird das Feld als „skalares neutrales Feld" eingeführt, so dass das Higgs-Teilchen weder Eigendrehimpuls noch elektrische Ladung haben sollte. Als Spin-0-Teilchen gehört es zu den Bosonen, weswegen es im Folgenden auch häufig als *Higgs-Boson* bezeichnet wird. Der Brout-Englert-Higgs-Mechanismus im Standardmodell liefert auch präzise Vorhersagen für die Stärke der Wechselwirkung des Higgs-Teilchens mit allen anderen Teilchen. So wird für Fermionen, die aus Quarks und Leptonen bestehenden Bausteine der Materie, eine Stärke proportional zu ihrer Masse ($\sim m_f / v$) vorhergesagt. Für die W- und Z-Bosonen ergibt sich eine quadratische Abhängigkeit ($\sim m_W^2/v$ bzw. m_Z^2/v).

Aufgrund dieser Wechselwirkung mit den Teilchen des Standardmodells zerfällt das Higgs-Teilchen nach einer nur sehr kurzen Lebensdauer von etwa 10^{-22} Sekunden in die energetisch zugänglichen Teilchen. Dabei sind entsprechend der Wechselwirkungsstärken Zerfälle in die W- und Z-Bosonen und in die schweren Fermionen bevorzugt. Schließlich ist auch der Zerfall in ein Paar von masselosen Photonen möglich. Da das Higgs-Boson nicht mit masselosen Teilchen wechselwirkt, geschieht dies über einen Zwischenzustand aus elektrisch geladenen Teilchen, z. B. W-Bosonen oder Top-Quarks. Die Anteile für die möglichen Zerfälle hängen von der Masse des Higgs-Teilchens ab und können präzise berechnet werden.

2 Das Europäische Forschungszentrum CERN in Genf

Das Europäische Forschungszentrum für Elementarteilchenphysik CERN in Genf wurde in den 1950er Jahren gegründet. Es entstand aus einer Vision weitsichtiger Wissenschaftler und Politiker im Europa der Nachkriegszeit. Die mit der Gründung verbundene Zielsetzung war die Schaffung einer leistungs- und konkurrenzfähigen Infrastruktur für die zivile, erkenntnisorientierte naturwissenschaftliche Grundlagenforschung in Europa. Eine solche Einrichtung sollte den europäischen Universitäten und Forschungsinstituten die komplexe Infrastruktur in Form von leistungsfähigen Teilchenbeschleunigern zur Verfügung stellen, die sich einzelne Länder oder Universitäten nicht leisten können. Darüber hinaus sollte auch die Abwanderung hochkarätiger Wissenschaftler in die USA gestoppt, wenn nicht gar umgekehrt werden.

Im Jahre 1952 wurde ein Komitee (*Conseil Européen pour la Recherche Nucléaire*) eingesetzt, um konkrete Planungen und Standortfragen zu erörtern. Rasch einigte man sich auf die Gründung eines Zentrums mit Standort Genf. Der Name des Komitees hat auch dem Forschungszentrum selbst seinen Namen CERN gegeben. Nach Unterzeichnung durch die 12 Gründerstaaten (Belgien, Dänemark, (West)-Deutschland, Frankreich, Griechenland, Großbritannien, Italien, Jugoslawien, Niederlande, Norwegen, Schweden und die Schweiz) trat die CERN-Konvention am 29. September 1954 mit der Gründung des Zentrums als *Organisation Européenne pour la Recherche Nucléaire* in Kraft. Es sei bemerkt, dass CERN die erste nach dem zweiten Weltkrieg gegründete internationale Organisation war, an der Deutschland beteiligt war. Werner Heisenberg hat als Vertreter West-Deutschlands die Konvention unterzeichnet.

Heute wird CERN von 21 Mitgliedsländern getragen und stellt das weltweit größte und führende Forschungsinstitut im Bereich der physikalischen Grundlagenforschung dar. Am CERN sind etwa 2.500 festangestellte Mitarbeiter beschäftigt. Es gilt als Musterbeispiel für internationale wissenschaftliche Zusammenarbeit. CERN stellt nicht nur ein einmaliges und leistungsfähiges System von Teilchenbeschleunigern bei höchsten Energien zur Verfügung, sondern ist auch ein bedeutendes Ausbildungszentrum und bietet ein innovatives Umfeld für die Entwicklung neuer Technologien. So gibt es zahlreiche sogenannte *Spin-offs* für die Technik, die Computerindustrie, die Medizin sowie für andere naturwissenschaftliche Forschungsbereiche. Das bekannteste am CERN entwickelte Nebenprodukt dürfte wohl das *World-Wide-Web* sein, das in den letzten 15 Jahren unser Kommunikations- und Informationsverhalten revolutioniert hat.

3 Der Large Hadron Collider (LHC) und die Experimente ATLAS und CMS

Der *Large Hadron Collider* (LHC) (Evans und Bryant 2008) ist das größte jemals realisierte Projekt der Elementarteilchenphysik. In diesem Beschleuniger werden gegenläufige Protonstrahlen auf eine Energie von jeweils 14 TeV beschleunigt. Damit steht in den Proton-Proton-Kollisionen genügend Energie zur Verfügung, um erstmals die TeV-Energieskala erreichen zu können, bei der Antworten auf einige offene Fragen der Teilchenphysik erwartet werden.

Der Beschleuniger wurde während der Jahre 2010 bis 2012 sehr erfolgreich betrieben, wobei sowohl die erreichte Zahl der Kollisionen als auch die Leistungsfähigkeit der Detektoren weit über den Erwartungen lagen. Obwohl der Beschleuniger nur bei etwa der halben angestrebten Schwerpunktsenergie von 7 TeV (in den Jahren 2010 und 2011) und 8 TeV (im Jahr 2012) betrieben wurde, konnte ein reichhaltiges experimentelles Messprogramm durchgeführt werden. Das wichtigste bisherige Ergebnis stellt dabei ohne Zweifel die epochale Entdeckung des Higgs-Teilchens dar.

3.1 Der Beschleuniger

Im LHC wird eine hohe Anzahl von Protonen (2830 Pakete mit je etwa 10^{11} Protonen) bei einer nominellen Schwerpunktsenergie von 14 TeV (7 TeV pro Strahl) zur Kollision gebracht (Evans und Bryant 2008). Um derart hohe Energien zu erreichen, wurde der Beschleuniger in einen Tunnel eingebaut, der einen Umfang von etwa 27 km hat (s. Abb. 3).

Um die hochenergetischen Protonen auf ihrer Bahn zu halten, kommen supraleitende Magnete zum Einsatz, die über nahezu die gesamte Ringlänge ein hohes Magnetfeld von 8,3 Tesla erzeugen (s. Abb. 4). Die verschiedenen Komponenten des Beschleunigers wurden durch intensive Forschungs- und Entwicklungsarbeiten gemeinsam mit europäischen Industriefirmen entwickelt. Der LHC wird bei einer Temperatur von 1,9 Kelvin (–271,3 °Celsius) betrieben und stellt die größte supraleitende Anlage der Welt dar.

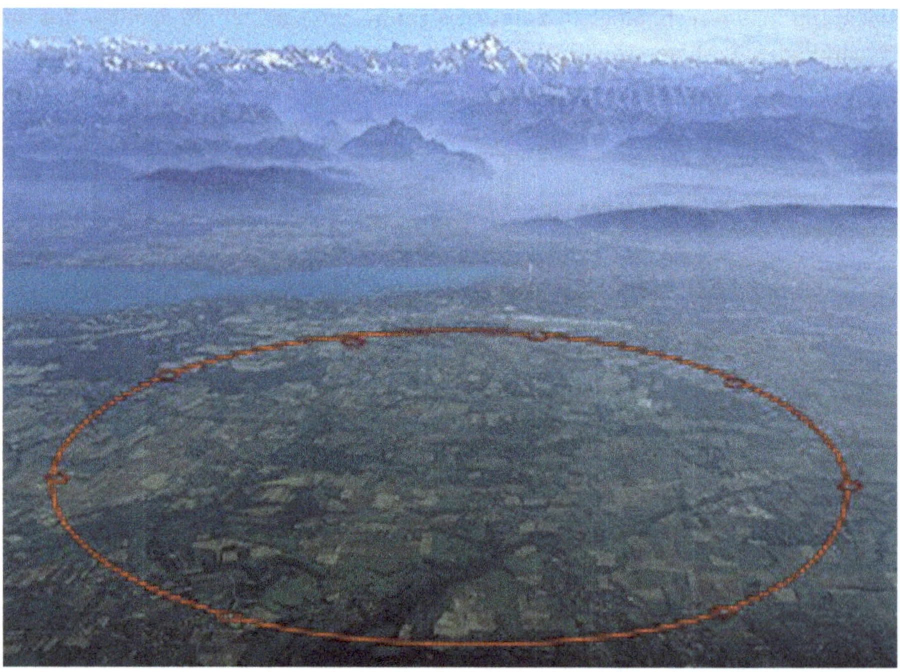

Abb. 3: Lage des LHC-Beschleunigerrings in der Ebene zwischen dem Genfer See und dem Französischen Jura. Der Blick nach Süden zeigt im Hintergrund den Genfer See und die Französischen Alpen. Der Umfang des Beschleunigerrings beträgt etwa 27 km. (Foto: CERN)

Abb. 4: Ein Blick in den Beschleunigertunnel des LHC. Man sieht die langen, blauen, supraleitenden Magnete, die ein Magnetfeld von 8,3 Tesla erzeugen, mit Hilfe dessen die Protonen auf ihrer Bahn gehalten werden. (Foto: CERN)

Da die interessanten Physikprozesse nur mit relativ kleinen Wahrscheinlichkeiten auftreten, muss die Intensität der kollidierenden Protonstrahlen entsprechend hoch sein. Die Teilchenpakete durchlaufen den Beschleunigerring mit nahezu Lichtgeschwindigkeit, sie folgen in Abständen von 7,5 m aufeinander und kollidieren 40 Millionen Mal pro Sekunde an mehreren Punkten im Beschleunigerring.

Um aus der großen Anzahl der produzierten Kollisionen die interessantesten herauszufiltern und auf Speichermedien zu sichern, sind hochkomplexe Nachweisgeräte (Detektoren) mit integrierten Trigger- und Datennahmesystemen notwendig. Die einzelnen Komponenten der Detektoren müssen schnelle elektronische Signale liefern, im Triggersystem muss eine schnelle und effiziente Selektion von interessanten Kollisionen erfolgen, wobei aus den 40 Millionen pro Sekunde stattfindenden Kollisionen etwa 400 pro Sekunde ausgewählt werden, und die anfallende Datenmenge von etwa 320 MByte pro Sekunde muss schnell übertragen und gespeichert werden.

3.2 Die Experimente ATLAS und CMS

Die beiden Experimente ATLAS (ATLAS Collaboration 2008) und CMS (CMS Collaboration 2008) wurden als sogenannte Universalexperimente am LHC aufgebaut. Dies bedeutet, dass sie darauf ausgerichtet sind, möglichst das gesamte Spektrum

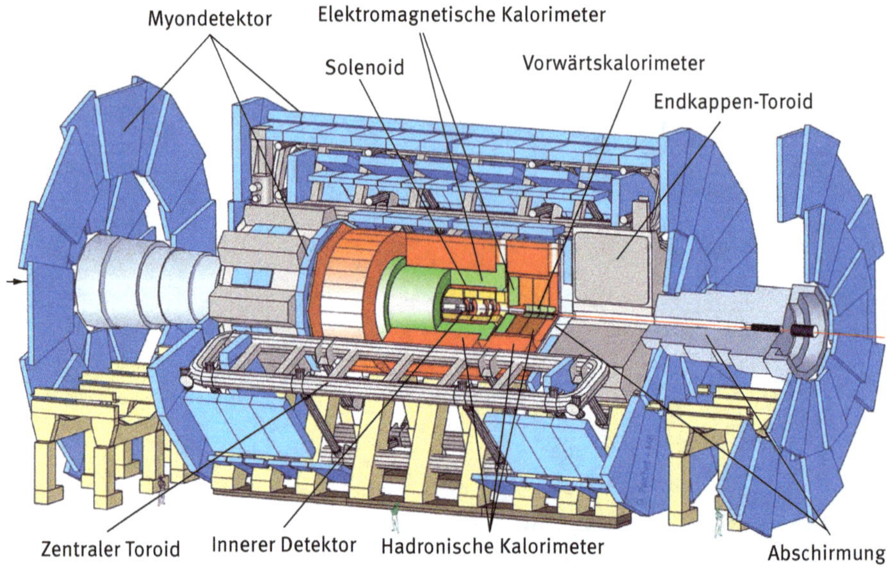

Abb. 5: Schematischer Aufbau des ATLAS-Detektors. Insgesamt ist er 46 Meter lang und hat einen Durchmesser von 25 Metern. Die einzelnen Komponenten sind zylindrisch um das Strahlrohr herum angeordnet, durch das die beschleunigten Teilchenstrahlen fliegen. (Schemazeichnung: ATLAS-Kollaboration, CERN)

der Physik der Proton-Proton-Kollisionen bei den höchsten Energien untersuchen zu können. Aufgrund der Komplexität, jedoch auch aus Gründen der Komplementarität, wurden zwei Experimente aufgebaut.

In diesen Experimenten können die zahlreichen Teilchen im Endzustand, d. h. diejenigen, die in den Proton-Proton-Kollisionen entstehen, gut identifiziert und vermessen werden. Besonderes Augenmerk liegt dabei auf der Identifikation und Vermessung von Elektronen, Myonen, Tau-Leptonen und Photonen. Der ATLAS-Detektor (s. Abb. 5) ist mit einer Länge von 46 m und einem Durchmesser von 25 m der größte bislang gebaute Detektor der Elementarteilchenphysik.

Zu den charakteristischen Größen, die im ATLAS-Experiment vermessen werden, gehören die Impulse der geladenen Teilchen, die Energien von geladenen und neutralen Teilchen sowie die vektorielle Summe der Impulse aller entstandenen Teilchen. Letztere ist besonders wichtig, um Hinweise auf Teilchen zu erhalten, die den Detektor verlassen, ohne ihre Energie zu deponieren.

Der ATLAS-Detektor, der schematisch in Abb. 5 zu sehen ist, besteht aus drei Hauptkomponenten, die zylinderförmig um das Strahlrohr herum angeordnet sind: dem inneren Detektor, dem Kalorimetersystem und dem Myon-Nachweissystem. Darüber hinaus steht ein komplexes Trigger- und Datennahmesystem zur Selektion und Aufzeichnung der Daten zur Verfügung. Im inneren Detektor werden in einem Magnetfeld mit einer Stärke von 2 Tesla die Impulse der entstehenden elektrisch gelade-

Abb. 6: Das ATLAS-Experiment während seiner Aufbauphase im Oktober 2005. Deutlich sichtbar sind die supraleitenden Spulen des Myon-Nachweissystems, die den inneren Detektorbereich zylinderförmig umgeben und ein toroidales Magnetfeld erzeugen. (Foto: CERN, ATLAS-Kollaboration)

nen Teilchen gemessen. Im Kalorimeter wird die Energie aller entstehenden stark oder elektromagnetisch wechselwirkenden Teilchen bestimmt. Die Myonen werden in einem sich außerhalb des Kalorimetersystems befindlichen Myon-Nachweissystem vermessen. Hierzu wird durch acht supraleitende Spulen im äußeren Bereich des Detektors ein weiteres, unabhängiges Magnetfeld erzeugt (s. Abb. 5 und 6).

Der CMS-Detektor ist in seiner Struktur sehr ähnlich, jedoch kompakter aufgebaut als der ATLAS-Detektor. Dies wird insbesondere dadurch erreicht, dass zum Nachweis der geladenen Teilchen und der Myonen ein einziger starker Magnet benutzt wird. Dieser erzeugt im inneren Bereich ein Magnetfeld mit einer Stärke von 4 Tesla (s. Abb. 7 und 8). Darüber hinaus hat die CMS-Kollaboration besonderen Wert auf eine präzise Energiemessung von Elektronen und Photonen im Kalorimeter gelegt (s. Abb. 7 und 8), die z. B. für den Nachweis des Higgs-Teilchens im Zerfall in Photonen wichtig ist.

Demgegenüber können im ATLAS-Experiment unabhängige Messungen der Impulse von Myonen in den beiden Spektrometern durchgeführt werden. Darüber hinaus liefert das ATLAS-Kalorimeter aufgrund einer hohen Segmentierung wichtige Information über die Flugrichtung der Teilchen, was insbesondere für die Richtungsmessung von Photonen wichtig ist, da sie als elektrisch neutrale Teilchen keine Spur im inneren Detektor hinterlassen. Dies sind Beispiele für die oben erwähnte Komplementarität der Experimente.

Abb. 7: Installation des CMS-Experiments in die unterirdische Experimentierhalle. Der Detektor wurde scheibenweise an der Oberfläche zusammengebaut und dann in etwa 100 m Tiefe in seine endgültige Position installiert. Zu sehen sind Lagen von Eisen (in Rot), die mit Detektoren zum Nachweis von Myonen instrumentiert sind. Die Aussparung in der Mitte mit einem Durchmesser von 6 m nimmt den Solenoidmagneten auf, der im inneren Bereich ein Magnetfeld von 4 Tesla erzeugt.

Abb. 8: Kristalle aus Blei-Wolframat, die für die Energiemessung der Photonen und Elektronen im CMS-Experiment benutzt werden. Das Bild zeigt die Kristalle zur Zeit der Testphase am CERN. (Foto: CERN, CMS-Kollaboration)

3.3 Zusammenarbeit in der Teilchenphysik

Wie bereits eingangs erwähnt, ist der Aufbau solch großer und komplexer Experimente nur durch eine intensive Zusammenarbeit von zahlreichen Forschergruppen aus verschiedenen Instituten möglich. Sowohl in der ATLAS- als auch in der CMS-Kollaboration arbeiten heute mehr als 2.500 Wissenschaftler zusammen, um den Detektor zu betreiben, die Daten aufzuzeichnen und zu analysieren. Es sei an dieser Stelle betont, dass CERN als Labor die Beschleunigerinfrastruktur zur Verfügung stellt und auch für den Betrieb des Beschleunigers verantwortlich ist, dass die Experimente jedoch eigenständig sind und von internationalen Kollaborationen aufgebaut und getragen werden.

In der ATLAS-Kollaboration arbeiten heute etwa 3.000 Wissenschaftler aus 177 Instituten aus 38 Ländern zusammen. CERN selbst ist eines dieser Institute, und CERN-Physiker stellen die größte Gruppe im Experiment. Aus Deutschland beteiligen sich etwa 420 Wissenschaftler/-innen aus 13 Universitäten, aus dem Deutschen Elektronen-Synchrotron DESY und dem Max-Planck-Institut für Physik. Die deutschen Aktivitäten werden hauptsächlich vom Bundesministerium für Bildung und Forschung (BMBF) finanziert und sind in einem Forschungsschwerpunkt (FSP) gebündelt.

Die Kollaborationen haben eine eigenständige Organisationsstruktur, an deren Spitze der Sprecher der Kollaboration steht, gefolgt von wichtigen Koordinatoren für die verschiedenen Bereiche des Experiments (Datennahme, Computing, Physikanalyse). Die Ressourcen für den Bau und den Betrieb des Experiments kommen aus den Instituten. Die verschiedenen Komponenten des Detektors wurden über einen langen Zeitraum an den verschiedenen Instituten gebaut. Dabei übernahmen die Institute Verantwortung bei der Konzeption und Entwicklung und beim Bau der Detektorkomponenten, entsprechend ihrer jeweiligen Kompetenz. Die Abstimmungsprozesse zwischen den verschiedenen Instituten und Arbeitsgruppen finden in zahlreichen Arbeitsgruppentreffen statt. Dabei bilden die an größeren Detektorkomponenten arbeitenden Gruppen (Innerer Detektor, Kalorimeter, Myonsystem, Trigger) größere Untereinheiten. Die Arbeiten in den verschiedenen Subdetektorsystemen werden von Projektleitern koordiniert.

Insbesondere beim Bau des Detektors, der nach der Genehmigung des Experiments im Jahre 1996 begann, waren wichtige Abstimmungsprozesse notwendig. Technische Details zum Bau der verschiedenen Detektorkomponenten wurden in sogenannten *Technical-Design-Reports* festgelegt. Die Verpflichtungen der einzelnen Institute und Länder wurden in entsprechenden *Memoranda-of-Understanding* klar definiert, und diese wurden von den jeweiligen Geldgebern unterzeichnet. Der Fortschritt der Arbeiten wurde regelmäßig in Subdetektor- oder Kollaborationstreffen diskutiert. Darüber hinaus fanden regelmäßige Begutachtungen durch international ausgewiesene Expertenkomitees statt.

Es ist bemerkenswert, dass eine solche Zusammenarbeit von so vielen Wissenschaftlern an einem solch komplexen Projekt, das sich über eine Zeitskala von etwa 20 Jahre für die Vorbereitung und den Bau des Experiments (1990–2010) und nochmals weitere geplante 25 Jahre für die Datennahme und Datenanalyse (2010–2035) erstreckt, derart gut funktioniert. Die Kooperation ist für die Durchführung solcher Projekte zwingend erforderlich. Sie ist erfolgreich, weil alle beteiligten Wissenschaftler kohärent zusammenarbeiten. Durch die faszinierenden Fragestellungen sind sie hochmotiviert und versuchen ein großes gemeinsames Ziel zu erreichen. Ausschlaggebend für den Erfolg sind sicherlich auch die offene Diskussionskultur, der Wille zur gemeinsamen Problemlösung sowie flache Hierarchien in den Experimenten.

3.4 Datennahme am LHC und erste Messungen

Bevor, nach der Inbetriebnahme des LHC, mit der Suche nach dem Higgs-Teilchen und anderen neuen Teilchen begonnen werden konnte, war es essentiell, die Signaturen der komplexen Detektoren zu verstehen und zu kalibrieren. Die erste Datennahme fand gegen Ende des Jahres 2009 statt. Hierbei wurden Protonen bei der Injektionsenergie von 0,9 TeV, die durch Vorbeschleuniger erreicht wurde, zur Kollision gebracht. Bereits während dieser ersten Datennahme zeigte sich die ausgezeichnete Leistungsfähigkeit der Detektoren. Neuland wurde im April 2010 mit dem Beginn der Datennahme bei der hohen Schwerpunktsenergie von 7 TeV betreten. Innerhalb kurzer Zeit konnten die bekannten, im Laufe des 20. Jahrhunderts entdeckten Teilchen des Standardmodells „wiederentdeckt" werden. Bereits im Jahr 2010 wurden erste Publikationen zur Vermessung von wichtigen Prozessen des Standardmodells veröffentlicht.

Bei der Datennahme im Jahre 2011, bei der die Suche nach dem Higgs-Boson anlief, wurde eine Datenmenge aufgezeichnet, die groß genug war, um erste Hinweise auf die Existenz des Higgs-Teilchens sichtbar werden zu lassen. Für eine Masse des Higgs-Teilchens von 125 GeV/c^2 sollten nach theoretischen Berechnungen etwa 70.000 Higgs-Bosonen erzeugt worden sein. Im Jahre 2012 wurde bei der erhöhten Schwerpunktsenergie von 8 TeV die Datenmenge nochmals um einen Faktor vier erhöht, so dass sich die Zahl der erzeugten Higgs-Bosonen auf ca. 440.000 erhöhen sollte. Dieser sehr groß erscheinenden Zahl an Higgs-Bosonen muss man aber die $1{,}7 \cdot 10^{15}$ inelastischen Proton-Proton-Kollisionen gegenüberstellen, die während der Messzeit in jedem der beiden Detektoren stattgefunden haben (wovon jeweils etwa 10^{10} aufgezeichnet wurden), um die gewaltige experimentelle Herausforderung der Signalextraktion und -vermessung zu begreifen.

4 Die Entdeckung des Higgs-Teilchens

4.1 Suchstrategien

Neben den Zerfallsraten können auch die Produktionsraten des Higgs-Bosons präzise berechnet werden. In den Proton-Proton-Kollisionen am LHC stellen die Quarks und Gluonen im Inneren des Protons das „Ausgangsmaterial" für die Higgs-Boson-Produktion dar. Die Erzeugungsrate für das Higgs-Boson mit einer Masse von 125 GeV/c^2 am LHC ist etwa drei Milliarden Mal kleiner als die Rate der stattfindenden Proton-Proton-Wechselwirkungen. Die Herausforderung besteht darin, die wenigen produzierten Higgs-Bosonen in dieser großen Anzahl von Ereignissen zu identifizieren. Hierzu benutzt man charakteristische Zerfälle des Higgs-Bosons: Man versucht nicht, jedes produzierte Higgs-Boson zu identifizieren, sondern nur solche, die in markante Endzustände zerfallen, die in dem riesigen Untergrund nicht so häufig auftreten. Da am LHC im Anfangszustand nur Quarks und Gluonen vorliegen, stellen in Kollisionen auftretende Leptonen (ℓ), Photonen (γ) oder Neutrinos (ν), die sich durch fehlende transversale Energie bemerkbar machen, interessante Signaturen dar.

Schon lange vor der Realisierung des LHC-Projekts wurden die Zerfälle in vier Leptonen über einen Zwischenzustand von zwei Z-Bosonen, $H \to ZZ^\star \to \ell^+\ell^-\,\ell^+\ell^-$, bzw. in zwei Photonen, $H \to \gamma\gamma$, als vielversprechende Nachweiskanäle betrachtet. Auch der Nachweis des Zerfalls $H \to WW^\star \to \ell\nu\,\ell\nu$ ist am LHC möglich. Die Zielsetzung, diese Zerfälle gut nachweisen zu können, hatte massiven Einfluss auf die Konzeption der Experimente ATLAS und CMS.

Schließlich ist es wichtig, die Wechselwirkung des Higgs-Bosons mit Fermionen zu messen. Hierzu bieten sich insbesondere die schweren Fermionen der dritten Generation mit den Zerfällen $H \to \tau\tau$ und $H \to bb$ an. Allerdings gestaltet sich ein entsprechender Nachweis am LHC deutlich schwieriger als der Nachweis über Zerfälle in Bosonen.

4.2 Die Entdeckung im Jahre 2012

Im Juli 2012 gaben die Experimente ATLAS und CMS die Entdeckung eines neuen Teilchens bei der Suche nach dem Higgs-Boson des Standardmodells bekannt (ATLAS Collaboration 2012, 1; CMS Collaboration 2012, 30). Bis zu diesem Zeitpunkt hatten die Physiker der beiden Experimente in den aufgezeichneten Daten zahlreiche Ereignisse mit vier klar identifizierten Leptonen (Elektronen und Myonen) und mit zwei Photonen mit rekonstruierten Massen im Bereich zwischen 100 und 250 GeV/c^2 identifiziert.

Ein mögliches Signal eines Higgs-Bosons kann über die Rekonstruktion seiner Masse aus den vermessenen Zerfallsprodukten vom Untergrund abgetrennt werden. Sollten die vier Leptonen oder die beiden Photonen aus einem zerfallenden

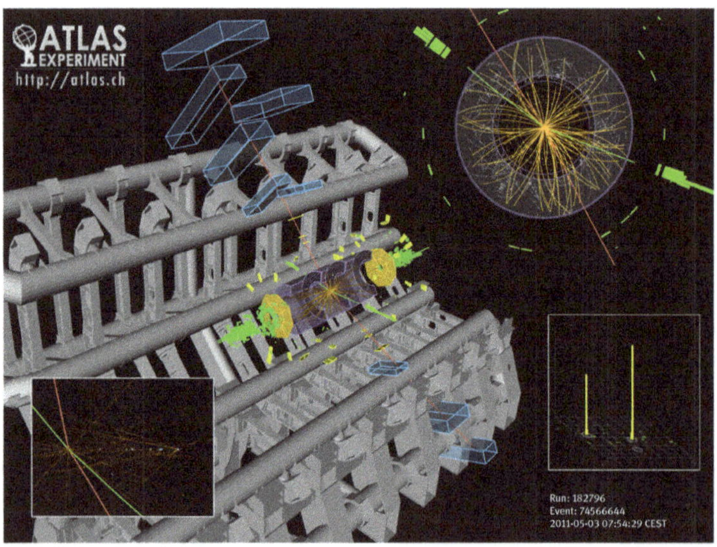

Abb. 9: Ein im ATLAS-Experiment beobachtetes Ereignis mit vier rekonstruierten Leptonen (zwei Elektronen, deren Bahnen im inneren Detektor und die Energiedepositionen in den Kalorimetern in Grün gezeigt sind, und zwei Myonen mit Bahnen im inneren Detektor und im Myonspektrometer in Rot). ATLAS Collaboration 2011 [03. 05. 2011].

Higgs-Boson mit einer Masse von 125 GeV/c^2 stammen, so sollte die aus ihren gemessenen Impulsen rekonstruierte Masse bei diesem Wert liegen. Wichtig für einen effizienten Nachweis ist hierbei insbesondere eine gute Massenauflösung, die für diese Endzustände in beiden Experimenten vorliegt.

In Abb. 9 ist ein im ATLAS-Experiment aufgezeichnetes Ereignis mit vier klar rekonstruierten Leptonen gezeigt. Die im CMS-Experiment gemessene Verteilung der rekonstruierten Masse für Ereignisse mit vier Leptonen ist in Abb. 10 dargestellt. Im Spektrum ist ein Signal (in Rot) bei einer Masse von etwa 125 GeV/c^2 sichtbar, das sich von dem erwarteten Untergrund (in Blau) abhebt. Bei einem Massenwert um 91 GeV/c^2 ist im Spektrum darüber hinaus ein Signal des bekannten *Z*-Bosons sichtbar. Im ATLAS-Experiment wurde ebenfalls ein solches Spektrum rekonstruiert und ein Higgs-Boson-Signal ähnlicher Stärke beobachtet.

Das Spektrum der rekonstruierten Masse der im ATLAS-Experiment gemessenen *γγ*-Ereignisse ist in Abb. 11 gezeigt. Auch hier lässt sich ein klarer Überschuss von Ereignissen im Bereich von etwa 125 GeV/c^2 über einem kontinuierlich abfallenden Untergrund erkennen. Dieser ist nach Abzug des Untergrunds im unteren Teil der Abbildung gezeigt. Auch für diesen Zerfallsmodus wurde in beiden Experimenten ein Signal ähnlicher Stärke beobachtet. Zusätzlich wurde in beiden Experimenten ein Überschuss von Ereignissen mit zwei Leptonen und fehlender transver-

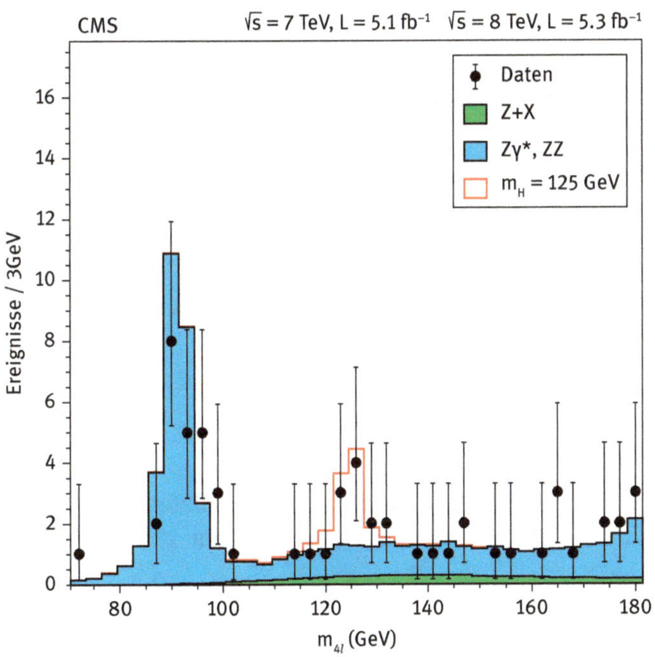

Abb. 10: Die im CMS-Experiment beobachtete Verteilung der Masse von Ereignissen mit vier rekonstruierten Leptonen (Juli 2012) (CMS Collaboration 2012, 30).

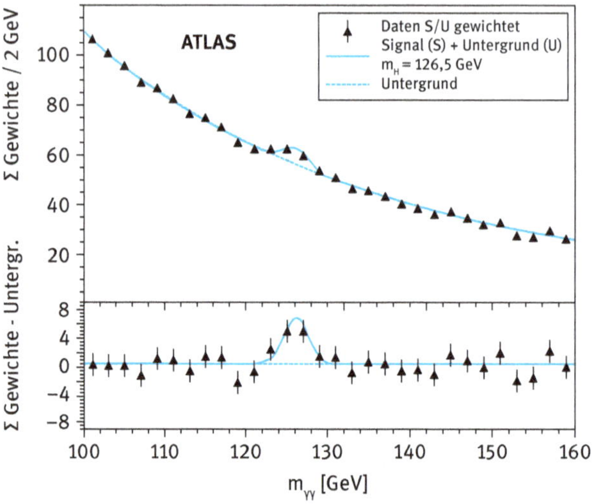

Abb. 11: Die im ATLAS-Experiment beobachtete Verteilung der Masse von Ereignissen mit zwei rekonstruierten Photonen. Zu beachten ist, dass die Ereignisse, entsprechend der Präzision ihrer rekonstruierten Masse gewichtet, berücksichtigt sind (Juli 2012, ATLAS Collaboration 2012, 1).

saler Energie beobachtet, der konsistent ist mit Beiträgen des Prozesses $H \to WW^{*} \to \ell\nu\,\ell\nu$.

Die entscheidende Frage ist nun, ob die beobachteten Signale durch Zerfälle eines neuen Teilchens oder durch Fluktuationen des Untergrunds erklärt werden können. Der Überschuss lässt sich mit dem *p*-Wert quantifizieren. Dieser gibt die Wahrscheinlichkeit dafür an, dass die Beobachtung mit der Hypothese verträglich ist, dass nur Untergrundprozesse in den drei betrachteten Zerfällen vorliegen. Die entsprechenden Wahrscheinlichkeiten lagen im ATLAS-Experiment bei $p = 1{,}7 \cdot 10^{-9}$ und im CMS-Experiment bei $p = 3 \cdot 10^{-7}$.[2] Aufgrund dieser kleinen Werte in beiden Experimenten bestand an der Entdeckung eines neuen Teilchens im Juli 2012 kein Zweifel.

4.3 Der heutige Stand

Nach Analyse des gesamten, bis Ende 2012 aufgezeichneten Datensatzes zeigen sich überzeugende Signale, und die Entdeckung aus dem Jahr 2012 konnte mit

2 Üblicherweise wird der *p*-Wert in Signifikanzen, ausgedrückt in Standardabweichungen σ einer Gauß-Verteilung, angegeben. Im vorliegenden Fall ergeben sich Werte von $5{,}9\sigma$ (ATLAS) und $5{,}0\,\sigma$ (CMS). Konventionsgemäß sprechen Physiker bei einer Signifikanz von mehr als 5σ (entsprechend einem *p*-Wert von $2{,}8 \cdot 10^{-7}$) von einer Entdeckung.

hoher Signifikanz in den bosonischen Zerfallskanälen $H \to \gamma\gamma$, $H \to ZZ^* \to \ell^+\ell^- \ell^+\ell^-$ und $H \to WW^* \to \ell\nu\ \ell\nu$ bestätigt werden. Die beobachteten Signifikanzen liegen in jedem dieser Kanäle über 5 σ (CMS Collaboration 2015; ATLAS Collaboration 2015).

In den Analysen konnten während der vergangenen beiden Jahre auch klare Hinweise auf Zerfälle des entdeckten Higgs-Bosons in Fermionen etabliert werden. Im Falle des $H \to \tau\tau$-Zerfalls entstehen die für den Nachweis notwendigen geladenen Leptonen oder Neutrinos aus dem Zerfall des Tau-Leptons in leichtere Leptonen oder Hadronen mit begleitenden Neutrinos. Von der CMS-Kollaboration konnte ein erster Hinweis mit einer Signifikanz von 3.2 σ für die Kopplung des entdeckten Bosons an Fermionen gefunden werden (CMS Collaboration 2015). Die ATLAS-Kollaboration hat ein entsprechendes $H \to \tau\tau$-Signal mit einer Signifikanz von 4.5 σ beobachtet (ATLAS Collaboration 2015).

Für die $H \to bb$-Zerfälle erlauben es die Daten noch nicht, signifikante Signalbeiträge zu identifizieren. Allerdings werden in beiden Experimenten Überschüsse über dem erwarteten Untergrund beobachtet. Die Signalsignifikanzen betragen 1.4 σ im ATLAS-Experiment und 2.1 σ im CMS-Experiment (ATLAS Collaboration 2015; CMS Collaboration 2015, 212).

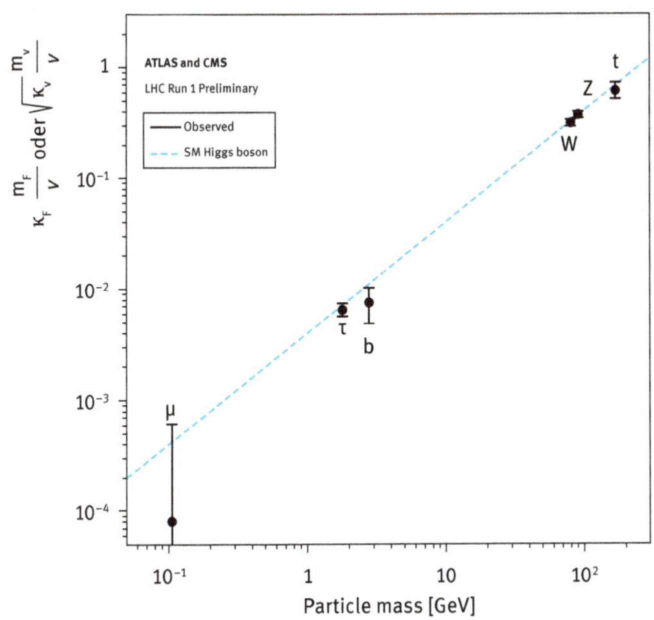

Abb. 12: Kombination der Messergebnisse der ATLAS- und CMS-Experimente für die Wechselwirkungsstärke (vgl. Abschnitt 1.3) des Higgs-Bosons mit den verschiedenen Teilchen in Abhängigkeit ihrer Massen. Die gestrichelte Linie stellt den für das Higgs-Boson des Standardmodells erwarteten Zusammenhang dar (ATLAS und CMS Collaboration 2015).

Um zu überprüfen, ob es sich um das Higgs-Teilchen des Standardmodells handelt, ist es zunächst wichtig, die beobachteten Signalstärken in den einzelnen Zerfallskanälen mit den theoretischen Vorhersagen zu vergleichen. Hierzu werden die im Experiment beobachteten Signalstärken σ_{Exp} auf die im Rahmen des Standardmodells erwarteten Werte σ_{SM} normiert und für die einzelnen Zerfallskanäle Werte $\mu = \sigma_{\mathrm{Exp}}/\sigma_{\mathrm{SM}}$ bestimmt. Die Kombination aller Kanäle ergibt Werte von $\mu = 1{,}18 \pm 0{,}15$ (ATLAS) und $\mu = 1{,}00 \pm 0{,}14$ (CMS), die innerhalb der Unsicherheiten sehr gut mit dem im Standardmodell erwarteten Wert von $\mu = 1$ übereinstimmen. Die Hypothese $\mu = 0$ (kein Signal) kann mit hoher Wahrscheinlichkeit ausgeschlossen werden.

Auch die in den einzelnen Kanälen gemessenen Werte stimmen innerhalb ihrer bislang noch relativ großen Unsicherheiten mit dem Wert $\mu = 1$ überein. Die Experimente haben darüber hinaus auch die Wechselwirkungsstärken für die einzelnen Teilchen, d. h. für die W- und Z-Bosonen sowie für die Fermionen (b- und t-Quark und die τ-Leptonen und Myonen), aus der Auswertung aller Daten bestimmt. Die Ergebnisse sind in Abb. 12 gegen die Masse der entsprechenden Teilchen aufgetragen. Es ergibt sich die für das Higgs-Boson erwartete lineare Abhängigkeit der Kopplungsstärke von der Masse. Dies ist ein herausragendes Ergebnis, das eindrucksvoll die Higgs-artige Natur des neu entdeckten Teilchens demonstriert.

Die Analyse der Daten hat es auch erlaubt, anhand der Winkelverteilung der beobachteten Teilchen im Endzustand Aussagen über den Eigendrehimpuls des neu entdeckten Teilchens durchzuführen. Die Messungen bevorzugen sehr stark die im Standardmodell vorhergesagte Spin-0-Hypothese.

4.4 Ausblick

Um die Vorhersagen mit noch höherer Präzision testen zu können und nach eventuell vorliegenden kleineren Abweichungen zu suchen, bedarf es weiterer Messungen, die in den kommenden Jahren am LHC bei einer höheren Schwerpunktsenergie durchgeführt werden. Neben der präzisen Vermessung erlaubt die neue Energie den Vorstoß in einen neuen Massenbereich, in dem auch die Suche nach weiteren Higgs-Bosonen oder anderen neuen Teilchen fortgesetzt werden wird.

Die Suche hat bereits begonnen: Seit dem 3. Juni 2015 zeichnen die Experimente am LHC Daten von Proton-Proton-Kollisionen bei einer Schwerpunktsenergie von 13 TeV auf.

5 Zusammenfassung

Mit der Inbetriebnahme des LHC hat für die Teilchenphysik eine neue Ära begonnen. Ein Projekt hoher Komplexität, was den Bau des Beschleunigers und der Experimente, aber auch die Zusammenarbeit mehrerer Tausend Physiker betrifft, wurde über eine Zeitskala von 20 Jahren in internationaler Zusammenarbeit realisiert. In der in den Jahren 2010 bis 2012 durchgeführten Datennahme wurde eindrucksvoll die hohe Leistungsfähigkeit sowohl des Beschleunigers als auch der Experimente bestätigt.

Bereits nach einem Betrieb von nur etwa zweieinhalb Jahren konnte im Juli 2012 die sensationelle Entdeckung des Higgs-Teilchens bekannt gegeben werden. Durch die darauffolgende Vermessung seiner Eigenschaften, insbesondere seines Eigendrehimpulses und seiner Wechselwirkungsstärke mit anderen Teilchen, konnte das neue Teilchen eindeutig als Higgs-Boson identifiziert werden. Der Nachweis dieses Teilchens bestätigt die Hypothese des Higgs-Feldes, das dem Vakuum „Struktur" und damit den elementaren Teilchen Masse verleiht.

Mit der Wiederaufnahme des LHC-Betriebs im Jahre 2015, bei etwa der doppelten Energie des Beschleunigers, werden die Messungen mit höherer Präzision fortgesetzt werden. Darüber hinaus erlaubt die hohe Energie den Vorstoß in neue, bislang unerforschte Massenbereiche, in denen Antworten auf weitere offene Fragen der Physik, z. B. nach der Natur der *Dunklen Materie* im Universum, gefunden werden können.

Aufgrund der Komplexität und der Ressourcen sind solche Experimente nur durch eine Kooperation von Wissenschaftlern aus vielen Instituten und Ländern realisierbar. Die Teilchenphysik und CERN haben erfolgreiche Modelle etabliert. CERN selbst ist ein Musterbeispiel europäischer – oder mittlerweile weltweiter – Kooperation.

Literatur

Darstellungen der historischen Grundlagen finden sich in zahlreichen Lehrbüchern der Kern- und Elementarteilchenphysik. Beispielsweise sei hier verweisen auf:

- Bethge, K. und U. E. Schröder. 2006. *Elementarteilchen und ihre Wechselwirkungen.* Verlag Wiley-VCH, ISBN 978-3-527-40587-9.
- Griffiths, D. 2008. *Introduction to Elementary Particles.* Verlag Wiley-VCH, ISBN 978-3-527-40601-2.
- „Teilchenphysik in Deutschland", Broschüre des Komitees für Elementarteilchenphysik.

ATLAS Collaboration, G. Aad et al. 2008. *The ATLAS Experiment at the CERN Large Hadron Collider. JINST* 3, S08002.

ATLAS Collaboration, G. Aad et al. 2012. Observation of a new particle in the search for the Standard Model Higgs boson with the ATLAS detector at the LHC. *Phys. Lett.* B716, 1.

ATLAS Collaboration. 2011. *Ansicht eines aufgezeichneten Ereignisses.* [online] twiki.cern.ch/twiki/bin/view/AtlasPublic [03. 05. 2011].

ATLAS Collaboration, G. Aad et al. 2015. *Measurements of the Higgs boson production and decay rates and coupling strengths using pp collision data at $\sqrt{s} = 7$ and 8 TeV in the ATLAS experiment.* Eur. Phys. J. C76 (2016) 6.

ATLAS and CMS Collaborations. 2015. *Measurements of the Higgs boson production and decay rates and constraints on its couplings from a combined ATLAS and CMS analysis of the LHC pp collision data at $\sqrt{s}$ = 7 and 8 TeV.* ATLAS-CONF-2015-044, CMS-PAS-HIG-15-002

CMS Collaboration, S. Chatrchyan et al. 2008. *The CMS Experiment at the CERN LHC. JINST* 3, S08004.

CMS Collaboration, S. Chartrchyan et al. 2012. *Observation of a new boson at a mass of 125 GeV with the CMS experiment at the LHC. Phys. Lett.* B716, 30.

CMS Collaboration, S. Chatrchyan et al. 2015. *Precise determination of the mass of the Higgs boson and tests of compatibility of its couplings with standard model predictions using proton collisions at 7 and 8 TeV. Eur. Phys. J.* C75, 212.

Englert, F. und R. Brout. 1964. *Broken symmetry and the mass of gauge vector mesons. Phys. Rev. Lett.* 13, 321.

Evans, L. und P. Bryant. 2008. *The LHC Machine. JINST* 3, S08001.

Higgs, P. W. 1964. *Broken symmetries, massless particles and gauge fields. Phys. Lett.* 13, 132.

Higgs, P. W. 1964. *Broken symmetries and the masses of gauge bosons. Phys. Rev. Lett.* 13, 508.

Teil 2: **Berichte aus den ZKI-Arbeitskreisen**

Nils Beckmann, Michael Brenner, Daniel Bündgens, Achim Grindler, Ingo Hengstebeck, Bettina Holler, Camilo Lara, Martin Mai, Hauke Peinz und Linda Springorum

Einsatz von ITSM in Projektform – Erfahrungsberichte

Unter dem Druck, zunehmend komplexe IT-Verfahren und -Prozesse zu steuern, sehen sich in immer größerem Maße auch öffentliche Verwaltungen und Hochschulen gezwungen, Konzepte zum IT-Service-Management (ITSM) als prozessorientierten Ansatz einzuführen. Ausgehend von der starken Abhängigkeit der Hochschulen von der Integrität, Verfügbarkeit und Vertraulichkeit der Daten und IT-Verfahren, wird die zentrale und dezentrale Organisation der Sicherheit für Lehre, Forschung und Verwaltung diskutiert. Die IT-Sicherheit steht weiter im Zentrum der Bemühungen und ist daher in die Umsetzung des prozessorientierten Rahmenwerks von Anfang an eingebettet. Der Arbeitskreis Service-Management und Sicherheit fördert die Einführung von Service-Management in Hochschulen. Durch Austausch von Dokumenten und Erfahrungsberichten werden die hochschulspezifischen Herausforderungen adressiert und gemeinsam diskutiert.

Im Rahmen dieser Arbeit wurde sehr schnell klar, dass die Einführung von ITSM-Prozessen zwar jede Hochschul-IT vor individuelle Herausforderungen stellt, jedoch gewissen Besonderheiten, die auf die speziellen Governance-Strukturen der Hochschullandschaft zurückzuführen sind, unterliegt. Um diese Herausforderung zu meistern, wurde das Kooperationsprojekt „Best Practices zur Einführung von IT-Service-Management" im Arbeitskreis Service-Management und Sicherheit gestartet.

Nils Beckmann, Goethe-Universität Frankfurt am Main
Michael Brenner, Leibniz-Rechenzentrum der Bayerischen Akademie der Wissenschaften
Daniel Bündgens, RWTH Aachen University
Achim Grindler, Karlsruher Institut für Technologie
Ingo Hengstebeck, RWTH Aachen University
Bettina Holler, Technische Universität Darmstadt
Camilo Lara, Goethe-Universität Frankfurt am Main
Martin Mai, Universität Bamberg
Hauke Peinz, Hochschule Osnabrück
Linda Springorum, Bergische Universität Wuppertal

DOI:10.1515/9783110459753-008

1 Organisatorische Vorbereitung auf eine Prozesseinführung

Die Einführung für IT-Service-Management-Strukturen bedarf eines **prozessorientierten Denkens und Handelns** in den jeweiligen Organisationen. Obwohl prozessorientierte Ansätze in vielen Organisationen durch z. B. Projekt- oder Qualitätsmanagementstrukturen durchaus vorhanden sind und gelebt werden, bringt die Einführung von IT-Service-Management in der Regel die Notwendigkeit mit – zumindest mittelfristig –, auch das Rechenzentrum als Organisation anzupassen bzw. zu verändern.

Die Einführung von IT-Service-Management bedeutet im Kern die Ausrichtung der gesamten IT-Service-Organisation auf eine **kundenorientierte Serviceerbringung**. Dabei bezieht sich die Serviceerbringung auf alle Bereiche der Organisation. Dies bedeutet, dass grundsätzlich alle Abteilungen (Kundenservice und technische Abteilungen) nach den Regelungen des IT-Service-Managements arbeiten müssen.

Bevor die Entscheidung für die Einführung eines neuen ITSM-Prozesses getroffen wird, sollte die Leitung der Hochschule bzw. des Rechenzentrums Folgendes analysieren: Ist das Rechenzentrum als Organisation des Hochschulumfeldes mit all den hierbei zu beachtenden Besonderheiten bereit für eine solche Veränderung?

Vor dem Hintergrund dieser Tatsache muss ein erfolgreiches IT-Service-Management-Projekt immer durch das **oberste Management** gewollt, gefördert und gelebt werden. Der Umstand, dass die eigentliche Idee zur Einführung von ITSM oftmals aus einer Abteilung kommt, kann zwecks Unterstützung in einer frühen Phase des Projektes als ausreichend und sinnvoll wahrgenommen werden. Für ein erfolgreiches Einführungsprojekt im eigentlichen ITSM-Sinne reicht dies jedoch nicht aus. Zusätzlich zur Unterstützung durch das Management ist es notwendig, durch eine **geeignete Projektstruktur** dafür zu sorgen, dass die Ziele des ITSM-Einführungsprojektes auch umgesetzt werden.

Neben der Beteiligung der gesamten IT-Organisation ist im Hochschulumfeld die **Einbindung der Gremien** (hier insbesondere der Personalvertretungen) ein wichtiger Aspekt. Die Einbindung sollte hierbei nicht erst dann erfolgen, wenn eine Beteiligung durch die Regelungen zur Mitbestimmung erforderlich ist, sondern bereits im Vorfeld. Aus verschiedenen Praxisbeispielen hat sich gezeigt, dass bereits eine Einbindung vor dem eigentlichen Start des Einführungsprojektes sinnvoll ist, um in dieser Phase zu den Zielen (erwartete Qualitätsgewinne für die IT-Organisation sowie für die gesamte Hochschule) zu berichten bzw. diese mit den Personalvertretern im Rahmen der vertrauensvollen Zusammenarbeit abzustimmen. Durch diese frühzeitige Einbindung ist es den Personalvertretern möglich, sich entsprechend ihrer Verantwortung in die Organisation des Projektes einzubringen. Auf dieser Basis sollte dann eine regelmäßige Beteiligung im Rahmen der Projektlaufzeit erfolgen.

2 Projektierung als Voraussetzung für eine erfolgreiche Prozesseinführung

Wurde in einer Organisation die Entscheidung für die Einführung eines neuen ITSM-Prozesses getroffen, ist es nach der Erfahrung aller beteiligten Autoren ratsam, diese Prozesseinführung als ein **Projekt** zu verstehen und aufzusetzen, das zunächst beantragt und bewilligt werden muss. Durch dieses Vorgehen „zwingt" man sich, sich über eine Reihe von Aspekten Gedanken zu machen, die bei der Einführung neuer Prozesse darüber entscheiden können, ob die organisatorischen Veränderungen erfolgreich sein oder scheitern werden.

2.1 Die Frage nach dem Warum

Die Einführung neuer ITSM-Prozesse geht meist mit der Veränderung von Arbeitsabläufen einher. Die hiervon betroffenen Mitarbeiter erleben dies häufig als Korrektur der bisherigen Abläufe und fragen (sich) nach den Gründen für diese Umstellung. Deshalb empfiehlt es sich, zunächst einmal eine Problemstellung für das „Projekt" auszuformulieren: Was *genau* soll in Zukunft *aus welchem Grund* anders werden? Eine Veränderung von Arbeitsprozessen benötigt also eine sorgfältige **Analyse der Gründe** für eine solche Veränderung.

Interne Gründe für einen Veränderungsbedarf sind bspw. Wachstum der Organisation, Veränderungen des Betätigungsfelds der Organisation oder personelle Wechsel. Darüber hinaus können *externe* Anforderungen an die Organisation gestellt werden, bspw. durch sich verändernde Wettbewerbssituationen oder Gesetzesänderungen, die den Veränderungsbedarf nötig werden lassen. Vorteilhaft für eine derartige Analyse sind entsprechend valide Eckdaten oder Kennzahlen, an denen der Veränderungsbedarf verdeutlicht werden kann – dies schränkt die Möglichkeit, den Veränderungsbedarf abzustreiten, deutlich ein. Hierzu bedarf es geeigneter Instrumente.

Die nächste wichtige Fragestellung lautet: *Welchen konkreten Nutzen verspricht die organisatorische Veränderung?* Und bis *wann* soll die Einführung des neuen Serviceprozesses abgeschlossen sein? Hier gilt es herauszuarbeiten, welche Vorteile die geplante Veränderung für die Organisation insgesamt, aber auch für den einzelnen Mitarbeitenden bringen soll – etwaige kurzfristige Nachteile sind ebenso klar zu benennen. Ebenfalls muss deutlich benannt werden, was mit der Veränderung nicht erreicht werden soll (z. B. Rationalisierung). Vor allem im Hinblick auf die Kommunikation der Veränderungsabsichten gegenüber allen Beteiligten innerhalb und außerhalb der Organisation ist eine entsprechende **Argumentation** von großer Bedeutung. Entsteht der Eindruck einer geradezu „willkürlich" gewählten Veränderung, ruft dies bei den von der Veränderung betroffenen Mitarbeitenden eine Abwehrhaltung hervor, die dann zunächst mit großer Mühe erst wieder abgebaut werden muss, bevor die eigentlichen Ziele wieder in den Fokus rücken können. Präsentiert man diese Aspekte den Mitarbeitern hingegen nachvollziehbar schon zu Beginn des Projektes, wird dies durch erheblich geringere Widerstände bei den Beschäftigten belohnt.

Wird die Einführung neuer Prozesse als Projekt verstanden, lassen sich aus diesen ersten Überlegungen auch Zwischenziele und ein Zeitplan ableiten. Der nächste logische Schritt heißt **Ressourcenplanung**: Wer kümmert sich als Projektleitung in welchem Umfang um die Umsetzung des Projektes? An welchen Stellen entsteht Mehrarbeit, und welche Kompensationsmöglichkeiten existieren hierfür? Mit anderen Worten: Was „kostet" die geplante Maßnahme?

2.2 Warum eine Projektleitung?

Die **Projektleitung** plant die einzelnen Schritte, die zur Erreichung der angestrebten Ziele nötig sind, und koordiniert deren Umsetzung. Ohne die Ernennung einer solchen Verantwortlichkeit besteht die Gefahr, dass die Zielerreichung mit der Zeit aus dem Blickfeld verschwindet und das Projekt im Sande verläuft.

Bei der Auswahl der Projektleitung sollte bedacht werden: Je neutraler die ausgewählte Person der vorgesehenen Veränderung gegenüber eingestellt ist, desto besser kann die Projektleitung später die Kommunikation über kritische Punkte moderieren und zwischen den verschiedenen Akteuren vermitteln. Denn bei der Veränderung von Arbeitsprozessen ist zu bedenken, dass Veränderungen von den meisten Menschen nicht von sich aus als positiv, sondern vielmehr als negativ wahrgenommen werden. Damit die Abwehrhaltung einiger oder vieler von der Veränderung Betroffener nicht zu einer Blockade derselben führen, müssen in einem nächsten Schritt die **Stakeholder** der geplanten Veränderungen identifiziert werden.

Existiert eine entsprechende Hierarchie-Ebene, sind alle leitenden Beschäftigten, die von der geplanten Veränderung betroffen sein werden, in die weiteren Planungen einzubeziehen. Nur so kann sichergestellt werden, dass alle Interessen, Bedenken und Beschränkungen Berücksichtigung finden. Gemeinsam mit diesen leitenden Beschäftigten sollten innerhalb der Organisation weiterhin diejenigen Personen identifiziert werden, die vermutlich von besonderer Bedeutung für den Erfolg – oder auch Misserfolg – des Projektes sind.

Nach diesem Schritt ist bereits festgehalten, warum und bis wann welcher ITSM-Prozess eingeführt werden soll, welche Ziele damit verfolgt werden und wer für die Umsetzung in welchem Umfang verantwortlich sein soll.

Gemeinsam mit der Projektleitung gilt es in einem nächsten Schritt zu diskutieren, wer die Projektleitung bei der Ausarbeitung konkreter Handlungsvorschläge unterstützt und welche **Rolle** alle Akteure in diesem Projekt einnehmen. Hiernach bedarf es der Erarbeitung eines **Kommunikationskonzeptes**, das die Kommunikation der Projektziele nach innen, also an die Mitarbeiter der Organisation, wie auch nach außen, also an Kunden und Kooperationspartner der Organisation, sicherstellt.

Gerade hierbei – aber auch schon bei der Vermittlung der Notwendigkeit, solche Prozesseinführungen als Projekt anzusehen – kann der Einsatz externer Berater sinnvoll sein oder die Projektdurchführung weiter verkomplizieren.

2.3 Der Einsatz externer Berater

Dabei stellt sich meist zuerst die Frage, ob und in welchem Umfang externe Berater genutzt werden bzw. welche Rolle sie in einem Einführungsprojekt spielen sollten. Denn mit der Unterstützung durch Externe wurden bereits viele positive, aber auch negative Erfahrungen gemacht.

Im Rechenzentrum einer Hochschule oder einer Forschungseinrichtung ist nicht davon auszugehen, dass das für die Projektplanung und -begleitung notwendige ITSM-Know-how bei den dort tätigen Mitarbeitern vorhanden ist. Dieses **Know-how** in die Organisation hineinzubringen, ist der Hauptgrund für die Beauftragung externer Berater. Zudem können externe Berater einer möglichen „**Betriebsblindheit**" für die eigenen Arbeitsabläufe entgegenwirken. Viele Dinge sind so eingeschliffen, dass sich eine Veränderung von innen heraus schwerer begleiten und umsetzen lässt. Das „Schauen über den Tellerrand" wird aus unserer Sicht mit Hilfe eines externen Beraters gefördert und leichter akzeptiert.

Auf der anderen Seite ist es wichtig, dass das vom Berater gelieferte Know-how auch **langfristig** in der Organisation bleibt und das Thema ITSM auch nach der Beendigung des Beratervertrages weiter entwickelt und umgesetzt werden kann. Idealerweise sollte der Berater die **Besonderheiten** eines Forschungs- und Lehrumfelds kennen.

Ganz individuell für die jeweilige Organisation und das umzusetzende Projekt sind diese Fragen zu beantworten: Ist ein Berater überflüssig oder ein Schlüssel zum Erfolg? Welche Rolle soll er im geplanten konkreten Projekt übernehmen und welche nicht? Welche Anforderungen werden an die Arbeit des Beraters gestellt, welche an die Projektbeteiligten selbst? Welches Wissen soll der Berater nachhaltig in die Organisation einbringen?

Die Autoren sind sich einig, dass es **keine Patentempfehlung** gibt, nach dem Motto: Bei der Einführung von ITSM-Prozessen ist der Einsatz eines externen Beraters die erste Wahl. Wie bei vielen Planungen kommt es ganz darauf an, was man erwartet, was man in der eigenen Organisation vorfindet, wie der Erfahrungsaustausch mit ähnlichen Organisationen ist und nicht zuletzt, wie der Wissensstand der eigenen Mitarbeiter ist. Bei der Entscheidungsfindung lohnt es sich, die von den Autoren identifizierten **Vor- und Nachteile** beim Einsatz eines externen Beraters abzuwägen.

Berater haben sich im Laufe ihrer Tätigkeit ein für die jeweils geplante Aufgabe breit gefächertes Expertenwissen angeeignet. Das Wissen wird teuer eingekauft, dafür wird ihnen aber auch zugehört. Dieses Wissen ist idealerweise ergänzt durch die Erfahrung bei der Erstellung von Lastenheften, die die Ziele und Erwartungen dokumentieren. Beratern wird außerdem bei abteilungsübergreifenden Projekten mehr Vertrauen geschenkt als den eigenen Mitarbeitern, denn häufig „gilt der Prophet im eigenen Land nichts". Ein Berater hat gelernt, die Projektidee in der Leitungsebene „zu verkaufen" und kann aufgrund seiner Neutralität im Projekt leichter den „Buhmann" spielen. Der Berater ist in der Regel nicht vorbelastet und kann somit besser zwischen den einzelnen Parteien und Interessenlagen vermitteln und objektivere Entscheidungen herbeiführen. Ein Berater kennt die Organisation nicht im Detail und hat damit einen unverstellten frischen Blick auf die Dinge, bringt neue Ideen ein und stellt scheinbar naive Fragen. Konzepte und Lösungsvorschläge, die ein beauftragter Berater ausgearbeitet hat, werden aus unserer Erfahrung auch nicht so schnell angezweifelt – denn er ist ja der Experte. Der Berater kann den internen Projektleiter coachen, um ihn in die Lage zu versetzen, das Projekt später alleine weiterzutreiben.

Negativ könnten beim Einsatz eines externen Beraters die folgenden Umstände sein, die vermutlich ebenfalls, wie die o. g. positiven Punkte, zutreffen können und abzuwägen sind:

Berater liefern gerne eine Lösung, implementieren diese aber nicht nachhaltig oder machen schöne Vorschläge, die bei der Umsetzung mit eigenen Mitarbeitern im Desaster enden können. Der Teufel steckt eben doch im Detail, und die Schwierigkeiten sind vorprogrammiert. Berater, die das Hochschulumfeld kennen, sind unter Umständen seltener zu finden, während es ITSM-Berater, die industriell aufgestellte IT-Service-Provider und deren Standardprozesse kennen, zuhauf gibt. Oftmals haben Berater, die die internen Strukturen nicht kennen, **Akzeptanzprobleme** bei den Mitarbeitern, die sich dann etwa so äußern: „Jetzt kommt einer von draußen und erklärt uns die Welt" und „Außerdem könnten wir das viele Geld doch besser in Infrastruktur stecken".

Diese beispielhaften Reaktionen der Mitarbeiter auf Veränderungen in manchmal langjährig etablierten und gepflegten Arbeitsabläufen stehen stellvertretend für einen weiteren wesentlichen Einflussfaktor für den (Miss-)Erfolg einer Prozesseinführung im Bereich ITSM, der im folgenden Abschnitt beschrieben wird.

2.4 Die Komponente „Mensch"

Nachdem die beschriebene Prozesseinführung als Projekt begriffen und – evtl. unterstützt durch externe Berater – aufgesetzt wurde, steht die enge Einbindung derjenigen an, welche die geschaffenen Prozesse und Arbeitsweisen in der Praxis umsetzen – ja leben müssen: die Mitarbeiter. Dazu wird ein **gemeinsames Verständnis** für das gewünschte Ziel benötigt. Jeder – vom Service-Mitarbeiter und Techniker bis zum Teamleiter, Manager und Geschäftsführer – sollte dabei eine grundsätzlich positive Einstellung zu dem gemeinsamen Unterfangen haben.

2.5 Kommunikation spielt eine große Rolle

Der Drahtseilakt zwischen Offenheit und Transparenz auf der einen Seite und dem wohlüberlegten Abwarten bei der Informationsweitergabe auf der anderen Seite ist keine leichte Aufgabe. Halbgare Informationen können zu überkritischen Fragen, falscher Interpretation oder gar Widerstand führen; fehlende Informationen zu Orientierungslosigkeit, Spekulation, Demotivation oder Desinteresse.

Hilfreich ist es hierbei, die Informationen, die man kommuniziert, ganz klar zu kennzeichnen. Sind es feste Fakten (z. B. Termine, fertige Prozesse, festgelegte Entscheidungen, ...), ist die Information ein Diskussionsstand (Erfahrungen verschiedener *Stakeholder* werden noch gesammelt, diskutiert und möglicherweise auch wieder verworfen, ...) oder gar ein wenig Werbung in eigener Sache (neugierig machen auf das, was kommen kann)?

Die Erfahrung zeigt, dass es vielen Kollegen ein großes Bedürfnis ist, überhaupt so etwas wie einen kleinen Einblick zu haben, was sich in einem entsprechenden Projekt tut. Was ist das Ziel? Wer ist betroffen? Wann darf man mit Ergebnissen rechnen? Was bedeutet die Einführung von ITSM für mich persönlich? **Formale Gelegenheiten** wie z. B. Hausversammlungen sind gut geeignet, klar strukturierte Informationen dem kompletten Kollegenkreis mitzuteilen. **Informellere Formate** eignen sich, auf persönliche Fragen von Kollegen einzugehen. So wird am HRZ der TU Darmstadt bspw. einmal jährlich eine interne Projektbörse veranstaltet, um genau hierfür mit Kollegen ins Gespräch zu kommen.

Es lassen sich aber auch explizite Formate finden, welche den Informationsaustausch zwischen dem Projektteam und den Mitarbeitern dienlich sein können. Eine **offene Sprechstunde** braucht zwar viel Zeit, bietet aber den Raum für den direkten Austausch. Dabei auf Fragen, Bedenken, Anregungen und Kritik unmittelbar einzugehen und dadurch die Mitarbeiter im Entwicklungsprozess als Beteiligte zu integrieren, mag aufwendig sein, lässt aber auf der Mitarbeiterseite ein besseres gemeinsames Verständnis für das zu erreichende Ziel entstehen.

Kleine textuelle Formate helfen, den Informationsbedarf „Es tut sich etwas" zu decken, dafür zu sorgen, dass das Thema nicht „untergeht". Newsletter, Blogbeiträge oder aktiv gepflegte Projektseiten im Intranet sind mögliche Kommunikationswege hierfür.

Neben organisatorischen und personellen Aspekten müssen vor der eigentlichen Prozesseinführung schließlich noch technische Aspekte näher beleuchtet werden, die die Umsetzung von ITSM-Prozessen sowie die Bewertung derselben erst ermöglichen. Eine zentrale Rolle hierbei spielt ein an die Bedürfnisse der Organisation angepasstes Ticketsystem.

3 Best-Practice – Ansätze für OTRS an Hochschulen

Das freie Ticketsystem OTRS ist bei Rechenzentren deutscher Hochschulen weit verbreitet. Vor diesem Hintergrund sollen im Folgenden einige Aspekte im Sinne von Best-Practice-Ideen vorgestellt werden, wie sie sich aus der Betriebspraxis und dem gegenseitigen Voneinander-Lernen zwischen den Hochschulen darstellen.

3.1 Best-Practice-Idee 1: OTRS als Mail-Client für aufgabenbezogene Adressen

E-Mails kommen praktisch immer vor. Jede Hochschuleinrichtung hat normalerweise eine funktionsbezogene, personenunabhängige Adresse. Gleichzeitig sind gängige Mailprogramme auf die Mailbearbeitung durch eine einzelne Person ausgelegt.

Selbst wenn Service-Management-Ideen gar keine Rolle spielen, stellt sich ab einem gewissen Mail-Aufkommen die Frage, wie Bearbeitungsprozesse im Vergleich zu persönlicher Mail-Kommunikation praktikabel gestaltet werden können. Typische Fragestellungen sind hier: Wie wird vermieden, dass E-Mails doppelt bearbeitet werden, wenn mehrere Personen gleichzeitig aktiv sind? Wie wird vermieden, dass E-Mails unbeachtet liegenbleiben? Wie werden E-Mails weitergeleitet, wenn generell oder ab einem bestimmten Bearbeitungsschritt jemand anderes zuständig ist? Was macht man schließlich, wenn vom Kunden eine Rückfrage kommt zu einer E-Mail, die man schon woanders hin weitergeleitet hat?

Als Arbeitserleichterung im Zusammenhang mit diesen Problemen hat sich bei vielen Hochschul-Rechenzentren in Deutschland OTRS in der Funktion als Online-Multi-User-Mail-Client eingebürgert und bewährt. Diese Tatsache ist im Hinblick auf die oft problematische Akzeptanz von Ticketsystemen günstig. Die Betroffenen haben sich oft selbstbestimmt von den Vorteilen überzeugt und können Unterschiede oder Nachteile im Vergleich zu normalen Mailprogrammen dazu in Relation setzen.

3.2 Best-Practice-Idee 2: Spezielle Tickets: Tickettypen nutzen und individualisieren

In OTRS hat jedes Ticket eine Eigenschaft namens „Typ". Welche Typen zur Verfügung stehen, kann individuell definiert werden. Jede Einrichtung, die OTRS nutzt, sollte sich überlegen, welche Tickettypen hilfreich sein könnten, und die Verwendung in der Praxis erproben.

Tickettypen ermöglichen das Filtern in Ticketansichten. So kann der aktuelle Betriebsstatus der IT-Dienste durch passend klassifizierte Tickets dargestellt werden (z. B. alle offenen Störungen, bekannte Fehler), oder bei Besprechungen können Tickets, die auf Kundenwünsche verweisen, angezeigt und durchgesprochen werden. Um Incident-Management, Change-Management und kontinuierliche Verbesserung als gemeinsamen kleinen Nenner im IT-Betrieb abzudecken, sind z. B. entsprechende Ticket-Kategorisierungen denkbar, die teilweise auch direkt durch bestimmte Kundengruppen erstellt werden können.

3.3 Best-Practice-Idee 3: Service als Gruppierungshilfe

Jedem Ticket kann ein Service zugewiesen werden, OTRS stellt dafür ein eigenes Feld zur Verfügung. Eine Anfrage zu E-Mail bekommt den Service „E-Mail" zugewiesen. Das kann manchmal automatisch erfolgen, z. B. aufgrund der Eingangsadresse. Wenn dies nicht möglich ist, kann die Zuweisung zu einem Service auch manuell erfolgen, sofern damit ein Nutzen verbunden ist. Bei *Incidents* ist das der Fall, wenn statistische Auswertungen nach Service durchgeführt werden sollen. Bei anderen Tickettypen wie z. B. „Fehlfunktion" ist die Zuordnung vermutlich immer sinnvoll. Im Gegensatz zu Default-Tickets, die sequenziell abgearbeitet oder aber über die Kundennummer/Kunden-E-Mail automatisch erschlossen werden können, wird auf Tickets mit anderen Typen eher über Listen zugegriffen. Wenn eine unklare Anfrage hereinkommt, filtert man nach dem entsprechenden Dienst und kann sehen welche Störungen gerade vorliegen oder welche Änderungen in der letzten Zeit gemacht wurden. Ein Beispiel für die öffentliche Ansicht eines solchen Dashboards findet sich unter www.uni-bamberg.de/?id=103635.

OTRS verwaltet Zugriffsrechte auf Basis von Queues. In welcher Queue ein Ticket liegt, entscheidet darüber, wer welche Rechte daran hat und wer darüber benachrichtigt wird. So könnte ein Ticket mit einem „Known Error" zu E-Mail von einer Queue „Serverbetrieb" zu einer Queue „PC-Betreuung" verschoben werden. Damit wäre typischerweise eine Delegation der Zuständigkeit verbunden. Über den zugewiesenen Service „E-Mail" ist das Ticket weiterhin auffindbar, egal, wo es gerade liegt.

3.4 Best-Practice-Idee 4: Tickets als Single-Point-of-Truth – auch nach außen

Im Zusammenhang mit den oben aufgelisteten speziellen Tickettypen wie „Wartung", „Fehlfunktion", „Änderung", „Info" usw. kann der Bedarf der Kommunikation nach außen verbunden sein. Aktuelle Störungsmeldungen sollen vielleicht auf der Homepage des Rechenzentrums aufgelistet werden, Änderungen zu einem bestimmten Dienst bei dessen Hilfe-Seiten, oder es gibt ein zentrales Reporting mit allen Meldungen. Zu diesem Zweck kann man Tickets nach definierten Kriterien einfach nach außen durchsickern lassen. Als Trigger für die öffentliche Anzeige an einer bestimmten Stelle kann die Kombination Typ „Störung" und „Notiz für extern" dienen. Unter dem Schlagwort „Störung" kann dann die „Notiz für extern" erscheinen, außerdem die ohnehin vorhandenen Metadaten wie Dienst/Service, Datum, offen/geschlossen. Die Daten können direkt aus der OTRS-Datenbank ausgelesen werden, die Tickets liegen in einfachen Tabellenstrukturen vor. Im Projekt zki-ak-web-api gibt es eine Beispielimplementierung für den Zugriff auf OTRS-Ticket und CMDB-Daten (s. www.uni-bamberg.de/?id=103635).

3.5 Best-Practice-Idee 5: Ticketsystem dient den Betroffenen, nicht der Kontrolle

Ticketsysteme beinhalten bei der Einführung oder bei Änderungen daran ein vergleichsweise hohes Konfliktpotenzial. Es können Befürchtungen wegen stärkerer Kontrolle entstehen, wegen Änderungen an gewohnten Abläufen oder aber auch vor umständlicher Bedienung.

Die Betroffenen sollen im Ticketsystem ein nützliches Werkzeug vorfinden, das bei der Weiterentwicklung gemeinsamer Ziele hilft, zumindest aber soll es nicht unnötig stören.

In personalrechtlichen Regelungen zu Ticketsystemen finden sich dazu drei zentrale Ideen:

- Leistungskontrolle auf Personenebene ist verboten und gilt als Vergehen, außer, sie entspricht offiziell freigegebenen Regelungen.
- Es ist für alle Betroffenen ersichtlich, wer welche Inhalte oder Auswertungen sehen kann.
- Die Nutzer dürfen mit der Bedienung nicht überfordert werden.

Für OTRS können in diesem Zusammenhang Regelungen für die Benutzung des Statistik-Moduls getroffen werden.

Alle bisher aufgezeigten Aspekte betrafen zunächst die *Voraussetzungen* für die Einführung neuer ITSM-Prozesse im hochschulischen Kontext. Auch wenn die Berücksichtigung dieser Faktoren bereits viele Probleme vermeidet, sollten in Bezug auf die Prozess-Einführung selbst einige weitere Überlegungen angestellt werden.

4 Die Prozesseinführung

Bei der Einführung dieser ITSM-Prozesse ist kritisch zu prüfen, welche Prozesse zu welcher Zeit und in welcher Reihenfolge bzw. in welchem Umfang sinnvoll in der Organisation eingeführt werden können. Hierbei sind die **Größe der Organisation** und die **Ressourcenverfügbarkeit** zu beachten. Der Umfang einer Prozesseinführung in einem Rechenzentrum einer kleinen Hochschule mit z. B. 300 Mitarbeitern und 3.000 Studierenden wird sich deutlich von dem einer großen Hochschule mit 5.000 Mitarbeitern und 25.000 Studierenden unterscheiden. Dies ist nur eine Randbedingung, die die Ausprägung der Einführung von IT-Service-Management beeinflusst. Weitere Einflussfaktoren sind **organisatorische Strukturen** in der Serviceerbringung, z. B. dezentrale Strukturen oder mehrere voneinander abhängige IT-Dienstleister, die in einer „Dienstleistungskette" gemeinsam einen Service erbringen.

Neben diesen allgemeinen Überlegungen müssen auch die besonderen Anforderungen der eigenen Organisation berücksichtigt werden. Dabei gilt es im Vorfeld zu klären, in welchen Bereichen aktuell der größte Handlungsbedarf besteht. An diesen Stellen sollte mit der Prozessunterstützung begonnen werden.

Ein weiterer wichtiger Aspekt ist die Frage nach den eigentlichen Leistungen der IT-Organisation und den IT-Services. Sind diese den Mitarbeitern bzw. den Kunden nicht klar, sollte zwingend mit der Definition und/oder Konsolidierung des Service-Portfolios begonnen werden.

4.1 Was und in welcher Reihenfolge?

Wie oben angedeutet, wird die Antwort auf die Frage *Was?* je nach Anforderungen und dem Status Quo in der Organisation sehr unterschiedlich ausfallen. Allgemein kann man aber sagen: Das ITSM-Rahmenwerk ITIL V3 stellt 26 Prozesse zur Auswahl, in ISO/IEC 20000 sind immerhin noch 13 Prozesse definiert, in FitSM 14. Die Prozesse von ISO/IEC 20000 und FitSM sind – im großen Ganzen – eine Teilmenge der ITIL-Prozesse.

Es liegt auf der Hand, dass praktisch in keiner Organisation (unterhalb Weltkonzern-Level) 30 Prozesse mit an die hundert Rollen sinnvoll eingeführt werden können. Ein von den Autoren empfohlener Ansatz wäre, die Betrachtung mit der „Konsens-Menge" aus der Norm ISO/IEC 20000 bzw. FitSM zu beginnen. Das ist aber immer noch eine ganze Menge. Erfahrungsgemäß sollten Prozesse für eine Phase 1 danach ausgesucht werden, ob ein oder besser mehrere „Quick Wins" zu erreichen sind oder ob länger vorhandene und beklagte Probleme damit gelöst werden können. Aber auch Aspekte wie Abhängigkeiten zwischen den ITSM-Prozessen sind zu berücksichtigen. So kann man zum Beispiel nach dem in ITIL definierten „Operations-Life-Cycle" vorgehen. Ein Incident (Störung/Fehler) an einem definierten Service oder Konfigurationselement (CI, Configuration-Item) wird zu einem „Problem", die dauerhafte Lösung des „Problems" erfordert eine Änderung (Change) des CI. Diese wird ggf. über das Change-Verfahren eingeplant und deren Abschluss in der Configuration-Management-Database (CMDB) dokumentiert.

Aus Sicht der Autoren sind für eine Phase 1 die Betrachtung der Prozesse Incident- und Service-Request-Management (ISRM), Change (ChM) und Configuration-Management (ConfM) sowie das Service-Portfolio-Management sinnvoll. In einem nächsten Schritt kann das Service-Level-Management betrachtet werden.

Häufig stellt man fest: Zum Incident- und Service-Request-Management (ISRM) sind in der Organisation fast immer schon Teile bzw. Ansätze vorhanden. Die Einführung eines Service-Desks oder den Einsatz eines Ticketsystems haben die meisten Hochschulrechenzentren umgesetzt. Ein weiterer Vorteil ist der große sichtbare Gewinn, der durch die Einführung von ISRM zu erwarten ist. Dies beruht auf der großen Zahl der typischerweise durch ISRM potenziell besser gemanagten Fälle (Incidents und Service-Requests sind häufige Vorkommnisse) und der direkten Sichtbarkeit der Qualitätsverbesserung für Kunden.

Da dieser Support-Prozess viele Mitarbeiter und Anwender betrifft, könnte von Anwender- bzw. Kundenseite zunächst auch eine Ablehnungshaltung gegenüber der Veränderung (Change Resistance) vorhanden sein.

Das Change- (ChM) und Configuration-Management (ConfM) adressiert viele im Rechenzentrumsbetrieb vorherrschende „Pain Points“. Zur Realität gehören u. a. unkoordinierte und nicht dokumentierte Aktionen mit unbekannten Auswirkungen auf Services, weil deren Abhängigkeiten nach innen nicht bekannt und definiert sind. Das ChM beflügelt die Kommunikation innerhalb der gesamten Organisation. Es bringt die Menschen aus unterschiedlichen Fachabteilungen und mit unterschiedlichen Rollen an einen Tisch. Das Wissen um die anderen Prozesse und Problematiken bei der Umsetzung von Änderungen wird gefördert.

Auch in Change-Verfahren sind viele Mitarbeiter eingebunden, deshalb kann man hier häufig eine besonders hohe „Change Resistance“ beobachten. Die Umsetzung eines vollumfänglich passenden ChM-Prozesses kann schnell sehr komplex werden, davon können auch die Autoren „ein Lied singen“. Hilfreich dabei könnte ggf. die Einführung nach Geltungsbereich sein und favorisiert werden. Man spricht hier auch vom Managed-Service-Konzept, das in einem Top-Down-Ansatz bestimmte Services aus dem Service-Portfolio herausnimmt und mit den Prozessen unterstützt, während andere noch herkömmlich „gefahren“ werden.

Die Einführung eines Change-Managements, ohne gleichzeitig ein Configuration-Management zu etablieren, ist weit weniger wirksam, und die Vorteile kommen nicht so schnell zum Tragen. Dies betrifft auch die Infrastruktur-Abteilungen. Durch die o. g. Komplexität und die geforderte Konsistenz der Informationen, die zur Serviceerbringung relevant sind, ist ein höherer Automatisierungsgrad gefordert. Hier unterstützen System-Discovery- und Systems-Management-Tools.

Oft beklagt und gerne als Nachteil gesehen: Das ChM verlangsamt ggf. Vorhaben signifikant durch restriktivere Planung und Tests bzw. deren Abstimmung. Doch ist abzuwägen, ob spätere Nacharbeiten und Probleme sich dadurch reduzieren und die scheinbaren Nachteile in Kauf genommen werden können.

Ein Service-Portfolio zu definieren, ist essentiell. Man muss schließlich wissen, welche Services die Organisation für welche Kundengruppe erbringt und welche nicht, wenn man diese mit ITSM-Prozessen steuern und betreiben möchte. Dieses Wissen ist ebenfalls für potenzielle Kunden und Service-Nutzer wichtig. Das Service-Portfolio, die Summe der angebotenen Leistungen, unterliegt einer kontinuierlichen Anpassung an die Anforderungen der Kunden und an die Geschäftsziele und Randbedingungen der Organisation (Service-Portfolio-Management).

Als nächsten Schritt kann das Service-Level-Management (SLM) betrachtet werden. Es liefert sinnvollerweise wichtige Steuergrößen für das ISRM (bspw: Welche Dienste werden überhaupt angeboten? Was sind Zielgrößen für Availability und Antwortzeiten?). Der SLM-Prozess erfordert es, dass man sich Gedanken über das Service-Portfolio machen und es ggf. genauer spezifizieren muss. Allgemein kann man sagen, dass SLM der zentrale Prozess ist, der den „Kulturwandel“ in

Richtung Service-Orientierung fördert. Eine im Hochschulumfeld relevante und brisante Frage wird automatisch aufgeworfen: Wer ist der Kunde? Deshalb ist wichtig, dass die Hochschul-Governance eingebunden wird, was auch für alle späteren Schritte von Bedeutung ist. Last but not least muss das Management involviert sein und voll hinter den Prozessen stehen. Da das Management jedoch oft mit vielfältigen anderen strategischen und planerischen Aufgaben befasst ist, geraten die ITSM-Belange schnell aus dem Fokus, und es wird sehr schwierig, das Engagement der obersten Leitung im notwendigen Maß aufrecht zu erhalten.

Nach der Einführung der aufgezeigten Prozesse stellt sich nun die Frage: War die Prozesseinführung erfolgreich?

5 Erfolge messen und darstellen

Erfolge, die man nicht messen kann, sind keine Erfolge. Diese provokante Aussage kann man durchaus in „Managerkreisen" hören. Manchmal ist es aber noch wichtiger, vorab festzulegen, wann ein Vorhaben erfolgreich ist – und wann eben nicht. Wann ist ein Projekt erfolgreich durchgeführt worden, oder wann ist es gescheitert? Das hat auch viel mit der Spezifikation von Zielen zu tun.

Ziele sollten SMART sein und das M steht hier für Messen. Wenn ein Ziel erreicht wird, war das Projekt erfolgreich. Allerdings sollten diese Ziele auch realistisch und akzeptiert sein. Bei der Einführung von IT-Service-Management haben wir es mit einem Organisationsentwicklungsprojekt zu tun und sind abhängig von vielen Playern. Alle müssen an einem Strang ziehen, damit sich am Ende Erfolg einstellt. So weit die Theorie. Nachfolgend haben wir einige Fragen gestellt, um uns diesem Thema anzunähern und mit eigenen Erfahrungen zu hinterlegen.

5.1 Wer sind die Adressaten für die ausgewerteten Daten?

Zunächst ist es wichtig, sich Gedanken darüber zu machen, für wen die zu messenden Daten hilfreich sind. **Adressaten** können in verschiedenen hierarchischen Ebenen einer Hochschule angesiedelt sein. Dazu zählen unter anderem die Leitung von Rechenzentren, die Verantwortlichen von Diensten, IT-Service-Leitungen und dazugehörige Teams. Hochschulweit sind es die Leitung der Hochschule und Kooperationspartner – letztere sowohl innerhalb als auch außerhalb der Hochschule. Sie alle gehören in den Bereich der Öffentlichkeit, die es zu adressieren und zu überzeugen gilt.

5.2 Für welchen Zweck sollen die Daten verwendet werden?

In diese Frage spielt der Hintergrund und die Vision für die Einführung von ITSM-Strukturen hinein: **Wozu wird eine Erfolgsmessung benötigt?** Eine Möglichkeit ist das Darstellen des bisherigen Zustands als Ausgangsbasis und das Definieren neuer Ziele. Denn die Anforderungen an Serviceeinrichtungen steigen und gut funktionierende Kommunikationswege zwischen Fachabteilungen und zu anderen Bereichen der Hochschule werden immer wichtiger. Die Kundenzufriedenheit steht stark im Vordergrund.

Ein Vergleich des Soll- und Ist-Zustandes einer Einrichtung kann daher bei der Beantwortung der Frage helfen, warum man ITSM einführen möchte. Was ist in der Vergangenheit gut gelaufen und was nicht? Was muss optimiert oder gar komplett neu überdacht werden? Hierbei ist es wichtig, nicht nur die negativen, sondern auch die positiven, auf bislang bekannten Wegen **erreichten Ziele** festzuhalten. Errungenschaften, die vor Einführung neuer Strukturen erreicht wurden, müssen in die Bewertung mit einbezogen werden und helfen bei der Beantwortung der Fragen danach, was bereits etabliert ist und was noch optimiert oder verändert werden soll. Sie verhindern, dass eine frühe Demotivation beteiligter Mitarbeiter vor Beginn des Projekts eintritt. Sie stellen eine wichtige Form der **Wertschätzung** des bisher Erreichten dar.

Im Zuge des Festhaltens dieser Fakten sollte mit den Beteiligten auch über die Verwendung der späteren Daten gesprochen werden. Kennzahlen (KPIs, Key-Performance-Indicators) geben im Zuge einer Erfolgsmessung sinnvoll Aufschluss darüber, ob die vorher definierten Ziele erreicht wurden und/oder ob es Verbesserungspotenzial gibt. Sie können als Diskussionsgrundlage für Bedarfsgespräche dienen und bei Entscheidungsfindungen helfen.

Gemessene Daten können als Feedback dienen. Oft herrscht eine große Unsicherheit darüber, ob ein Feedback nicht eine Form der Kontrolle darüber ist, wie ein Mitarbeiter seine Arbeit erledigt. Ein Feedback sollte jedoch weit mehr darstellen als eine Kontrollinstanz. Es dient zur Demonstration von Transparenz nach innen und außen. Ein Feedback kann sowohl von Nutzerseite als auch von den Mitarbeitern gegeben werden. Es wirkt motivationssteigernd, wenn es Rückschlüsse darüber liefert, dass eine Aufgabe zur Zufriedenheit bearbeitet wurde. Es hilft bei der Beantwortung der Frage, in welchen Bereichen Unterstützung nötig ist. Es zeigt, wo Erfolge erzielt wurden, weil Prozesse bereits erfolgreich etabliert wurden, und wo noch Veränderungsbedarf besteht.

5.3 Was möchte ich messen?

Eine zielgerichtete Überlegung darüber, was genau an welcher Stelle gemessen werden soll, hilft bei der Bestimmung der Parameter der gemessenen Daten. Dies können Eingangskanäle wie der Service-Desk, die Telefonhotline, das E-Mail- bzw. Ticketsystem oder Beratungssprechstunden sein.

Die verschiedenen Kanäle bieten Aufschluss über die Höhe des Nutzeraufkommens, ebenso über die Art und Weise, wie Services oder Dienste angefragt und beantwortet werden, wobei Eingänge und Ausgänge von Anfrage und Beantwortung durchaus divergieren können. Ebenso ermöglichen sie Informationen über Nutzergruppen, deren Status und Zugehörigkeiten zu Fakultäten und Instituten. Die zu messenden Daten werden in Kategorien wie Dienste und Services eingeteilt oder nach der Art der Anfrage. Dies ist sinnvoll, um bspw. herauszufinden, welche Informationswege die Kunden nutzen oder ob es häufig wiederkehrende Anfragen zu den gleichen Vorgängen gibt.

5.4 Parameter für Kundenzufriedenheit

Die Mentalität und Erwartungshaltung von Nutzergruppen sind – wie in jeder anderen Institution mit Kundenverkehr – an Hochschulen sehr unterschiedlich. Daher ist es sinnvoll, bei den zu messenden Daten von Nutzern die Verbindung ihrer Zugehörigkeit zur Hochschule zu kennen oder zu ermitteln. Dazu gehören die unterschiedlichen Status wie Studierende, Mitarbeiter, externe Nutzer etc. Die Art der Anfrage ist, wie bereits erwähnt, ein Parameter, welcher gemessen werden kann. Dies geschieht z. B. nach Thema der Anfrage und dem Dienst, auf den sich die Anfrage bezieht. Handelt es sich hierbei um eine reine Serviceanfrage, einen Änderungsauftrag oder eine Störung? Die aufzustellenden Kategorien bieten viele Möglichkeiten. Ein häufig gemessener Parameter ist die **Zufriedenheit der Kunden**. Dies beginnt bei einfachen Rückschlüssen in Bezug auf allgemeine Serviceleistungen wie Freundlichkeit und Verständlichkeit bei der Beantwortung von Fragen. Das Lösen gemeldeter Probleme und Störungen, das Erbringen von Services oder Diensten steigert die positive Wahrnehmung aus der Sicht des Nutzers. Letztlich ist das Anbieten einer **Feedbackmöglichkeit** bereits ein wichtiger Ausdruck des Bestrebens einer Einrichtung, sich transparent und entwicklungsorientiert zu präsentieren. Dies wiederum steigert die Wertschätzung des Kunden und schlägt sich unter Umständen in entsprechenden Messergebnissen zur Nutzerzufriedenheit nieder.

5.5 Parameter für Mitarbeiterzufriedenheit

Grundsätzlich sind die Möglichkeiten der Messung der Mitarbeiterzufriedenheit ähnlich denen der Nutzer. Sie sind ebenso als relevant zu bewerten, stellt die Mitarbeiterschaft einer Einrichtung doch den Triebmotor für das Stehen und Fallen von Projekten dar. Die unmittelbare Nähe zu Mitarbeitern kann in **Umfragetools** eingesetzt werden. Speziell auf diese Zielgruppe ausgerichtete Fragen erbringen wichtige messbare Daten, die zur Verbesserung von Abläufen beitragen. Auch **Mitarbeitergespräche**, in denen bestimmte Parameter abgefragt werden, sind sinnvoll, um messbare Daten zu ermitteln. Hierbei sollte nicht vernachlässigt werden, die Ergebnisse den Mitarbeitern zu präsentieren. Auf diese Weise lassen sich sowohl **Transparenz und Kommunikation** fördern als auch positive Entwicklungen ableiten.

5.6 Erfahrungsmaßnahmen und Werkzeuge

Das Messen von Daten ist ein Prozess, welcher **Beständigkeit** erfordert und daher im besten Fall automatisiert erfolgt. In diesem Bereich bieten sich Tools wie Ticketsysteme, Serviceterminals, aber auch moderne Telefonanlagen an, welche verschiedene Kommunikationskanäle bedienen.

5.7 Kundenmeinungen auch direkt einholen

Zu messende Daten können auch initial angestoßen werden, indem bspw. **Nutzerumfragen** über **Tools** wie Limesurvey, EvaSys oder Ticketsysteme übermittelt werden. **Fragebögen** bieten die Möglichkeit, direkt vor Ort z. B. am Service-Desk Rückschlüsse über Prozesse und Abläufe zu ziehen. Klassische Strichlisten geben messbare Ergebnisse über Anzahl von Anfragen oder Nutzern an. Auf Leitungsebene ergeben sich durch persönliche Gespräche mit Fakultäten, Fachbereichen und Instituten messbare Möglichkeiten für später zu verwendende Daten.

5.8 Aufbereitung der Daten

Wir haben die vielfältigen Möglichkeiten der Messbarkeit von Daten aufgezeigt. Nun gilt es, noch eine wichtige Frage zu beantworten. Wie sollen die gemessenen Daten aufbereitet werden?

Auch hier zeigt sich, dass es sinnvoll ist, sich im Vorfeld klarzumachen, wer die **Adressaten** für die gemessenen und auszuwertenden Daten sein werden. Aufbereitungsarten sind zum Beispiel Kennzahlen (KPIs), Statistiken und Diagramme. Die Möglichkeiten sind vielfältig, ebenso wie die Einteilung der KPIs in Kategorien, die Arten der Diagramme sowie Umfang und Details von Statistiken.

Bedarfsgerechte Aufarbeitungen von Daten für bestimmte Zielgruppen sind bestimmend für wichtige Faktoren: Sie entscheiden darüber, wie die gemessenen Daten weiter verwendet werden können, um bspw. Verwendung bei der Entscheidung über Veränderungen und Bedarfe herbeizuführen. Sinnvoll gemessene, aufbereitete Daten können Abhängigkeiten zu anderen Messergebnissen herausarbeiten und damit in der Praxis den unmittelbaren Einfluss von Prozessen aufeinander aufzeigen. Dies beeinflusst eine **Neubewertung** in Bezug auf das Treffen von Entscheidungen, das Setzen neuer Ziele und den Rückblick auf bisherige Abläufe. Allgemein gesagt: Sinnvoll gemessene Daten und gut aufbereitete Messergebnisse entscheiden maßgeblich über die Bewertung gesetzter Ziele.

Wenn man nun Daten erhoben, ausgewertet und interpretiert hat, ist es schließlich nötig, dass man passende Steuerungsmöglichkeiten hat, um entsprechende Erkenntnisse in der Praxis umsetzen zu können. Für ein langfristig erfolgreiches Reporting-System im IT-Service ist es wichtig, dass die Ergebnisse und daraus resultierenden Erfahrungen ernst genommen werden und man Handlungsmöglichkeiten erhält, um gesetzte Ziele zu erreichen, oder für den Fall, dass Ziele nicht erreicht wurden, neue Ziele zu definieren und erreichbar zu machen.

6 Zusammenführung

Die Ausführungen zur Einführung von ITSM-Prozessen verdeutlichen erstens, dass es sich bei dieser Thematik um ein Thema handelt, bei dem organisatorische, technische, personelle und sogar persönliche Aspekte zusammentreffen und frühzeitig berücksichtigt werden müssen. Zweitens zeigen die unterschiedlichen Beiträge und die Erfahrungen der ZKI-Arbeitskreis-Teilnehmer, dass in diesem Bereich der Austausch mit vergleichbaren Organisationen eine enorme Unterstützung darstellt, weshalb diese hochschulübergreifende Kooperation sich auch weiterhin zum Thema Prozesseinführung austauschen wird. So ist in einem nächsten Schritt die Erstellung von **Checklisten** geplant, die nicht nur weitere Aspekte der Thematik konkretisieren, sondern die Leser in die Lage versetzen, den Reifegrad der jeweiligen Organisation für die Einführung von ITSM-Prozessen zu ermitteln und einzuordnen.

Reiner Schmidt, Manfred Paul, Stefan Schwarz, Guido Bunsen und Oliver Christ

ZKI-Arbeitskreis Servicemanagement und Sicherheit

Unterarbeitsgruppe Sicherheit

Auf der Tagung in Freiburg wurden seitens der Unterarbeitsgruppe vor allem die Aspekte rund um die neuen Arbeitspakete „Schwachstellenscans und Penetrationstests“ sowie „Security-Awareness-Kampagnen“ betrachtet. Sie alle stellen einen kooperativen Ansatz dar.

Wie aus dem Mission-Statement des Arbeitskreises hervorgeht: „... Die frühzeitige Einbettung des Themas IT-Sicherheit in diese Prozessorientierung der gesamten IT-Organisation ist in der Zwischenzeit zum Standard im Sinne einer ‚guten Praxis‘ geworden (siehe ITIL V3). Ausgehend von der starken Abhängigkeit der Hochschulen von der Integrität, Verfügbarkeit und Vertraulichkeit der Daten und IT-Verfahren, wird die zentrale und dezentrale Organisation der Sicherheit für Lehre, Forschung und Verwaltung diskutiert. Die Verankerung und Umsetzung der IT-Sicherheit steht weiter im Zentrum der Bemühungen und ist daher in die Umsetzung des prozessorientierten Rahmenwerks von Anfang an eingebettet. ...“, beschäftigt sich der Arbeitskreis Servicemanagement und Sicherheit mit allen Bereichen der Sicherheit an Hochschulen. Adressiert werden sowohl organisatorische, juristische als auch technische Belange der (IT-)Sicherheit (s. Abb. 1).

Dies geschieht im Kontext von Erfahrungsaustausch in Form von Vorträgen und Themendiskussionen auf Ebene der IT-Leiter, IT-Security-Spezialisten und der Sicherheitsbeauftragten, aber auch in konkreten, über Arbeitspakete definierten Ausarbeitungen zu spezifischen Themen für die Hochschulleitungen und IT-Abteilungen der ZKI-Mitgliedseinrichtungen. Einen Meilenstein dieser ausgearbeiteten Best-Practice-Ansätze stellte das im Jahr 2005 ausgearbeitete Papier zur IT-Sicherheit an Hochschulen (www.zki.de/fileadmin/zki/Arbeitskreise/SMS/Veroeff/IT_Sicherheit_an_Hochschulen.pdf) dar. In einem im Jahr 2014 abgeschlossenen Arbeitspaket „Management Summary zu Hochschul-IT-Sicherheit“ wurde an das Papier angeknüpft und auf die aktuelle Bedrohungslage Bezug genommen.

Reiner Schmidt, Hochschule Ansbach
Manfred Paul, Hochschule München
Stefan Schwarz, Universität der Bundeswehr München
Guido Bunsen, RWTH Aachen University
Oliver Christ, Technische Hochschule Mittelhessen

DOI:10.1515/9783110459753-009

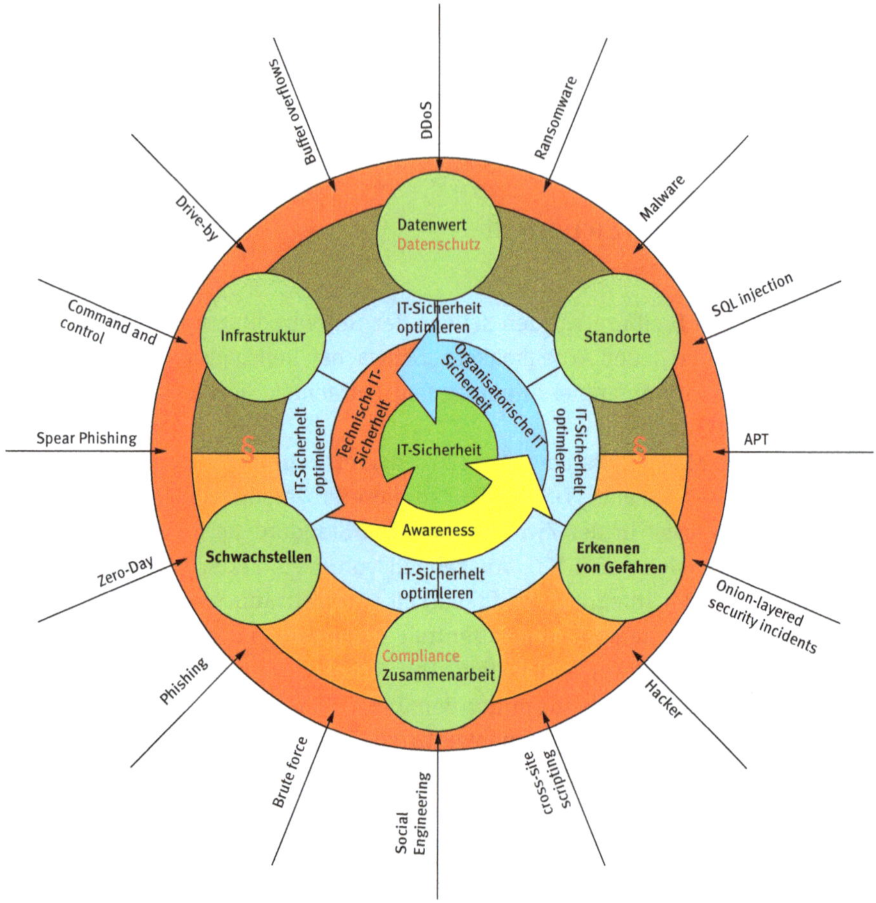

Abb. 1: Bereiche der im AK SMS behandelten Themen.

Obgleich die Themen Servicemanagement und Sicherheit sehr eng zusammenhängen, wurde im Arbeitskreis im Jahr 2015 beschlossen, zwei Unterarbeitsgruppen ins Leben zu rufen: Die Unterarbeitsgruppen Servicemanagement und Sicherheit. Ziel dieser Umstrukturierung ist es, die jeweiligen Themenblöcke effektiver bearbeiten zu können. Die nach wie vor stark wachsende Bedrohungslage sowie die in immer kürzeren Zeitintervallen stattfindenden Paradigmenwechsel der Angreifer setzen dabei eine zunehmende Agilität voraus. So blüht aktuell der zu Beginn der IT-Sicherheitsbetrachtung stehende destruktive Ansatz in Form von Ransomware wieder auf. Es gilt, auf neue Bedrohungslagen effektiv und vor allem schnell zu reagieren. In aller Regel geschieht dies über Mail-Kommunikation, aber auch ggf. über spezielle Treffen. Unabhängig davon treffen sich die beiden Unterarbeitsgruppen gemeinsam zur Herbsttagung. Im Jahresverlauf sowie zur Frühjahrstagungen finden jeweils getrennte Arbeitskreissitzungen statt.

Aktuell werden in der Unterarbeitsgruppe Sicherheit folgende Arbeitspakete bearbeitet:

- Materialsammlung zu IT-Sicherheit an Hochschulen
  (Bearbeitung: Martin Mai und Heidrun Benda)
- Aktualisierung des Papiers IT-Sicherheit an Hochschulen
  (Bearbeitung: Milan Burgdorf)
- Schwachstellenscans und Penetrationstests
  (Bearbeitung: Stefan Schwarz und Guido Bunsen)
- Security-Awareness-Kampagnen
  (Bearbeitung: Reiner Schmidt und Oliver Christ)

Wie bereits eingangs erwähnt, wurden auf der Tagung in Freiburg seitens der Unterarbeitsgruppe vor allem die Aspekte „Schwachstellenscans und Penetrationstests“ sowie „Security-Awareness-Kampagnen“ betrachtet. Im Bereich der Schwachstellenscans und Penetrationstests soll eine Intensivierung der Zusammenarbeit zwischen beteiligten Hochschulen auf technischer Ebene erfolgen und ein entsprechender Rahmen für gegenseitigen Know-how-Transfer bis hin zur gegenseitigen Durchführung von Sicherheits-Analysen geschaffen werden. Die Herausforderungen liegen hier in der Entwicklung geeigneter Testszenarien für externe und interne Systeme, Möglichkeiten und Grenzen der Auswertbarkeit, Fragen der Anbindung an andere IT-Werkzeuge bis hin zu rechtlichen Fragen im Zusammenhang mit Penetrationstests.

Im Bereich der Clients in Hochschulnetzen, die durch eine hohe Heterogenität eine zentrale Verwaltung aller Clients erschwert, ja in vielen Bereichen geradezu unmöglich macht, ist eine erhöhte Sensibilität der Nutzer von IT-Infrastruktur in der täglichen Arbeit unabdingbar. In Zeiten der Industrialisierung der Malware-Entwicklung reichen technische Maßnahmen alleine nicht mehr aus. IT-Experten schätzen allein den russischen Markt der Malware-Entwicklung derzeit auf etwa 2 Mio. $ p. a. Mit der massiven Verbreitung sog. Botnetze bis hinein in Unternehmen und öffentliche Verwaltungen ändert sich die Bedrohungslage enorm. Hier setzen die vom AK Sicherheit vorgeschlagenen Maßnahmen und zur Verfügung gestellten Materialien an, die Hochschulen in die Lage versetzen sollen, eigene Security-Awareness-Kampagnen zur Sensibilisierung der Nutzer aufzusetzen.

Zukünftige Anstrengungen innerhalb des Arbeitskreises müssen zum Ziel haben, unter den sich ständig weiterentwickelnden Bedrohungen die organisatorischen und technischen IT-Sicherheitsmaßnahmen innerhalb der Hochschulen unter den Randbedingungen Forschung und Lehre, aber auch sicherer Verwaltungsprozesse, ständig auf den Prüfstand zu stellen und gemeinsam geeignet weiterzuentwickeln.

Arbeitspaket Schwachstellenscans und Penetrationstests

Die Begriffe Schwachstellenscans und Penetrationstests werden oft gemeinsam genutzt, haben aber durchaus unterschiedliche Bedeutungen. Während ein Schwachstellenscan weitgehend automatisch abläuft, wird ein Penetrationstest nicht unwesentliche manuelle Prüfung und Vorbereitung erfordern. Ein Schwachstellenscan ist aber zumeist die Vorstufe zu einem (aufwändigeren) Penetrationstest. Näheres zu den Begrifflichkeiten siehe auch bei Wikipedia.

Um ein höheres Schutzniveau zu erreichen, bietet sich daher zunächst die Etablierung von Schwachstellenscans an. Mit einer zeitnahen Reaktion auf bekannte Schwachstellen und deren Beseitigung wird auch den potenziellen Angreifern die Grundlage für eine folgende Penetration genommen. Dies trifft zumindest für die bekannten Schwachstellen zu.

Daher wird im Folgenden zunächst nur auf Schwachstellenscans eingegangen.

Schwachstellenscans lassen sich weitestgehend automatisieren und damit sehr gut für regelmäßige Tests gegen die eigene Infrastruktur verwenden. Erfahrung ist aber zumindest nötig, um die Scankonfigurationen zu erstellen und sinnvoll anzuwenden. Ein wöchentlicher Scan aller Systeme eines Class-B-Netzwerks auf alle verfügbaren Schwachstellen macht schon allein durch die Menge der zu untersuchenden Systeme keinen Sinn. Scans sollten sich zunächst auf das Wesentliche konzentrieren, zumal bei den gefundenen möglichen Schwachstellen noch jede Menge Arbeit in Auswertung (*False Positives*), Information der Betroffenen und Kontrolle der Umsetzung ansteht. Schwachstellenscans allein machen die Infrastruktur nicht sicherer, es sind Prozesse zur Durchführung der Tests und Beseitigung der Schwachstellen erforderlich. Die folgenden Tools bieten hier Unterstützung:

OpenVAS
ist eine freie Software und wurde als Reaktion auf die Kommerzialisierung des Produkts Nessus entwickelt. Es gibt auch die Möglichkeit eines Supportvertrags mit professionellem Support und vorgefertigten Appliances über den Distributor Greenbone. Die Entwicklung macht einen sehr professionellen Eindruck, auch die Zusammenarbeit mit DFN (DFN-CERT-Meldungen) und BSI (IT-Grundschutz) macht sich positiv hinsichtlich Qualität und praktischer Anwendbarkeit bemerkbar.

Nessus
Die inzwischen kommerzielle Version muss nach der Anzahl der IPs lizenziert werden. Dies kann durchaus teuer werden. Eine zeitlich befristete Testlizenz ist verfügbar.

Qualys
bietet webbasierte, teilweise freie Scanner zu verschiedenen Schwachstellen. Insbesondere bekannt ist der SSL-Tester zum Auffinden von schwachen SSL-basierten Verschlüsselungen unter www.ssllabs.com/ssltest/.

Rapid7 Nexpose
Eine (sehr) limitierte Version ist auch frei verfügbar. Derzeit liegen keine eigenen Erfahrungen dazu vor. Hervorzuheben ist die Integration in das Metasploit-Framework.

Darüber hinaus gibt es weitere Scanner und unterstützende Tools (teilweise als Plug-Ins) für Spezialaufgaben, z. B. das Scannen von Webapplikationen. Diese können sehr hilfreich sein, um einzelne Schwachstellen (mit entsprechendem Zeitaufwand) noch detaillierter zu untersuchen und damit einen Schritt in Richtung Penetration zu gehen. Zu nennen wären hier:
- **w3af** Web Applikation Attach and Audit Framework;
- **Nikto** Web-Server-Scanner;
- **Metasploit** Das Penetration-Tool, ab hier wird es wirklich ernst ...

Eine erste Gedankensammlung des AK SMS wurde auf dem Treffen des AK zur ZKI-Tagung in Freiburg diskutiert und priorisiert:
- Szenarien für den Einsatz von Schwachstellenscans in Hochschulen (Umfang und Dauer von Scans, Zuverlässigkeit);
- Umgang mit den Ergebnissen von Scans (Datenschutz);
- Anbindung der Scanner an bereits vorhandene Werkzeuge (IT-Grundschutz, Asset-Management, Ticketsystem, etc.);
- konkrete Schulungen/Workshops;
- Kooperationen der Hochschulen (Angebote des DFN, externe Scans bzw. Sensoren).

Arbeitspaket Security-Awareness-Kampagnen

Mit Awareness-Kampagnen soll die Sensibilität der Akteure an Hochschulen so befördert werden, dass (IT-)Sicherheit und Datenschutz zum eigenen Ziel wird.

Der Mensch rückt immer stärker in den Fokus der Maßnahmen zur IT-Sicherheit.

Dem Menschen als Risikofaktor im IT-Umfeld widmet der Arbeitskreis IT-Sicherheit des ZKI besondere Aufmerksamkeit und hat hierzu ein eigenes Arbeitspaket definiert. Nicht böser Wille ist Ursache der meisten durch den Endanwender verursachten IT-Sicherheitsrisiken, sondern schlichte Unkenntnis und mangelnde

Sensibilität für mögliche Folgen des eigenen Handelns. Wer kennt nicht die Passwörter unter der Tastatur oder gar auf Haftnotizen am Bildschirm? Welche Daten sind wohl auf den unzähligen in Bahnen und Bussen liegen gelassenen Notebooks, Handys und USB-Sticks gespeichert? Das fehlende Bewusstsein für IT-Sicherheit wurde bereits 2005 in der Veröffentlichung des Arbeitskreises „IT-Sicherheit an Hochschulen" identifiziert und kann leider nach wie vor attestiert werden.

Welche Alternativen stellen sich nun zur Erhöhung der IT-Sicherheit im Hochschulumfeld? Gerade der Bereich Forschung und Lehre reklamiert für sich ein Höchstmaß an Freiheit – auch im IT-Umfeld. Die technischen Möglichkeiten zur Einhegung der Daten sind also beschränkt. In Industrieunternehmen mögen die Mitarbeiter akzeptieren, wenn der USB-Slot am Rechner mit der Heißklebepistole stillgelegt wird. An Hochschulen gelten hier aber andere gelebte Prozesse.

Doch wie ist dem Faktor Mensch „beizukommen"? Das zu dieser Thematik definierte Arbeitspaket des Arbeitskreises hat sich zur Aufgabe gestellt, replizierbare und einfach verständliche Materialien zu entwickeln, um das Bewusstsein für die Risiken im Umgang mit IT bei allen Hochschulangehörigen zu steigern. Ziel einer an der Hochschule Ansbach initiierten Bachelorarbeit war die Entwicklung von Plakaten, Deckenhängern und Handzetteln, also von Materialien, die klassisch der Verkaufsförderung zuzurechnen sind, um die Sensibilität unter Mitarbeiterinnen und Mitarbeitern der Hochschulen für IT-Sicherheit zu stärken. Die entstandenen Plakate können Abb. 1 entnommen werden. Verkauft werden sollen hier nicht Müsliriegel oder Waschmittel, sondern die Einsicht, dass das Handeln jedes Einzelnen im Umgang mit der IT verantwortungsvoll im Hinblick auf schützenswerte Daten erfolgen muss. Hierbei geht es nicht um den ständig erhobenen warnenden Zeigefinger, sondern um die plakativ und einfach verständliche Darstellung der möglichen Folgen des nachlässigen Umgangs mit IT-Ressourcen.

An der Technischen Hochschule Mittelhessen in Gießen wurde ergänzend ein Konzept für Weiterbildungsmaßnahmen für Mitarbeiterinnen und Mitarbeiter entwickelt. Komplementär zum jährlich an der THM organisierten Datenschutztag (www.thm.de/datenschutz/veranstaltungen/thm-datenschutztag.html) werden Themen der IT-Sicherheit leicht verständlich vermittelt.

Abb. 1: Plakatserie IT-Awareness.

Teil 3: **Beiträge zum Workshop „Governance in Kooperationen“**

Dirk von Suchodoletz und Janne Chr. Schulz

Geleitwort zum Workshop „Governance in Kooperationen“

Der Schwerpunkt der ZKI-Herbsttagung 2015 in Freiburg lag auf *Kooperation*, ein Thema, welches schon frühere ZKI-Veranstaltungen beschäftigte. Die Zusammenarbeit von Hochschulrechenzentren und weiteren zentralen Einrichtungen nimmt an Bedeutung für alle Beteiligten zu. Es wiederholen sich die Entwicklungen in der Wissenschaft, die schon seit vielen Jahren durch nationale und internationale Kooperationen geprägt werden und die oft über die klassischen Grenzen der jeweiligen Institution hinaus reichen.

Die technisch geprägten Kooperationen, also die Zusammenarbeit zwischen Rechenzentren beziehungsweise „zentralen Diensteerbringern“, sind traditionell geprägt von einer großen Offenheit gegenüber neuen Arbeitsformen. Ob es die Entwicklung neuer Konzepte für den Aufbau und Betrieb wissenschaftlicher Großrechenanlagen oder die Umsetzung innovativer Strategien sind, um den sich verändernden Anforderungen der Nutzer gerecht zu werden, stets operieren die Rechenzentren als „Übersetzungs- und Transmissionseinheit“ zwischen Nutzern, technologischem Fortschritt, Forschung, Lehre und Infrastrukturbetrieb (Held 2009).

Die aktuellen Entwicklungen, wie die Konzentration bestimmter Anwendungen kommerzieller Rechenzentren in der Cloud, zwingen auch im Wissenschaftsbetrieb zu neuem Denken. Kundenorientierung und Nachhaltigkeit von Infrastrukturprojekten werden wichtiger. Mit zunehmender Kooperation findet sich das Personal vor neue Aufgaben gestellt und muss neue Nutzerkreise bedienen. Es kommen Fragen auf, wie gemeinsames Personal finanziert und langfristig dienstrechtlich zugeordnet und abgesichert werden kann. Dies wird insbesondere vor der Folie sich beständig ändernder Anforderungen und Angebote bedeutsam, die von der Wissenschaft eingefordert werden. Ob es hierzu neuer Formen von Kooperationsvereinbarungen bedarf oder ob bestehende Rahmen genügen, ist ebenso zu klären wie eine eventuell notwendige stärkere Einbindung der Nutzer. Kooperationen können darüber hinaus die einfache, klare Verantwortlichkeit gegenüber einer Hochschulleitung durch die zusätzliche Verantwortung gegenüber verschiedenen Mittelgebern und Stakeholdern ablösen. Da viele der Fragestellungen in diesem Zusammenhang aufgrund ihrer Komplexität – oder weil sie ein sehr großes Nutzerfeld betreffen – nicht mehr von einer Institution alleine bearbeitet werden können, entsteht die Notwendigkeit, Kooperationen einzugehen. Diese bleiben jedoch nicht

Dirk von Suchodoletz, Albert-Ludwigs-Universität Freiburg
Janne Chr. Schulz, Universität Mannheim

DOI:10.1515/9783110459753-012

frei von Spannungsfeldern. Es müssen Lösungen für komplexe Problem- und Sachlagen gefunden werden, und dies unter Berücksichtigung diverser Normen und Rahmenbedingungen, beispielsweise rechtlicher oder technischer Natur, sowie unter Einbindung von immer größerer Gruppen von Teilnehmern und Interessen.

Um diese und andere Sachverhalte im Sinne einer konstruktiven Zusammenarbeit zu klären, müssen tragfähige Governance- und Steuerungsstrukturen entwickelt und implementiert werden. Die Zusammenstellung und Analyse von unterschiedlichen Modellen und Beispielen zur Zusammenarbeit im bereits zitierten Sammelband „Geschichte der Zusammenarbeit der Rechenzentren in Forschung und Lehre“ zeigt in der Hinsicht bereits in die „richtige“ Richtung. Die in dem Sammelband angesprochenen Themen reichen von einer Arbeitsgruppe des ALWR,[1] welche die Zusammenarbeit mit Bibliotheken 1990 wieder in Gang setzen sollte und schließlich zu DINI führte, bis hin zu zahlreichen Arbeitsgruppen in der DDR. Weitere Beispiele sind: Kompetenzzentren für PCs, Unix-Systeme, Backup über Hochschulgrenzen hinweg, Netzwerk-Sicherheit und -Management, gemeinsame Softwarebeschaffungen, E-Learning, Kosten- und Leistungsrechnung, Content-, Identitäts- und System-Management. Ebenso finden sich Überlegungen und Diskussionen zu Fragen der Personalentwicklung, Durchsetzung von Zielsetzungen und Entwicklung von gemeinsamen Zielen.[2] Während zentrale Organisationshindernisse bereits vor mehr als einer Dekade erkannt und als potenzielles Hemmnis von Kooperationen benannt wurden, lohnt eine kritische Analyse der aktuellen Situation. Der Workshop „Governance in Kooperationen“ im Vorprogramm der ZKI-Herbsttagung knüpft deshalb an an Vorarbeiten im ZKI, besonders geleistet in Arbeitskreisen wie zu Outsourcing oder Kosten- und Leistungsrechnung, und führt hierzu Akteure in unterschiedlichen Rollen zusammen. Damit wird ein Podium geschaffen für eine strukturierte Bestandsaufnahme und die gemeinsame Entwicklung und Präsentation möglicher Lösungsansätze. Die Idee zum Workshop entstand in einem Vorbereitungstreffen auf Landesebene im Juli 2015 in Mannheim aus dem konkreten Bedarf dreier laufender Projekte. So versuchen Arbeitspakete von bwEKlausuren und bwCloud konkrete Antworten auf Fragen zur Steuerung und Governance zu finden, um eine nachhaltige Fortführung nach Förderungsende zu erreichen. Ebenso besteht konkreter Gestaltungsbedarf seitens des Regionalen Zentrums Virtualisierung und des HPC-Konzepts.[3]

Der Workshop „Governance in Kooperationen“ wurde zweigeteilt in einen Versuch der „Beschreibung des Problemraums“ in der ersten Hälfte und eine Präsentation aktueller und individueller Lösungsansätze in der zweiten Hälfte. Die vorlie-

---

1 Arbeitskreis der Leiter Wissenschaftlicher Hochulen in der Bundesrepublik, einem Vorläufer des ZKI.

2 Bemerkenswert ist die Tatsache, dass die strukturellen Analysen bereits vor einigen Jahrzehnten entwickelt wurden und in ihrer Aktualität in vielen zentralen Punkten nichts verloren haben.

3 Zum Hintergrund der Projekte sei auf die jeweiligen Texte im Tagungsband verwiesen.

gende Textsammlung, die Eingang in den vorliegenden Tagungsband gefunden hat, ergänzt den Workshop auch um Themen, die aus Zeitgründen nicht ausführlich behandelt werden konnten oder nur am Rande Erwähnung fanden. Sie bietet darüber hinaus den versammelten Autoren die Möglichkeit, Ideen, Vorschläge und Konzepte ausführlicher zu entwickeln.

Zu Beginn der Textsammlung kommen nach Motivation und Zusammenfassung des Status quo sowohl die Dienste-Provider als auch deren Nutzer zu Wort, wobei durchaus ein Provider eines Dienstes als Nutzer eines anderen auftreten kann („Providersicht vs. Nutzersicht aus der Perspektive einer Hochschule für angewandte Wissenschaften“). Der nachfolgende kurze „historische“ Abriss fasst sowohl Anläufe in anderen Bundesländern als auch die Erfahrungen im Land Baden-Württemberg zusammen („Gemeinsame IT-Projekte in NRW 1990–2005: Erfolge und Fehlschläge“, „Anfänge der Rechenzentrumskooperationen in NRW und in Münster“, „Zusammenarbeit gestalten – Stand in Baden-Württemberg“). Ergänzt wird dieses durch individuelle Perspektiven ausgewählter Projekte mit ganz konkreten Herausforderungen für deren dauerhaften Betrieb und ihre Nachhaltigkeit (Regionales Zentrum Virtualisierung, bwLehrpool und bwCloud).

Der weitere Teil skizziert angedachte, in der Umsetzung befindliche und bereits institutionalisierte Lösungsansätze. Sie umfassen das Spektrum eines IT-Dienstleisters zur Strukturierung von Kooperation im öffentlichen Sektor, die bundes- und EU-weite Kooperation im Höchstleistungsrechnen, die kommunale Zusammenarbeit in einem Zweckverband mit Leistungsrechnung, das Genossenschaftsmodell am Beispiel der HIS e. G. für die Erstellung von Campus-Management-Software, die gemeinnützige GmbH und den Eingetragenen Verein für die Bereitstellung von Netzwerkkonnektivität sehr hoher Netzwerkbandbreiten. Ergänzt wird die Darstellung durch Gedanken zu einem öffentlichen Kooperationsrecht. Die Diskussion bot dem Publikum die Möglichkeit, einzelne Aspekte mit den Referenten ausführlicher zu erörtern.

Die Workshop-Organisatoren haben versucht, einen bundesweiten Kontext herzustellen: zum einen durch ein breites Spektrum von Kooperationen, die durch ihre Repräsentanten vorgestellt wurden, und zum anderen durch den Kontext des ZKI mit seinen Mitgliedern aus dem gesamten Bundesgebiet. Dass vielleicht doch die baden-württembergische Landesperspektive einen größeren Raum bekommen hat, liegt an der lokalen Verankerung in den Landesstrukturen und der Einbindung in laufende Landesprojekte wie bwHPC-C5, bwCloud und bwEKlausuren, die ihrerseits das Thema provoziert hatten. Um der Thematik in ihrer Breite gerecht zu werden, kann der Workshop nur den Beginn eines kontinuierlichen Prozesses darstellen, in dessen Verlauf die Fragen zur Governance in Kooperationen bearbeitet werden.

Die Organisatoren danken allen Beteiligten für ihre Beiträge, Anregungen und bereits geführten Diskussionen, die als Teil dieses Konferenzbandes zusammengefasst sind. Der Workshop bildet sicherlich erst den Anfang einer ganzen Reihe von Diskussionen, die in dem einen oder anderen Haus oder Projekt noch zu führen sind.

Literatur

Wilhelm Held (Hrsg.). 2009. *Geschichte der Zusammenarbeit der Rechenzentren in Forschung und Lehre*. Münster: Verlagshaus Monenstein und Vannerdat. ISBN 978-3-8405-0000-8. (*Wissenschaftliche Schriften der Universität Münster*, Reihe XIX Band 1) oder [online] www.zki.de/publikationen [13. 05. 2016].

Dirk von Suchodoletz, Jan Leendertse und Janne Chr. Schulz

Vorbetrachtungen

Kooperationen von wissenschaftlichen Rechenzentren lassen sich bereits mehrere Jahrzehnte zurückverfolgen. In der Anfangszeit standen in erster Linie der Austausch von Erfahrungen, die Koordination der Beschaffung von Hardware oder die Zusammenarbeit beim Einkauf von Software im Vordergrund (Held 2009: 18). Mit der Durchdringung fast aller Bereiche in Forschung und Lehre durch Informationstechnologie (IT) verändert sich die Rolle der wissenschaftlichen Rechenzentren von Dienstleistern für wenige ausgewählte Forschungsdisziplinen hin zu Einrichtungen zur Betreuung einer breiten Anwenderschaft in Wissenschaft und Verwaltung. Während für lange Zeit die Rechenzentren an Universitäten und Forschungseinrichtungen wesentliche Treiber der IT-Entwicklung waren und als erste Internet-Dienste wie E-Mail oder FTP anboten, sind inzwischen viele IT-Services an Hochschulen Tätigkeiten, die mit standardisierten Software- und Hardwarekonfigurationen bewältigt werden. Zugleich hat die Menge und Breite der von den Rechenzentren zu erbringenden Aufgaben erheblich zugenommen. Eine Antwort im kommerziellen Bereich auf diese Entwicklungen deutet in Richtung Spezialisierung und Konzentration – die Breite der Cloud-basierten Dienste, bei denen eine Reihe von Serviceprovidern ihre Dienste weltweit für große Benutzergruppen anbieten, zeugt hiervon.

Die Vielfalt heutiger Aufgaben kann daher unter dem Gesichtspunkt der Effizienz nur noch arbeitsteilig bewältigt werden. Kooperationen sind damit auch für die wissenschaftlichen Rechenzentren die *Währung der Zukunft*. Spezialisierung und Arbeitsteilung versprechen einen erfolgreichen Weg, um einerseits mit den technologischen Entwicklungen trotz beschränkter Ressourcen mithalten zu können und andererseits wieder Gestaltungsspielraum für kommende Technologien zurückzugewinnen (Peters 2012: 6).[1] Um die Zusammenarbeit der unterschiedlichen Akteure verschiedener Einrichtungen konstruktiv zu gestalten, sind Überlegungen zu notwendigen Rahmenbedingungen unerlässlich – die Governance von Projekten und Kooperationen.

1 „Wenn wir (vielleicht noch mehr als bisher) unsere Personalkapazitäten bündeln und uns nicht vor Ort verzetteln, werden wir die kommerzielle Konkurrenz nicht fürchten müssen. Der Schlüssel zum Erfolg werden hierbei die Durchgängigkeit der Hardwarelösung, die Verfügbarkeit möglichst vieler Softwarepakete, die einfache Gestaltung des Zugangs sowie die individuelle Nutzerberatung sein."

Dirk von Suchodoletz, Albert-Ludwigs-Universität Freiburg
Jan Leendertse, Albert-Ludwigs-Universität Freiburg
Janne Chr. Schulz, Universität Mannheim

DOI:10.1515/9783110459753-013

Ziel der vorliegenden Zusammenstellung von Textbeiträgen, die aus dem Workshop „Governance in Kooperationen" entstanden sind, ist es, die besonderen Herausforderungen im Hochschulbereich einer (zukünftigen) kooperativen Leistungserbringung aufzuzeigen. Die Darstellung der verschiedenartigen Kooperationen belegt die grundlegende Bedeutung des Themas für die Wettbewerbsfähigkeit und die Weiterentwicklung der IT an Hochschulen und Universitäten. Ebenso steht die Beschreibung exemplarischer Prozesse in Sachen Projektdefintion, -entwicklung, Innovationsförderung und standortübergreifender Governance im Fokus. Das Augenmerk wird auf die Spezifika von Kooperationen bei Aufbau und Betrieb von IT-Infrastrukturen beziehungsweise IT-Dienstleistungen und deren Beitrag zur strategischen Weiterentwicklung der Hochschulen gerichtet. Die formulierten, denkbaren Governance-Strukturen bilden einen weiteren Teil der Sammlung und deuten damit Themenschwerpunkte zukünftiger IT-Entwicklungen der kommenden Jahre an. Erste Ansätze für neue und agilere Strukturen werden beispielsweise in Baden-Württemberg realisiert. Projekte und landesweite Kooperationen helfen bereits jetzt, auf neue Anforderungen zu reagieren. Es müssen allerdings aus heutiger Sicht weitere Anreize und institutionenübergreifende Governance-Strukturen geschaffen werden, um ein langfristig tragfähiges Modell zu etablieren. Diese Modelle bewegen sich zwischen den Polen *Kooperation* und *Konkurrenz*, die von den Projektbeteiligten bewusst erkannt und im Handeln reflektiert berücksichtigt werden müssen. Neben der Vielzahl von Aufgaben, die über alle Universitäten, teilweise über alle Hochschulformen hinweg, gleich sind, gibt es Felder der Konkurrenz, in denen die Gestaltenden der Politik und der Hochschulleitungen eigene Schwerpunkte und Akzente setzen.

1 Herausforderung IT in der Hochschullandschaft

Um die Autonomie der Universitäten und Hochschulen in IT-Fragen zu erhalten, wird sich die Rolle der klassischen Universitäts- und Hochschulrechenzentren (im Folgenden unter *Hochschulrechenzentren* zusammengefasst) ändern und weiterentwickeln müssen. Die Aufgabe der Informationstechnologie hat sich im letzten Vierteljahrhundert von einer Hilfstechnologie weniger Wissenschaftszweige zu einem zentralen Werkzeug in fast allen Bereichen von Forschung und Lehre entwickelt. In dieser Zeit hat sie eine erhebliche Breite von Möglichkeiten geschaffen und viele Forschungsgebiete revolutioniert (Pietsch 2013: 3). Die Hochschulrechenzentren erfahren den Wandel vor allem durch die Anreicherung ihrer Kernaufgaben: Waren sie noch vor einigen Dekaden für die Erbringung einiger weniger Dienste für klar eingrenzbare Nutzergruppen zuständig, so stellen sie mittlerweile aufgrund ihrer *Mittlerrolle und -position* eine der zentralen Institutionen einer Universität dar.

Die Kunden der heutigen Hochschulrechenzentren – Forschende, Lehrstühle, Verbünde, Rektorate, Uni-Verwaltungen, Studierende – erwarten Lenkung und Betreuung im „IT-Dschungel". Sie fordern, dass ihre Probleme zeitnah und effektiv gelöst werden. Es spielt für sie dabei eine untergeordnete Rolle, ob die Lösungen vor Ort, durch Mitarbeiter des lokalen oder eines im Verbund operierenden Rechenzentrums realisiert werden. Rechenzentren müssen als IT-Zentren agiler auf neue Herausforderungen reagieren und gleichzeitig ihre Bewegungsfreiheit erhalten (DFG 2016).

Hochschulrechenzentren sollen neue Dienste und Nutzergruppen identifizieren und mit entsprechenden Angeboten beliefern, aber auch bestehende Infrastrukturen pflegen, ausbauen und weiterentwickeln. Sie finden sich in einer „*Sandwich-Position*" zwischen den Forderungen der Politik und den Mitgliedern ihrer Universität und den begrenzten finanziellen und personellen Kapazitäten wieder. Was über viele Jahre durch eine stetige Vergrößerung des Service- und Dienste-Portfolios realisiert werden konnte, stößt unweigerlich, was die Ressourcen an Fachkräften und Personal angeht, an Grenzen. Während Lehre und Forschung lange Zeit als attraktive Arbeitsplätze wahrgenommen wurden und wenig Probleme hatten, gutes Fachpersonal zu rekrutieren, macht sich der Fachkräftemangel nun bemerkbar. Ebenso produzieren die lange gepflegten Ersatzlösungen durch kurzfristig und befristet angestelltes Projektpersonal und wissenschaftliche Hilfskräfte teilweise erhebliche Folgekosten. Aber auch technisch und vor allem organisatorisch steigen die Anforderungen hinsichtlich einer hinreichenden Servicequalität, um den Ansprüchen und Anforderungen gerecht zu werden. Der tägliche Betrieb hat sich vom klassischen „360°-Modell" einer Rundumbetreuung durch einen Mitarbeiter hin zu einer wesentlich stärkeren arbeits- und funktionsteiligeren Gliederung der Dienste verändert. Während im Rundummodell ein Zuständiger für den gesamten „Dienst-Stack" verantwortlich war, angefangen von der Hardwarebeschaffung über deren Inbetriebnahme bis hin zur Softwareentwicklung und -pflege und schließlich der Nutzerberatung, verteilen sich nun Dienste und Anwendungen auf verschiedene Personen und Abteilungen. Das stellt die Leitungs- und Strategieabteilungen vor neue, große Herausforderungen. Sie benötigen Metriken und Steuerungsstrukturen, um Prioritäten ihrer Dienste regelmäßig zu bestimmen. Hierzu zählt die Ablösung lange etablierter, aber mittlerweile nicht mehr aktueller Dienste an einem Ende der Skala ebenso wie die Entwicklung und Einrichtung neuer Services am anderen Ende. Diese Herausforderungen spiegeln sich nicht nur in arbeitsrechtlichen und -strukturellen Eigenheiten der Einrichtungen[2] wider, sie manifestieren sich ebenso in der neuen Aufgabenstellung für die Leitungsebenen, adäquate und wirksame Methoden und Prozesse über mehrere Linien im Sinne der

2 Dies umfasst Fragestellungen wie die Umwidmung von festen Stellen im öffentlichen Dienst von nicht mehr nachgefragten Profilen auf neue Herausforderungen.

Betriebsorganisation hinweg zu entwickeln, mit denen gemeinsam mit den betroffenen Interessengruppen neue Richtlinien und Modelle formuliert werden können.

Neben den auf die jeweilige Universität bezogenen Prozessen zur Entscheidungsfindung bedeuten zusätzliche Anreize seitens der Politik durch beispielsweise Drittmittelprojekte keine Vereinfachung der Situation. Sie können zwar die benötigten Mittel ins System bringen und zu einer inhaltlichen Weiterentwicklung durch Kooperationen maßgeblich beitragen, zugleich erweitert sich durch zusätzliche Aufsichts- und Governance-Vorgaben die Gruppe der Stakeholder, was den Prozess der Aushandlung zwischen den Parteien tendenziell komplexer macht. Das bedeutet, dass neben der technologischen und organisatorischen Erbringung von Infrastrukturleistungen für die Universität den Rechenzentren in der Strukturierung und Moderation der Interessen der verschiedenen Gruppen (Rektorate, Institute, Studierende, Zuwendungsgeber) eine neue, zentrale Aufgabe der Mediation zugewachsen ist. Das Ergebnis dieser Entwicklungen ist die Transformation einer ehemals auf hauptsächlich technologische Fragestellungen konzentrierten Organisationseinheit hin zum zentralen IT-Dienstleister für technische, organisatorische und inhaltliche Lösungen für eine sehr heterogene Nutzerschaft. Rechenzentren müssen daher vermehrt Innovationen beobachten, Anforderungen aufnehmen und analysieren, diese kontinuierlich weiterentwickeln und in eine Gesamtstrategie IT ihrer jeweiligen Hochschule einbetten.

2 Strukturierung des Problemraums

Kooperationen können einen unterschiedlichen Fokus haben und sehr verschiedene Partner zusammenbringen. Der klassische institutionelle Rahmen innerhalb einer Hochschule wird durch Außenbeziehungen mit daran geknüpften Forderungen und Erwartungen erweitert. Je nach Form und Umfang der Kooperation werden Fragen aus dem Bereich der *betrieblichen Governance*, der praktischen Organisation der Zusammenarbeit und ihrer Abläufe, der *Scientific-Governance*, der Beteiligung der Forschenden in der Ausrichtung und Umsetzung von Projekten und Kooperationen, sowie *Rechtliche Rahmenbedingungen* relevant. Weiterhin kann der Problemraum durch die Felder Finanzen und Personal beschrieben werden.

2.1 Betriebliche und Scientific-Governance

Projekte bieten die Chance, außerhalb des Tagesgeschäfts neue Felder zu erproben und diese erst im Erfolgsfall in den Standardbetrieb zu übernehmen. Zu vielen Projekten fehlt bei ihrer Zielentwicklung die Rückkopplung zwischen Rechenzentren und den (zukünftigen) Nutzern beziehungsweise den Stakeholdern, so dass selten klare Strukturen bestehen, über die diese verschiedenen Zielvorstellungen eingebracht, über die Laufzeit begleitet und am Ende evaluiert werden können. Durch fehlende Rückmeldung können sich Strategie und Vision im Projektlebenszyklus von den erwarteten Aufgaben eines wissenschaftlichen Rechenzentrums entfernen. Durch teilweise fehlende Steuerungs- und Governance-Strukturen existieren oft keine klaren Linien der Entscheidungsfindung und zur Beilegung von Konflikten. Während das Tagesgeschäft von Rechenzentren üblicherweise klaren Abläufen unterworfen ist, gilt dies nicht zwingend für Kooperationen und Projekte. Letztere zeichnen sich durch wechselnde Fragestellungen, Dynamik und personelle Fluktuation aus. Dies erfordert die Entwicklung und Einrichtung von geeigneten Steuerungsstrukturen in der betrieblichen Governance.

Eine spezielle Situation bietet sich beim Betrieb von Infrastrukturen mit Fördergeldern Dritter, wie sie beispielsweise das bwHPC-Konzept des Landes Baden-Württemberg umsetzt (Hartenstein et al. 2013). Hier arbeiten Rechenzentren im Auftrag von Forschungsgruppen, in dem sie beispielsweise zusammengefasste HPC-Systeme aus Drittmitteln betreiben. Strukturen für eine Scientific-Governance sind hierzu für die Klärung von Fragen der Mitbestimmung und der Rechenschaftspflichten notwendig. Ebenso sollten Modalitäten für konzeptionelle Weiterentwicklungen und Erweiterungen bestehender Systeme zur Auswahl gestellt werden.

2.2 Anwenderperspektive

Die Nutzer- beziehungsweise Anwenderperspektive von Hochschulrechenzentren ist durch eine Satzung oder einem ähnlichen formalen Dokument der jeweiligen Einrichtung beschrieben. Je nach Hochschule bestehen weitere Faktoren, wie stark die eigentlichen Kunden der Einrichtung in Entscheidungs- und Mitbestimmungsprozesse eingebunden sind. Diese können regelmäßiger Austausch und Berichte innerhalb der akademischen Selbstverwaltung sein oder sogar Nutzerbeiräte umfassen. Bei geringer Einbindung fehlt eine regelmäßige und strukturierte Erhebung der Bedarfe und Wünsche von Seiten der Nutzer ebenso wie die Möglichkeit, qualifiziertes Feedback zu den erbrachten Diensten im Alltagsgeschäft vermitteln zu können. Lehrende, Studierende und Forschergruppen hatten schon immer teilweise sehr divergierende Wünsche und Erwartungen, die organisiert und austariert werden müssen. In Kooperationen gewinnen diese Beziehungen zusätzlich an Komplexität, da sie über die Grenzen von Hochschulen hinausreichen und damit potenziell unterschiedliche Strukturen und Kulturen in den Einrichtungen verbinden.

2.3 Rechtliche Fragestellungen

Vielfach besteht an Rechenzentren in bestimmten Belangen Rechtsunsicherheit über die generelle Zulässigkeit von Kooperationen zwischen den Einrichtungen und die Art ihrer Ausgestaltung. Während Aufgaben und Beziehungen innerhalb einer Hochschuleinrichtung durch Satzungen und Gremienstrukturen geklärt sind, gilt dies nicht ohne weiteres für die Zusammenarbeit über Hochschulgrenzen hinweg. Landeshochschulgesetze gestatten Kooperationen in den meisten Fällen generell, ohne dies jedoch detaillierter auszuführen. So können Hochschulleitungen Vereinbarungen untereinander treffen, die dann innerhalb der jeweiligen Einrichtung vor Ort implementiert werden müssen. Hierzu sind neben dem „reinen Willen" zur Kooperation verschiedene rechtliche Rahmenbedingungen zu beachten, die beispielsweise in Verträgen zur uni- oder multilateralen Zusammenarbeit Niederschlag finden. Im Fall von kooperierenden Hochschulen könnten bisherige Kooperationsvereinbarungen, wie ein bestehendes „Memorandum of Understanding", erste Anhaltspunkte liefern. Häufig sind diese Dokumente im Geiste der positiven Annahme einer konstruktiven Zusammenarbeit auf verschiedenen Gebieten geschrieben und legen typischerweise die Felder der Zusammenarbeit fest. Es fehlen jedoch nicht selten präzise Angaben zum Ausgleich von Lasten sowie zur Festlegung von Sanktionsmöglichkeiten bei einem Fehlverhalten eines Partners oder wie mit Ausstiegsszenarien aus der Kooperation umzugehen ist.

Neben der Fixierung von Regelungen für viele Prozesse einer Kooperation gilt es auch auf die inhärenten und nicht so offensichtlichen Aspekte der Zusammenarbeit einzugehen. Maßnahmen zum Schutz von Minderheiten sind von Beginn an zu beachten, ebenso wie die Verhinderung von Blockaden.[3]

2.4 Finanzen

Mit der Aufnahme von Kooperation gelten die herkömmlichen, institutionellen Abgrenzungen innerhalb einer Funktionseinheit nicht mehr und Tätigkeiten werden beispielsweise zusätzlich für Externe erbracht oder umgekehrt von Externen in Anspruch genommen. Dies erfordert eine dem Zweck und der Kooperation adäquate Quantifizierung erbrachter Leistungen, die zur Entwicklung von Verrechnungsmodellen führen kann. Finanzielle Leistungserbringung und -abrechnung können durch Kosten-Leistungs-Rechnung abgebildet werden – vorausgesetzt es existiert eine standardisierte und zwischen den Kooperationspartnern vergleichbare Beschreibung der jeweiligen Angebote und Dienstleistungen. Können diese Fragen beantwortet werden, stellen sich Herausforderungen in der Wahl einer geeigneten Wirtschaftsform, die zur eigenen Institution passt und die gewünschte Zusammenarbeit optimal abbildet. Diese reichen von der einfachen Amtshilfe, der Berechnung von Gebühren oder internen Verrechnungseinheiten bis hin zu wirtschaftsrechtlichen Strukturen wie Zweckverband, gemeinnützige GmbH oder eingetragener Verein.

3 Je nach vereinbarter Kooperation könnten sich kleine Partner von den großen in ihren Belangen übergangen fühlen. Zu weitgehende Mitspracherechte könnten umgekehrt dazu führen, anstehende Entscheidungen zu blockieren.

2.5 Personalfragen

Das Thema Personal zählt für die meisten Leitungen zu den zentralen Herausforderungen an Hochschulrechenzentren. Typischerweise durch knappe Ressourcen gekennzeichnet, liefert es sicherlich einen der zentralen Gründe für die Zusammenarbeit, um Lücken und Defizite im eigenen Haus auszugleichen. Zusätzliches Personal wird daher im Umfeld der Hochschulen vielfach aus Projekt- und Drittmitteln finanziert und eingebracht. Diese Mittelzuwendungen orientieren sich jedoch an der geplanten Laufzeit des Projektes. Sie erschweren so bereits die Suche und Auswahl geeigneten Personals, da entsprechenden Stellenangeboten keine Langzeitperspektive hinzugefügt werden kann, was die Attraktivität einer Stelle deutlich reduziert.

Bei Diensten, die von einem Standort für Dritte erbracht werden, kann ein weiteres Ungleichgewicht entstehen. Während die Kooperationspartner lediglich finanzielle Mittel aufbringen müssen, geht die einstellende Einrichtung potenziell langfristige Verpflichtungen ein, die weit über den Zeitraum der ursprünglich geplanten Zusammenarbeit hinausreichen können. Zusätzlich verschärft wird diese Situation, wenn sie im Widerspruch zur kurzen Lebenszeit vieler IT-Dienste steht. Selbst bei erfolgreicher Anstellung für die Projektlaufzeit und bei einer eventuell erfolgenden Verlängerung stellen sich Fragen zur Nachhaltigkeit und wie die Ergebnisse der Projekte sinnvoll in betriebliche Strukturen überführt werden können. Hinzu kommt die gefühlte „Schwerfälligkeit" des öffentlichen Dienstes, der in langfristigen, weil potenziell unbefristeten Stellenhülsen und statischen Aufgabenbeschreibungen denkt. Regelmäßige Weiterbildung und der Wechsel von Aufgaben in einer Stelle gehören nicht überall zum Standard.

3 Organisationsspezifische Spannungsfelder

Die breite Durchdringung aller Bereiche von Universitäten und Hochschulen durch die IT hat die Hochschulrechenzentren in eine zentrale Rolle innerhalb der Gesamtorganisation gerückt. Von Rechenzentren wird die maßgebliche Weiterentwicklung der IT-gestützten Prozesse erwartet. Dabei stehen sie jedoch in einem Spannungsfeld starker Akteure mit selbstbewusstem Auftreten. Die Dezentralisierungswelle der 1990er Jahre (Held 2009: 28) hat an vielen Fakultäten spezialisierte und teilweise parallele Strukturen zur Erbringung von IT-Diensten entstehen lassen. Bedürfnisse werden geäußert durch Rektorate, Verwaltungseinheiten und verschiedene Forschergruppen; hinzu kommen die Herausforderungen durch eine Lehre, die auf neue Methoden setzt. Diese Nutzergruppen, die als „Stakeholder" der Rechenzentren gesehen werden können, artikulieren sehr unterschiedliche Bedarfe. Die daraus resultierenden Aufgaben müssen daher in unterschiedlicher Weise bedient werden und benötigen geeignete Finanzierungs-, Abstimmungs- und Governance-Strukturen.

3.1 Rektorate und Verwaltungseinheiten

Ein integraler Bestandteil der Hochschul-IT ist die Unterstützung der administrativen Prozesse in der Hochschulverwaltung. Darunter sind im Wesentlichen die Bereiche des Campus-Managements (Studierenden- und Prüfungsverwaltung, Lehrveranstaltungs-, Identity- und Personalmanagement) und des Ressourcen-Managements (Finanzen, Controlling, Kosten- und Leistungsrechnung) zu subsumieren. Der Paradigmenwechsel von der „zentralen Verwaltungssicht" hin zu einem integrierten Dienstleistungsangebot für alle Mitglieder und Institutionen der Hochschule verlangt von der die Administration unterstützenden „Verwaltungsdatenverarbeitung" eine zunehmende Umsetzung der erhöhten Anforderungen.

Das lokale Identitätsmanagement (IDM) der Hochschule, gespeist aus der Studierenden-, Personal- und Externenverwaltung des Campus-Managements, bildet eine technische Klammer über alle Mitglieder einer Hochschule hinweg. Wird das Identitätsmanagement durch Entwicklungen wie beispielsweise bei der Neugestaltung der Lehrerausbildung zwischen Universitäten und Pädagogischen Hochschulen um hochschul- und hochschulartenübergreifende Kooperationen erweitert, ergibt sich die Notwendigkeit eines übergreifenden IDMs.[4]

Neben dem Campus-Management, dessen Aufgabe die Abbildung der Akteure innerhalb der Hochschule ist und das ihnen spezialisierte Dienste zur Verfügung stellt, steht das „Ressourcen-Management (ERP)" insbesondere für die Bereiche Finanzmanagement, Kosten-Leistungs-Rechnung, sowie das Controlling und Facility-Management. Im Bereich der Studierendenverwaltung sind moderne Verwaltungssysteme seit Mitte der 1970er Jahre im Einsatz. Auch wenn hier aufgrund des für diesen Bereich kleinen Angebotsspektrums die Lösungen teilweise verbesserungsfähig erscheinen, so ist die Prozessorientierung von der Online-Bewerbung bis zur Prüfungsverwaltung und Erstellung von Zeugnissen und Zertifikaten bereits sehr weit fortgeschritten. Moderne Systeme erlauben die Übernahme der Daten aus Online-Bewerbungen in einen umfassenden Prozess („Student-Lifecycle"), mit dessen Hilfe die Verbindung der Lehrveranstaltungen mit einem Raummanagement und automatischer Information der Studierenden im Falle von Verlegungen organisiert werden. Diese Entwicklungen bedürfen einer engen Integration verschiedener IT-Systeme, die eine enge Koordination seitens der Hochschul-IT benötigen.

3.2 Wissenschaft und Forschende

An Universitäten, zunehmend auch an Hochschulen für angewandte Wissenschaften, bildet Forschung eine zentrale Säule des institutionellen Selbstverständnisses. Die Digitalisierung der Arbeitsprozesse ist in allen Wissenschaftsdisziplinen allge-

4 Ebenso erfordert die Teilnahme an Diensten wie *eduroam* entsprechende Infrastrukturen.

genwärtig und begleitet die Forschenden auf breiter Front. Digitale Werkzeuge und elektronische Arbeitsabläufe gehören für die meisten Forschenden mittlerweile zum Standard. Damit werden sie zunehmend wichtig in der Ausbildung des wissenschaftlichen Nachwuchses und für den Einsatz in der Lehre. Parallel dazu entwickeln sich interdisziplinärer Austausch und fächerübergreifende Kollaboration zu zentralen Aspekten moderner Forschung. Wissenschaftler fordern Forschungsunterstützung und Forschungsinfrastrukturen, die eine zunehmende IT-Lastigkeit aufweisen. Fragen wie das nachhaltige Forschungsdatenmanagement für die Nachnutzung und Reproduzierbarkeit von Ergebnissen bedingen neuartige Dienste seitens der zentralen IT-Dienstleister (DFG 2016).

Die Nutzung von digitalisierten Arbeitsabläufen erfordert eine hohe Flexibilität der Wissenschaftlerinnen und Wissenschaftler und die Bereitschaft, sich auf neue Methoden und Arbeitsmittel einzulassen. Die Breite und Komplexität digitaler Arbeitsumgebungen mit den damit einhergehenden Anforderungen an technischem Fachwissen und an Wartungsaufgaben wird für Forschende zunehmend zur Herausforderung. Statt sich auf ihre zentralen fachlichen Fragestellungen konzentrieren zu können, sind sie in erheblichem Maße mit administrativen und technischen Aufgaben belastet. Insbesondere der wissenschaftliche Nachwuchs verliert viel Zeit mit Aufbau und Einrichtung der eigenen Forschungsumgebung. Forschende erwarten daher eine umfassende Unterstützung im Lebenszyklus von Vorhaben, beginnend bei der Einwerbung von Mitteln bis hin zur Abwicklung und Abrechnung von Projekten mit einem oder mehreren Partnern aus dem öffentlichen und/oder kommerziellen Bereich. Der Lebenszyklus eines Forschungsvorhabens wird dabei maßgeblich durch ein flexibles Personalmanagementsystem unterstützt, das neben den Standardanforderungen an selbiges auch in der Lage ist, ständig wechselnde Anforderungen der Projektvertragspartner in vielen, zum Teil sehr kurzen und mehrfachen Beschäftigungsverhältnissen schnell sowie gesetzes- und vertragskonform umzusetzen. Auf notwendige Sonderlösungen, die sich aus wechselnden Projektfinanzierungsformen insbesondere im Drittmittelbereich ergeben, muss rasch und flexibel reagiert werden können, um die Wettbewerbsfähigkeit der Hochschule zu stärken.

3.3 Studierende

Der zunehmende Wettbewerb der einzelnen Hochschulen und Hochschulformen wird auch über die Qualität der IT-Infrastrukturen und der damit angebotenen Services ausgetragen. Studienbewerber und Studierende erwarten von ihrer Hochschule ein „Überall und Jederzeit“-Angebot, das ihnen die größtmögliche Unterstützung in ihrem „Student-Life-Cycle“ bietet. Beginnend bei der Online-Bewerbung und -Immatrikulation, über den reibungslosen Ablauf von Lehrveranstaltungen, die von Lehrveranstaltungsmanagementsystemen organisiert werden, bis hin zur Prüfungsanmeldung, Online-Klausureinsicht und -Notenauskunft, Exmatrikulation und anschließender Aufnahme in den Alumni-Verein der Hochschule sind moderne, integrierte und skalierbare IT-Systeme erforderlich. An vielen Universitäten und Hochschulen sind die Rechenzentren für die Bereitstellung der Infrastrukturen für Lehre und Lernen zuständig.

Neben der Unterstützung durch erstklassige Forschungs- und Lernumgebungen erwarten Studierende Basisinfrastrukturen wie eine umfassende Netzwerkversorgung beispielsweise durch Campus-weite WLANs.[5] Studierende mit hochschulformenübergreifenden Fächern wünschen möglichst nahtlose Übergänge zwischen den einzelnen Standorten, was besondere Herausforderungen für das IDM und die Bereitstellung der IT-Infrastrukturen bedeutet.

4 Zu erwartende Entwicklungen

In den nächsten Jahren müssen kooperative IT-Infrastrukturen weiterentwickelt werden, um sowohl für die Lehre an Universitäten und Hochschulen als auch für die Forschung eine bestmögliche Ausgangsbasis herzustellen. Ein Bündel von Maßnahmen ist dafür notwendig, wie beispielsweise die Etablierung regelmäßiger Feedback-Runden zu bestehenden Diensten, besonders aber eine ernsthafte Weiterentwicklung der Kooperationskultur. Dazu gehören eine engere Zusammenarbeit zwischen den Hochschulen und Universitäten genauso wie eine kontinuierliche Abstimmung der IT-gestützten Prozesse, sowohl bei den Kernaufgaben wie Infrastruktur für Lehre und Lernen als auch bei den speziellen Anforderungen der universitären Selbstverwaltung – und dies insbesondere im Zuge der Bologna-Reform. Ein weiteres Kernelement für die Hochschul-IT ist die frühzeitige begleitete Integration neuester Technologien in die Forschungsinfrastrukturen, um den Wissenschaftlerinnen und Wissenschaftlern eine wettbewerbsfähige Ausgangssituation nach dem Grundsatz „world-class infrastructure for world-class science" zu ermöglichen. Gleichzeitig sollte über gemeinsam entwickelte Umsetzungskonzepte und den daraus abgeleiteten Projekten ein wirksamer, effektiver Innovationsprozess etabliert werden. Die Rolle von Projekten mit Anschubfinanzierung, wie sie von vielen Landesministerien und Förderinstitutionen ausgelegt wird, muss sicherlich neu austariert werden, wenn immer neue Aufgaben durch die Rechenzentren übernommen werden, die aber nicht dauerhaft finanziert sind.

Die Konsolidierung wird mit Konzentrationsprozessen von Diensten und Knowhow an einzelnen Standorten einhergehen. Weitere Standorte könnten als Backup dienen. Parallel dazu kann es zur Verschiebung von Diensten an kommerzielle Anbieter kommen. Unabhängig hiervon nimmt der Bedarf an Beratung für Wissen-

5 Im optimalen Fall beteiligt sich die Universität oder Hochschule an eduroam, um den WLAN-Zugriff auch außerhalb der eigenen Einrichtung zu ermöglichen.

schaft und Verwaltung zu. Rechenzentren sollten sich daher in Zukunft verstärkt als Einstiegspunkte für Beratungsleistungen zu IT-Problemen generell verstehen und ihre Supportstrukturen stärken.

Um die Zusammenarbeit zu verbessern, besteht Bedarf für eine rechts- und verwaltungswissenschaftliche Aufklärung der Beteiligten zu den Rahmenbedingungen von Kooperationen zwischen den Rechenzentren.

Die Ähnlichkeit der Softwarelandschaft an den Hochschulen macht Absprachen und Kooperationen interessant und kann die erhebliche Last des Lizenzmanagements potenziell verringern. Den in der Softwareindustrie stattfindenden Konzentrationsprozessen sollte durch abgestimmtes Handeln begegnet werden. Neue Fragestellungen entstehen durch zunehmende Angebote wie Software as a Service und die Verfügbarkeit von Cloud-basierten Diensten. Hieraus erwachsen ganz neue Herausforderungen für IT-Sicherheit und Privatsphäre, die in wissenszentrischen Systemen wie Forschung und Lehre zentrale Bausteine der Zukunftsfähigkeit sind.

5 Aufbau der folgenden Kapitel

Eine engere, institutionenübergreifende Kooperation und Koordination erfordert eine Beschäftigung mit Governance-Fragen in *betrieblichen*, *wissenschaftlichen* und *finanziellen* Bereichen. Die Zusammenarbeit von Rechenzentren blickt auf eine längere Vorgeschichte zurück. Die Erfahrungen laufen im gemeinsamen Artikel von J. Leendertse, W. Held und B. Lix zusammen, wobei zusätzlich exemplarisch das Beispiel Nordrhein-Westfalen dargelegt wird. Wichtige Erkenntnisse sind, dass Rechenzentrumskooperationen die Unterstützung der höchsten Entscheidungsebene ihrer Hochschule wie Rektor oder Kanzler benötigen, um Durchsetzungskraft und weitere Effekte wie Verhandlungsmacht gegenüber Dritten, Gewicht oder Richtlinienrelevanz zu erzielen. Ein wie auch immer gearteter Erfolg von Projekten ist immer ein Zusammenspiel komplexer Faktoren, ebenso von Vertrauen zwischen den beteiligten Personen. Der anschließende kurze Abriss der Kooperation von Rechenzentren im Land Baden-Württemberg dient der Erweiterung des Verständnisses der Problemstellung ebenso wie die Beleuchtung des Projektbegriffs aus der Perspektive von Kooperationen („Governance und Steuerung von Projekten").

Baden-Württemberg: Hier werden seit einigen Jahren Innovationsprojekte und Kooperationen zur Förderung von IT-Infrastrukturen durchgeführt, die aufgrund ihrer Größe, Laufzeit, Komplexität und Zielsetzung notwendigerweise einen Bedarf an Governance-Strukturen entwickeln. Die vielfältigen abgeschlossenen Projekte und andauernden Kooperationen verfolgen ein breites Spektrum, wie das Regionale Zentrum Virtualisierung, das Projekt Integriertes Bibliothekssystem Baden-Württemberg, IdoIT, siehe Analyse in „Zusammenarbeit gestalten".

Die Betrachtung von Bezieher- und Anbieterseiten eines Rechenzentrums findet sich als Zusammenfassung in den „Provider- und Nutzerperspektiven einer

HAW“ im Text von W. Honigberger. Eine Zusammenarbeit wird unter der impliziten Erwartung eines Mehrwerts für alle beteiligten Seiten angeschoben. In den meisten Fällen streben die Partner Spezialisierung an und geben dafür wechselseitig bestimmte Tätigkeiten und Dienste auf. Für diese, auch hochschulartenübergreifende, Kooperationen genügt der traditionelle informelle Rahmen des Austauschs nicht mehr. Zudem ändert sich das Selbstverständnis, da Rechenzentren in neuer Funktion als Anbieter von Dienstleistungen für Nutzer auch außerhalb ihrer eigenen Hochschule auftreten. Das ITIL-Servicemanagement kann genutzt werden, um Dienste und Aufgabenverteilungen in Kooperationen zu erfassen („ITIL-Prozesse im kooperativen Hochschulumfeld“). Weitere Kurzdarstellungen laufender Projekte bauen auf diesen Grundlagen auf: „Überlegungen zur Steuerung einer föderativen Infrastruktur am Beispiel von bwCloud“ präsentiert durch J. Chr. Schulz, „bwLehrpool/bwEKlausuren„ von J. Münchenberg und „Regionales Zentrum Virtualisierung“ vertreten durch Ch. Reich und M. Duffner. Aus den Projekten bwCloud und bwLehrpool sollten schrittweise Landesdienste entstehen, die außerhalb der initialen Projektförderung weiterlaufen sollen. Viele strukturelle Analysen, die bereits vor einigen Jahrzehnten vorgenommen wurden, haben ihre Aktualität in vielen zentralen Punkten nicht verloren. „Übergreifende Governance“ unternimmt einen ersten Versuch zur Bildung der Metaebene.

Ein weiterer Teil der Sammlung ergänzt den Workshop um Beiträge, die aus Zeitgründen und der Komplexität der Thematik nicht unterzubringen waren. Vorangestellt ist ein Beitrag zur Gestaltung der Governance im französischen Wissenschaftskontext durch die Ausführungen von R. David vom HPC-Zentrum der Universität Straßburg. Weitere Texte werfen einen Blick auf die Entwicklungen im Bereich HPC auf Tier-3-Ebene: Zu den zentralen Infrastrukturprojekten mit Leuchtturmcharakter zählt in Baden-Württemberg das bwHPC-Konzept mit dem begleitendem Projekt bwHPC-C5 (www.bwhpc-c5.de/). An dieser Stelle stehen Fragen der finanziellen und wissenschaftlichen Governance im Fokus, weshalb Gedanken zu möglichen Strukturen und Gremien auf Cluster-übergreifender Ebene (vgl. Wiebelt et al., Strukturvorschlag für eine bwHPC-Governance der ENM-Community, im gleichen Band) präsentiert werden. Der Umgang mit zusätzlichen Mitteln einzelner Forschender oder von Projekten mit hohem Compute-Bedarf bestimmt die mittel- und langfristigen Entwicklungsmöglichkeiten des Konzepts („Überlegungen zu laufenden Cluster-Erweiterungen in bwHPC“). Am Ende folgen Gedanken zur Einbindung der Forschenden innerhalb der fachspezifischen Cluster („Strukturvorschlag für eine bwHPC-Governance der ENM-Community“).

Ein weiterer Teil der Ausführungen widmet sich der Vorstellung ausgewählter Lösungsansätze, wobei sowohl verschiedene Formen und Optionen von Kooperation als auch hierzu notwendige beziehungsweise implementierte Governance-Strukturen präsentiert werden. Hierzu zählt die Darstellung der Entwicklung bei DARIAH-DE[6] durch P. Gietz und H. Hütter. Die Autoren unternehmen eine Modellie-

6 de.dariah.eu/

rung von Kooperationsstrukturen für digitale Geisteswissenschaften, die sowohl die Nutzer und Provider von Diensten als auch die Mittelgeber zusammenbringt und hierfür geeignete Governance-Ansätze und Lenkungsgremien vorschlägt.

Für die Entwicklung eigener Vorstellungen und Strukturen bietet sich die Untersuchung etablierter Kooperationen mit verschiedenen Zielstellungen und Ausrichtungen an. Hierzu zählen sicherlich die Ausprägung einer *gemeinnützigen GmbH*, die von W. Grieger und P. Suren am Beispiel der GWDG in Göttingen illustriert wird. Kurzausführungen zum Genossenschaftsmodell am Beispiel der HIS eG, dem Zweckverband oder eingetragenen Verein (Deutsche Forschungsnetz – DFN) finden sich im Hauptteil in den Texten von B. Paal und J. Rüder sowie im Fazit des Workshops. Diese rechtlich definierten Strukturen verfügen über kodifizierte Leitungs- und Lenkungsgremien mit Regeln der Mitbestimmung sowie über Verfahren von Leistungserbringung und -abrechnung.

Literatur

DFG. 2016. *Empfehlungen der DFG: Informationsverarbeitung an Hochschulen – Organisation, Dienste und Systeme. Stellungnahme der Kommission für IT-Infrastruktur für 2016–2020.* [online] www.dfg.de/download/pdf/foerderung/programme/wgi/kfr_stellungnahme_2016_2020.pdf [13. 05. 2016].

Hartenstein, Hannes, Thomas Walter und Peter Castellaz. 2013. *Aktuelle Umsetzungskonzepte der Universitäten des Landes Baden-Württemberg für Hochleistungsrechnen und datenintensive Dienste. PIK – Praxis der Informationsverarbeitung und Kommunikation* 36(2): 99–108.

Held, Wilhelm (Hrsg.). 2009. *Geschichte der Zusammenarbeit der Rechenzentren in Forschung und Lehre.* Münster: Verlagshaus Monenstein und Vannerdat. ISBN 978-3-8405-0000-8. (*Wissenschaftliche Schriften der Universität Münster*, Reihe XIX Band 1) oder [online] www.zki.de/publikationen [13. 05. 2016].

Peters, Wolfgang. 2012. *Vom „Verschmierten Rechenzentrum" zur „Private Cloud".* In: Janne Chr. Schulz und Sven Hermann. *Hochleistungsrechnen in Baden-Württemberg – Ausgewählte Aktivitäten im bwGRiD.*

Pietsch, Wolfgang. 2013. *Big Data – über Chancen und Risiken einer neuen Wissenschaft des Komplexen.* [online] www.wolfgangpietsch.de/pietsch-universitas.pdf [11. 04. 2016].

Wilhelm Held, Bruno Lix und Jan Leendertse

Kleine Geschichte von Kooperation und Governance

Der geschichtliche Ausblick auf die Entwicklung von Rechenzentren mit Fokus auf Kooperation und Governance diente in der Vorbereitung des Workshops „Governance in Kooperationen" dazu, vor dem Workshop strukturgebende Fragestellungen zu finden, die nicht allein aus tagespolitischen Betrachtungen abgeleitet werden. Einige dieser Fragen wurden seit den Anfangszeiten der wissenschaftlichen Rechenzentren in ähnlicher Form immer wieder gestellt.

Bei der Ausarbeitung des vorliegenden Beitrags zum Tagungsband wurde das Schwergewicht nicht darauf gelegt, eine vollständige Geschichte der wissenschaftlichen Rechenzentren in Deutschland abzuliefern. Die Autoren konzentrierten sich auf die Hauptaspekte der Historie und stützten sich auf besondere Ereignisse und Vorfälle, die bei der Konzeption des Workshops als nützlich für die Diskussion angesehen wurden. Die Auswahl und Themensetzung war nicht willkürlich, mag aber strengsten wissenschaftlichen Anforderungen nicht immer genügen. Die Autoren verweisen daher auf die Textabsicht und bitten um Nachsicht.

Rechenzentren an Hochschulen sind, gemessen an der Geschichte von Universitäten allgemein, eine neue Erscheinung. Aus der Perspektive ihres Tagesgeschäftes blicken Rechenzentren bereits auf mehrere Phasen zurück, in denen unterschiedliche Paradigmen wirksam waren. Der folgende Beitrag gibt zunächst einen Überblick über diese Phasen, die in ihren generellen hochschulpolitischen Zusammenhang gestellt werden. Technologische Aspekte werden ebenso berücksichtigt, weil manche Entwicklung primär durch Fortschritte der IT-Technologie vorangetrieben wurde. Die Strukturen der zeitgeschichtlichen Entwicklung sollen durch exemplarische Ereignisse verdeutlicht werden, doch ist diese Auswahl weder vollständig noch ausgewogen. Der Fokus des Tagungsbandes liegt auf der Erörterung, wie Governance die Kooperation von Rechenzentren voranbringen kann. Die beschriebenen Ereignisse wurden ausgewählt, weil in ihnen Kontinuitäten deutlich werden, die auch heute wirken. Für Mitarbeiter oder Mitarbeiterinnen eines Rechenzentrums mag es überraschend sein, wie weit bestimmte Fragen und Muster, die modern anmuten, doch in die Vergangenheit zurückreichen.

Wilhelm Held, Westfälische Wilhelms-Universität Münster
Bruno Lix, Universität Duisburg-Essen
Jan Leendertse, Albert-Ludwigs-Universität Freiburg

DOI:10.1515/9783110459753-014

Für ein kompletteres Bild der Entwicklung von Rechenzentren seit 1950 verweisen die Autoren besonders auf den Sammelband, der von Wilhelm Held zusammen mit weiteren Autoren 2009 herausgegeben wurde (Held 2009).[1]

1 Vom ALWR zum ZKI

Die Monografie von Held et al. beschreibt die Genese des Arbeitskreises der Leiter wissenschaftlicher Rechenzentren (ALWR), der seine Arbeit in den 1970ern aufnahm und bis zur Gründung des ZKI 1993 fortführte. Der ALWR und der ZKI agierten beide auf der Basis von schriftlich fixierten Satzungen, jedoch erst der ZKI formierte sich als eingetragener Verein. Dieser Schritt vom ALWR zum ZKI wurde notwendig, weil die Strukturen des ALWR, die sich aus Satzung, personeller Ausstattung und dem tatsächlichen Arbeitsstil ergaben, nicht mehr der politschen Großwetterlage und der geänderten Hochschullandschaft entsprachen. Die 1970er Jahre sahen eine Vielzahl von neugegründeten Universitäten, und die Bedeutung der Fachhochschulen, die im ALWR nicht vertreten waren, nahm zu. Nach der Vereinigung von 1990 kamen die ostdeutschen Hochschulen hinzu mit der Besonderheit, dass viele ehemalige Hochschulen der DDR schon bald zu Fachhochschulen umgewandelt wurden.

Die Mitglieder des ALWR hatten eine andere Agenda bei der Konstituierung. Für die Leitungen der beteiligten Rechenzentren war der ALWR ein wichtiges Forum für den Gedankenaustausch und die fachliche Weiterentwicklung in einem Bereich, der sich erst ausdifferenzierte. Die regelmäßigen Diskussionen in einer Runde mit gut zweistelligen Teilnehmerzahlen – Frauen waren in diesem Forum nur ausnahmsweise dabei – führten zu einer losen Koordination, die manchmal auch politisch Einfluss nahm. Die bündige Formulierung von Grundprinzipien verankerten Merkmale von Rechenzentren, die auch heute noch sehr wirksam sind: eigener Haushalt, hauptamtliche Leitung, Charakter einer zentralen Einrichtung, eigene Personalpolitik mit langfristigen Verträgen im Kontrast zur Rekrutierung wissenschaftlichen Personals in Fachbereichen (Bundke 1972: 18). Weitere Grundprinzipien sind heute in abgewandelter Form präsent wie beispielsweise die Einbeziehung von Nutzern bei Kontrolle und Strategieentwicklung (siehe z. B. das IV-Versorgungskonzept in Münster mit dem IV-Lenkungsausschuss). In diesen Gesprächsrunden kristallierte sich ein Bewusstsein als Dienstleister für Universitäten und deren Mitglieder heraus (Held 2009: 18).

Weitere Themen waren Beschaffung, technische Entwicklungen, Projektkoordination und Erfahrungsaustausch beziehungsweise die Herausarbeitung von Kon-

1 Es gibt zwei Ausgaben, eine Druckausgabe und eine elektronische Ausgabe, zu finden unter dem oben genannten Link. Die Paginierung der beiden Ausgaben unterscheidet sich. In diesem Beitrag wird die Paginierung der elektronischen Ausgabe verwendet.

zepten, heute gerne Best Practices genannt. Die Technik dieser frühen Zeit war zunächst bestimmt durch Großrechner.

Von Held et al. indirekt beschrieben, hat der ALWR den Charakter einer selbstrekrutierenden Runde, zu der der Eintritt nur auf Einladung und nicht unbedingt aus nachvollziehbaren Gründen möglich war (Held 2009: 19). Welche Auswirkungen dies auf die Ausbildung von Mechanismen im Sinne einer Governance hat, soll hier nicht weiter untersucht werden, da der ALWR heute nicht mehr tätig ist und das Tagesgeschäft von Rechenzentren um 2015 völlig anders strukturiert ist als vor vier Jahrzehnten.

Neben dem Austausch durch Gespräche entwickelten sich weitere Kooperationen zwischen Rechenzentren. Steigende Anforderungen aus den Hochschulen vor dem Hintergrund einer sich beschleunigenden technischen Entwicklung zwangen die Rechenzentren, sich Gedanken über die Steuerung der Ressourcen zu machen, insbesondere Einsparungen bei Beschaffungsprojekten zu realisieren.

Neue Kooperationen entstanden jedoch nicht nur aus Gesprächen oder als Reaktion auf Ressourcenknappheit. Die technologische Entwicklung von Großrechnern zu Unix-Servern und wenig später zu vernetzten PC-Arbeitsplätzen bewirkten eine Kooperation allein schon deshalb, weil die zu ziehenden Kabel eine Verbindung zwischen Rechenzentren und weiteren Einrichtungen der Universität herstellten. In diese Zeit fällt parallel eine Krise der Rechenzentren, die nicht nur in Deutschland zu beobachten war. Auslöser dieser war das Aufkommen der Personal-Computer, oft noch nicht vernetzt und durch Wissenschaftler und Wissenschaftlerinnen in eigener Regie genutzt. Ein PC auf oder unter dem Schreibtisch nahm den Charakter eines Statussymbols an, das man selbst administrierte und damit Unabhängigkeit von anderen Betriebseinheiten gewann. Die Dezentralisierung von Rechenkapazitäten außerhalb von Rechenzentren reduzierte die Nachfrage nach deren Dienstleistungen keineswegs, allenfalls deren hochschulpolitisches Gewicht. Die Beantragung von Sachmitteln und Personalschlüsseln mit Verweis auf IT aus allen Bereichen der Universität lenkte die Ressourcen, die zuvor in Rechenzentren investiert wurden, allerdings in Institute, Fakultäten und andere zentrale Einrichtungen wie Bibliotheken. Die Ursachen für diese Umlenkung sollen hier nicht tiefergehend untersucht werden. Von Seiten der Hochschulleitungen wurde das Potenzial des Einsatzes von IT weitestgehend fehleingeschätzt. Dies ist aber keine singuläre Beobachtung aus den Hochschulen, selbst weltweit tätige Konzernlenker der IT-Industrie schätzten das Potenzial falsch ein. Beispiele dafür sind Bill Gates, der gerne mit seiner Prognose zitiert wird, mehr als 640 kByte Arbeitsspeicher brauche niemand ernsthaft und Computer haben einen Nutzen nur für einen begrenzten Kreis.[2] Eine Folge dieser Fehleinschätzung waren fehlende und unpassende IT-Strategien an den Hochschulen. In diesem Vakuum konnten einzelne Wis-

2 Es gibt viele Seiten, die auf dieses Zitat verweisen, eine zweifelsfreie Ursprungsquelle ließ sich nicht ausmachen.

senschaftler oder Wissenschaftlerinnen IT-Ressourcen für den eigenen Bedarf akkumulieren, ohne sich mit anderen Angehörigen der Hochschulen abzustimmen. Auch auf der politischen Ebene der Länderministerien oder auf Bundesebene war das IT-Wissen nicht ausreichend und führte zu Entscheidungen, die nicht zukunftsweisend waren.

2 Kooperationen aus dem Bundesland NRW

Bildung ist Ländersache. Daraus erklärt sich, dass viele Kooperationen sich innerhalb der Grenzen eines Bundeslandes bewegen. Der folgende Abschnitt führt Beispiele aus NRW an, bevor auf bundesweite Kooperationen eingegangen wird.

2.1 Hochschulinterne Kooperation in Münster

In die 1990er Jahre, in denen Hochschul-Rechenzentren durch die Tendenzen zur Dezentralisierung an Bedeutung zu verlieren drohten, fiel der im Folgenden beschriebene Vorfall an der Westfälischen Wilhelms-Universität Münster. Hier bewirkte die persönliche Initiative des Rektors Prof. Dr. Dieckheuer Verbesserungen bei der Einbindung des Rechenzentrums in universitäre Entscheidungsstrukturen. Zuvor kam es 1990 im Zusammenhang mit einer größeren, von der Rechnerkommission der DFG positiv begutachteten Rechnerbeschaffung zu einer Eskalation innerhalb der zuständigen EDV-Senatskommision sowie zwischen einigen Wissenschaftlern und dem Universitätsrechenzentrum (URZ). Die Blockade dauerte einige Jahre an. Schließlich entwarf Prof. Dr. Dieckheuer, ein Volkswirt, persönlich ein neues Versorgungskonzept für die IT der WWU, die er Informationsverarbeitung (IV) nannte. Dieses Konzept ist bis heute im Kern gültig geblieben (www.uni-muenster.de/imperia/md/content/ziv/pdf/iv-versorgungskonzept.pdf, zuletzt abgerufen am 18.02.2016). Mit dem neuen Versorgungskonzept, in dem ein verbindliches Regelwerk festgelegt wurde, waren zehn IV-Versorgungseinheiten eingeführt worden, die für die Betreuung der Endnutzer in den Fachbereichen, der Universitätsbibliothek und der Universitätsverwaltung zuständig waren und personell und sachlich von diesen Einrichtungen selbst ausgestattet werden mussten. Dem URZ, das in Zentrum für Informationsverarbeitung (ZIV) umbenannt wurde, wies man die Zuständigkeit für die Netze, die wichtigen Serverdienste und alle anderen übergreifenden Aufgaben zu. Dies war ein wichtiger Schritt, um die anstehenden Themen in der jetzt schrittweise besser werdenden Zusammenarbeit zwischen zentralen und dezentralen Einrichtungen auf den Weg zu bringen und zu lösen. In dieser gemeinsamen Arbeit werden bis heute die Bedarfe der IV-Versorgungseinheiten und der Fachbereiche mit den zentralen Bedarfen mehrmals im Jahr abgestimmt und vom Rektorat so weit möglich gefördert. Dieser erleichterte Zugang zum Rektorat wurde deshalb möglich, weil mit dem Versorgungskonzept auch ein IV-Lenkungsausschuss eingerichtet wurde, in dem der Rektor, regelmäßig vertreten durch einen Prorektor, der Kanzler und einige wenige IT-Sachkundige mit Stimmrecht sowie die Direktoren der Universitätsbibliothek und des ZIV beratend anwesend sind. Dieser Lenkungsausschuss hat die Funktion eines CIO (Chief Information Officer). Der Rektor war verantwortlich für die gesamte IV der Universität und – was wichtiger war – er bekannte sich mittlerweile zu dieser Verantwortung. Zwischen 2003 und 2004 konnte dann auch die Zusammenarbeit zwischen Universitätsbibliothek, Universitätsverwaltung und ZIV auf ein neues Niveau der gemeinsamen Arbeit gehoben werden. Dies geschah mit einem Projekt im Rahmen des IKM-Service (Information, Kommunikation und Medien), das von der DFG im Rahmen einer großen, bundesweiten Ausschreibung begutachtet und als eines von drei Anträgen gefördert wurde. Der IKM-Service wurde bald nach seiner Gründung um die cHL-Anwendergruppe (cHL = computergestützte Hochschullehre) erweitert. Die drei zentralen Einrichtungen ergänzten sich gerade aufgrund ihrer Unterschiede hervorragend und sorgten für zahlreiche Weiterentwicklungen. Einzelheiten zu IKM und cHL findet man ebenfalls im oben referenzierten Versorgungskonzept. Jetzt lief die IT-Entwicklung und das gemeinsame Herangehen an die Aufgaben dank der Rückendeckung im Rektorat weitgehend störungsfrei. Durch die gemeinsamen Anstrengungen aller Beteiligten konnten auch schwierige Fragen gelöst und Kontroversen bereinigt werden.

Die hier beschriebene konkrete Entwicklung in Münster zeigt, wie bedeutsam der Wille zur Kooperation und – dies muss so benannt werden – die Durchsetzung gegen beharrende Kräfte für das Gelingen von Zusammenarbeit ist. Diese Beobachtung gilt unbeschadet sonstiger Maßnahmen organisatorischer, technischer oder juristischer Art. Dieses Handeln muss außerdem der Zeit und der Situation entsprechen.

Wie wichtig das Timing für Kooperationsinitiativen ist, zeigt Entstehung und fehlender Widerhall des Aufsatzes von Walter Bosse und Wilhelm Held (Bosse 1989), das sie für eine Sitzung des ALWR im Frühjahr 1989 vorbereiteten. Diese Episode muss vor dem Hintergrund der Empfehlungen des Wissenschaftsrats und der DFG betrachtet werden. Auf sie wird auch in diesem Konzept Bezug genommen. Es sei kurz in Erinnerung gerufen, dass Ende der 1980er Jahre die Zahl der DV-Arbeitsplätze nach dem Einzug der PCs massiv anstieg. Neue Anwendergruppen wurden erschlossen, auf das Gesamtsystem Universität bezogen stieg das Investitionsvolumen.

Ein neues Phänomen war die flächendeckende Verknüpfung von DV-Arbeitsplätzen über lokale und hochschulübergreifende Netzwerke, mit der sich die Chance auftat, ein DV-Gesamtsystem zu modellieren. Obwohl die Autonomie der Hochschulen detaillierte und gleichzeitig übergreifende Dienstbeschreibungen nicht erlaubte, entwarfen Held und Bosse die Grundlinien eines, wie sie es nannten, Versorgungsmodells. Hauptziel ihres Modells war ein gutes Preis-Leistungsverhältnis. Sichergestellt werden sollte es durch eine realitätsgerechte Bestandsaufnahme mit folgenden Dienstbeschreibungen, die durch die Rechenzentren zu organisieren sind.

Trotz aller Heterogenität der universitären Strukturen sahen Held und Bosse den Spielraum, durch ihren Entwurf Redundanzen zu reduzieren und damit die Ressourcen der Rechenzentren besser auszulasten. Hier wurde also Kooperation angestrebt, um mit weniger mehr zu erreichen.

Dennoch fand dieser Vorschlag keinen Widerhall auf bundesweiter Ebene. Als Gründe werden von Held et al. (2009: 31) der zu frühe Zeitpunkt angegeben und die Befürchtung auf der Leitungsebene der Rechenzentren, die Aufstockung des eigenen Personalbestandes zu gefährden. Im Prozess des Aushandelns zwischen Kooperation und kurzfristigen Überlegungen schlug das Pendel hier gegen eine länderübergreifende Zusammenarbeit aus. In Nordrhein-Westfalen, wo Held und Bosse tätig waren, hatten sie mit ihren Vorschlägen mehr Erfolg.

2.2 Zusammenarbeit dreier Partner in NRW

Die Zusammenarbeit konnte auch über die Grenzen einer einzelnen Hochschule hinausweisen, wie geschehen zwischen den Universitäten von Aachen, Essen und Münster. Die drei Hochschulen vereinbarten, zur Sicherung ihrer Archivdaten und ihrer TSM-Datenbanken diese Daten im Dreieck untereinander auszutauschen. Der ebenfalls ins Auge gefasste Austausch der Backup-Daten scheiterte an den unzureichenden Kapazitäten in 2001/2002, vor allem beim Netzdurchsatz.

Rohdaten und TSM-Datenbankdaten einer Hochschule lagen jeweils getrennt bei den beiden anderen Hochschulen im Dreieck, so dass keine Hochschule allein die Daten einer Partnerhochschule rekonstruieren konnte. Dieses Verfahren funktionierte allein auf der Basis mündlicher Absprachen. Verrechnungsfragen stellten sich nicht, da jede Hochschule in vergleichbarer Weise Dienste für jede andere erbrachte. Eine schriftliche Vereinbarung wurde erst nötig, als die Kooperation dahingehend erweitert wurde, dass auch die Dienstverantwortlichen an den Hochschulen in die Lage versetzt werden sollten, Systemausfälle oder -störungen zu beheben, die an einer der Partnerhochschulen zu einer Zeit auftraten, zu der der dortige Systemverantwortliche nicht verfügbar war, weil er im Urlaub oder krank gemeldet war. Hintergrund ist die Erfahrung, dass die Systeme so komplex sind, dass nur die Systemverantwortlichen selbst ausreichend tiefe Kenntnisse besitzen, um auch gravierende Störfälle beheben zu können. Es ist den Dienstverantwortlichen nicht leicht gefallen, Administratorenprivilegien, sei es auch nur für den Notfall, anderen zugänglich zu machen. Das ging schließlich nur auf der Basis belastbaren Vertrauens, das in langjähriger Zusammenarbeit zwischen den Mitarbeitern und besonders auch den Leitern der Rechenzentren gewachsen war, bedurfte aber sehr wohl einer präzisen schriftlichen Vereinbarung auf der Ebene der Rechenzentrumsleiter. Diese Vereinbarung passte auf zwei Seiten und wurde im Juli 2002 unterzeichnet. Mehr organisatorischer Aufwand war nicht erforderlich.

Dieser Austausch hat über mehrere Jahre gut funktioniert. Er ist schließlich ausgelaufen, weil sich insbesondere der Bedarf der RWTH Aachen so entwickelt hat, dass er in einer Kooperation mit dem Forschungszentrum Jülich besser befriedigt werden konnte.

2.3 Komplexität von landesweiten Konsortialverträgen

In den Jahren zwischen 2002 und 2015 kooperierten IBM und viele Universitäten aus NRW, erbracht auf der Basis von Landesverträgen zwischen IBM, präziser deren Tochter Tivoli, und dem Bundesland. Es ist ein Beispiel für ein ausgesprochen komplexes Projekt mit einer großen Zahl von Beteiligten, beträchtlichem finanziellen Umfang und einer ausgefeilten Organisationsstruktur. Insgesamt wurden drei Verträge in diesen Jahren geschlossen. Gegenstand der Verträge waren Systemmanagement und TSM (Tivoli Storage Manager), die Konsortiallizenz fasst alle übrige IBM-Software zusammen, die sonst noch an den Hochschulen des Landes eingesetzt wurde oder neu eingesetzt werden sollte.

Nun ist es nichts Neues, dass sich Hochschulen in unterschiedlichen regionalen Gruppierungen zusammentun, um durch Bündelung der Nachfrage günstigere Konditionen zu erzielen. Meist geht es dabei um die Beschaffung von Softwareprodukten, die an den Hochschulen breit eingesetzt werden. Diese Komponente war auch in diesen Landesverträgen enthalten, beispielsweise in Bezug auf TSM und die für die Verwaltung wichtige Datenbanksoftware Informix, wo ein möglichst günstiger Preis das Ziel war. Neu war, dass in großem Umfang Softwaresysteme beschafft werden sollten, mit denen komplexe neue Funktionen wie vor allem Systemmanagement und Identity-Management und einige andere realisiert werden sollten. Deshalb beinhalten die Verträge nicht nur Softwarelizenzen samt Wartung, sondern auch „Unterstützungstage“, mit denen externer Sachverstand für Schulung und Implementierungsunterstützung eingekauft werden konnte. Von der synchronen Einführung dieser komplexen Softwaresysteme an mehreren Hochschulen versprachen sich die Beteiligten erhebliche Synergieeffekte. Die starke innovative Komponente ist ein wesentliches Charakteristikum dieser Verträge. Sie war Bedingung für die hohe Beteiligung des Landes und ein wesentliches Argument bei der Genehmigung der entsprechenden HBFG[3]-Anträge. Die dadurch ganz erheblich verringerte Belastung für die Hochschulhaushalte, die nur nur zehn Prozent des Gesamtaufwandes zu tragen hatten, erlaubte es vielen Hochschulen überhaupt erst, sich an den Verträgen zu beteiligen. Beim ersten der drei Verträge war die Universität Duisburg-Essen federführend, bei den beiden Folgeverträgen die

3 Abkürzung für Hochschulbauförderungsgesetz, welches bis zur Föderalismusreform galt, die am 1. Januar 2007 in Kraft trat. Es legte den Ausbau und Neubau von Hochschulen in der Bundesrepublik Deutschland als Gemeinschaftsaufgabe von Bund und Ländern fest.

RWTH Aachen. Der letzte Vertrag enthält keine „Unterstützungstage“ mehr, weil die damit verfolgten Zwecke in der ersten Vertragsphase durch Übergang in den regelmäßigen Betrieb erreicht wurden. Auf eine hochschulübergreifende Organisation konnte aus demselben Grund verzichtet werden.

Der Lenkungsausschuss koordinierte die fünf Use-Cases: Identity-Management, Außenpräsentation, Dokumentenverwaltung/Wissensmanagement, E-Learning und Kollaboration. Nicht alle Universitäten waren an jedem Use-Case beteiligt. Die meisten Teilnehmer fanden sich im Use-Case Identity-Management, der deshalb im Folgenden weiter beschrieben wird. In dieser Organisationsform waren Funktionen auf zwei Ebenen verteilt, einer Steuerungs- bzw. Kontrollebene und der Arbeitsebene.

Im Februar 2005 wurden dem Lenkungsausschuss, eingesetzt vom DV-Infrastrukturausschuss, seine Aufgabenbereiche zugewiesen. Ihm oblagen:
- Gesamtsteuerung des Projekts;
- Projektorganisation mit Gestaltung der Zusammenarbeit zwischen den Hochschulen durch Arbeitsgruppen, Veranstaltungen, direkter Unterstützung vor Ort und Dokumentation;
- Kooperation mit IBM/Tivoli;
- Entscheidungsfindung;
- Reporting der fachlichen, finanziellen und organisatorischen Aspekte.

Die Mitglieder des Lenkungsausschusses wurden von der Leitungsebene der Rektorenkonferenzen, der Kanzlerkonferenzen und der beteiligten Betriebseinheiten wie Rechenzentren oder Informationszentren entsandt. Der Lenkungsauschuss tagte von 2005 bis Ende 2008 insgesamt sechsmal. Themen waren der Projektfortgang, über den an die Rektoren- und Kanzlerkonferenzen berichtet wurde. Dabei wurde großer Wert darauf gelegt, bei den Hochschulleitungen Verständnis für Wichtigkeit und Bedeutung des Identity-Managements als unverzichtbare Grundlage für integriertes Informationsmanagement zu wecken und sie darauf hinzuweisen, dass eine so komplexe Aufgabe ohne klares Engagement der Hochschulleitung nicht zu bewältigen ist. Weitere Berichte aus dem Lenkungsausschuss gingen regelmäßig an den DV-Infrastrukturausschuss.

Er hat einen Workshop zum Thema Identity-Management mit den zuständigen Mitarbeitern der Verwaltungen organisiert und auf der Basis begründeter Anträge über die Verteilung der Unterstützungstage entschieden. Besonderer Brennpunkt war die oftmals hakelige Zusammenarbeit mit IBM, die durch Gespräche bereinigt wurden. Auf seiner letzten Sitzung hat er die organisatorischen Vorraussetzungen für den letztendlich erfolgreich zustande gekommenen Anschlussvertrag geschaffen.

Die Gesamtprojektverantwortlichen haben nicht durchweg die Wirksamkeit entfaltet, die man sich von dieser Funktion versprochen hatte. Im Falle der Hochschulen war sie in Personalunion mit dem Sprecher des Lenkungsausschusses besetzt, dem allein diese Funktion ausreichend Autorität und Einblick verschaffte, um die notwendigen und möglichen Schritte im Interesse des Gesamtprojekts zu unternehmen. Im Falle der IBM hatte man sich von dieser Funktion erhofft, die oftmals wenig kompatiblen, unkoordinierten und nicht immer effizienten Arbeitsabläufe in dieser großen und vielfältigen Organisation zu bündeln und aufeinander abzustimmen, so dass die IBM im Gesamtprojekt wie ein wohl koordinierter, einheitlich und effizient agierender Partner auftrat. Diese Hoffnung hat sich leider nicht erfüllt. Es ist müßig zu spekulieren, ob das ohne diese Funktion noch unbefriedigender verlaufen wäre.

Die „Zehnergruppe“ war als Arbeitsgremium der Projektverantwortlichen an den einzelnen Hochschulen unter Einschluss von Technikern und Sachverständigen der IBM das wichtigste Organ des Projekts. Sie traf sich etwa zweimal pro Semester und hat das Projekt auf der Arbeitsebene organisiert, gemanagt und auch dokumentiert.

Als Erfolg der Vertragskonstruktion ist anzusehen, dass nach heutigem Stand zwar nur zwei Hochschulen ihr Identity-Management auf der Basis des „IBM Identity Manager“ aufgebaut haben, jedoch von den übrigen etwa die Hälfte ein formelles Identity-Management auf einer anderen Softwarebasis (z. B. Novell) einführte. Die andere Hälfte hat ihre Benutzerverwaltungen so erweitert, dass sie wichtige Funktionen des Identity-Managements erfüllen. Diese Hochschulen haben die Kritik geäußert, dass die Lösung von IBM für den täglichen Betrieb eine zu komplexe und fehleranfällige Software sei, die schwer handhabbar ist. Sie haben gleichwohl Nutzen daraus gezogen, dass die grundsätzlichen Überlegungen zur Einführung eines Identity-Managements von der Software, mit der man das später implementiert, weitgehend unabhängig sind. Es gilt erst einmal, die unterschiedlichen Identitäten innerhalb einer Hochschule zu identifizieren und die Prozesse und Strukturen, in denen sie von Bedeutung sind, zu analysieren, in ihren Abhängigkeiten zu erfassen und sie letztendlich systematisch und konsequent zu ordnen. Dazu sind in der Projektphase eine ganze Reihe von Papieren erarbeitet worden (Grob- und Feinkonzepte, Prozessanalysen, Vorgehensmuster, Datenmodelle), die allen Beteiligten zugänglich sind und waren. Wenn auf diese Weise ein grundsätzliches Verständnis davon erarbeitet ist, was ein funktionierendes Identity-Management ausmacht, kann die letztendliche Implementierung durchaus mit unterschiedlichen Softwarepaketen erfolgen.

Im Projekt „Identity-Management“ haben zehn höchst unterschiedliche Hochschulen (große Universitäten, kleine Universitäten, Fachhochschulen, Sporthochschule) zusammengearbeitet, um ein sehr komplexes System an ihren Hochschulen einzuführen. Alle Hochschulen betraten gemeinsam Neuland. Es wurde schnell klar, dass die Einführung von Identity-Management nicht primär eine softwaretechnische, sondern vor allem eine organisatorische Herausforderung war, die nur auf der Basis einer breiten Kooperation innerhalb der Hochschule (Verwaltung, Bibliothek, Fachbereiche) zu bewältigen war. Die Rechenzentren mussten also Überzeugungsarbeit leisten und sich Verbündete suchen. Das wiederum konnte nur gelingen, wenn auch die Hochschulleitung das Projekt unterstützte. Schließlich wurde deutlich, dass das Projekt nur mit ausreichenden personellen Ressourcen und einem funktionierenden Projektmanagement zum Erfolg geführt werden konnte. Es ist nicht überraschend, dass diese Anforderungen nicht von allen zehn Hochschulen gleichmäßig erfüllt werden konnten. Die Konsequenz waren recht unterschiedliche Geschwindigkeiten im Projektfortschritt: Es bildete sich eine Gruppe von Hochschulen heraus, die wesentlich schneller vorankam als andere. Eine solche Situation ist durchaus konfliktträchtig („Trittbrettfahrereffekt") und muss von dem Gesamtprojektverantwortlichen behutsam begleitet werden. Hilfreich für den Zusammenhalt erwiesen sich die im Projekt vorgesehenen Unterstützungstage, die weitgehend für die Erarbeitung von Konzepten, Handreichungen, Teillösungen und Dokumentationen eingesetzt wurden, die einerseits dringend gebrauchte Problemlösungen für bestimmte Hochschulen bedeuteten, andererseits aber allen Teilnehmern als eine Art Musterlösungen zur Verfügung standen, die es natürlich noch an die spezifischen Gegebenheiten anzupassen galt.

In der Zusammenfassung lässt sich das Fazit ziehen, dass ein so komplexes Projekt wie das Identity-Management-Projekt klarer Strukturen auf der Steuerungs- und auf der Arbeitsebene bedarf. Wenn ein Projekt wie das vorgestellte sehr innovativ ist, kann es für die Beteiligten schwierig sein, vor dem Projektstart ein klares Bild über die benötigten Ressourcen zu gewinnen. Da Ressourcen im Projektverlauf nicht ohne weiteres aufgestockt werden können, sind negative Auswirkungen auf Zusammenarbeit und Projekterfolg nicht auszuschließen. Dieser Effekt kann gemildert werden, wenn im Projekt selbst Ressourcen vorgesehen sind. Weniger komplexe Projekte kommen mit wesentlich einfacheren Organisationsstrukturen aus. Je weniger formale Strukturen vorhanden sind, umso mehr wird das Vertrauen der Verantwortlichen zueinander zum erfolgsentscheidenden Faktor.

3 DINI e. V.

Ebenfalls aus den 90ern datieren die Vorbereitungen zur Gründung der *Deutschen Initiative für Netzwerkinformationen e. V. (DINI)*, die 2000 vollzogen wurde. Der Verein ist 15 Jahre später sehr aktiv, wie die Listen von Projekten, Arbeitsgruppen und Publikationen auf der Webseite zeigen. Das kann als Ausweis einer erfolgreichen Kooperation angesehen werden. Die Vorbereitung und die Gründung des Vereins sind interessant, weil der Anstoß dazu aus verschiedenen Richtungen gleichzeitig kam. Beteiligte in der Vorbereitungszeit waren Vertreter aus den Hochschulrechenzentren, die sich kurz vorher im ZKI e. V. zusammenschlossen, von den Hochschulbibliotheken, genauer aus der Sektion IV des Deutschen Bibliothekenverbands (dbv), aus den Arbeitsgemeinschaften der Medienzentren (AMH), der DFG und einigen weiteren Verbänden. Die genaue Abfolge der wechselseitigen Kontaktaufnahmen, Ausschussgründungen und Konzeptpapiere soll hier nicht nachgezeichnet werden, es sei auf die wesentlich präziseren Ausführungen von Held (2009) und die Webseite der DINI[4] verwiesen.

Bemerkenswert ist die Beobachtung, dass sich Personen mit unterschiedlichen Werdegängen aus unterschiedlichen Institutionen ein gemeinsames Thema fanden und eine Initiative mit Lebensdauer starteten. Sie einigten sich auf eine verbindliche Satzung, erarbeitet nach zunächst neun Thesen, die 1998 von H.-G. Schirdewahn, Leiter des Rechenzentrums der Universität Freiburg, um eine zehnte These ergänzt wurde (Held 200: 114).[5] Interessant wird diese zehnte These durch ihre Rückbindung an die, so die These, „regionale und überregionale Zusammenarbeit der Infrastruktureinrichtungen". Es finden sich darin wieder die Schlüsselwörter *regional, überregional*[6], *Zusammenarbeit* und *Infrastruktur*. Besonders hervorzuheben ist das letzte Stichwort, weil Infrastruktur für langfristige, antizyklische Planung steht, von der viele profitieren.

Die zehnte These verweist ebenso auf die Entwicklung von Standards, ein zentraler Baustein für arbeitsteilige Kooperationen. Und sie schließt Partner aus außeruniversitären Bereichen ein. Namentlich genannt sind Industrie, Verlage und Computerhersteller.

Der DINI e. V. ist zu einer Stelle geworden, wo viele Informationen zusammenlaufen. Viele bringen etwas ein und erhalten insgesamt mehr, als sie einzeln beigetragen haben, profitieren also von einer Art Netzwerkeffekt.[7]

4 Weitere Leitfragen

Die folgenden Abschnitte versammeln einige Entwicklungen, die den Betrieb von Rechenzentren heute noch grundlegend beeinflussen. Zunächst wird auf ihre Annäherung an die Bibliotheken eingegangen.

4.1 Zusammenarbeit Universitätsbibliotheken und Hochschulrechenzentren

Die Gründung der DINI rückt diese Entwicklung der 1990er ins Blickfeld. Rechenzentren, die inzwischen zu zentralen Einrichtungen an der überwiegenden Zahl

4 dini.de/ueber-dini/dini-historie/.

5 „Eine zunehmend flächendeckende und in ihrer Leistungsfähigkeit stark ansteigende Vernetzung ermöglicht und erfordert auch eine verstärkte regionale und überregionale Zusammenarbeit der Infrastruktureinrichtungen."

6 Es wird nicht klar, ob die Ebene eines Landes oder des gesamten Bundesgebiets gemeint ist.

7 de.wikipedia.org/w/index.php?title=Netzwerkeffekt&oldid=152235752, zuletzt abgerufen 10.03.2016.

von Hochschulen geworden waren, und die Hochschulbibliotheken, ohne die eine Universität oder Fachhochschule nicht denkbar ist, stimmten sich zu gemeinsamen Aufgabenfeldern ab. Die DINI ist eine Plattform, um gemeinsame Themen[8] durch Publikationen, Seminare, Tagungen und die Entwicklung von Standards und Zertifikaten[9] voranzutreiben.

Die Schnittmenge an Aufgabenfeldern führte an einer nicht unerheblichen Zahl von Hochschulen zur Zusammenlegung von Bibliotheken und Rechenzentren zu einer zentralen Einrichtung. Dies ist ein Indiz, dass die Gründung von DINI eine Kooperation ist, die durch die bestehenden Verhältnisse zumindest angeschoben wurde. Kooperation ist beim Beispiel DINI, so konstruktiv sie ablief, auch eine Reaktion auf die Evolution der Hochschulen, hervorgerufen durch die Fortschritte der IT-Technologie.

4.2 Auseinandersetzung mit Personalfragen

Bei der Evolution von einem Spezialdienst für wenige Wissenschaftsfelder zu einer zentralen Einrichtung der gesamten Hochschule ist die Planung, Rekrutierung und Weiterentwicklung von Personal ein wesentliches Element. Als Arbeitgeber des öffentlichen Dienstes standen die Rechenzentren in Konkurrenz zu anderen Arbeitgebern in einer Umgebung mit hohem Innovationstempo. Wo sich in der freien Wirtschaft der Wert einer IT-Fachkraft über Angebot und Nachfrage herausbildet, sind Hochschulen durch das öffentliche Tarifrecht gezwungen, IT-Fachkräfte nach den gleichen Maßstäben zu entlohnen, die für alle anderen Angestellten einer Hochschule gelten.

Dennoch wurden in Rechenzentren und Vereinigungen wie dem ALWR versucht, den Bedarf an IT-Kräften in Abhängigkeit von begründeten Parametern wie Hochschulgröße, Ausstattung und einigen weiteren über Algorithmen zu „berechnen" (Held 2009: 41). Eine objektivierende Ermittlung von Bedarfen mit Auswirkung auf faktische Planungen wurde nicht erreicht. Zahlenspiele dieser Art konnten günstigstenfalls als verhandlungspolitisches Element zur Sicherung des Status quo eingesetzt werden, sofern sie außerhalb von Rechenzentren wahrgenommen wurden.

Neben dem quantifizierendem Ansatz wurden grundsätzliche Fragen an die Personalauswahl gestellt. Ein zentraler Punkt, über den bis heute kein bundesweit einheitlicher und verbindlicher Konsens gefunden wurde, ist, ob und in welchem Umfang wissenschaftliches Personal an Rechenzentren in Abstimmung mit seiner Leitung Forschung zur Weiterentwicklung der IT der Hochschule leisten soll. Jede

8 www.dini.de, besonders die Unterseiten Dokumente und Arbeitskreise, zuletzt abgerufen 24. 02. 2016.

9 dini.de/dini-zertifikat/, zuletzt abgerufen 24. 02. 2016.

Hochschule wird ein Interesse an einer leistungsfähigen IT-Infrastruktur haben und diese nach besten Kräften fördern.

Diese Sicht auf Innovation und Forschung bringt weitere Folgen mit sich, die besonders bei technologischen Schüben deutlich werden, die auf einen mit langfristigen Verträgen und Arbeitsplatzbeschreibungen ausgestatteten Mitarbeiterstamm treffen. Eine Reaktionsform ist die Institutionalisierung von Weiterbildung, wie vorgeschlagen nach Beratungen im ALWR ab 1993, die 1995 mit einem Abschlussbericht endeten. Dabei wurde in puncto Weiterbildung empfohlen, einen festen Satz von 15 Prozent der Arbeitszeit hierfür zu reservieren (Held 2009: 41). Dies klingt formalistisch und wirft in seiner Pauschalierung die Frage auf, ob die Evolution von Rechenzentren durch angeordnete Weiterbildung garantiert werden kann und feste Quoten ohne konkrete Einzelfallbegründung gegen Anforderungen des Tagesgeschäfts zu verteidigen sind. Gerade weil das Innovationstempo hoch und die Richtung der Innovation unbekannt ist, erscheint Reagieren in einem flexiblen strategischen Rahmen sinnvoller, der sich zudem auf Mitarbeiter und Mitarbeiterinnen mit eigenem Planungshorizont, intrinsischer Motivation und Serviceorientierung stützt. Rechenzentren sind als Arbeitsplatz durchaus attraktiv, weil sie jenseits von Bezahlung Spielräume für eigene Gestaltung und Innovation einräumen, die sich anderswo nicht finden lassen.

Weiterbildung, ob angeordnet oder selbst motiviert, war nicht immer ausreichend, um die Kluft zwischen ursprünglicher Ausbildung und Arbeitsplatzbeschreibung und den Anforderungen zu schließen. Dies wurde offensichtlich in den 1980ern mit dem Einzug der PCs und später in den 1990ern mit der flächendeckenden Vernetzung. Dem ALWR wurde 1993 ein Papier vorgelegt, in dem die Umschulung ehemaliger Maschinenbediener skizziert wurde. Es handelte sich um eine fast dreistellige Zahl von Angestellten, deren ursprüngliches Aufgabenfeld sich mehr und mehr reduzierte und veränderte (Sternberger 1993 über Held 2009: 43). Auch hier kam es nicht zu einer wirklichen Umsetzung. Als Grund wird von Held et al. angegeben, dass die Kosten für diese Maßnahme nicht gesichert werden konnten und es letztlich bei Einzelfall-Lösungen blieb oder gewartet wurde, bis betroffene Mitarbeiter in Rente gingen oder im Einzelfall andere Aufgabenbereiche gefunden werden konnten.

Der Verweis auf Personalfragen in einem Tagungsband, der die Stichwörter *Kooperation* und *Governance* durcharbeitet, ist aus Sicht der Autoren aus zwei Gründen wichtig. Personalfragen sind ein gemeinsames Thema aller Rechenzentren, wie die zuvor beschriebenen Initiativen verdeutlichen, die Personalplanung auf eine rationale Grundlage stellen möchten. Die Ressource Personal ist für Kooperationen konstituierend, weil Rechenzentren als Arbeitgeber des öffentlichen Dienstes bestimmte Strukturelemente des Personalmanagements vorgegeben bekommen, die den Charakter von Kooperationen bestimmen, unabhängig von der gewählten Rechtshülle.

4.3 Kosten- und Leistungsrechnung vs. Outsourcing

Die Kosten- und Leistungsrechnung (hier abgekürzt als K&L) hat den ZKI und andere Gremien ab der zweiten Hälfte der 1990er Jahre beschäftigt, nachdem sich die Rechenzentren einige Jahre mit den Rufen nach dem Outsourcing von Leistungen und Diensten auseinandersetzen mussten. Outsourcing wurde als ein Instrument gesehen, den Finanzbedarf von Rechenzentren als zentraler Hochschuleinrichtung zu kontrollieren, einmal im Sinne eines Controlling, einmal im Sinne einer Kostenbegrenzung.

Die Kosten- und Leistungsrechnung ist ein Werkzeug der Betriebswirtschaft, um durch Kostenkontrolle ein Unternehmen operativ planen und führen zu können. Sie richtet sich in erster Linie an Unternehmensinterne.[10] Es gibt verschiedene Rechnungsmodelle, die hier nicht vertieft werden sollen. Der Bericht des Arbeitskreises K&L aus dem Jahr 2006 (Held 2009: 109) stellt fest, dass diese Rechnungsmodelle sich nur bedingt für einen Einsatz in den Rechenzentren eignen, weil sich Tätigkeiten, Dienste und Hardware nur schwer zuordnen lassen.

Der Arbeitskreis empfiehlt, Kostentransparenz, sofern sie hergestellt werden konnte, offensiv zu nutzen (ZKI 2008: 13), um die Stellung des Rechenzentrums innerhalb einer Hochschule zu verbessern. Die Kenntnis der eigenen Kostenstruktur und Leistungsfähigkeit bzw. Effizienz erleichtert es, Plänen zum Outsourcing argumentativ zu entgegenzuwirken. Der ZKI-Arbeitskreis hat sich nach der Veröffentlichung des Berichts 2006 aufgelöst.

Eine andere Diskussion lief entlang der Studie von Horst Moog (2005), die nach einem Anstoß durch das Bundesministerium für Bildung und Forschung 2005 unter großer Anteilnahme besonders auch von Hochschulleitungen und weiteren IT-Gremien veröffentlicht wurde (Held 2009: 107 f.). Moog entwickelte ein Konzept zur integrierten Informationsverarbeitung, in der die Zusammenarbeit zwischen Rechenzentrum, Bibliothek, Mediendienst und Verwaltung intensiviert werden sollte. Unterschieden wurden dabei Kooperationen der IT-Betreuung in Hochschulen und Fachhochschulen unterschiedlicher Größe und Profilbildung. Moog setzte stark auf formelhafte Berechnungen.

4.4 Kooperation bei Hard- und Softwarebeschaffungen

Die oben beschriebene Kooperation mit IBM/Tivoli in Nordrhein-Westfalen diente dazu, durch koordiniertes Vorgehen die Preise beim Einkauf von Hard- und Software zu senken. Das wirtschaftliche Motiv findet sich auch bei weiteren Bespielen wie der Beschaffungsgemeinschaft in Bayern unter dem Dach von BRZL (Held 2009: 47) und in Abstimmung mit dem zuständigen Ministerium.

10 de.wikipedia.org/w/index.php?title=Kosten-_und_Leistungsrechnung&oldid=148863525, zuletzt abgerufen am 11. 04. 2016.

Eine der bekanntesten Beschaffungsgemeinschaften ist die „Akademische Software Kooperation“ (ASK), gegründet 1990 in Karlsruhe. Der ursprüngliche Zweck war die erleichterte Beschaffung von Software über eine Distributionsplattform, die über das Internet genutzt werden konnte. Die Einsparungen, die erzielt werden konnten, waren signifikant. Darunter fallen auch Opportunitätskosten, die durch die erleichterten Prozeduren bei der Beschaffung reduziert werden konnten (Held 2009: 47). Ausgangspunkt ist auch hier die Initiative einer einzelnen Person, Adolf Schreiner aus Karlsruhe, sie stieß jedoch auf einen Markt, der das Betriebsmodell der ASK[11] zu einem großen Erfolg machte. Bis heute ist aus dem ehemaligen akademischen Betriebsmodell eine Aktiengesellschaft geworden.

5 Ausblick

Der kursorische Überblick über einige Aspekte in der Geschichte deutscher Rechenzentren zeigt, dass einige der Fragestellungen, die die Diskussion 2015 bestimmen, immer wieder auch schon in der Vergangenheit auftauchten.

Die technologische Basis hat sich seit den 1970er Jahren grundlegend gewandelt: von Mainframes und Unix-Servern über dezentrale PC-Arbeitsplätze, die heute noch vorherrschen, zu „Ubiquitous Computing“ und Cloud-Infrastrukturen, die in den Hochschulen bislang eher in Umrissen erkennbar sind.

Die Evolution zu zentralen Einrichtungen, ob weiterhin als eigenständiges Rechenzentrum oder aufgegangen in größeren Einheiten, die auch für Bücher- und Medienversorgung zuständig sind, führte zu einer stärkeren Vernetzung innerhalb einer Hochschule oder die Grenzen einer Hochschule hinaus. Dieser Trend ist weiterhin wirksam.

Als zentrale Einrichtung mit relativ hohem und wiederkehrenden Investitionsvolumen sind die Rechenzentren mit dem Schlagwort *Kosten- und Leistungsrechnung* konfrontiert. Die in diesem Beitrag beschriebenen Vorgänge hierzu zeigen, dass sich Rechenzentren dem eher zögerlich nähern. Vom Standpunkt einer Kooperation ist diese Haltung nicht förderlich, weil die Fähigkeit zur Kooperation immer auch voraussetzt, sich über die eigenen Mittel und Möglichkeiten bewusst zu sein. Das Projektgeschäft mit einem hohen Anteil an Drittmitteln zwingt eher dazu, in Berichten die Verwendung von Mitteln zu rechtfertigen. Prinzipiell ist die buchhalterische Erfassung von Ressourcen in Rechenzentren bis heute eine nicht gelöste Frage.

Der wirtschaftliche Druck, mit einer relativ unbeweglichen Mittelausstattung die Vielzahl von angeforderten Diensten anbieten zu können, ist einer der starken Triebkräfte, die zu einer Kooperation führen. Dies bleibt besonders gültig wegen

11 ASK kann man auch als Adolf Schreiner aus Karlsruhe lesen.

der Entwicklungen, die zur Fokussierung und Spezialisierung von Rechenzentren führen.

Prinzipiell lassen sich diese Beobachtungen als Indiz werten, dass die noch nicht gelösten Fragen nicht auf die technologischen Verhältnisse zurückzuführen sind, die sich in den letzten 40 bis 50 Jahren fundamental gewandelt haben, sondern auf andere Ursachen und Strukturen.

Literatur

Bosse, Walter, und Wilhelm Held. 1989. *DV-Service in den Universitäten der 90er Jahre – Versuch eines Aurufs zu einer gemeinsamen Anstrengung des ALWR*. Münster: Typoskript. www.zki.de/fileadmin/zki/Publikationen/Chronik/1989_01GemeinsamerDVService.pdf [02. 03. 2016].

Bundke, Werner. 1972. *Grundprinzipien für Hochschulrechenzentren*. Frankfurt a. M. www.zki.de/fileadmin/zki/Publikationen/Chronik/1972_06GrundprinzipienRZ.pdf [13. 05. 2016]., über Held (2009), 18.

Held, Wilhelm (Hrsg.). 2009. *Vom Anfang des Informationszeitalters in Deutschland. Geschichte der Zusammenarbeit der Rechenzentren in Forschung und Lehre vom Betrieb der ersten Rechner bis zur heutigen Kommunikation und Informationsverarbeitung*. www.zki.de/fileadmin/zki/Publikationen/Chronik/0Chronik.pdf [13. 05. 2016].

Moog, Horst. 2005. *IT-Dienste an Universitäten und Fachhochschulen. Reorganisation und Ressourcenplanung der hochschulweiten IT-Versorgung*. www.dzhw.eu/pdf/pub_hp/hp178.pdf [24. 02. 2016].

Sternberger, Klaus. 1993. *Umschulung von Maschinenbedienern zu Systemtechnikern*. www.zki.de/fileadmin/zki/Publikationen/Chronik/1993_03Umschulung%20Maschinenbediener.pdf [08. 03. 2016].

ZKI Zentren für Kommmunikation und Informationsverarbeitung (Hrsg.). 2008. *Hochschulrechenzentren und Kostenleistungsrechnung. Bericht zur Arbeit des Arbeitskreises Kostenleistungsrechnung*. www.zki.de/fileadmin/zki/Arbeitskreise/aufgeloest/KLR/veroeffentlichungen/zki_ak_klr_bericht.pdf [10. 03. 2016].

Dirk von Suchodoletz

Zusammenarbeit gestalten – Stand in Baden-Württemberg

Viele Herausforderungen von Hochschulrechenzentren lassen sich nicht mehr im Alleingang lösen. Darauf wird seit einigen Jahren vermehrt reagiert, so dass beispielsweise die Zahl von Verbünden zunimmt, Universitäten und Fach- und pädagogische Hochschulen stärker als zuvor zusammenarbeiten, wie beispielsweise bei Promotionen, der gemeinsamen Lehrerausbildung oder Campus-Management-Systemen. Anfänge kooperativer Infrastrukturen existieren im Landeskontext (Castellaz 2014) schon länger. Zur Illustration werden einige ausgewählte Aktivitäten ohne Anspruch auf Vollständigkeit vorgestellt. Die Hochschulrechenzentren in Baden-Württemberg haben bereits frühzeitig damit begonnen, verschiedene Kooperationsformen zu erproben und themenspezifische Projekte für die Schaffung einer abgestimmten Technologiebasis für die regionale und kooperative Erbringung von Diensten durchzuführen oder übergreifende Umsetzungskonzepte zu beschließen. Hierzu zählen langjährige Basisinfrastrukturen, wie das landesweite Hochschulnetz BelWü, das Projekt bwIDM zur Föderierung von Identitäten,[1] das Umsetzungskonzept bwHPC für die thematische Schwerpunktbildung und Optimierung der Infrastruktur für Höchstleistungsrechnen und Simulationen und das Konzept bwDATA im Bereich des Datenmanagements (Hartenstein 2013). In gleichem Maße gibt es in vielen Bereichen eine kooperative Erbringung von Diensten wie Backup, IT-Dokumentation, Rechnungswesen, Beschaffung von Standardhardware und der Verhandlung von Softwarelizenzen. Während viele Projekte in erster Linie durch die Finanzierung von Personal gefördert wurden und werden, steht bei den Umsetzungskonzepten die gemeinsame Beschaffung von Hardware für Forschungsinfrastrukturen im Fokus.

Die Motivation für die Kooperation ist dabei vielfältig und beginnt mit den eher klassischen Zielen wie der Ausnutzung von Skaleneffekten durch Konzentration von Nachfragemacht. Dies macht sich für die beteiligten Standorte beispielsweise positiv bei der Preisgestaltung bemerkbar. Vielfach geht mit den Kooperationen ein Nebeneffekt einher, der die Kommunikation der beteiligten Standorte im Vorfeld intensiviert und so den Informationsaustausch und Wissenstransfer befördert, von dem sowohl die Einrichtungen als auch die Mitarbeiter profitieren.

In diesem Artikel werden in kurzer Überblicksdarstellung einige ausgewählte Landesprojekte in Bezug auf ihre Strukturen und Governance beleuchtet. Der Fo-

1 www.bwidm.de/

Dirk von Suchodoletz, Albert-Ludwigs-Universität Freiburg

DOI:10.1515/9783110459753-015

kus liegt dabei wegen des Erfahrungshintergrundes der Autoren auf dem Land Baden-Württemberg. Die abgeschlossenen und laufenden Projekte unterscheiden sich teilweise erheblich in ihrem Fokus auf Sachausstattung oder Personal, der Zahl der kooperierenden Parteien und ihren darin eingenommenen Rollen. Ebenso sind Ziele, Nachhaltigkeit sowie erreichte oder prognostizierte Ergebnisse durchaus sehr verschieden.

1 Landes-PC-Beschaffung

Aus Sicht von Hochschulrechenzentren ist es wünschenswert, die Beschaffung von Desktop-PCs und Laptops weitgehend zu standardisieren. Dieses hilft gegen eine starke Aufsplitterung der Hardwarebasis auf viele verschiedene Hersteller und Modelle, woraus typischerweise aufwändigere Wartung und Fehlersuche, das Vorhalten vieler Ersatzteile und Installationsabbilder resultieren; von der üblichen Hardwaretreiberproblematik ganz abgesehen. Zudem war die Beschaffung eines Arbeitsplatzsystems lange Zeit ein typisches Feld der Selbstverwirklichung von Hochschulpersonal, was unnötig Arbeitszeit gebunden hat.

Im Rahmen der Beschaffung von Desktop-PCs und Laptops lässt sich wegen der erwartbaren Mengen erhebliche Verhandlungsmacht aufbauen. Diese erreicht attraktive Preise und damit schnell für alle Hochschulen einen Mehrwert. So lässt sich feststellen, dass ab einem bestimmten (unterschrittenen) Preis und einer definierten Mindestqualität die konkrete Ausstattung eines PCs oder dessen Hersteller nachrangig werden. Damit wird aus einem scheinbar sehr individuellen Arbeitsmittel ein zentral beschaffbares Massenprodukt. Die Vorteile hierbei sind erheblich: Die Aufgaben für die Besorgung dieser Arbeitsmittel sind standardisiert und müssten bei Nicht-Kooperation an jeder einzelnen Einrichtung geleistet werden. Die Wartung wird durch Einheitlichkeit der IT-Landschaft erheblich vereinfacht und Softwareinstallationen und -pakete werden einfach über Einrichtungen hinweg austauschbar. Befasste Mitarbeiter können sich bei anfallenden Problemen direkt helfen und die Problemlösung an einer Stelle im Land kommt schnell allen zugute.

Die erste landesweit organisierte Ausschreibung von Desktop-Systemen erfolgte im Jahr 2007. Insgesamt gab es bis 2015 vier Ausschreibungen für Desktop-PCs und drei Ausschreibungen für Laptops. In der aktuellen Runde in 2016 wird eine Mischung aus leistungsfähigen Mini-PCs und traditionellen Desktop-Maschinen angestrebt.

Für den Vorgang der Hardwarebeschaffung haben sich erfolgreiche Governance-Strukturen herausgebildet (www.bw-pc.uni-freiburg.de/). Eine einzelne Einrichtung, aktuell das Rechenzentrum der Universität Freiburg,[2] übernimmt federfüh-

2 Dieses wurde ursprünglich informell festgelegt und durch den ALWR-BW bestätigt.

rend für die anderen Einrichtungen die Aufgaben der Koordination der Ausschreibung und späteren Verteilung der Kontingente sowie die Abwicklung der Bestellungen, die über das initiale Los hinausgehen. Die koordinierende halbe Personalstelle wird durch das Ministerium für Wissenschaft, Forschung und Kunst (MWK) alimentiert, das die eingesparten Mittel hierfür verwendet.

Im Beschaffungsprozess gibt es abgestufte Konsultationen zur Sicherstellung gemeinsamer Vorstellungen und zur Qualitätskontrolle der Einkäufe, die im ersten Schritt eine gemeinsame Sicht auf die Anforderungen, die Bestandteile der Ausschreibung werden, erzeugen. Die Ausschreibungen beinhalten als Kriterien ein Rollout-und Servicekonzept, ein Preis- und Leistungsanpassungskonzept und eine sogenannte Testparty. Die zehn Universitätsrechenzentren[3] bilden das Expertengremium. Jedes Rechenzentrum kann pro Konzept unabhängig voneinander 0–10 Punkte vergeben, und dann noch 0–10 Punkte für die Geräte bei der Testparty. Für die Bestimmung des wirtschaftlichsten Angebots wurde eigens eine Berechnungsformel entwickelt: Sei N0 die Anzahl der angebotenen Systeme des nach Papierform preiswertesten Bieters. Dann errechnet sich die jeweilige Bewertungszahl nach:

$$\text{Bewertungszahl} = N0 + (\text{Bewertungspunkte des Gremiums}) \times 0{,}001 \times N0$$

Die beste Bewertungszahl gewinnt. Durch die Beteiligung der zehn Universitätsrechenzentren können die Bewertungspunkte maximal 300 sein. Für den (unrealistischen) Fall, dass ein Bieter alle Punkte bekommt und alle anderen 0 Punkte, kommt die zweite Zeile der Formel auf 0,3 × N0 also ist die maximale Schwankung 30 %.[4]

Die bisherigen Erfahrungen und mehr als 38.000 in diesem Rahmen landesweit beschaffte Desktop-PCs bestätigen das Konzept. Bis zum aktuellen Zeitpunkt konnten in allen Ausschreibungen sehr gute Angebote erzielt werden, welches sich durch die Abgabe aller Geräte – die Ausschreibungssumme wird durch die Abnahme gegenfinanziert – und die starke Nutzung der Öffnungsklauseln zeigte. Die Erfahrungen flossen in zwei Hardware-Ausschreibungstagungen des ZKI ein. Die Herangehensweise hat deutschlandweit für Aufmerksamkeit gesorgt. Das Projekt wird daher in der bestehenden Form fortgesetzt.

2 Softwarelizenzen

Für Softwarelizenzen (E-Science 2014) besteht eine ähnliche Situation, da über alle Hochschulen und Hochschularten hinweg betrachtet eine bestimmte Vielzahl an

3 Neun Landesuniversitäten, wobei Stuttgart aufgrund seiner speziellen Struktur mit dem HLRS über zwei RZs verfügt.

4 Sie definiert die Menge von Geräten, die ein Anbieter mit schlechterer Bewertung gegenüber dem bestbewertesten zum gegebenen Preis liefern müsste.

Standardsoftware zum Einsatz kommt. Gut verhandelte Landes- und Campuslizenzen vereinfachen den Umgang mit der Software und die Nutzung an den Einrichtungen erheblich. Optimierungen werden auf zweierlei Wege erreicht:

- Zum einen durch die Vereinfachung von Abläufen. Dies beinhaltet landesweit zentral bereitgestellter Lizenzserver und die Durchführung von Fachworkshops zu speziellen Themen für das fachpersonal an den Hochschulen.
- Zum anderen ist für Vertragsverhandlungen im Falle von Softwarelizenzen die Position dem Lizenzgeber gegenüber deutlich gestärkt, wenn direkt für eine große Zahl an Hochschulen, im besten Fall für alle Hochschulen des Landes, verhandelt wird.

Anfang 2016 bestehen konsortiale Lizenzverträge für alle Microsoft Desktop-Produkte sowie für zahlreiche hochschullokale Zusatzprodukte, für die Adobe-Plattform mit hochschulfähigem Lizenzmodell, für das integrierte Bibliothekssystem aDIS/BMS, für GIS-Software (ESRI arcGIS), für Statistik (IBM SPSS), für Viren-Software (McAfee) und Backup-Software (IBM Tivoli TSM) sowie für Matlab. Das Gesamtvolumen dieser Lizenzverträge liegt jährlich über 3 Mio. €. Softwarelizenzen erwerben die Hochschulen mit eigenen Mitteln. In einzelnen Fällen gibt es für die Anfangsphase (maximal 3 Jahre) einen Zuschuss des Landes, um leichter genügend Teilnehmer für ein wirtschaftlich tragfähiges Modell zu finden.

Insbesondere der landesweite Abschluss eines EES-Beitritts für den Microsoft Desktop 2012 findet bundesweit erhebliche Beachtung und wurde inzwischen von weiteren Ländern, etwa den Hochschulen im Freistaat Sachsen, übernommen. Es ist hier auch gelungen, die Softwarelizenz mit der landesweiten Hardwarebeschaffung zu bündeln, so dass beispielsweise das bwNoteBook direkt mit der Software aus der Landeslizenz verbunden wird.

Vorbereitung, Verhandlung, Ausschreibung (meistens europaweit) und Verwaltung von Softwarelizenzen stellen eine besondere Herausforderung dar. Hier nimmt die Universität Tübingen in vielen Fällen die Koordinationsfunktion wahr.

3 Föderiertes Identitätsmanagement auf Landesebene

Mit bwIDM wurde die technische Grundlage geschaffen, Dienste über die Grenzen einzelner Hochschulen und Universitäten hinweg anzubieten und zu nutzen. Durch enge Integration der Prozesse in den zentralen Verwaltungen bei der Pflege und Bereitstellung der Identitätsmerkmale, der technischen Integration dieser Daten durch die Rechen- und Informationszentren in die verteilte Infrastruktur und der Anbindung an lokale Dienste stehen Möglichkeiten zur Verfügung, geeignete Dienste regional oder gar zentral anzubieten und diese nahtlos mit lokal erbrachten Diensten – für den Nutzer transparent – zu integrieren. Der technische Verbund bwIDM wurde als Subföderation innerhalb der DFN-AAI (www.aai.dfn.de/en/der-dienst/federation) realisiert. Inzwischen nutzen Dienste wie bwHPC, bwSync&Share, bwLehrpool, bwCloud, die RZV StudiCloud diesen Service (www.bwidm.de/dienste).

Das Landesprojekt bwIDM lief von Juli 2011 bis Dezember 2013 mit den neun Landesuniversitäten als Projektpartner, wobei das KIT und die Universitäten Ulm, Konstanz und Freiburg Kernteampartner waren. bwIDM ist ein herausragendes Beispiel für ein „Brückenprojekt". Jede Universität verfolgt ihre eigene Sicht auf die Verfahren des Campus- und Identity-Managements. Es kommt eine Vielzahl verschiedener Systeme und Infrastrukturen zum Einsatz, die sich konzeptionell teilweise erheblich unterscheiden. Trotzdem ist es gelungen, einen gemeinsamen Standard zu definieren, der die Grundlage für die Kooperation bildet. Jede Hochschule behält ihre Autonomie und kann eigene Vorstellungen im Campus- und Identitätsmanagement umsetzen und trotzdem an gemeinsamen Projekten und Diensten partizipieren. Jede teilnehmende Einrichtung stellt einen Identity-Provider zur Verfügung, der aus dem eigenen IDM provisioniert wird.

Nach Ablauf des Projekts wurde am KIT eine Geschäftsstelle eingerichtet, welche Koordinationsaufgaben und beispielsweise die Weiterentwicklung der Registrierungsschnittstelle (RegApp) für landesweite und lokale Dienste, welche die Förderation nutzen. Hierzu stellt das KIT eine 1/3-Personalstelle zur Verfügung. Die Strukturen sind flach organisiert, jede Einrichtung kann bwIDM für ihre eigenen Zwecke nutzen, ohne dieses der Geschäftsstelle mitteilen zu müssen. Die Nachhaltigkeit des Dienstes wurde bereits während der Projektlaufzeit durch die Selbstverpflichtung der Kanzler im Projekt initiert. Zusätzlich wurde eine Vereinbarung für die Absicherung des Dienstes von mindestens fünf Jahren erstellt, die sich ohne Kündigung automatisch um fünf Jahre verlängert. Für die teilnehmenden Einrichtungen besteht ein symmetrisches Eigeninteresse, sie müssen einerseits selbst den Identity-Provider und die RegApp betreiben, bekommen dafür aber Zugriff auf Landesdienste und können eigene übergreifende Kooperationen darüber abwickeln.

Während die Weiterführung der Projektergebnisse in Karlsruhe nahtlos durch die Übernahme des Personals in Dauerstellen erfolgte, sah dieses beispielsweise am Standort Freiburg deutlich schlechter aus. Einerseits erfolgte keine feste Einbindung während der Projektlaufzeit in das Tagesgeschäft. Andererseits gab es keine langfristige Perspektive auf Weiterbeschäftigung, so dass es zwar eine Dokumentation der Ergebnisse gab und eine Art Übergabe erfolgte, jedoch keine nachhaltige Sicherung der Ergebnisse. Viel Wissen ging auf diesem Weg verloren und steigert so die Herausforderungen durch die Erfüllung der eingegangenen Verpflichtungen. Die Last der Einbindung von IDP und RegApp, sowie eventuelle Aktualisierungen liegt derzeit aufseiten der Dienstebetreiber, die auf bwIDM angewiesen sind.

4 Landesübergreifendes Hochschulnetz

Das BelWü (www.belwue.de/) betreibt das landesweite Datennetz der Hochschulen und Bildungseinrichtungen wie staatliche Schulen. Das Netz wurde ursprünglich als technische Antwort auf die X.25-Pläne des DFN Mitte 1987 gegründet. Es wurde als TCP/IP-Modellprojekt gegen den OSI-Standard, für den sich das Bundesforschungsministerium stark gemacht hatte, und gegen den Quasi-Standard von IBM-SNA, den die Landesregierung für das Landessystemkonzept wählte, erfolgreich posititioniert. Das ursprüngliche Finanzvolumen betrug ungefähr 2 Mio € pro Jahr, die Verbindungsgeschwindigkeit lag zu Beginn bei 64 kbit/s. Ende 1988 waren alle neun Landesuniversitäten angeschlossen, weitere Bildungs- und Forschungseinrichtungen folgten schrittweise. Das Land in Form des MWK stellt die Grundfinanzierung der ca. 15 Stellen bereit, die arbeitsrechtliche Zuordnung besteht zur Universität Stuttgart. Die fachliche Aufsicht obliegt einer vom ALWR-BW gemeinsam mit dem MWK bestimmten Person.[5] Die Belange des BelWü sind fester Tagesordnungspunkt der regelmäßigen ALWR-Treffen.

Das BelWü beantragt jedes Jahr Investitionsmittel in der je nach anfallenden Aufgaben notwendigen Höhe beim MWK. Sie sind damit Bestandteil der Haushaltsverhandlungen des Landes. Die Beträge können teilweise erheblich schwanken, wenn beispielsweise in einem Jahr die Mietbeträge für Glasfaserstrecken geleistet werden müssen oder Investitionen in die nächste Generation der Core-Router anstehen. Der Dienst wird von der Zentrale in Stuttgart-Vaihingen aus gesteuert.

Der Ausbau leistungsfähiger Netze bildet die Grundlage für den schnellen und effizienten Zugang zu Forschungsinfrastrukturen im In- und Ausland oder der Umsetzung regionaler Dienste. Dabei stehen neben geringen Latenzen und hohen Bandbreiten, die weit über übliche Anforderungen hinausgehen, die Unterstützung für spezielle Infrastrukturen und Experimente eine zusätzliche Herausforderung dar. Nicht zuletzt ist Netztechnologie nicht nur eine Basisinfrastruktur zur Unterstützung von Forschung, sondern auch selbst Teil von Forschungsarbeiten, beispielsweise zu neuen Protokollen, Sicherheitskonzepten, Technologien wie Software Defined Networking (SDN) oder neuen Einsatzmöglichkeiten des Netzverbunds. Daher bietet BelWü mehrere Dienste: die Konnektivität der Standorte auf höchstem Niveau mit 10 Gb/s und 100 Gb/s mit NEIF (Netz für Innovation und Forschung), eine dedizierte Infrastruktur zur Unterstützung von regionalen und zentralisierten Diensten und Untersuchungen beziehungsweise Erforschung neuer Technologien im Netzbereich.

5 Typischerweise ein Rechenzentrumsleiter mit entsprechendem Hintergrund beispielsweise in Form eines Lehrstuhls.

5 Hochleistungsrechnen

Der in den letzten Jahren gestiegene Bedarf an High-Performance-Computing-Ressourcen (HPC) in verschiedenen Wissenschaftsbereichen führte zur Planung und Umsetzung neuer Konzepte im Bereich der Daten- und Compute-Cloud. Aus diesen Überlegungen heraus entstand das dezentrale bwGRiD-Konzept, welches eine Verteilung der Rechencluster über das gesamte Bundesland vorsieht, die nach einem einheitlichen Betriebsmodell als Clusterverbund auf Basis des Landeshochschulnetzes BelWü betrieben werden. Das Projekt bwGRiD (Dynowski 2014) wurde 2007 initiiert und sollte akademischen Nutzern Baden-Württembergs und des D-Grid-Verbundes Tier-3-Systeme zur Verfügung stellen. Die Kosten für die Hardware des Projektes wurden vom Bundesministerium für Bildung und Forschung im Rahmen der D-Grid-Initiative übernommen. Das MWK beteiligte sich an dem Projekt, indem es die Finanzierung der Personalstellen übernahm. Ursprünglich wurden im Rahmen des Projektes HPC-Cluster mit identischer Hardware beschafft, die transparent in einem Cluster-Verbund an sieben Universitätsstandorten (Freiburg, Heidelberg, Karlsruhe, Konstanz, Mannheim, Tübingen, Ulm und Stuttgart) im Land betrieben werden. Als experimentelle Erweiterung wurden im Juli 2009 die Cluster in Mannheim und Heidelberg über einen InfiniBand-Link direkt gekoppelt und zusammengefasst als ein einziger Cluster mit gemeinsamer Nutzerverwaltung und Batch-System betrieben. 2010 wurde der Verbund um die HAW Esslingen erweitert. Der Verzicht auf Zugangsbeschränkungen oder Antragstellung für die Nutzung der bwGRiD-Ressourcen gestattete auch wissenschaftlichen Anwendern aus nichtklassischen HPC-Disziplinen die Durchführung interdisziplinärer Projekte. Hierdurch entwickelte sich das bwGRiD während seiner Laufzeit zu einem unverzichtbaren wissenschaftlichen Arbeitswerkzeug für weite Teile der Wissenschaft im Land und darüber hinaus.

Die Erfahrungen aus dem bwGRiD-Projekt schufen die Grundlage für das von der DFG als vorbildlich bewertete Folgekonzept bwHPC zur kooperativen Erbringung von Diensten im Zukunftsbereich der technischen und wissenschaftlichen Simulationen. Der erste Schritt vom Konzept zur Umsetzung wurde mit der 2013 in den Produktionsbetrieb gestarteten Universal-Ressource am KIT bwUniCluster sowie den 2014 und 2015 in Betrieb gegangenen Forschungs-Clustern in Heidelberg/Mannheim und Ulm vorgenommen. Die Komplettierung wurde 2016 mit der Inbetriebnahme der Cluster in Freiburg und Tübingen und einer ersten Erweiterung des bwUniClusters erreicht. Parallel zu diesen Schritten erfolgte die begleitende Bildung entsprechender fachlich ausgerichteter Kompetenzzentren, durch die die Anwenderunterstützung im Bereich des wissenschaftlichen Rechnens weiter ausgebaut wird. Die Anlehnung und Integration dieser Versorgungs- und Forschungsinfrastruktur an den Landeshochleistungsrechner ForHLR in Karlsruhe und den Bundeshöchstleistungsrechner in Stuttgart am HLRS zeigen, wie eine Integration von lokalen Forschungsinfrastrukturen und nationalen und europäischen Ressourcen zum Nutzen der Wissenschaftlerinnen und Wissenschaftler erfolgen kann.

Das Themenfeld „HPC“ ist deshalb ein gutes Beispiel von Kooperation und Wettbewerb: Die Aufgabe der Erbringung von Rechenleistung wird an verschiedenen Standorten mit durchaus verschiedenen Ausprägungen umgesetzt. Dabei folgen alle Standorte einem gemeinsamen Gesamtkonzept und setzen auf gemeinsame Standards wie Betriebssystem und Scheduling. Das erleichtert Wissenschaftlern die Migration zwischen verschiedenen Clustern und den Administratoren den einfachen Austausch untereinander. Umgekehrt belebt Konkurrenz das Geschäft: Lokale Optimierungen führen durchaus zu unterschiedlichen Cluster-Konfigurationen, die sich dann im Betrieb als für die Nutzerschaft „gut“ beweisen müssen (Innovationen, wie beispielsweise der Einsatz von Virtualisierungstechnologien, werden in bestimmten Bereichen begrüßt und in anderen weniger nachgefragt).

6 Umgebungen für Lehrpools und E-Klausuren

Nach wie vor sind (große) zentral betriebene eine unabdingbare Voraussetzung für den flächendeckenden und standardisierten Einsatz von IT in der Lehre. Inzwischen verfügen zwar fast alle Studierende über Tablet, Notebook oder Smartphone, jedoch erlauben die unterschiedlichen Konfigurationen und Sicherheitsstandards keinen zuverlässigen Einsatz in der IT-Ausbildung. Die Erfahrung zeigt, dass dann in Lehrveranstaltungen regelmäßig immer noch viel Zeit mit der Lösung lokaler Installationsprobleme verloren geht.

Die Standardisierung des Betriebs von Computerpools wird derzeit über das Landesprojekt bwEKlausuren (siehe Beitrag im gleichen Band von Münchenberg et al., Kooperativer IT-Dienst: bwLehrpool) vorangetrieben. Ziel ist die saubere Trennung zwischen (zentralisierbaren) technischen Betriebsnotwendigkeiten und der eigentlichen Kursumgebung durch Virtualisierung. Dadurch kann die exakte Struktur der Kursumgebung voll und ganz in die Hand der Lehrenden gegeben werden – die Garantie eines zuverlässigen Ablaufs bleibt jedoch bestehen. Auch im Bereich des E-Learnings inklusive seiner neuen Aspekte zeigt sich, dass ein ausgereiftes und landesweit einheitliches Berechtigungskonzept einschließlich eines Identitätsmanagement-Konzeptes unverzichtbar sind. Aus Gründen des Urheberrechts ist der Zugriff auf rechtlich geschütztes Material auf Kursteilnehmer zu begrenzen und es muss auf Lernplattformen einerseits eine Abgrenzung der Kurse untereinander und gegen andere Hochschulen sichergestellt werden. Andererseits müssen hochschulübergreifende Lehrveranstaltungen widerspruchsfrei und ohne zusätzliche Belastung der Betroffenen abbildbar sein. Das bereits genannte Projekt bwIDM leistet hierbei eine fundamentale Unterstützung.

7 I-DoIT

Das Open-Source-Softwarepaket I-DoIT dient der webbasierten Dokumentation komplexer IT-Infrastrukturen und bietet hierzu eine Sammlung von Modulen. Im Zentrum steht die Configuration Management Database (CMDB), in der die Elemente einer IT-Infrastruktur, wie Server, Arbeitsplatzsysteme, Netzwerkkomponenten oder Software als Objekte angelegt werden. Mithilfe des Systems können die gesamten IT-Strukturen von der Netzwerktechnik über Server mit ihren Softwareinstallationen bis hin zum Lizenzmanagement abgebildet und dokumentiert werden. Das schafft die Grundlage für ITIL-Prozesse wie Change-, Release- oder Incident-Management. Weitere Module wie beispielsweise Import-, Export- oder der Report-Manager erleichtern den Umgang mit den in der CMDB dokumentierten Objekten. Hintergrund für die Festlegung auf ein gemeinsames Dokumentationssystem ist die Forderung des Bundesamtes für Sicherheit in der Informationstechnik, die Informationsverarbeitung kontinuierlich in allen Phasen, allen Anwendungen und allen Systemen zu dokumentieren, um einen ordnungsgemäßen IT-Betrieb gewährleisten zu können. Ziel ist es, nicht nur den angeschlossenen Hochschulen eine Plattform für ihr IT-Management zu bieten, sondern auch mittelfristig die Einrichtungen auf ihrem Weg zur Erfüllung der vom BSI aufgestellten Richtlinien zu unterstützen.

Die Kooperationspartner betreiben gemeinsam das System, welches von der Hochschule Mannheim als Weblösung angeboten wird. Alle IT-Einrichtungen der teilnehmenden Hochschulen haben Zugriff auf jeweils ihren Datenbereich. Das Softwarepaket wird durch die Herstellerfirma gewartet, weshalb jährliche Kosten anfallen. Alle im Verbund beteiligten Hochschulen tragen die gleiche Summe an den laufenden Softwarekosten für das System. Dieses sind aktuell bei derzeit zehn Partnern weniger als 1000 € pro Jahr. Hierin enthalten sind der Softwaresupport des Herstellers und die Anschaffungskosten der einzelnen Module, wie sie aktuell bei allen Partnern im Einsatz sind. Hierzu wurde die Software I-DoIT mit den notwendigen Modulen ausgestattet und permanente Weiterbildungen für die in der Hochschule Mannheim ansässige Stelle finanziert.

Die Hochschule Mannheim stellt neben dem Hosting einer abgeschirmten, ausfallsicheren und ausfallgesicherten Serveranlage zusätzlich eine unbefristete Stelle der Einstufung E10 bereit, die die regelmäßige Wartung durchführt, den Support für die angeschlossenen Hochschulen leistet, aber auch aktiv an der Weiterentwicklung und Anpassung der Software an die Belange der Hochschulen arbeitet sowie Schulungen dazu durchführt. Weiterhin dient die Stelle der Erweiterung und Verbesserung einzelner Module auf Wunsch der Partner, geht auf Probleme der einzelnen Hochschulen direkt ein und steht als Schnittstelle mit dem Hersteller in Kontakt. Da es sich im I-DoIT-System um sehr sensible Daten der einzelnen Hochschulen handelt, sollen die Sicherheitsanforderungen an die Serveranlage den gesetzlichen Anforderung des BSI für kritische Daten genügen. Die Softwarelizenzen werden von der Hochschule Esslingen verwaltet. Ebenso wird die Abrechnung und

Rechnungserstellung von der Hochschule Esslingen durchgeführt und erfolgt in einem jährlichen Turnus.

Die Kosten der Personalstelle werden durch alle beteiligten Hochschulen gleichmäßig geteilt, weil alle Hochschulen in gleichem Maße von dieser profitieren. Um eine halbwegs gleichmäßige Verteilung der Arbeitsaufwände zu erreichen, wurden die Supportstunden pro Hochschule limitiert. Die beteiligten Hochschulen haben aktuell einen Anspruch von 30 Supportstunden pro Quartal. Nicht verwendete Supportstunden verfallen am Ende des Quartals. In den 30 h/Quartal sind Schulungszeiten enthalten. Fahrtkosten und die Supportzeiten werden separat mit der beteiligten Hochschule verrechnet. Die Rechnungsstellung erfolgt in diesem Fall durch die Hochschule Mannheim.

Die Partnerhochschulen bilden gemeinsam ein Nutzergremium. Die Mitglieder der Hochschulförderation Südwest (HfSW) hatten dazu im Jahr zuvor beschlossen, eine eigene Nutzergruppe I-DoIT zu bilden, die sich zu diesen Themen trifft. Anpassungen und Weiterentwicklungen des Service I-DoIT sollen durch ein Nutzergremium abgestimmt und priorisiert werden. Neuanschaffungen für die Software können prinzipiell auch nur einer Hochschule kostenmäßig zugeordnet werden. Neu hinzugefügte Module stehen anschließend allen Partnern zur Verfügung, da nicht für einzelne Instanzen extra Module freigeschaltet werden können. Daher werden solche Anschaffungen in der Nutzergruppe zu besprechen sein, denn laufende Lizenzzahlungen treffen die gesamte Gruppe.

Jede Partnerhochschule entsendet eine Person in das Nutzergremium. Zur Optimierung der Abläufe werden von jedem Partner ein technischer – für den operativen Betrieb – sowie ein organisatorischer Ansprechpartner genannt. Investitionen und budgetrelevante Veränderungen der Lizenzen werden gemeinsam besprochen. Bei sehr großen finanziellen Veränderungen ist es einzelnen Partnern möglich, aus dem Vertrag auszusteigen. Die Beteiligung an dieser Kooperation steht allen staatlichen Hochschulen offen, sofern sie sich zu den vereinbarten Rahmenbedingungen der Kooperationsvereinbarung verpflichten. Über die Aufnahme entscheidet der Vorstand der HfSW im Rahmen der kapazitären Möglichkeiten.

Die Übereinkunft tritt in 2016 durch gemeinsame Unterzeichnung der Kooperationsvereinbarung durch die Kanzler aller beteiligten Hochschulen für mindestens drei Jahre in Kraft. Sollten zum Ende der Laufzeit keine Kündigungen erfolgen oder erhebliche Änderungen gewünscht werden, verlängert sich die Vereinbarung automatisch um weitere drei Jahre. Die Übereinkunft löst die seit zwei Jahren bestehende informelle Struktur ab. Diese konnte bisher ohne Unstimmigkeiten alle Belange der Gruppe einstimmig regeln, weshalb die Regelungen in der Vereinbarung recht offengehalten sind. Das soll den Partnerhochschulen die Möglichkeit geben, auf Situationen flexibel zu reagieren.

8 IBS|BW

Kooperationspotenziale ergeben sich nicht nur bei der Schaffung besonderer Forschungsinfrastrukturen, sondern ebenso bei der Bereitstellung von Dienstleistungen, die spezielle Prozesse an Hochschulen und Universitäten unterstützen. Als Beispiel kann hier das IBS|BW-Projekt (www.alwr-bw.de/kooperationen/ibsbw/) genannt werden, bei dem die speziellen Anforderungen wissenschaftlicher Bibliotheken in einem integrierten System zusammengeführt worden sind und der Übergang von einer dezentralen hin zu einer zentralen IT-Infrastruktur für diesen Bereich geschaffen wurde. Die Universitätsbibliotheken Freiburg, Hohenheim, Stuttgart, Tübingen und Ulm, die Landesbibliotheken Karlsruhe und Stuttgart sowie die Hochschulbibliotheken des Landes Baden-Württemberg haben gemeinsam das integrierte Bibliothekssystem aDIS/BMS der Firma a|S|tec eingeführt.[6] Die im Rahmen von IBS|BW entstandene Lösung wurde in enger Kooperation mit Informations- und Rechenzentren und dem Bibliotheksservice-Zentrum (BSZ) in den Regelbetrieb überführt.

Die Ziele des Projekts liegen in der Ablösung der heterogenen Altsysteme durch ein integriertes, einheitliches Bibliotheksverwaltungssystem, welches in allen beteiligten Bibliotheken Verwendung findet. Dieses dient der Erleichterung der langfristigen Kooperation der Partnerbibliotheken und der Vereinheitlichung von Verfahren und Vereinfachung von Prozessen, die mit einer Konsolidierung und Reduktion der Schnittstellenvielfalt einhergeht. Hierzu wurde eine für alle wissenschaftlichen Bibliotheken im Geschäftsbereich des MWK nutzbare Landeslizenz erworben. Im Zuge dieses Projekts wurde eine Anbindung an die Authentifizierungs- und Autorisierungsdienste (bwIDM, Shibboleth) sowie Integration in das bestehende Hochschulidentitätsmanagement (LDAP) erreicht. Das Projekt sichert die Zukunftsfähigkeit der beteiligten Bibliotheken mittels Ermöglichung von Synergien durch einen zentralen, wirtschaftlichen und ressourcenschonenden Betrieb sowie eine bessere Auslastung und höhere Verfügbarkeit der Server durch ein zentrales Betriebsmodell in einer Private-Cloud. Im Rahmen einer europaweiten Ausschreibung 2009 unter der Federführung der Universität Ulm erhielt die Firma a|S|tec mit dem Bibliothekssystem aDIS/BMS den Zuschlag. Seit Mitte 2010 wurden die am Projekt teilnehmenden Konsortialbibliotheken sukzessiv auf das neue Bibliothekssystem umgestellt. Die Projektleitung und das Projektmanagement lagen beim Kommunikations- und Informationszentrum der Universität Ulm (kiz). Das sich anschließende Folgeprojekt IBS|BW2 wird unter der Federführung des KIM der Universität Hohenheim durchgeführt.

Das IBS wird von den beteiligten Bibliotheken zusammen mit dem BSZ Konstanz und dem ZDV der Universität Tübingen in einem Konsortialmodell betrieben.

6 Zum Stichtag 01. 01. 2016 ist aDIS/BMS in 62 teilnehmenden Bibliotheken in Produktivbetrieb.

Die mit Fördermitteln des MWK beschaffte Landeslizenz steht allen wissenschaftlichen Bibliotheken im Geschäftsbereich des MWK zur Verfügung.

Für das Projekt wurde ein zentrales Betriebsmodell entwickelt, welches Kooperation und Kommunikation im Produktivbetrieb definiert. Ebenso regelt es die Form der gemeinsamen Weiterentwicklung des aDIS.

9 Backup-Verbünde

Zuerst vier, inzwischen durch Fusion drei Regionalverbünde, Freiburg-Heidelberg-Mannheim nun gemeinsam mit KIT Nord und Süd, Ulm-Tübingen-Konstanz, Stuttgart-Hohenheim, erbringen unter Nutzung des leistungsfähigen Landeshochschulnetzes BelWü seit mehr als zehn Jahren kooperativ für die Universitäten und Hochschulen des Landes Baden-Württemberg Dienstleistungen im Bereich Backup. Der Einsatz einer zum damaligen Zeitpunkt einheitlichen Backup-Software, IBM Tivoli Storage Manager (TSM), hat hierbei in der Vergangenheit die notwendige Akzeptanz geschaffen und den Weg für die enge Kooperation in den Verbünden geebnet. Diese werden darüber hinaus in ihrer Hardwarebeschaffung durch das Land unterstützt. In den Jahren 2014 und 2015 wurden zwei wesentliche Änderungen umgesetzt, die im Rahmen der „Fortschreibung des Umsetzungskonzeptes der Hochschulen des Landes Baden-Württemberg für datenintensive Dienste – bwDATA" erfolgt sind:

- Die beiden Verbünde Freiburg-Heidelberg-Mannheim und KIT-Nord-Süd wurden zusammengelegt. Mit den dann verbleibenden drei Regionalverbünden soll eine regionale Abdeckung von Baden-Württemberg erreicht werden, die eine effizientere Infrastrukturnutzung und Kompetenzbündelung ermöglicht. Diese Struktur soll zudem neue Partner in Form regionaler Hochschulen unterstützen und einbinden.
- Mit der Einführung von Bacula[7] im Verbund Ulm-Tübingen-Konstanz wurde das Ziel erreicht, eine Zwei-Vendor-Strategie zu implementieren. Damit wird der Forderung der DFG-Empfehlung im Produktivbetrieb entsprochen, um zukünftig Abhängigkeiten von einem Anbieter zu minimieren. Darüber hinaus stärkt eine produktiv im Land eingesetzte Alternativlösung die Position gegenüber dem jeweils anderen Lizenzgeber für anstehende Verhandlungen über eine Verlängerung des Vertrages erheblich.

Die Bildung des neuen Regionalverbundes Freiburg-Heidelberg-Karlsruhe-Mannheim berücksichtigt eine Ausfallsicherheit bei der Administration der Backup-Infrastruktur, einen Datenaustausch von Backup-Metadaten einschließlich wichtiger

7 Open-Source-Backup-Lösung mit Supportfirma, www.baculasystems.com/.

Daten zur Wiederherstellung. Mit der Realisierung wird weiterhin an der Universität Freiburg die Möglichkeit geschaffen, Backup-Daten nach Karlsruhe und nach Heidelberg zu transferieren sowie die bisherigen Archivdaten und diejenigen Daten, die die Universität Freiburg nicht verlassen dürfen, weiterhin lokal zu speichern.[8] Die Universität Mannheim wird durch die Nähe zu Heidelberg außer einem Speichersystem für Daten, die in Mannheim verbleiben sollen, keine eigene Backup-Hardware betreiben und sichert direkt in die Backup-Infrastruktur der Universität Heidelberg. Diese erweitert ihre Backup-Infrastruktur entsprechend. Am Karlsruher Institut für Technologie wird die Backup-Infrastruktur ausgebaut, insbesondere zur Aufnahme der Sicherungsdaten von virtuellen Servern. Das Betriebsmodell sieht eine Administration der Backup-Infrastruktur des neuen Regionalverbundes von Heidelberg und von Karlsruhe aus. Durch die an den Standorten bereits vorhandene Kompetenz der Backup-Administration wird im Regionalverbund eine ausfallsichere Administration erreicht. Neben den teilnehmenden vier Universitäten Freiburg, Heidelberg, Karlsruhe und Mannheim werden auch weitere regionale Partner, die Hochschulen Offenburg und Mannheim, die Backup-Dienste des Regionalverbundes nutzen.

Im alternativen Regionalverbund erfolgt die Finanzierung zu je ein Drittel durch die drei beteiligten Universitäten, wobei derzeit keine Einrichtung die Kosten intern auf die Nutzer umgelegt. Ebenso wird die derzeitig im Test befindliche Hochschule Reutlingen nicht abgerechnet, das würde erst der Fall sein wenn signifikant Daten/Kosten anfallen. Der Standort Ulm betreibt alle Serverkomponenten und plant beziehungsweise entscheidet damit entsprechend unter Einbeziehung der beiden Partner. Die anderen Standorte nutzen den Dienst als reinen Service. Der Endnutzersupport geschieht lokal an den einzelnen Standorten mit Eskalation an Ulm oder bei entsprechender Komplexität an Bacula Systems.[9]

10 Hochschulrechnungswesen und Campus-Management

Ein Projekt im Bereich des Hochschulrechnungswesens unter Beteiligung der Verwaltungen von zwei Universitäten ist „FreiMann“. Es verfolgt das Ziel der Einführung des integrierten Rechnungswesens auf Basis der kaufmännischen Buchführung unter Nutzung des SAP-Hochschulreferenzmodells. Die Universitäten Freiburg und Mannheim kooperieren zunehmend eng im Hochschulrechnungswesen

8 Je nach Art der Daten kann auch eine clientseitige Verschlüsselung genügen, wie sie im Verbund von Ulm, Tübingen und Konstanz geübt wird.

9 Weitere Informationen liefert die Dienstbeschreibung des Standorts Ulm, www.uni-ulm.de/einrichtungen/kiz/service-katalog/backup-storage/backup.html.

und Berichtswesen und bauen in diesem Zuge die bestehende Zusammenarbeit im „Campus-Management“ aus. Im Projekt werden hochschulspezifische Master-Strukturen definiert, welche in einer gemeinsamen Umsetzung des sogenannten *Verbundmasters* sowie in gemeinsamen Betrieb und Anwendungsbetreuung münden sollen. Durch ein gemeinsames durch das MWK gefördertes Einführungsprojekt wurden personelle und finanzielle Synergien gefunden und weiterentwickelt.

Grundlage für langfristige partnerschaftliche Zusammenarbeit erfolgt auf der Basis des LHG in Baden-Württemberg. Ein langfristiges Ziel besteht in der Definition eines gemeinsamen Hochschulreferenzmodells für Finanzmanagement, Kosten- und Leistungsrechnung, Controlling und Berichtswesen der Hochschulen. Das Projekt definiert eine Reihe von Arbeitsbereichen:

- Aufbau Kompetenzzentrum;
- Aufbau Governance-Strukturen;
- Personalaufbau;
- Know-how-Transfer.

Die Universität Freiburg hat die Federführung im Kompetenzzentrum „Hochschulberichtswesen“ bwBI-CC, die Universität Mannheim trägt die Verantwortung für das Kompetenzzentrum „Hochschulrechnungswesen“ bwHSRW-CC. Letztere sieht in diesem Projekt eine Entwicklungsperspektive für ein weiteres Standbein des Universitätsrechenzentrums. Der Aufbau der Kompetenznetzwerke erfolgt unter Berücksichtigung der Konzepte und Anforderungen an Budgetierung, Produkthaushalt, Qualitätssicherung und Berichtspflichten. Bei der Einführung eines kaufmännischen Rechnungswesens für Hochschulen wurden die Aspekte der steuerlichen Anforderungen, der Trennungs- und Vollkostenrechnung und der externen Berichtspflichten berücksichtigt. Gleichzeitig finden die internen und externen Anforderungen an Buchungsstruktur, Budgetierung, Berichtswesen und deren Weiterentwicklung Beachtung.

Das Projekt ging am 1. 1. 2015 in Produktion, wobei in der Einführungsphase für den Bereich Rechnungswesen die Module Finanzbuchhaltung, Anlagenbuchhaltung, Kosten- und Leistungsrechnung, Projektmanagement, Haushaltsmanagement und Drittmittelverwaltung umgesetzt wurden. Für die Logistik wurden die Materialwirtschaft, die dezentrale Beschaffung sowie das Auftragsmanagement zum selben Zeitpunkt produktiv gesetzt. Für die Business-Intelligence erfolgte eine Erweiterung von SuperX beziehungsweise HISinOne-BI.

Der vorgesehene Verbundmaster steht als Referenzmodell für die baden-württembergischen Hochschulen zur Verfügung und schafft damit die Basis für ein einheitliches Customizing und gemeinsame Programmentwicklung. Hierbei existieren lokale Freiheitsgrade zur Abbildung individueller Prozesse in den Rollout-Systemen, die als Mandanten abgebildet sind. Das Ganze bildet eine Konzernstruktur mit einem gemeinsamen Master, der wiederum die Grundlage für die Integration weiterer Hochschulen schafft.

Das Projekt bwHSRW-CC kümmert sich um die drei Teile Anwendungsbetreuung, Betrieb der SAP-Systeme und Betrieb der Hardware. Teil 1 umfasst die Anwendungsbetreuung, das Customizing und in enger Kooperation mit den Fachabteilungen der beteiligten Universitäten die Weiterentwicklung des Verbundmasters, die hochschulspezifischen Anpassungen und die Eingliederung in das Gesamtsystem. Teil 2 findet außerhalb der Hochschulrechenzentren statt, da dieser einen hochspezialisierten Anbieter (Systemhaus) erfordert und nicht wirtschaftlich in den eigenen Häusern abgebildet werden kann, da es sich nicht um Kernkompetenzen von Universitätsrechenzentren handelt. Teil 3 sichert durch den hochschulinternen Betrieb der Hardware die Aspekte Datenschutz, die Möglichkeit des einfachen Anbieterwechsels für den SAP-Basisbetrieb und die Nutzung von BelWü als Basisdateninfrastruktur.

Die Beziehungen der Partner im Verbund sind in einem Kooperationsvertrag von April 2014 mit Regelung der gemeinsamen Verantwortung und vertrauensvollen Zusammenarbeit festgehalten. Die Governance umfasst einen Lenkungsausschuss und die Fachlich-Technische Koordination (FTK). Der Lenkungsausschuss übernimmt die Gesamtverantwortung, strategische Weiterentwicklung, Kostenverteilung und Definition von Prioritäten bei der Umsetzung konkurrierender Anforderungen. Er setzt sich aus den Kanzlern der beteiligten Universitäten, dem Sprecher der Fachlich-Technischen Koordination und dem Leiter des Rechenzentrums Mannheim für bwHSRW-CC zusammen.

Die FTK bringt unter Federführung des bwHSRW-CC die Anwendungsbetreuung und die fachlich Verantwortlichen der Kooperationspartner zusammen. Die FTK hat die operative Verantwortung und fachliche, technische sowie administrative Leitung im Betrieb. Sie übernimmt zudem die Steuerung von weiteren Einführungsprojekten.

Weitere Gremien bilden die Modulleiter, Key-User im Projekt und der Technikausschuss. Die Modulleiter verantworten die gemeinsame, modul- und universitätsübergreifende Weiterentwicklung der Fachverfahren, die Abstimmung auf der operativen Ebene sowie die Themenbereiche externes und internes Rechnungswesen, Beschaffung, Integration und Prozesse sowie Schnittstellen.

Das Finanzierungsmodell sieht eine Kostenteilung für die gemeinsame Inanspruchnahme von Beratungsleistung und der gemeinsamen Infrastruktur sowie für die Finanzierung der Kosten des Kompetenzzentrums vor. Hierbei wurde ein Aufteilungsschlüssel für gemeinsame Beratungs- und Dienstleistungen vereinbart, der sich aus einem Sockelbetrag für die beiden Verbundpartner sowie einen Betrag, der sich an der Zahl der genutzten Lizenzen orientiert, zusammensetzt. Finanzierungsmodell und Aufteilungsschlüssel sind wesentliche Bestandteile des Kooperationsvertrags.

Die Erfolgsfaktoren in bwHSRW-CC liegen in der gewollten Kooperation der Hochschulen, welche die notwendige Vertrauensbasis und Durchsetzungsstärke bietet. Es wurden klare Regelung der Verantwortlichkeiten und Zuständigkeiten getroffen sowie ein übergreifendes Qualitätsmanagement festgelegt. Für die Durchführung des Projekts und des Betriebs bedarf es kompetenter und motivierter Mitarbeiterinnen und Mitarbeiter, sowie einer kompetenten Anwendungsbetreuung auf Augenhöhe. Im Zuge des Projekts entstanden neue Kompetenznetzwerke zwischen den Universitätsverwaltungen, die auch über die engere Kooperation FreiMann deutlich hinausgehen. In Zukunft ist eine Intensivierung der Zusammenarbeit in FreiMann vorgesehen, die mittels der gemeinsamen Weiterentwicklung des Verbund-Masters vorangetrieben wird und die die Öffnung des Projekts für weitere Hochschulen anstrebt.

Alle Universitäten des Landes arbeiten seit 2013 im Projekt „bwCMS" gemeinsam an der Umsetzung der thematischen Förderlinie „Weiterentwicklung der IT-Infrastruktur (Software)", die künftig unter „Studierenden-IT" zusammengefasst wird. Erklärtes Ziel dabei ist, dass jede Universität auf Basis ihrer eigenen Anforderungen für sie passende Best-Practice-Lösungen auswählen und in Kooperation mit anderen Hochschulen und Entwicklungspartnerschaften mit CMS-Herstellern weiter entwickeln kann. Die Rahmenbedingungen hierzu werden durch die Arbeitsgruppe bwCMS geklärt.

Eine Umsetzung dieser Kooperationsmöglichkeiten der nichtuniversitären Hochschulen – hierzu zählen die HAWen, PHs und Kunst- und Musikhochschulen – erfolgte im Jahr 2008 durch die Gründung des Hochschulservicezentrums Baden-Württemberg (HSZ-BW), welches neben dem laufenden zentralen Betrieb und Support für die Basissysteme des Campus- und Ressourcenmanagements zur Zeit gemeinsam mit dem MWK in Baden-Württemberg und der HIS e. G. Campus-Management-System Referenzmodelle für ihre Mitgliedshochschularten erarbeitet, die in den nächsten Jahren umgesetzt und eingeführt werden sollen.

11 Erste Schlussfolgerungen

Die baden-württembergischen Hochschulen haben bereits erfolgreich und eigenverantwortlich untereinander Kooperationsmöglichkeiten zur Umsetzung von neuen und verbesserten Diensten ausgelotet. Dabei werden alle Ansätze von der Eigenentwicklung über den föderativen Ansatz bis zur gemeinsamen Entwicklung betrachtet und gegebenenfalls erprobt.

Die Liste an Landesaktivitäten liefert ein facettenreiches Bild. Sie umfasst jedoch gleichzeitig Bereiche, bei denen die Strukturen noch Schwächen aufweisen. Erfahrungsgemäß können Kooperationen je nach Anwendungsfeld sehr unterschiedlich strukturiert sein, was die Übertragung von bestimmten Lösungen beispielsweise im Bereich Leistungsausgleich erschwert. Recht einfach erscheinen Koordination und Kooperationen in einfach strukturierten Projekten und Diensten, wo ein Partner Aufgaben zentral für einige bis alle Hochschulen im Land übernimmt. Hierzu zählen der zentrale Hardware- und Softwareeinkauf oder auch das

IT-Dokumentationsprojekt I-DoIT. Im Fall der bwPC- und Laptop-Beschaffungen erfolgt die Alimentierung der Stelle für den zentralen Einkauf durch das Land. Die Einsparungen durch die erreichte Losgröße der Ausschreibungen refinanzieren die Stelle. Ähnliches könnte für den Bereich Software etabliert werden. Beide Kooperationsbeziehungen kommen mit einer lockeren Steuerung aus, die über den ALWR-BW ausreichend regelmäßig erfolgt. Für I-DoIT wurde ein gemeinsamer Kooperationsvertrag entworfen, der sowohl einige Steuerungs- als auch Elemente für die langfristige Verbindlichkeit enthält. Dieses trifft in vergleichbarer Form auf IBS|BW zu. Dieser Verbund mit Zentrale in Tübingen wurde durch ein Vorbereitungsprojekt unter Beteiligung der Landesbibliotheken und einiger Universitätsbibliotheken in die Wege geleitet. In dieser Zeit wurden tragfähige Projekt- und Governance-Strukturen entwickelt.

Einige infrastrukturelle Anwendungsfelder haben sich als ideale „Erprobungsumgebungen“ und letztlich „Keimzellen“ für Folgeprojekte und -anträge herausgestellt. So kann das bwGRiD-Projekt neben der Realisierung einer verteilten Einheitsumgebung für das High-Performance-Computing nicht nur in technischer Hinsicht als erfolgreicher Start für weitere, größere Folgeprojekte angesehen werden. Es wurden auch aufgrund des Charakters des Projektes neue Formen der Kooperation entwickelt, auf deren Basis das Landeskonzept bwHPC sowie die Anträge zu Forschungsgroßgeräte, den bwForschungsClustern erfolgreich formuliert, begutachtet und gefördert werden konnten. Die Abstimmung im Produktivbetrieb ist derzeit noch Gegenstand weiterer Optimierungen. So war es aus Sicht der Betreiber sinnvoll, beispielsweise in Ausschreibungsaspekten stärker zu kooperieren, wodurch die Standorte Tübingen und Freiburg Synergien erzielen konnten. Einige Belange weisen noch offene Punkte auf: Die Ressourcen stehen zwar bei ausgewählten Universitäten, was diese als Stärkung ihre Infrastruktur und Sichtbarkeit sehen können. Umgekehrt tragen diese aber eine nicht unerhebliche Last bei Betriebspersonal und laufenden Energiekosten. Aktuell wird eine Dienstleistung für *alle* Hochschulen im Land an *ausgewählten* Standorten erbracht, deren Finanzierung aus *verschiedenen* Mitteltöpfen geschieht: Land (MWK), DFG und Eigenbeiträge der Fach-Communities. Alle Stränge sorgen für eine potenziell hohe Komplexität der Kooperationsbeziehungen, in deren Verlauf Fragen zu klären sind, wie eine Kompensation für Betriebslasten erfolgt, genauso wie generelle Erneuerungen und Erweiterungen aus Community-Mitteln.

BelWü hingegen ist ein bereits langjähriges Erfolgsmodell, welches seine Geburt günstigen politischen Rahmenbedingungen verdankt. Hier erbringt eine zentrale Stelle Dienste für alle Hochschulen im Land. Sie könnte die Basis für weitere, allgemein benötigte Standarddienste bilden.

Im betrieblichen Bereich erlaubt die Spezialisierung der Rechenzentren an den Standorten, wie beispielsweise im Backup, IT-Dokumentation oder im Hochschulrechnungswesen, die Konzentration bestimmter Aufgaben und ermöglicht so die Freisetzung von bislang gebundenen Ressourcen für andere Bereiche. Insbesondere bei hochstandardisierten Komponenten wie Laptop-, PC- und Softwarebeschaffung lassen sich große Synergien und damit Einsparungen erzielen, da auch hier Standardisierung eine der Schlüsselkomponenten darstellt, um die betrieblichen Dienste und Strukturen in Zukunft weiterzuentwickeln. Je nach Gebiet muss sie durch Spezialisierung ergänzt werden, die wie beispielsweise in den Backup-Verbünden, um regionalen oder lokalen Anforderungen gerecht zu werden.

Die notwendigen Konzentrations- und Standardisierungsbestrebungen von ausgewählten Diensten an einigen Stellen und Kooperation führen potenziell dazu, dass die Beratungskompetenz am Standort immer stärker in den Fokus rückt und sie strategisch, operativ und organisatorisch immer wichtiger wird. Die verschiedenen Stakeholder wollen persönliche Ansprechpartner erreichen, die in der Lage sind, fachlich und organisatorisch die notwendigen Lösunggschritte gemeinsam zu entwickeln. Die Beratung vor Ort muss einen fundierten und umfassenden Überblick über die Leistungen des Standortes und die Aktivitäten im Land haben, um bei entsprechender Situation an Projekte, Kooperationen oder andere Standorte weiterzuleiten. Dazu sind leistungsfähige und moderne Supportstrukturen notwendig, die mit den Fachbereichen im Rechenzentrum direkt vernetzt sind und über effiziente Steuerungsstrukturen verfügen, damit schnell auf Problemlagen oder auf neue Anforderungen reagiert werden kann.

Das Gesamtbild bleibt zeigt die Herausforderungen, die einerseits mit Kooperationen bewältigt werden sollen, jedoch andererseits auch die Anstrengungen und Mühen, die mit einer (multilateralen) Zusammenarbeit einhergehen.

Literatur

Castellaz, Peter. 2014. *IT-Infrastruktur in einem dynamischen Umfeld*. Geleitwort zum Workshop, Hochleistungsrechnen in Baden-Württemberg – Ausgewählte Aktivitäten im bwGRiD, 18–39. KIT Scientific Publishing.

Dynowski, Marek, Michael Janczyk, Tobias Kienzle, Matthias Landwehr, Reinhard Mayer, Adrian Reber, Nico Struckmann, Sabine Richling, Janne Schulz und Sven Hermann. 2014. *Das bwGRiD heute*. Eine erfolgreiche förderative HPC-Forschungsumgebung, Hochleistungsrechnen in Baden-Württemberg – Ausgewählte Aktivitäten im bwGRiD, 18–39. KIT Scientific Publishing.

E-Science. 2014. *Wissenschaft unter neuen Rahmenbedingungen*. Fachkonzept zur Weiterentwicklung der wissenschaftlichen Infrastruktur in Baden-Württemberg, Abschnitt 4.2, 31 ff. Stuttgart.

Hartenstein, Hannes, Thomas Walter und Peter Castellaz. 2013. *Aktuelle Umsetzungskonzepte der Universitäten des Landes Baden-Württemberg für Hochleistungsrechnen und datenintensive Dienste. PIK – Praxis der Informationsverarbeitung und Kommunikation* 36(2): 99–108.

Janne Chr. Schulz und Dirk von Suchodoletz

Anforderungen an Governance von Projekten

Projekte bieten die Chance, außerhalb etablierter betrieblicher Strukturen neue Ansätze auszuprobieren. Sie zeichnet eine besondere Betonung der Kooperation als Modus Operandi aus, bei der abteilungs- oder einrichtungsübergreifend zusammengearbeitet werden soll. Auf den Erfolg dieser Zusammenarbeit wirken dabei eine Reihe von Faktoren, die letztlich für den Projekterfolg, die angestrebte spätere Nachhaltigkeit oder die Übernahme in den Produktivbetrieb relevant sind. Je stärker sich die beteiligten Parteien über Ziele, Richtung und Erfolgsmetriken einigen können, je klarer die Vorstellungen zum Umgang mit Projektrisiken sind und je verbindlicher diese Strukturen umgesetzt werden, desto höher sind die Chancen einer erfolgreichen Kooperation. Die Weiterentwicklung aus der Projektarbeit heraus sollte Rahmenstrukturen schaffen, die auf der Ebene der Rechenzentren als auch auf übergeordneten Ebenen funktionieren. Projekte mit Fokus einer Einführung neuer Dienste oder Softwarestrukturen sollten mögliche Dichotomien von Projekt- und Tagesbetrieb vermeiden sowie Betriebs- und Projektpersonal gleichwertig betrachten.

1 Einleitung und Analyse

IT-Projekte sind für wissenschaftliche Rechenzentren nichts Neues. Sie sind ein probates Werkzeug für die Erprobung neuer Technologien und Dienste. Zuwendungsgeber wie DFG oder Ministerien legen daher regelmäßig Programme auf, an denen sich Rechenzentren beteiligen und bei denen unterschiedliche Fragestellungen untersucht und evaluiert werden sollen. Viele dieser Projekte zielen auf die spätere Bereitstellung neuer Dienste oder Services ab, denn der Zuwendungsgeber erwartet eine gewisse Nachhaltigkeit.

Der Übergang von Projekten in den Produktivbetrieb ist dabei ein häufiges Problem und gelingt nur mit gemischtem Erfolg. Einige Projekte kommen trotz positiven Feedbacks seitens potenzieller Nutzer und einem generellen Willen der Beteiligten nicht über ein bestimmtes Stadium hinaus. Vielfach fehlen institutionalisierte Strukturen oder Andockstellen, um eine Kooperation nach dem Auslaufen der Projektförderung in der Regie der beteiligten Hochschulen weiterzuführen. Durch die Verschiebung der Sichtweisen auf Kooperationen und durch die Verän-

Janne Chr. Schulz, Universität Mannheim
Dirk von Suchodoletz, Albert-Ludwigs-Universität Freiburg

DOI:10.1515/9783110459753-016

derung der Erwartungen an Projekte können problematische Situationen entstehen, die das Erreichen der Projektziele gefährden.

Während die Akzeptanz von Rahmenwerken wie ITIL für den professionellen IT-Betrieb an den Hochschulrechenzentren stetig steigt, ist der Einsatz von entsprechenden Frameworks wie PRINCE2 zur Durchführung und Steuerung von projektbasierten Kooperationen durchaus noch ausbaufähig. Das führt zu der Situation, dass betriebliche Abläufe und Prozesse unter dem Gesichtspunkt moderner Methoden weiterentwickelt werden, aber sich die Projektarbeit nur langsam weiterentwickelt. Tatsächlich muss dies nicht problematisch sein: Wenn die Praxis geübt ist und zu den gewünschten Zielen führt, spricht nichts gegen ihre Beibehaltung. Jedoch wächst bei steigender Anzahl von Partnern in Kooperationen die Komplexität, diese zu organisieren, meistens nicht linear, sondern exponentiell, weshalb eine kritische Untersuchung der üblichen Projektpraxis sinnvoll erscheint.

Dieser Beitrag versucht keine Neubestimmung des Projektbegriffs, sondern untersucht die Strukturen, die für die Etablierung und Steuerung von Projekten über ihre Lebenszeit hinaus notwendig sind und wie sie im typischen Kontext von Hochschulrechenzentren auftreten. Das Ziel sollte sein, analog zur Weiterentwicklung des Service-Begriffs auch den Projekt-Begriff an den Hochschulrechenzentren an die Realität anzupassen und auf die in Hochschulkooperationen typischen Entscheidungsfelder hinzuweisen.

2 Projekte und Kooperation

Die Steuerung von Projekten orientiert sich zunächst an den bereits vorhandenen und im Einsatz befindlichen Prozessen und Werkzeugen zur Governance und Steuerung von IT-Prozessen. Insbesondere die grundlegenden Eigenschaften und Forderungen an wirksame Governance-Strukturen gelten im Bereich der projektbasierten Kooperation ebenfalls und uneingeschränkt. So ist für klare Verantwortlichkeiten und Kommunikationsstrukturen zu sorgen, genauso wie eine regelmäßige Prüfung der Strategie des Vorhabens durchgeführt werden muss. Die große Übereinstimmung mit den Vorgaben und dem Vorgehen in „klassischen" IT-Prozessen kommt nicht von ungefähr: Die projektbasierte Kooperation wird gerade in der Informationstechnologie im Allgemeinen und an den Hochschulrechenzentren im Besonderen schon lange umgesetzt. Obwohl deshalb auf einen meist großen Erfahrungsschatz im Umgang mit Projekten zurückgegriffen werden kann, haben sich in den letzten Jahren einige Problemfelder aufgezeigt, an denen die herkömmlichen Governance- und Steuerungsmechanismen bei dieser Form der Zusammenarbeit nicht mehr greifen oder nicht zufriedenstellend umgesetzt werden können. Die Felder umfassen beispielsweise den Übergang von Projekten zu einem nachhaltigen (Weiter-)Betrieb, aber auch Entscheidungs- und Aufgabenstrukturen innerhalb von Projekten bedürfen einer tiefergehenden Analyse. Eine Aktualisierung der Begrifflichkeiten und Abgleich mit der Realität der Projekte ist daher notwendig.

2.1 Rolle von Projekten

Grundsätzlich ist eine Verschiebung der „Wahrnehmung“ der Projekte zu beobachten. Oder, um es sinngemäß mit den Worten eines Referenten des Workshops auszudrücken: „Rechtlich gesehen sind Projekte derzeit *nichts*, sie werden aber zunehmend *etwas*“ (siehe Kap. 3.2, Kooperation und Recht im Beitrag von Suchodoletz und Schulz, Bericht vom Workshop „Governance in Kooperationen“ im gleichen Band). Waren Projekte bislang eine „billige“ und einfache Methode, neue Ansätze auszuprobieren, um sich auf diese Weise „einigermaßen gefahrlos“ mit neuen Fragestellungen zu beschäftigen, übernehmen Projekte mittlerweile zunehmend eine aufbauende, vorbereitende und „vor-betrieblich organisatorische“ Rolle. Nach wie vor werden in Projekten Ansätze verfolgt, die beispielsweise bislang nicht in der betrieblichen Praxis erprobt und aufgrund ihres innovativen Charakters noch gar nicht für diesen Bereich angewendet wurden – kurz gesagt: In Projekten werden hauptsächlich Ansätze, Methoden und Prozesse getestet und unter kontrollierten Bedingungen evaluiert.

Aber es gibt zunehmend Projektvorhaben, die von Anfang an mit der klaren Botschaft des Aufbaus von nachhaltigen Strukturen gestartet werden. Hier werden ebenfalls neue Prozesse erprobt und neue Technologien evaluiert, aber die Erwartungshaltung aller am Projekt beteiligten Parteien hat sich deutlich verschoben: ein „Scheitern“ ist zwar nicht ausgeschlossen, wird aber deutlich negativer bewertet, als dies eventuell bei reinen Innovations- oder Forschungsvorhaben der Fall wäre.

Das zunehmend solche Erwartungshaltungen formuliert werden, ist hierbei nicht als problematisch anzusehen. Problematisch ist die „Ungleichzeitigkeit des Gleichzeitigen“, denn der rechtliche Status der Projekte hat sich, im Unterschied zu den Erwartungen, nicht geändert. Durch diese Asynchronizität der Bedingungen und Parameter entstehen paradoxe Situationen, die es im weiteren Verlauf und durch gemeinsame Anstrengungen zu überwinden gilt.

2.2 Charakter und Schwerpunkt des Projektes

Bevor eine projektbasierte Kooperation operativ gestartet wird, sollten sich die Parteien auf einen „Charakter“ des Projektes einigen. Auch wenn sich dieser durchaus im weiteren Verlauf ändern kann, so bedeutet dieser Schritt eine erste Entscheidung, die gemeinsam gefällt wird. Die Varianten zwischen Betriebsprojekten und reinen Forschungsvorhaben beziehungsweise Innovationsprojekten sind zahlreich, dennoch kann mit der groben Zweiteilung zumindest begonnen werden.

Als Betriebsprojekte können Kooperationen bezeichnet werden, die sich vorrangig auf betriebliche Aspekte konzentrieren. Dazu gehören die Evaluation von Technologien, die derzeit (oder zukünftig) an den Rechenzentren eingesetzt oder die mittel- bis langfristig durch Alternativen ersetzt werden sollen. Bei diesen Projekten ist die Übernahme der entwickelten Prozesse und Lösungen in nachhaltige betriebliche Strukturen von Anfang an angestrebt oder zumindest gewünscht.

Das andere Extrem bilden angewandte Forschungsvorhaben, die sich mit Grundlagen oder sehr innovativen und kaum erprobten Technologien auseinandersetzen. An ihnen kann die Beteiligung von Betriebspersonal durchaus sinnvoll und zielfördernd sein, ihre grundsätzliche Daseinsberechtigung ziehen die Innovationsprojekte durch das „offene Ende“: Ein Forschungsvorhaben kann zu praktikablen und umsetzbaren Ergebnissen führen, muss aber nicht – zumindest nicht in direktem zeitlichem Zusammenhang zum Projektende. Die Auseinandersetzung zu der Frage, welche Ergebnisse im Rahmen des Forschungsvorhabens erzielt wurden, ist außerdem nicht ausschließlich an das Projektende gekoppelt, sie kann (in loser Form) darüber hinaus geführt werden.

2.3 Zeitpunkte eines Projektes

In der konkreten Umsetzung von Governance-Strukturen innerhalb von Projekten müssen Fragen nach den verschiedenen Zeitpunkten geklärt werden. Das mag auf den ersten Blick trivial aussehen, wenn sich aber mehrere unterschiedliche Parteien, beispielsweise die Rechenzentren verschiedener Standorte, an einem gemeinsamen Projektvorhaben beteiligen, dann muss vorher geklärt werden, wann das Projekt tatsächlich startet. Eine Variante könnte sein, dass das Projekt beginnt, wenn mindestens eine gewisse Anzahl des Personals eingestellt ist oder wenn die Stelle der Projektleitung besetzt ist.[1] Hier ist Variation denkbar. Wichtig ist die verbindliche Festlegung auf eine Interpretation **vor** Beginn des Projektes.

Das Gleiche gilt für die Frage nach dem „Ende“ eines Projektes. Häufig sind die Mittel für Projektvorhaben zeitlich begrenzt und müssen innerhalb eines Zeitraumes verausgabt werden. Diese formalen und fiskalischen Vorgaben geben einen gewissen Rahmen. Je nach Projektstart kann sich dieser allerdings wesentlich nach hinten verlagern, weshalb sich als Folge ebenfalls alle weiteren, darauf aufbauenden Zeitpunkte nach hinten verschieben. In der Regel kann beim Mittelgeber um eine kostenneutrale Projektverlängerung gebeten werden – es entstehen ja keine zusätzlichen Kosten, sie fallen nur später an.

Eine Definition für den Zeitpunkt des Projektendes kann deshalb der Verbrauch der zur Verfügung stehenden Mittel sein. Alternativ dazu gibt es Situationen, die ein Fortführen eines Projektes ebenfalls unmöglich machen. Dazu zählen der Weggang von im Projekt beschäftigtem zentralen Personal, der nicht mehr kompensiert werden kann, genauso wie der Verlust von notwendiger und zentraler Unterstützung, beispielsweise durch Veränderung der politischen Rahmenbedingungen.

1 Die Verfügbarkeit von Personal beziehungsweise dessen Einstellung zum Projektstart sind wesentliche Herausforderungen.

Eine ähnlich gelagerte Situation entsteht in der Betrachtung des Zeitpunktes des Abbruchs eines Projektes. Hier geht es ebenfalls um ein Ende eines Projektes – allerdings nicht nach Erreichen von (regulären) Zielen und Zielsetzungen, sondern weil bestimmte, für den Erfolg des Projektes zentrale Ziele nicht erreicht wurden oder erreicht werden können. Dazu muss im Vorfeld geklärt werden, nach welchen Kriterien ein Abbruch des Projektes festgestellt wird und wer diese Feststellung treffen darf, kann oder muss.

2.4 Partnerwahl und -verhalten

Vor Umsetzung des Projektes steht in der Regel ein mehr oder weniger formaler Beantragungs- und Genehmigungsprozess, da in den meisten Fällen mit der Umsetzung des Projektes der Einsatz von Ressourcen in Form von Geld, Personal oder Technik verbunden ist. Die Anfertigung und Ausformulierung des Antrages kann als vorgelagerter Auswahlprozess der später beteiligten Partner instrumentalisiert werden. Dabei sollte genau beobachtet werden, welcher Partner mit welchem Einsatz an der Formulierung des Vorhabens beteiligt ist. Natürlich bewahrt diese Auswahl nicht notwendigerweise vor „bösen Überraschungen" oder Situationen, in denen sich einzelne Partner aufgrund bestimmter Ereignisse nicht mehr im geplanten Umfang der Realisierung beteiligen können – aber sie kann eine erste Bewertungsgrundlage darstellen. Weitere Auswahl- und Selektionsmöglichkeiten stellen die klassischen reputations- oder empfehlungsbasierten Methoden dar genauso wie der erfahrungsbasierte Ansatz, bei dem vorrangig diejenigen Partner ausgesucht werden, mit denen bereits gute Erfahrungen in der Vergangenheit gemacht wurden. Bei allen Ansätzen ist sicherzustellen, dass die Motivation und Fähigkeiten der Projektpartner im Vorfeld ehrlich und ausführlich kommuniziert und nachvollziehbar für eine Teilnahme an der Umsetzung sprechen.

Auch wenn die meisten Projekte mit der Absicht begonnen werden, gemeinsam an der erfolgreichen Umsetzung zu arbeiten, ist nicht auszuschließen, dass sich das Verhalten einzelner Projektpartner im Verlauf der Realisierung negativ verändert. Als für ein Projekt negativ ist beispielsweise passives Verhalten zu bewerten, bei dem keine Ergebnisse für das Projekt erzielt werden, genauso wie verhinderndes Verhalten, bei dem gezielt einzelne Partner oder das gesamte Projekt in Frage gestellt und prinzipiell in Gefahr gebracht werden. Für diese Situationen sind geeignete Sanktionsmaßnahmen im Vorfeld auszuhandeln und zu vereinbaren. Das kann von der schrittweisen Freigabe nach gemeinsamem Beschluss der zur Verfügung stehenden Projektmittel bis hin zur Feststellung von schädigendem Verhalten und entsprechenden Regressforderungen reichen. Wichtig ist die gemeinsame und verbindliche Verständigung auf solche Situationen im Vorfeld und die Klärung der Frage, wie die Eskalationsprozese aussehen und welche Stelle(n) hinreichend respektiert sind, um beispielsweise als Schieds-, Klärungs- oder Ombudsstelle zu wirken.

2.5 Projektbeginn

Wenn die gemeinsamen Zeitpunkte und Kriterien für die verschiedenen Zustände geklärt sind und das Projekt in die operative Phase eintritt, ist im nächsten Schritt zu klären, welche grundsätzliche Zielsetzung mit dem Projektvorhaben verknüpft ist. Handelt es sich bei dem Projekt um ein reines Innovationsvorhaben, so ist zur Beurteilung der Ergebnisse und Erkenntnisse, die im Rahmen der Umsetzung des Projektes entwickelt werden, eine Metrik aufzubauen, die dem Charakter des Projektes Rechnung trägt.

Wenn das Projekt beispielsweise einen betrieblichen Aspekt untersuchen, verbessern oder implementieren soll, dann sind nicht nur die Ergebnisse entsprechend zu bewerten, sondern dann ist die Frage nach der nachhaltigen Umsetzung durch entsprechend qualifiziertes Personal von großer Relevanz. Idealerweise wird diese Frage bereits vor Projektbeginn angesprochen und geklärt – zumindest in Form einer verbindlichen Aussage der Projektteilnehmer über den Prozess der Verstetigung des Vorhabens. Ein solcher Prozess kann beispielsweise vorsehen, dass das Projekt zwar mit Projektpersonal begonnen und betrieben wird, dass diesem aber Personal aus dem Betrieb über die Dauer des Projektes und mit steigender Integration zur Seite gestellt wird („sanfte Übergabe an den Betrieb").

2.6 Projektabschluss

Wenn bereits zum Projektstart die Natur oder der Charakter des Projektes geklärt wurde und wenn „ein" Erfolg des Projektes durch die Messungen, Ergebnisse und gemäß der definierten und vereinbarten Metriken erzielt werden konnte, dann kann der formale Projektabschluss festgestellt und das Projekt für beendet erklärt werden. Inwieweit die Ergebnisse weiter verwendet und beispielsweise in nachhaltige, betriebliche Strukturen übernommen werden, hängt nicht nur von der „Art" der Ergebnisse ab, sondern auch von der Frage, ob das Projekt während seiner Laufzeit mit den zukünftigen Anwendern und Nutzern ausreichend umfangreich kommuniziert hat und ob so eine grundlegende Bereitschaft zur Übernahme oder Fortführung des Projektvorhabens beziehungsweise der Ergebnisse aus dem Projekt vorhanden ist. Sofern schon vor Projektstart klar ist, dass das Vorhaben dauerhaft umgesetzt werden soll, erübrigt sich formal die Notwendigkeit eines entsprechenden „Marketings". Aus Gründen der Akzeptanz ist es in jedem Fall zu empfehlen.

2.7 Typische Rollen innerhalb von Projekten

Ähnlich zu der Weiterentwicklung des Projektbegriffs haben sich auch die Rollen innerhalb von Projekten weiterentwickelt. Die „einfachste" Rolle ist dabei die des Projektmitarbeiters. In der Regel ist er an einem Standort einer bestimmten Linie zugeordnet und arbeitet für eine gewisse Zeit, beispielsweise für die Projektdauer, weitere Aufgaben ab beziehungsweise weiteren Strukturen zu. Konflikte mit bestehenden Aufgaben sollten vermieden, daher muss, sofern die Arbeitsleistung des Projektmitarbeiters nicht exklusiv dem Projekt zur Verfügung steht, vor Beginn der Mitarbeit geklärt werden, in welchem Umfang er dem Projekt zur Verfügung steht.

Die Rolle des Projektleiters bildet das „Scharnier" zwischen den Projektmitarbeitern und dem Projektverantwortlichen. Die Aufgabe des Projektleiters liegt vor allem in der Organisation und Koordination der Abläufe und Prozesse, um das Projekt „am Laufen zu halten" und um es zum Erfolg zu bringen. Zu den Prozessen gehören neben formalen Anforderungen wie der Erstellung von Sachberichten und Nachweisen für die Projekttätigkeit auch Aufgaben wie der regelmäßige Abgleich des Ist-Zustandes des Projektes mit den zuvor definierten Zielen und einer rechtzeitigen Warnung für den Fall, dass aus bestimmten Gründen diese nicht erreicht werden können. Das Risikomanagement umfasst aber nicht nur inhaltliche Aspekte, es bezieht sich auch auf die Kostenkontrolle genauso wie regelmäßige Beurteilung der politischen Umgebung.

Der Projektverantwortliche ist für das gesamte Projekt als oberste Instanz zuständig. Diese Stelle hat Entscheidungskompetenz und sorgt dafür, dass die grundsätzliche Linie des Projektes eingehalten und umgesetzt wird. Die Verantwortung für das Projekt spiegelt sich in Projekten an Hochschulrechenzentren durch eine im Organigramm der Organisation entsprechend hoch angesiedelte Person wieder – in der Regel übernimmt diese Funktion der Leiter der Einrichtung.

Formal gesehen sind die Stellen der Projektleiter in Kooperationen von Hochschulrechenzentren häufig nicht verschieden zu den Stellen der Projektmitarbeiter. Nur selten werden Abteilungsleiter dafür ausgewählt, was die Durchsetzungsfähigkeit und Autonomie der Rolle „natürlich" begrenzt. Es gilt zu beachten, dass wenn die Aufgabe des Projektleiters in der Entlastung des Projektverantwortlichen liegt, dann kann diese Begrenzung der Kompetenzen dazu führen, dass trotz umfassender Auf- und Vorbereitung doch wieder alle Entscheidungen dem Projektverantwortlichen vorgelegt werden müssen.

2.8 Review der Prozesse

Die Prozesse innerhalb eines Projektes sollten regelmäßig einem Review unterzogen werden. Um das Projekt in seiner Realisierung nicht durch zu viel Introspektion zu lähmen, empfiehlt es sich, bestimmte Prozesse öfter als andere zu evaluieren. Dazu gehört die regelmäßige Versicherung, dass das Projekt weiterhin in Richtung der definierten Zielvorstellungen arbeitet. Dazu gehört auch die kritische Überprüfung der Metriken zur Messung des Erfolges des Projektes. Häufig sind im Projektverlauf durch formale Vorgaben, wie beispielsweise die Anfertigung von Zwischenberichten, Zeitpunkte definiert, die sich zum Review eignen, denn diese Zeitpunkte müssen nur unwesentlich in ihrem ursprünglichen Fokus erweitert werden. Neben der Frage nach den Erfolgsmetriken stellen Kategorien wie finanzielles oder technisches Risikomanagement, Abgleich mit den übergeordneten Strategien oder Evaluation des bisherigen Projektverlaufs mögliche Review-Schwerpunkte dar, nach denen das Projekt evaluiert werden kann.

Im Falle von Betriebsprojekten verschränkt sich der Projektverlauf noch wesentlich stärker mit dem Service-Life-Cycle von Diensten, da sie sich insbesondere in der Erprobungsphase eines Dienstes als ein probates Mittel zur Evaluation von Parametern und Entwicklung von Prozessen anbieten. Diese Verschränkung bedeutet, dass ein erhöhtes Maß an Aufmerksamkeit auf die im Projekt entwickelten Prozesse und auf die allgemeine „Stimmung" im Projekt gelenkt werden muss. Eine zu frühe „Betriebssicht" der Projektmitarbeiter kann verhindern, dass über alternative und neue Konzepte nachgedacht wird, da diese betrieblich orientierte Sichtweise Eigenschaften wie Verlässlichkeit, Erfahrung und Stabilität bevorzugt – Eigenschaften, die bei neuen Ansätzen und Technologien erst im zweiten Schritt realisiert werden sollten.

Die Ergebnisse der Reviews sollten in die praktische Umsetzung des Projektes einfließen und diese entsprechend verändern. Das Ganze kann als „iterativer" Ansatz begriffen werden, bei dem die Prozesse Schritt für Schritt verbessert werden.

2.9 Erfolg und Misserfolg

Nicht nur die Erreichung zuvor festgelegter Ziele definiert den Erfolg eines Projektes. Weitere Metriken, wie die Vertiefung des Austauschs von Mitarbeitern untereinander, Transfer von Know-how oder die Neuausrichtung eines Bereichs können ebenso erfolgsrelevant sein, denn nicht jedes Projekt wird zum ursprünglich definierten Ergebnis führen. Einmal, weil sich die verfügbaren Technologien und Konzepte weiterentwickelt haben und beispielsweise Dienste in guter Qualität extern eingekauft werden können, die vorher noch selbst entwickelt werden sollten. Zum Weiteren, weil sich die Konfiguration des gesamten Projektes als nicht tragfähig erwiesen und sich die Vorstellungen über die Ergebnisse zu weit auseinander entwickelt haben. Ebenso lässt sich in bestimmten Projekten die Unmöglichkeit eines Vorhabens auch erst im Verlauf feststellen.

Sofern die Durchführung auch von schließlich nicht erfolgreichen Projekten in strukturierten Bahnen erfolgt, kann und muss Misserfolg erlaubt sein. Nur so lassen sich relevante Erkenntnisse aus den Aktivitäten ableiten, die dazu führen können, dass im Bereich der Services „Dienstartefakte", die nicht (mehr) nachgefragt werden, nicht mehr länger betrieben werden müssen. Auch sollten im Verlauf der Realisierung des Projektes regelmäßig die ursprünglich definierten Ziele und die darauf basierenden Metriken zur Messung der Erfolgs evaluiert werden. Ein solches Vorgehen deckt schneller auf, welche Projekte als nicht erfolgreich anzusehen sind. Die explizite Formulierung von Kriterien für ausbleibenden Erfolg oder von Abbruchsbedingungen erfordert die Bereitschaft, bei deren Eintreten die vorformulierten Konsequenzen zu ziehen. Subjektiv mag es unangenehm sein, weil Misserfolg negativ konnotiert ist, jedoch ist es Konsens in der Hochschullandschaft, solche Ergebnisse als notwendigen Bestandteil des Fortschritts anzuerkennen.

Aus Sicht der Beteiligten an einem Projekt stellt sich die Frage, wie den Zwängen zu entkommen ist, die aus Antragsbedingungen, prekären Stellenausstattungen und kurzfristigen Überlebensstrategien entstehen, und wie die Mechanismen der Risikovermeidung – und damit auch Erfolgsvermeidung – ausgehebelt werden können. Dies ist eine notwendige Bedingung, um Projekte als eine Form der Kooperation zu nutzen, die zu einer Weiterentwicklung der Rechenzentren führt. Es ist dafür ein gutes Gespür notwendig, wo die Spielräume liegen und wo die Übernahme von Risiken für die Änderung des Status quo notwendig ist.

3 Fazit

Projekte als Vorbereitung von neuen Ansätzen oder zur Erprobung von innovativen Konzepten haben nicht nur ihre Daseinsberechtigung, sie sind auch für eine Weiterentwicklung der vorhandenen betrieblichen Strukturen wichtig und notwendig. Das ihre Rolle, sowohl innerbetrieblich als auch in Form von Kooperationen über mehrere Standorte hinweg, über die Jahre immer wichtiger wurde, zeigen nicht nur die Summen, die mittlerweile von den Fördergebern für solche Formen der Zusammenarbeit bereitgestellt werden. Sie können dabei als „wendiges" und „agiles Konstrukt" in Strukturen agieren, die zu einer gewissen Trägheit tendieren – eine Eigenschaft, die durchaus aufgrund des Arbeitsschwerpunktes gewünscht sein kann.

Allerdings muss die Durchführung und Umsetzung von Projekten, insbesondere bei Kooperationen mit vielen verschiedenen Teilnehmern, genauso weiterentwickelt und professionalisiert werden, wie es viele Einrichtungen derzeit mit ihren IT-Strukturen beispielsweise im Bereich des Supports durchführen. Neben der kritischen Betrachtung und Analyse der entwickelten und tradierten Prozesse im Umgang mit der Steuerung von Projekten sollten hierzu anerkannte und praktizierte Methoden beachtet und dort, wo es sinnvoll erscheint, in die tägliche Projektarbeit integriert und umgesetzt werden. Als wiederholt schwierige Situationen haben sich dabei die „Nahtstellen" von Projekten herausgestellt, also bestimmte Zeitpunkte im Lebenszyklus eines Projektes. Je nach Charakter des Projektes sollte den Beteiligten klar sein, *welche* Entscheidungen zu diesen Zeitpunkten getroffen werden müssen und *wer* sie trifft. Die notwendige Vorbereitung muss im Rahmen der Realisierung des Projektes erfolgen. Die kritische Auseinandersetzung mit der Zielsetzung und der sich daraus ergebenden „Sicht" der Teilnehmer auf das Projekt ist für eine produktive Arbeitsatmosphäre unverzichtbar. Gerade bei Betriebsprojekten muss ein Spagat zwischen (berechtigter) betrieblicher Anspruchshaltung an das Ergebnis des Projektes und für den Projektverlauf notwendige Offenheit bezüglich neuer Ansätze ausgehalten und verhandelt werden. Dies kann nur gelingen, wenn sich die Projektteilnehmer in regelmäßig stattfindenden Reviewprozessen dieser (neu) versichern.

Die Umsetzung eines Projektes, insbesondere bei standortübergreifenden Kooperationen, verlangt aber nicht nur inhaltlich ein großes Maß an gemeinsamen Willen zur Zusammenarbeit, es bedeutet auch die Beachtung vieler formaler Vorgaben und Anforderungen. Auch hier kann mit dem Aufbau entsprechender dauerhafter Strukturen wie einem Projektbüro eine gewisse Entkopplung von inhaltlicher und organisatorischer Ebene sichergestellt werden, die beide Seiten entlastet. Die organisatorische Seite kann Erfahrungen sammeln und muss sich nicht bei jedem Projekt dieselben Erkenntnisse erneut erarbeiten, die eigentlichen Projektmitarbeiter können sich verstärkt auf die inhaltliche Arbeit konzentrieren und vergeuden weniger Zeit mit Routineaufgaben.

Ziel einer Weiterentwicklung der Projektarbeit muss daher die Formulierung von klaren Rahmenstrukturen sein, sowohl auf der Ebene der Rechenzentren, also „hausintern", als auch auf den übergeordneten Ebenen für die standortübergreifenden Kooperationen. Die hausinternen Rahmenstrukturen sollten im Falle von Betriebsprojekten die Aufhebung der Dichotomie von *Projekt* und *Betrieb* innerhalb der Einrichtung anstreben, was auch eine Neudefinition der Stellung von Projektpersonal im Haus betrifft. Eine Zweiklassengesellschaft mit den unbefristet beschäftigten Mitarbeitern auf der einen und dem befristet angestellten und daher tendenziell prekärer gestellten Personal auf der anderen Seite muss unbedingt verhindert werden, da auf diese Weise kein Wissenstransfer stattfinden wird.

Wenn sich die Kooperation der Herausforderungen bewusst ist, dann können die Beziehungen, die sich im Rahmen der Umsetzung des Projektes bilden und aufbauen, über das „offizielle" Projektende hinaus wirken, auch wenn die institutionelle Hülle zunächst wegfällt. Die Beziehungsstruktur kann aber anschließend als informelles Netzwerk in neuen Projekten wirksam werden, weshalb Kooperationen ihren festen Platz als Bestandteil der betrieblichen Prozesse in Hochschulrechenzentren haben.

Wolfgang Honigberger

Voraussetzungen für Rechenzentrumskooperationen

Bei weitgehend gleicher Ausstattung und neuen Anforderungen an die Hochschulrechenzentren rücken Kooperationen zunehmend in den Mittelpunkt. Für diese, auch hochschulartenübergreifende, Kooperationen genügt der klassische informelle Rahmen vielfach nicht mehr. Für eine erfolgreiche Zusammenarbeit sind einige Voraussetzungen zu erfüllen. Rechenzentren treten in neuer Rolle als Provider von Dienstleistungen für Nutzer auch außerhalb ihrer eigenen Hochschule auf. Ebenso könnten sie sich zukünftig verstärkt in der Nutzerperspektive wiederfinden. IT-Service-Einrichtungen müssen sich ihrer neuen Rolle als Diensteanbieter und Nutzer von Diensten Dritter bewusst werden und diese in ihre Überlegungen für die Ausgestaltung neuer Dienste einfließen lassen.

1 Einleitung

Die Zusammenarbeit von Rechenzentren oder IT-Service-Einrichtungen geschieht unter der impliziten Erwartung eines Mehrwerts für alle beteiligten Seiten. In den meisten Fällen geben hierzu die Partner wechselseitig bestimmte Tätigkeiten und Dienste auf, die sie einem anderen Partner übertragen. Dadurch verzichtet ein Partner auf die Möglichkeit, den nicht mehr selbst betriebenen Dienst unmittelbar zu beeinflussen, und muss sich auf indirektere Wege zur Durchsetzung bestimmter Vorstellungen einlassen. Umgekehrt werden die Abstimmungsprozesse zur Änderung oder Abschaffung eines Dienstes komplexer, wenn nicht nur die eigene Hochschule diesen nutzt. Beides erfordert, wie in klassischen Geschäftsbeziehungen, ein gewisses Vertrauen in die Partner.

Durch die sehr vergleichbare Struktur der Aufgaben von Hochschulrechenzentren besteht zu Recht die Annahme, dass es eine genügende Anzahl von Diensten gibt, die von vielen Einrichtungen nachgefragt und von wenigstens einigen Einrichtungen angeboten werden könnten. Gleichzeitig wird davon ausgegangen, dass die typischen komparativen Vorteile der Partner existieren, so dass der eine über mehr Expertise zu A, der andere mehr Expertise zu B etc. besitzt. Vereinfachend kommt eine große Ähnlichkeit der Organisationen hinzu, und es besteht keine direkte Konkurrenz auf einem gemeinsamen Markt. Ausgehend von diesen Überlegungen finden sich Rechenzentren in Kooperationen in zwei Rollen wieder:

Wolfgang Honigberger, Hochschule Reutlingen

DOI:10.1515/9783110459753-017

- Einerseits treten sie weiterhin als Service-Provider auf, wobei der Service nun nicht nur von einzelnen Kunden der eigenen Hochschule, sondern zusätzlich durch externe Kunden genutzt wird.
- Andererseits treten sie als Nutzer von Dienstleistungen auf, die von vergleichbaren Einheiten (anderer Hochschulen) erbracht werden.

Dieses sorgt für eine Spezialisierung und Fokussierung: Die Menge der Kunden wächst bei gleichzeitig abnehmender Breite der selbst angebotenen Dienstleistungen.

2 Situation Hochschul-IT

Die IT-Welt an Hochschulen und Universitäten entwickelt sich rasant, die IT-Dienste nehmen an Komplexität zu, und ihre Nutzung steigt permanent. Die Konsequenz aus dieser Entwicklung wird die Notwendigkeit sein, die Dienste mit einem höherwertigen Service zu versehen. Da der Personalstamm der Rechenzentren nahezu konstant bleibt, wird es vielen Hochschulrechenzentren schwerfallen, die steigende Komplexität der IT-Welt aus eigener Kraft zu gestalten. Vor allem die kleinen Rechenzentren der Hochschulen für Angewandte Wissenschaften (HAW) werden sich der Frage stellen müssen, welche IT-Dienste sie langfristig nicht aus der Hand geben möchten und für welche Dienste ein externer Bezug denkbar erscheint.

IT-Dienste, in welche eine HAW in der Vergangenheit viel investiert hat und wo sie spezifisches Know-how aufgebaut hat, sind die Kandidaten für den langfristig eigenen Betrieb. Für diese Dienste gilt es, die erweiterten Qualitäten im Betrieb und deren Weiterentwicklung über längere Zeiträume sicherzustellen, indem die eigenen Ressourcen fokussiert eingesetzt werden. Die langfristige Sicherung der Ressourcen kann eine HAW erreichen, indem der eigene Dienst auch anderen Hochschulen angeboten wird.

3 Provider-Perspektive

Damit Rechenzentren langfristig als Service-Provider auftreten und bestimmte IT-Dienste auch anderen Hochschulen anbieten können, sind einige Voraussetzungen zu schaffen. Hierzu dient der nachfolgende Versuch einer Beschreibung. Zum einen wird der Provider die finanzielle Sicherheit brauchen, um Infrastruktur und Service zuverlässig abzusichern. Dazu lässt sich zählen:
- Hardwarebeschaffung und Austausch im Rahmen eines Lifecycles;
- Wartung und Support der Hardware durch externe Partner;
- Beschaffung von Softwarelizenzen und Softwarewartung.

Zum anderen muss der Provider sein spezifisches Know-how langfristig sichern, d. h., er braucht ausreichend unbefristetes Personal, um die Qualität des Dienstes sicherzustellen.

Um als Provider auftreten zu können, müssen zusätzliche Aufgaben wahrgenommen werden, die bei Eigenbetrieb häufig nicht von Belang sind. Neben Betrieb, Wartung, Support, Schulung, Optimierung und Weiterentwicklung muss zusätzlich die Schnittstelle zu den externen Partnern bedient werden. Es muss Werbung für den eigenen Dienst erfolgen, und es müssen zusätzliche Nutzer überzeugt werden, mitzuwirken.[1] Zudem sind Prozesse zu implementieren, welche den Nutzern die erbrachte Leistung transparent machen und die entstehenden Kosten in Rechnung stellen.[2] Damit diese Zusatzaufwände wirtschaftlich leistbar sind, ist eine kritische Größe, d. h. ein Minimum an externen Nutzern notwendig.

Zusätzlich muss der Provider auf Veränderungen, bezogen auf den Dienst, flexibel reagieren können, d. h. er braucht ein Abrechnungsverfahren mit Atmungsmöglichkeit, das es ihm ermöglicht aufzustocken, wenn weitere Kunden akquiriert wurden, oder es zu reduzieren, wenn Kunden den Dienst nicht mehr beziehen wollen. Zusätzliche Einnahmen werden daher in der Regel für Hardwareaufrüstungen, zusätzliche Lizenzen oder für befristete Mitarbeiter eingesetzt, also Ressourcen, die ggfs. auch wieder abgebaut respektive stillgelegt werden können.

Wichtig für eine vertrauensvolle Zusammenarbeit zwischen Provider und Kunden ist die Gewissheit beider Seiten, dass die erbrachte Leistung den Erwartungen entspricht. Um Klarheit diesbezüglich zu schaffen, wäre es wichtig sich auf Qualitätskennzahlen zu verständigen. Die Einhaltung der Kennzahlen gibt dem Provider die Sicherheit, dass er beim Erbringen des Dienstes die Erwartungen seiner Kunden erfüllt hat. Diese Kennzahlen können die Grundlage eines Service-Level-Agreements (SLAs) sein, der helfen wird, eine vertrauensvolle Partnerschaft zu pflegen.

Um Kunden langfristig zu binden, muss der Provider die sich verändernden Anforderungen seiner Kunden kennen. Er muss seine Kunden bei der Entscheidung bezüglich zukünftiger Funktionen beteiligen. Das kann in einem formalisierten Anforderungsprozess erfolgen, in welchem Anforderungen erfasst und bewertet werden (siehe Beitrag von Münchenberg, ITIL-Prozessse im kooperativen Umfeld, im gleichen Band). Die Priorisierung dieser Anforderungen und damit die Ausgestaltung der Weiterentwicklung des Dienstes muss unter Einbeziehung der Kunden erfolgen.

4 Nutzerperspektive

Die Entscheidung, einen Dienst nicht mehr selbst zu betreiben, sondern ihn extern zu beziehen, bedeutet Flexibilität abzugeben und sich in die Abhängigkeit zu ei-

1 Im Firmenumfeld vergleichbar mit klassischem Marketing und Vertrieb, auch wenn sich Fokus und Umfang unterscheiden würden.

2 Für die Funktionen des Reportings und der Abrechnung sind Aufwände vorzusehen.

nem Partner zu begeben. Hierzu folgt der Versuch zu beschreiben, unter welchen Rahmenbedingungen das Outsourcen von eigenen IT-Diensten befürwortet werden kann.

Nicht unwichtig ist die Fragestellung, wie aufwendig die Umkehrbarkeit einer Outsourcing-Entscheidung ausfällt, respektive für welche Dauer sich der Nutzer für den Bezug des Dienstes festlegen muss. Die Möglichkeit, einen vergebenen Dienst mittelfristig wieder zurückholen zu können, würde die Hürde für eine externe Vergabe deutlich reduzieren.

Ganz wichtig für eine Outsourcing-Entscheidung ist die Bewertung der eigenen Ressourcensituation. Wenn ein Hochschul-RZ sich eingestehen muss, dass für den Ausbau des Dienstes mit den notwendigen Qualitäten das erforderliche Know-how nicht vorhanden ist und der Aufbau von zusätzlichen Ressourcen unter aktuellen Rahmenbedingungen nicht möglich ist, dann ist der externe Bezug eine valide Option.

Überlegenswert ist die Nutzung von Diensten von Verbundpartnern auch im Fall, wenn das eigene Know-how zwar vorhanden ist, aber keine Kapazitäten für die Umsetzung von Neuanforderungen der eigenen Nutzer übrig bleiben. Der Bezug von externen Diensten kann zu einer Entlastung der eigenen Ressourcen führen mit dem positiven Effekt, dass Aufträge nicht liegen bleiben, sondern realisiert werden können. In der aktuellen Situation bei HAWs sind der limitierende Faktor bei Umsetzung von Projekten häufig nicht die Finanzmittel, sondern das Personal, welches in der Lage ist, die Projekte zu steuern.

Ein weiterer Grund für die Nutzung eines Dienstes eines Providers wäre gegeben, wenn der Provider einen qualitativ höheren Service anbieten kann, als die eigene Einrichtung selbst in der Lage wäre zu leisten. In diesem Fall kann es deutlich wirtschaftlicher sein, den externen Dienst zu nutzen, als in den Ausbau der eigenen Dienste zu investieren, erst recht, wenn durch Bündelung der Kräfte eine Reduktion der Betriebskosten erreicht werden kann. Wichtig für diese Einschätzung ist allerdings die Transparenz der Leistung, d. h. der Nutzer muss das Vertrauen haben, dass das Preis-/Leistungsverhältnis beim Anbieter stimmt.

Ein weiteres Feld, das bei Outsourcing-Vorhaben intensiv betrachtet werden muss, sind die Themen IT-Sicherheit und Datenschutz. Ist die Leistung des Providers zu dem Thema IT-Sicherheit und Datenschutz nachweislich höher als im eigenen Betrieb, kann das die Entscheidung in Richtung Outsourcing maßgeblich beeinflussen.

Wichtig bei der Entscheidung für eine Partnerschaft ist, dass sich Nutzer beim Provider gut aufgehoben fühlen. Hierzu existieren weiche Faktoren, d. h. wenn man z. B. die Personen und das Umfeld des zukünftigen Dienstes kennt. Genauso wichtig sind weiterhin harte Faktoren, wie die Zusicherung der Einhaltung von Qualitätsmerkmalen seitens des Anbieters. Letztendlich bedeutet das die Bereitschaft des Providers, sich schriftlich auf ein SLA einzulassen. In diesem Punkt ist häufig nicht die Qualität der Leistung, d. h. die Höhe der Kennzahl ausschlaggebend, sondern die Verlässlichkeit des Partners.

Nicht zu vernachlässigen sind auch die Möglichkeiten, die der Provider dem Nutzer einräumt, um den Dienst an seine Bedürfnisse anzupassen. Der Nutzer wird den Verlust von Flexibiltät verschmerzen können, wenn er auch in Zukunft die Chance hat, die Weiterentwicklung des Dienstes mitzugestalten. Idealerweise gibt es die Möglichkeit, kundenspezifische Anforderungen umzusetzen, gegebenenfalls durch Übernahme der zusätzlich entstehenden Kosten durch den Nutzer.

Bei aller angestrebter Spezialisierung von Rechenzentren auf bestimmte Dienste, die in hoher Qualität für mehr als eine Einrichtung angeboten werden, bleibt weiterhin der Bedarf an Beratungsleistung vor Ort bestehen. Die Kunden an der eigenen Hochschule wollen weiterhin mit ihrem Rechenzentrum als Ansprechpartner interagieren, auch wenn das Rechenzentrum im Hintergrund die Anfrage an den zuständigen Partner weiterleitet.

5 Ausgleich von Erwartungen und Vorstellungen

Für langfristige Kooperationen, insbesondere in größeren Konstellationen, genügt das klassische persönliche Vertrauen und der „Handschlag" zwischen Rechenzentrumsleitungen nicht mehr. Neben dem Vertrauen spielen organisatorische Aspekte eine Rolle. In großen Konsortien können während der Laufzeit eines Dienstes oder einer Vereinbarung neue Partner hinzukommen und alte Partner wieder aussteigen. Dieses beeinflusst jedesmal die Zusammenarbeit und erfordert eine Neutarierung der Beziehungen. Hierzu und auch für die strategische Ausrichtung der Dienste sind Steuerungsstrukturen zu implementieren, bei welchen Provider und Nutzer in geeignetem Maße in die Verantwortung eingebunden sind.

Jan Münchenberg

ITIL-Prozesse im kooperativen Hochschulumfeld

1 Historische Entwicklung

Jede technische Weiterentwicklung in der Informationstechnologie (IT) erforderte im Hochschulumfeld bisher immer gleichermaßen eine Anpassung der bestehenden IT-Organisation. In der Zeit der Großrechner war die IT-Organisation auf Grund der hohen Investitionen und des notwendigen Fachpersonals noch sehr zentralisiert. Mit dem Aufkommen der Personal-Computer (PCs) veränderte sich dies durch geringere Investitionskosten und dadurch, dass PCs zunehmend auch durch Nicht-Spezialisten administriert werden konnten. Gleichzeitig entstanden für die PCs immer mehr fachspezifische Anwendungen, für die wiederum entsprechendes Fachpersonal benötigt wurde. Dies führte zu einer Dezentralisierung der IT, da die Fakultäten und Institute ihr zur Verfügung stehendes IT-Budget nicht mehr in zentrale Einheiten investierten, sondern in eigenständige Infrastruktur, Server, Software und Personal, ohne auf Kompatibilität und Synergieeffekte achten zu müssen. Die neuen IT-Mitarbeiter in den Fakultäten entwickelten oft eigene IT-Strategien, die auf die Prozesse und Bedürfnisse der eigenen Institution ausgerichtet und optimiert waren. Die Folge war unter anderem, dass die Gesamt-IT-Budgets der Hochschulen stark anstiegen, da vieles redundant beschafft und betrieben wurde sowie auf Grund der fehlenden Kompatibilität zahlreiche Prozesse, Systeme und Infrastrukturen mehrfach aufgebaut und administriert wurden. Die Rechenzentren waren oft nur noch Nebendarsteller und in vielen Fällen nur noch für die Bereitstellung des Internetzugangs, das zentrale Netzwerk und gegebenenfalls, falls noch vorhanden, für die Administration der Großrechner zuständig.

Erst in neuerer Zeit kommt es in der Hochschullandschaft langsam wieder zu einer Kehrtwende hin zur Zentralisierung. Dies hat mehrere Ursachen. Zum einen wurde dieser Missstand vom Landesrechnungshof insbesondere bei den Prüfungen der IT-Bereiche in den Hochschulen angemahnt. Zum anderen sehen sich die Hochschulen mit denselben Themen wie die Industrie konfrontiert: Explodierende IT-Kosten, Umsetzung von IT-Sicherheits- und Datenschutzrichtlinien, rechtliche Bestimmungen wie Aufbewahrungspflicht, IT-Fachkräftemangel, Komplexität und Flexibilität der Systeme und Infrastruktur, um nur einige Themen zu nennen.

Die Lösung dieser Herausforderungen wurde wieder bei den Rechenzentren angesiedelt und auf diese Weise re-zentralisiert. So sind diese heutzutage in den

Jan Münchenberg, Hochschule Offenburg

DOI:10.1515/9783110459753-018

meisten Fällen für die Themen wie LDAP-Verzeichnisdienst, Netzwerk, Firewall, virtuelle Servercluster, Lizenzmanagement zentraler Anwendungen wie Antivirenprogramme, Betriebssysteme und Office-Produkte, Basisdienste wie Mail und Dateispeicher sowie Datensicherung, Drucken und viele mehr verantwortlich.

Da sich viele Hochschulen nicht mehr in der Lage sehen, bei bestimmten Themen finanziell, personell als auch fachlich eigenständig agieren zu können, gibt es in jüngster Zeit weiterführende Tendenzen innerhalb der Hochschullandschaft. So entstehen immer häufiger hochschulübergreifende Kooperationen für die Erbringung bestimmter IT-Dienste. Dieser Trend wird vom baden-württembergischen Wissenschaftsministerium unterstützt.

In anderen Hochschulbereichen wie zum Beispiel in der Verwaltung existieren seit längerem bereits positive Beispiele wie die Campus-Management-Software der HIS eG, welche von den Hochschulen und Universitäten bundesweit gemeinsam als Gesellschafter betrieben und für Verwaltungsprozesse eingesetzt wird. Auch im Bereich der Hochschulbibliotheken in Baden-Württemberg erfolgt eine enge Zusammenarbeit durch den Betrieb und die Entwicklung eines gemeinsamen, mandantenfähigen Bibliothekssystems (IBS|BW). Eines der ältesten, wichtigsten und erfolgreichsten Beispiele in Baden-Württemberg ist BelWü, das Landeshochschulnetz, welches bereits seit 1987 neben dem Netzanschluss auch weitere, wichtige Dienste rund um das Netzwerk zur Verfügung stellt.

2 Analyse und ITIL-Projektion

Während die Zentralisierung der IT innerhalb der Hochschulen schnell voranschreitet und die dadurch erhofften positiven Effekte bereits sichtbar werden, geht es bei den hochschulübergreifenden Diensten nur schleppend voran. Warum ist das so?

Um IT-Service-Management (ITSM) zu etablieren und serviceorientiert in Richtung der Anwender zu agieren, führen auch die Hochschulen vermehrt Ansätze wie ITIL[1] in ihren Einrichtungen ein. Die treibende Kraft sind hierbei in den meisten Fällen die jeweiligen Rechenzentren. Dabei haben die Hochschulen unterschiedliche Reifegerade erreicht. Da ITIL zur Zeit der De-facto-Standard für ITSM ist, bietet es sich an, ITIL auch für hochschulübergreifende Dienste anzuwenden, da alle beteiligten Partner auf Grund von ITIL die gleiche Sprache sprechen und ähnliche Organisationsformen wie Prozesse und Dokumentationen haben. Dadurch können externe Dienste anderer Hochschulen einfacher und besser in die

1 Die IT-Infrastructure-Library (kurz ITIL) ist eine Sammlung von Best-Practice-Vorschlägen, die in fünf Kernbänden die Komponenten und Abläufe des Lebenszyklus von IT-Services beschreiben. Die Sammlung bietet vordefinierte und standardisierte Prozesse, Funktionen und Rollen an, die in der eigenen Organisation aufgegriffen und entsprechend angepasst werden können.

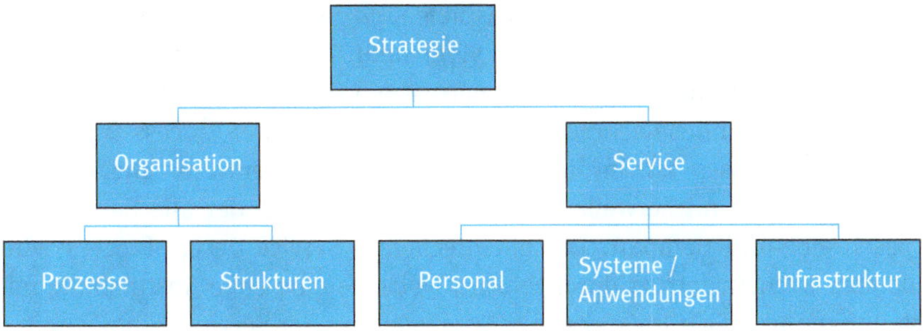

Abb. 1: Wichtige Bausteine für die ITIL-Integration.

eigenen Prozesse integriert werden. Hierzu müssen sie sich in den Phasen des eigenen ITIL-Lebenszyklus wiederfinden: Service-Strategy, Service-Design, Service-Transition, Service-Operation und Continual-Service-Improvement. Unterschieden werden muss die hochschulinterne sowie hochschulübergreifende Perspektive.

Anhand von Abb. 1 sollen die Ursachen für die unterschiedlichen Fortschrittsstadien untersucht werden. Dabei wird davon ausgegangen, dass das Rechenzentrum bereits die für eine Hochschule wichtigsten IT-Services erbringt und sich bereits in einem fortgeschrittenen Stadium der ITIL-Einführung befindet.

2.1 Hochschulinterne Perspektive

Die Strategie wird auf oberster Ebene durch den Struktur- und Entwicklungsplan der Hochschule festgelegt. Ein Abschnitt dort beschäftigt sich mit dem Rechenzentrum – insbesondere der generellen IT-Strategie. Des Weiteren besitzt jede Hochschule eine Verwaltungs- und Benutzerordnung, welche die IT-Regeln definiert, die von allen Anwendern und IT-Mitarbeitern, sowohl im Rechenzentrum als auch den Fakultäten und anderen Bereichen eingehalten werden müssen. Die Verwaltungs-EDV sowie die Informationszentren mit E-Learning-Systemen und den Hochschul-Websites sind bei vielen Hochschulen an die Rechenzentren angegliedert.

Wie oben bereits erwähnt, werden immer mehr Services von den Abteilungen und Anwendern auf Grund von fehlenden IT-Fachkräften, der immer höheren Komplexität, des geringeren Budgets und des wachsenden notwendigen Fachwissens beim Rechenzentrum erfragt. Ziel der Fakultäten und Abteilungen ist, hierbei einen maximalen Mehrwert zu erlangen, ohne selber die Risiken tragen und Fachwissen aufbauen zu müssen, um sich (wieder) auf ihr Kerngeschäft, die Forschung und Lehre, fokussieren zu können. Daher werden gerne Dienste beispielsweise mit wiederkehrenden Tätigkeiten, größeren Investitionen, gesetzlichem Hintergrundwissen und großem Fachwissen, hohem Innovationsgrad sowie abteilungsübergreifenden Prozessen an die Rechenzentren abgegeben. Dienste mit hohem Spezialisierungsgrad, die für die Forschung und Lehre des eigenen Fachbereichs notwendig sind, bleiben in den eigenen Reihen. Beispiele sind Systeme und Anwendungen für CAD, Simulationen, Videoschnitt und viele mehr. Hierbei will man jedoch auf zuverlässige Infrastruktur und Basisdienste wie LDAP, VM-Cluster, Speicher, Backup und viele mehr des Rechenzentrums zurückgreifen. Der Process-Owner des Service-Design-Prozesses ist im Normalfall das Rechenzentrum. Die meisten Rechenzentren bieten mittlerweile einen Servicekatalog an, der alle Services im Detail beschreibt und definiert. Der entsprechende Service-Design-Prozess wird ebenfalls vom Rechenzentrum durchgeführt, wobei es eine enge Abstimmung mit den Abteilungen und Fakultäten bei der Ausgestaltung der Services gibt.

Für den Service-Operation-Prozess bzw. den Service-Desk haben zahlreiche Rechenzentren der Hochschulen bereits Ticketsysteme für die bessere Zusammenarbeit und Kommunikation mit den Anwendern im Einsatz. Vor allem werden dabei die beiden ITIL-Prozesse *Incident-Management* und *Service-Request* unterstützt. Ein weiterer Vorteil ist, dass auch die kooperative Zusammenarbeit mit den IT-Mitarbeitern aus den Fakultäten und anderen Bereichen beim Support der Anwender verbessert werden kann. Auch bei der Umsetzung gesetzlicher Vorgaben wie Datenschutz und IT-Sicherheit hat sich gezeigt, dass die meisten Initiativen aus den Rechenzentren angestoßen werden und meist eine enge Zusammenarbeit mit den Datenschutzbeauftragten und, falls vorhanden, Sicherheitsbeauftragten erfolgt. Hier kommt auch zur Geltung, dass die Rechenzentren untereinander stark vernetzt sind und Wissen austauschen und Themen diskutieren.

2.2 Hochschulübergreifende Perspektive

Anders als privatwirtschaftliche IT-Dienstleister sind Hochschulen nicht in der Lage, Services in vergleichbarem Umfang und in gleichartiger Qualität anderen anbieten zu können. Sie müssen im Rahmen der vorhandenen Organisationsformen, der hochschulrechtlichen Vorgaben sowie mit den vorhandenen Assets (Ressourcen und Fähigkeiten) parallel zum normalen IT-Betrieb für die eigene Institution agieren. Dennoch muss es eine verlässliche Service-Zusage geben, so dass andere Hochschulen unbesorgt ihren Anwendern diesen externen Dienst anbieten und weitervermitteln können. Bevor deshalb einige exemplarische ITIL-Prozesse fokussiert werden, ist es sinnvoll, zentrale ITIL-Begriffe im Kontext hochschulübergreifender Dienste zu interpretieren beziehungweise zu konkretisieren.

Bei den IT-Services sind Business-Services von den technischen Services zu unterscheiden. Die *Business-Services* unterstützen die Anwender bei ihrer täglichen Arbeit, während die *technischen Services* für diese nicht sichtbar sind, aber Basis für die Bereitstellung der Business-Services sind (zum Beispiel die Dienste Internetzugang und Speicher für den Maildienst).

Die *Anwender* sind die Nutzer der Business-Dienste, um die ihnen zugeteilten Aufgaben an der Hochschule effizient zu erledigen Sie erhalten im Normalfall den Support vom Service-Desk und kommunizieren über ein Ticketsystem.

Als *externer Provider* wird innerhalb dieses Beitrags immer die federführende Institution verstanden. Sie ist der *Service-Owner* (vergleichbar mit dem Projektmanager in Projekten), auch wenn es weitere Institutionen gibt, die sie bei der Serviceerbringung unterstützen. Es gibt aber auch *Shared-Provider*, wie das Hochschulservicezentrum Baden-Württemberg, BelWü, BITBW u. a., die der Einfachheit halber im Folgenden ebenfalls als externe Provider bezeichnet werden. Sie sind keiner Hochschule angegliedert, sondern existieren als eigener Bereich und sind in den meisten Fällen dem MWK oder ähnlichen Stellen unterstellt.

Die *internen Service-Provider* erbringen hochschulintern IT-Dienste für die eigenen Anwender. In der Regel sind das die Rechenzentren für die Basisdienste und gegebenenfalls IT-Mitarbeiter aus den Abteilungen bei sehr fachspezifischen Services. Im Rechenzentrum wird der First-Level-Support durch einen *Service-Desk* mit Hilfe eines Ticketsystems angeboten. Je nach Reifegrad der Hochschule ist dieser gleichzeitig der Single-Point-of-Contact für alle IT-spezifischen Anfragen und Problemmeldungen.

Während *Service-Level-Agreements* in der Privatwirtschaft den Status eines Vertrags haben, gibt es unternehmensintern und erst recht in der Hochschullandschaft keine vertragsbindenden SLAs, da es dort in den meisten Fällen keine Sanktionsmöglichkeiten oder Strafzahlungen geben darf. Daher müssen SLAs im Hochschulumfeld als Servicezusagen oder Rahmenvereinbarungen ohne Sanktionen verstanden werden, welche die Mindestanforderungen an einen Service festlegen, die sowohl von Provider- als auch Kundenseite erfüllt werden müssen. Providerseitig wird der Serviceumfang und die Servicequalität festgelegt, kundenseitig, welche Mitwirkungspflicht sowie Beistellpflicht von Ressourcen erbracht werden müssen. Mit Hilfe von im SLA definierten Kennzahlen wird die Qualität gemessen, so dass entsprechende Maßnahmen ergriffen werden können, wenn es hier zu große Abweichungen gibt. In solchen Fällen sind in den SLAs der Privatwirtschaft die daraus resultierenden Konsequenzen klar und deutlich geregelt. Sowohl Streitigkeiten als auch Fälle, in denen ein Provider den Service nicht mehr im vereinbarten Umfang und in der festgelegten Qualität liefert oder ein Kunde seine Zahlungen einstellt oder andere Pflichten nicht mehr erfüllt, werden durch Gerichte entschieden. Diese Möglichkeit ist im öffentlichen Dienst nicht gegeben, wenn öffentliche Einrichtungen untereinander Dienste erbringen. Grund ist, dass keine Hochschule eine Haftung beziehungsweise Strafzahlung eingehen darf, so dass andere Sanktionswege gefunden werden müssen.

Eine entsprechende Schiedsstelle, welche zum Beispiel beim MWK angesiedelt sein könnte, ist dringend erforderlich. Nur das MWK ist in der Lage, sanktionsähnliche Maßnahmen durchführen zu können. Somit sollten und könnten die SLAs in der Privatwirtschaft und Hochschullandschaft bis auf den Abschnitt der Sanktionen und Haftungen identisch sein.

Nachdem einige ITIL-Begriffe bezüglich hochschulübergreifender Kooperation konkretisiert wurden, wird dies nun im Folgenden für wichtige ITIL-Prozesse gemacht. Der Schwerpunkt liegt dabei zum einen auf den kooperativen Prozessen zwischen den internen und externen Providern, zum anderen auf den eigenen hiervon betroffenen Prozessen.

2.2.1 Governance-Prozesse

Der Prozess *Financial-Management* hat nach ITIL das Ziel, die Belange des Service-Providers bezüglich Budgetplanung, Buchhaltung und Leistungsverrechnung sicherzustellen. Hier finden sich die größten Unterschiede zur Privatwirtschaft.

Das Budget wird zum einen für die Kosten des laufenden Betriebs wie beispielsweise Lizenz-, Wartungs- und Personalkosten, zum anderen für Einmalkosten wie Investitionen in Hard- und Software sowie externe Dienstleistungen benötigt. Soll ein Service nachhaltig über einen längeren Zeitraum betrieben werden und flexibel skalierbar sein, muss eine sichere Budgetplanung erstellt werden. Keine Hochschule kann und will das Risiko tragen, dass ein kooperativ bereitgestellter Service finanzielle Verluste mit sich bringt. Da im öffentlichen Dienst keine Rücklagen gebildet werden dürfen und die Haushaltsplanung immer nur für ein Jahr gilt, ist es schwierig, den benötigten IT-Fachkräften langfristige Verträge anbieten zu können. Das Gleiche gilt bei der Erneuerung von Hardware, die im Regelfall im Fünfjahresrhythmus stattfindet. Fehlende Rücklagen können so in einzelnen Jahren zu einer immensen Belastung des gesamten Hochschulhaushalts führen, was vor allem in Jahren knapper Kassen fatale Folgen für die einzelnen Hochschulen haben kann. Dieses Rücklagenproblem im Fünfjahresrhythmus kann auf Grund der hochschulrechtlichen Rahmenbedingungen nicht von den Hochschulen selber gelöst werden, sondern es muss eine Möglichkeit wie eine Art Rücklagenkonto seitens des MWK geschaffen werden

Davon ausgehend, dass es bei einem kooperativen Dienst keine Landeszuschüsse oder ähnliche Mittel gibt, müssen die vollständigen Kosten durch eine Leistungsverrechnung an die teilnehmenden Hochschulen gedeckt werden. Aus deren Sicht ist es wiederum wichtig, für jedes Jahr einen konstanten Betrag für die Nutzung des Service im eigenen IT-Budget einplanen zu können. Für Fälle unverschuldeter Mehrkosten wie zum Beispiel bei teurer werdenden Lizenzkosten muss im SLA geklärt werden, wie mit einmaligen oder gestiegenen Mehrkosten umgegangen wird. So könnte beispielsweise eine prozentuale Verteilung nach Nutzern, FTEs oder sonstigen Kennzahlen erfolgen.

Für eine nachhaltige Finanzierung eines Service ist besonders für die Provider-Hochschule ein verlässlicher, kontinuierlicher und planbarer Geldfluss zwingend notwendig. Das bedeutet, dass es Teilnehmern nicht möglich sein darf, kurzfristig einen Service abzubestellen und die Zahlung einzustellen. Dadurch müsste entweder die Provider-Hochschule selbst oder alle anderen teilnehmenden Hochschulen zusammen die finanzielle Lücke schließen. Aus diesem Grund stellen sich die Fragen zum einen der beidseitigen Kündigungsfrist, zum anderen wie und wann ein Service mangels ausreichend großem Nutzerkreis eingestellt werden kann. Eine Entscheidung, ob jemand den Service kündigen darf oder ein Service eingestellt, erweitert und somit teurer wird (siehe *Demand-* und *Change-Management*), kann eigentlich nur von allen Teilnehmern gemeinsam getroffen werden. Ob ein demokratisches Stimmrecht oder Mehrheitsrecht nach Anteil oder Ähnliches zählt, muss im besten Fall in einer generellen Vereinbarung von allen Hochschulen zusammen mit dem MWK festgeschrieben werden (siehe unten) – zumindest sollte hierzu ein Passus im SLA existieren.

Ein weiterer Punkt ist die *Leistungverrechnung* und die damit einhergehende *Buchhaltung*. Die Herausforderung liegt in der Entwicklung von transparenten und akzeptierten Abrechnungsprozessen, die hochschulübergreifend erfolgen und die verschiedene fiskalische Vorgaben berücksichtigen. Diese Vorgaben können unterschiedliche Mittelgeber und damit unterschiedliche Anforderungen an die Berichts- und Rechenschaftspflichten sein. Jedoch sollte versucht werden, möglichst nur ein Berichtswesen zu haben, um den Erstellungsaufwand im Rahmen zu halten. Auch hier sollte einmalig eine jurisitische Expertise erstellt werden, um für die Zukunft Klarheit zu haben. Ansonsten muss ein Weg gesucht werden, wie eine zentrale Verrechnung über das MWK erfolgen kann.

Bei der Leistungsverrechnung gibt es jedoch eine weitere Schwierigkeit, die für alle hochschulübergreifenden Dienste wieder juristisch geklärt werden müsste – die Problematik des Wettbewerbsumfelds. So gibt es auf EU-Ebene zum Beispiel in Bezug auf HIS eine Klage von Mitwettbewerbern aus der Privatwirtschaft. Hier wäre wie oben eine einmalige juristische Expertise hilfreich, die für die Zukunft Sicherheit bei Entscheidungen geben soll.

Ein weiterer Prozess, das *Demand-Management*, ist für hochschulübergreifende Services sehr wichtig, da es hier um die Modifizierung, Weiterentwicklung sowie das Einstellen eines Service geht. In den meisten Fällen hat dies für die teilnehmenden Hochschulen finanzielle Konsequenzen, sei es in steigenden Nutzungsgebühren als auch in höherem Aufwand bei der Anpassung der eigenen Infrastruktur oder der Schulung der Anwender. Wird ein kooperativer Service eingestellt, muss der Service wieder vom eigenen Rechenzentrum betrieben werden, außer wenn auf diesen ganz verzichtet wird. Gerade kleinere Hochschulen haben Angst davor, dass die eigenen Bedürfnisse nicht berücksichtigt werden und dass die Universitäten, die in den meisten Fällen auch die größten Geldgeber sind, die Strategie für einen Service festlegen. Im SLA für einen Service oder noch besser in einer übergeordneten Kooperationsvereinbarung müsste daher definiert werden, wie das Stimmrecht ist. Optimalerweise wird eine Lösung immer im Konsens gefunden, so dass jede teilnehmende Institution ihre Bedürfnisse und Bedenken platzieren konnte. In jedem Fall sollte der Abstimmungsprozess kodifiziert werden, um bei Unstimmigkeiten eine klare Regelung zur Hand zu haben.

Besonders wichtig ist im *Demand-Management*, dass sich die teilnehmenden Hochschulen in regelmäßigen Abständen treffen und abstimmen. Da die Dauer dieser Treffen teilweise relativ kurz sind und die Vielzahl der Services und somit die Anzahl der Treffen groß sind, könnte es zum Beispiel im Fall von Baden-Württemberg sinnvoll sein, im Rahmen einer eintägigen gemeinsamen Veranstaltung aller Hochschulen diese Treffen durchzuführen. Gleichzeitig könnten weitere hochschulstrategische IT-Themen zusammen mit dem MWK besprochen werden.

Innerhalb der beiden Prozesse *Strategie-Management für IT-Services* und *Business-Relationship-Management* müssen zusätzliche Maßnahmen ergriffen und Überlegungen angestellt werden, damit kooperative Services funktionieren und erfolgreich sind. Wichtige Punkte sind strategische Assets und eine zwischen den Hochschulen abgestimmte IT-Strategie.

Als Voraussetzung, dass ein externer Service von einer Hochschule genutzt werden kann, muss die eigene Infrastruktur kompatibel und das eigene Personal für den First-Level-Support geschult sein. Organisatorisch sollten Prozesse wie das *Incident-Management* oder der *Service-Request* zwischen den Partnern abgestimmt sein, so dass der bereits existierende Service-Desk und das Ticketsystem als Kommunikationsplattform für die Anwender beibehalten werden kann. Für die Anwender sollte sich möglichst wenig in den Prozessen ändern.

Ganz wichtig ist aber die Anpassung der IT-Strategie sowohl beim externen als auch internen, damit alle Service-Mitarbeiter die gleichen Rahmenbedingungen haben und die richtigen Entscheidungen treffen können.

Aus Sicht des externen Service-Providers kommt erschwerend hinzu, dass er im Normalfall mehreren Hochschulen denselben Service zur Verfügung stellt und somit mehreren Interessen und Strategien gegenübersteht. Entsprechend muss von allen Seiten der kleinste gemeinsame Nenner gefunden werden, um einen Service dennoch erfolgreich betreiben zu können. Ist der externe Service-Provider selber ein Rechenzentrum einer Hochschule, kommt verschärfend hinzu, dass das Service-Konzept auch noch in das eigene Betriebsmodell passen muss. Die immense Verantwortung des Providers für die Verlässlichkeit und die Kontinuität des Service hat einen Verlust an eigener Flexibilität bei Umstrukturierungen oder Ähnlichem zur Folge.

Schaut man hierbei wieder auf die beiden bereits erfolgreichen Beispiele der Bibliotheken sowie HIS, erkennt man, dass diese deshalb funktionieren, weil die durch die Services vorgegebenen Restriktionen von den beteiligten Hochschulen akzeptiert werden und die eigenen Prozesse und Strukturen entsprechend angepasst wurden. Die Alternative wäre für jede Hochschule, ein eigenes System betreiben zu müssen, wobei in den meisten Fällen der Leidensdruck bereits enorm war und dadurch die Entscheidung erleichtert wurde. „Sonderschnörkel" für einzelne Hochschulen gibt es nicht, da diese gegebenenfalls von diesen teuer bezahlt werden müssten.

Ziel des *Service-Improvement*-Prozesses ist, Services fortlaufend zu optimieren. Neben der Definition geeigneter Kennzahlen und deren Monitoring sind hierfür auch regelmäßige Treffen der teilnehmenden Hochschulen notwendig. Zwischen dem First-Level-Support an den Hochschulen und dem Second- bzw. Third-Level-Prozess des Service muss es einen engen, persönlichen Kontakt bei den Mitarbeitern geben, so dass schnell auf Probleme oder Missstände reagiert werden kann. Persönliche Treffen oder gemeinsame Veranstaltungen sind hierbei sinnvoll, um sich kennenzulernen und ein gegenseitiges Vertrauen aufzubauen.

Da bestimmte Kennzahlen des Monitorings auch für die Leistungsverrechnung relevant sind, ist ein transparentes *Service-Measurement* und zuverlässiges *Service Reporting* sehr wichtig. Vor allem muss darauf geachtet werden, dass sich alle teilnehmenden Hochschulen gleichberechtigt im Optimierungsprozess berücksichtigt finden.

2.2.2 Operative Prozesse

Während bei den Governance-Prozessen politische und hochschulspezifische Themen im Vordergrund stehen, kann bei den operativen Prozessen pragmatischer vorgegangen werden. Oberste Priorität hat der sichere Betrieb der kooperativen Services, für den der externe und interne Service-Provider gemeinsam verantwortlich ist.

Eines der Hauptziele im *Service-Level-Management*-Prozess ist, ein Gleichgewicht zwischen den Kundenanforderungen und den Handlungsmöglichkeiten des Providers herzustellen. Voraussetzung ist, dass sich sowohl die Kunden als auch Provider für den Betrieb und die Weiterentwicklung des Service verantwortlich fühlen.

Es hat sich gezeigt, dass sich aus organisatorischen und rechtlichen Gründen bewährt hat, dass externe Services nur über die internen Service-Provider (das eigene Rechenzentrum) den Anwendern angeboten werden. Gründe hierfür sind, dass ein Service für eine Hochschule den größten Mehrwert entwickelt, wenn zwischen den Partnern ein gemeinsames Verständnis und gemeinsame Prozesse vorhanden sind, was durch ITIL gegeben ist. Die internen Service-Provider bleiben die direkten Ansprechpartner für die eigenen Anwender und kooperieren eng mit dem externen Service-Provider bei der Bereitstellung der Services. Eine direkte Kommunikation zwischen den Anwendern und dem externen Service-Provider gibt es im Normalfall nicht. Im Fall der beiden Beispiele HIS und Bibliotheksdienste funktioniert dies sehr erfolgreich. Auf Grund der engen und vertrauensvollen Zusammenarbeit ist auch das Monitoring, die Interpretation der vereinbarten Kennzahlen und SLAs sowie ein professionelles Ableiten von Optimierungsmaßnahmen wesentlich unkomplizierter.

Das oberste Ziel des *IT-Service-Continuity-Management*-Prozesses ist, im Falle eines Notfalls den betroffenen Service möglichst schnell wieder zur Verfügung zu stellen. Entsprechend müssen die Kommunikationswege zwischen allen Beteiligten definiert sein und ein gemeinsames Verständnis darüber bestehen, was von wem in welchem Zeitraum erledigt werden muss und wer (eventuell auch als Eskalationsstufe) informiert werden muss. Auch ist es wichtig zu beschreiben, welche Daten in einem solchen Fall verloren gegangen sein könnten, welche dann wieder durch ein Recovery oder Wiedereinspielen eines Backups wiederhergestellt werden müssten.

In diesem Zusammenhang sind ein großes Thema die *Servicezeiten*, die auch im SLA festgehalten werden sollten. Damit geht gleichermaßen das Thema einer kompetenten Urlaubs- und Krankheitsvertretung einher, die vom Service-Provider gewährleistet werden muss. Dies könnte sich allerdings wieder auf die Service-Kosten auswirken, da mehrere Personen vorgehalten werden müssen. Im Normalfall wird die Provider-Hochschule versuchen, die Servicezeiten an die Zeiten für die eigene Hochschule anzugleichen, um keine organisatorischen Veränderungen vornehmen zu müssen. Eine teilnehmende Hochschule muss daher immer abwägen, ob die definierten Servicezeiten für die eigenen Zwecke ausreichen, oder inwiefern man durch einen kompetenteren eigenen First-Level-Support die Servicezeiten ausdehnen kann. Auf jeden Fall müssen gegenüber den Anwendern die Servicezeiten unbedingt in der Dienstbeschreibung festgelegt werden, um keinen Unmut zu generieren.

Ziel des *Information-Security-Management*-Prozesses ist nach ITIL, dass alle Güter, Informationen, Daten und IT-Services eines Unternehmens jederzeit hinsichtlich ihrer Vertraulichkeit, Integrität und Verfügbarkeit geschützt sind. Optimalerweise versuchen hier die meisten Hochschulen den BSI-Grundschutz umzusetzen, wobei viele hier erst ganz am Anfang sind. Der Vorteil ist jedoch, dass hochschulübergreifend ähnliche Prozesse und Richtlinien entstehen, so dass Services bereits in der Design-Phase sicherheitstechnisch den Anforderungen der meisten Hochschulen entsprechen. Jedoch gibt es im Hochschulumfeld eine enorme Herausforderung, die des Datenschutzes. Da durch den Second- oder Third-Level-Support IT-Mitarbeiter anderer Hochschulen auf Systeme und Daten zugreifen können, ist eine Vereinbarung beziehungsweise Verschwiegenheitserklärung dringend erforderlich. Diese könnte jedoch in der bereits vorgeschlagenen übergeordneten Kooperationsvereinbarung geklärt werden. Zusätzlich muss jede teilnehmende Hochschule in ihrer Verwaltungs- und Benutzerordnung einen entsprechenden Passus haben, dem auch der Personalrat zustimmen muss.

Bei vielen Services ist es notwendig, dass der externe Provider über einen gesicherten Zugang auf die entsprechenden Systeme (Server und Clients der Anwender) zugreifen kann, so dass er als Second- bzw. Third-Level-Support beim Incident- und Problem-Management schnell den hochschulinternen First-Level-Support unterstützen kann. Die Einrichtung dieser Zugriffe müssen nach den Regeln des IT-Sicherheitskonzepts der jeweiligen Hochschule erfolgen.

Für einen erfolgreichen *Supplier-Management*-Prozess muss die oben bereits besprochene angesprochene Schiedsstelle eingerichtet sein, bei der sich jede teilnehmende Hochschule beschweren und die eigenen Rechte einfordern kann.

Bei den Prozessen *Design-Coordination* und *Requirements-Engineering* ist oberste Prämisse, dass sich alle teilnehmenden Hochschulen berücksichtigt finden.

Im kooperativen Service-Betrieb ist der *Change-Management*-Prozess zusammen mit den dazugehörenden Prozessen *Release- und Deployment-Management, Transition-Planning und Support, Service-Validation und Testing* elementar. Da eine Anpassung oder ein neues Release immer auch Aufwand seitens der teilnehmenden Hochschule verursacht, ist beispielsweise eine frühzeitige Bekanntgabe eines Releaseplans dringend erforderlich, so dass je nachdem Einspruch erhoben werden kann, wenn zum Beispiel die Prüfungszeit dadurch beeinträchtigt werden würde. Besonders ist darauf zu achten, dass der First-Level-Support frühzeitig eine Schulung erhält und dass möglichst eine Testumgebung existiert, in welcher im Vorfeld der *Deployment-Prozess* und das System vollumfänglich getestet werden kann. Wesentlich ist, dass der Zeitpunkt eng mit allen Beteiligten abgestimmt wird.

Der *Service-Operation* erfolgt je nach Service an der eigenen Institution. Dort sind bereits Abläufe im Ticketsystem für Incident- und Problem-Management sowie Request-Fulfilment definiert, die gegenüber den Anwendern direkt angewendet werden können. Der Betrieb der zu einem Service gehörenden Infrastruktur untergliedert sich oft in einen Teil, der vom internen Provider betrieben wird, und einem Teil, der vom externen Provider betrieben wird. Oberste Priorität muss eine schnelle, effektive Kommunikation unter allen beteiligten Mitarbeitern sein.

Für das *Access-Management* hat sich nach anfänglichen Schwierigkeiten in Baden-Württemberg der Landesdienst bwIDM erfolgreich etabliert, da durch ihn eine schnelle und einfache Anbindung der eigenen Hochschulanwender an einen hochschulübergreifenden Service erfolgen kann. Dadurch werden Verwaltungsaufwände für Benutzerdaten und Passwörter seitens des Providers und der teilnehmenden Hochschule stark reduziert und die Sicherheit beim Zugriff erhöht.

Innerhalb des Prozesses *Event-Management* sollten Monitoringfunktionen im Service implementiert sein, die für einen sicheren Betrieb notwendig sind und die auch geeignete Schnittstellen anbieten, so dass diese einfach in die bereits an den Hochschulen existierenden Monitoringsysteme wie Icinga integriert werden können. Für einen besseren Support müssen eventuell Event-Daten an das Monitoringsystem des externen Providers gesendet werden.

3 Entscheidungsprozesse

Die Ausgangssituation an den meisten Hochschulen ist, dass der IT-Basisbetrieb mit den vorhandenen Assets (Ressourcen und Fähigkeiten) für eine bestimmte Menge an Services funktioniert. Auslöser für die Überlegung, einen externen Service einzusetzen, ist, entweder einen neuen Service einzuführen, den es bisher noch nicht gab, oder einen eigenen Service zu ersetzen. Im ersten Fall handelt es sich um die Verbesserung des bisherigen Serviceangebots für die Anwender. Er ist ein zusätzlicher Service, durch den normalerweise auch zusätzliche Kosten entstehen. Der zweite Fall tritt ein, wenn beispielsweise größere Investitionen getätigt werden müssen, weil Ressourcen ersetzt werden müssen (neue Hardware oder Software), weil ein wichtiger IT-Mitarbeiter die Hochschule verlässt oder weil es neue gesetzliche Vorgaben gibt. Hierbei geht es um Einsparungen. Im besten Fall kostet der externe Service nicht mehr als der bisherige. Ansonsten sollte der Mehrwert des externen Service den bisherigen übertreffen und dadurch die Mehrkosten rechtfertigen. Wann und wie sich ein interner Provider entscheidet, den eigenen Anwendern einen externen Service anzubieten, wird in einem anderen Beitrag in diesem Band erörtert (siehe Beitrag von Honigberger, Voraussetzungen für Rechenzentrumskooperationen, im gleichen Band).

Die Entscheidung wird im Rahmen des IT-Strategie-Prozesses getroffen. Hierzu sollte jede Hochschule zu Beginn eine SWOT-Analyse (Stärken, Schwächen, Chancen und Risiken) durchführen, um festzustellen, inwiefern es sinnvoll ist, einen bestimmten Service selber zu betreiben. Anschließend sollte für die Nutzung eines vergleichbaren externen Dienstes eine Risiko-Nutzen- und auch Kosten-Nutzen-Analyse durchgeführt werden. Auf Basis dieser Analysen muss abschließend entschieden werden, welche Lösung die optimale ist.

Wichtig ist, dass man sich bei der Entscheidung bewusst ist, dass in den wenigsten Fällen der externe Service an die eigenen Rahmenbedingungen und Anforderungen angepasst werden kann. Im Gegenteil muss fast immer auf der eigenen Seite eine Anpassung der eigenen Prozesse, Richtlinien, Infrastruktur und vieles mehr erfolgen. Grund hierfür ist wie bereits oben erläutert, dass die Provider-Hochschule im Normalfall den Dienst für weitere Hochschulen parallel zum eigenen IT-Betrieb betreibt und somit ein kleinster gemeinsamer Nenner gefunden wird.

Für diese Anpassung spielt nun der oben erwähnte Reifegrad in Bezug auf Einführung der ITIL-Prozesse eine große Rolle. Je ähnlicher sich bereits die Hochschulen in ihren IT-Prozessen und IT-Infrastrukturen sind, desto besser funktioniert die Integration beziehungsweise Kooperation bei externen Services anderer Hochschulen.

So ist zum Beispiel in Baden-Württemberg ein großer Vorteil, dass alle Hochschulen bereits über BelWü performant und sicher netzwerktechnisch miteinander verbunden sind oder dass es mehrere Landesverträge gibt, so dass Infrastrukturen bereits teilweise ähnlich und kompatibel sind (Microsoft, TSM, VMWare, Sophos, ... beziehungsweise Cisco, bwPC, ...)

4 Handlungsempfehlungen

Um die komplexe, historisch gewachsene Realität im Hochschulumfeld zu vereinfachen, wird im Folgenden ein Gedankenexperiment durchgeführt, in dem davon ausgegangen wird, dass man innerhalb der Hochschullandschaft beim Thema kooperierendes IT-Service-Management auf einer grünen Wiese beginnen könnte. Daraus gewonnene Erkenntnisse können als anzustrebende Vision gesehen oder sogar bereits partiell umgesetzt werden. Der Fokus liegt auf der Kooperation aller Hochschulen und Universitäten des Landes Baden-Württembergs, wie sie bereits bei mehreren Landesdiensten wie bwLehrpool, bwHPC, bwIDM, bwLSDF und viele mehr bereits angedacht sind. Die Ergebnisse lassen sich aber auch auf kleinere Kooperationen übertragen.

Oberstes Ziel muss sein, eine hochschulübergreifende IT-Strategie für die Service-Bereiche zu entwickeln, die einen großen Deckungsgrad zwischen den Hochschulen haben und sich nur in den Punkten unterscheiden, bei denen sich die Hochschulen aus der Wettbewerbssituation heraus voneinander differenzieren. Eine gemeinsame Strategie kann durchaus für alle IT-Basisdienste entwickelt werden, bei denen alle Hochschulen relativ ähnliche Anforderungen und Rahmenbedingungen haben. Beispiele sind Benutzermanagement, Mail, Drucken, VM-Cluster, Speicher, revisionssichere Datensicherung und vieles mehr. Im Kleinen, für Einzeldienste, existiert dieser Ansatz bereits erfolgreich wie beispielsweise BelWü, einzelne Landesdienste wie der bwPC oder Landesverträge. Dadurch könnten alle Hochschulen und Universitäten in die gleiche Richtung ziehen und es könnten frühzeitig Bedarfe für neue Services oder Veränderungen bei bestehenden Services erkannt werden.

Neben der gemeinsamen IT-Strategie ist eine weitere wesentliche Voraussetzung für eine erfolgreiche Zusammenarbeit und Nutzung kooperativer Services die Schaffung einer gemeinsamen Basis.

In diesem Zusammenhang ist es eine große Erleichterung, wenn zunächst eine gemeinsame juristische Basis geschaffen wird. Eine Möglichkeit könnte eine Art Rahmenkooperationsvereinbarung zwischen allen Hochschulen unter der Federführung des MWK sein, die von allen Hochschulen unterzeichnet wird. Für diese Kooperationsvereinbarung kann eine juristische Expertise erstellt werden, die in Zukunft für alle kooperativen Aktivitäten zwischen den Hochschulen eine Rechtssicherheit und Planungssicherheit bedeutet. Für alle kooperativen Services und Aktivitäten müssen, falls notwendig, in Einzelvereinbarungen dann nur noch abweichende und ergänzende Punkte enthalten sein. Projekte können somit einfacher und schneller in einen nachhaltigen Service-Betrieb überführt werden.

In einer solchen Rahmenkooperationsvereinbarung sollten unter anderem folgende Punkte geregelt sein: Der Prozess der gegenseitigen Leistungsverrechnung, der Haftungsausschluss, die Abwicklung, wenn jemand einen Service kündigen möchte oder ein Provider einen Service einstellen möchte, die bereits oben geforderte zentrale Schiedsstelle, an die sich alle bei Verletzung der Servicevereinbarung wenden können, und deren Sanktionsmöglichkeiten, das Stimmrecht bei Change-Prozessen und Ähnliches. Auch muss die Vertraulichkeit geregelt werden. Es könnte durchaus sinnvoll sein, dabei mehrere Vertraulichkeitsstufen einzuführen, um ungefährliche Services nicht unnötig zu reglementieren, aber Services mit hohen Datenschutzanforderungen gerecht zu werden. Auch die Zugriffsmöglichkeit und der verantwortungsbewusste Umgang mit Systemen und Daten durch IT-Mitarbeiter anderer Hochschulen muss geregelt werden.

Diese Rahmenkooperationsvereinbarung muss in einem regelmäßigen Prozess auditiert und eventuell entsprechend angepasst werden. Hierzu muss auch geregelt sein, wie die modifizierte Vereinbarung wieder bei allen Hochschulen gültig wird.

Eine weitere große Erleichterung für alle Hochschulen und Services wäre gegeben, wenn es bei den Richtlinien und Dokumentationen gemeinsame Dokumente gibt, da es hier einen großen Deckungsgrad gibt. Hochschulspezifische Teile können in Zusatzdokumenten ergänzt werden. Beispiele sind die Verwaltungs- und Benutzerordnung, der BSI-Grundschutz und Dokumente aus weiteren IT-Prozessen. Auch hier könnte wieder durch eine juristische Expertise an zentraler Stelle eine größere Rechtssicherheit an allen Hochschulen geschaffen werden.

Unter diesen Voraussetzungen und auf Grund einer größeren Verlässlichkeit könnten die Hochschulen eine wesentlich bessere IT-Strategie entwickeln. Kooperative Services könnten bereits in der Service-Design-Phase diese klar definierten Rahmenbedingungen berücksichtigen, so dass die Nachhaltigkeit eher erreicht werden kann.

Des Weiteren könnte durch eine Angleichung einzelner ITIL-Prozesse die Integration von Services gefördert werden. So könnten zum Beispiel auch gemeinsame Werkzeuge kooperativ genutzt werden wie Ticketsystem, Monitoringsystem, Controllingsystem, Configuration-Management-Database und viele mehr.

Die Abstimmung bzw. Vereinheitlichung der Infrastruktur sowie der Systeme und Anwendungen ist ein weiterer wichtiger Aspekt, um Kooperationen zu optimieren. Das kann sogar so weit gehen, dass Infrastruktur von mehreren Hochschulen gemeinsam betrieben wird. Allerdings sind hierbei gegenüber Dritten einige Knackpunkte zu klären, wie die Nutzung von Lizenzen, da zum Beispiel bei einem VM-Cluster die klare Zuordnung zu einer Hochschule nicht mehr gegeben ist, was in den Lizenzverträgen teilweise ausgeschlossen ist.

5 Ausblick

Analysiert man die Bedürfnisse für IT-Dienste an den Hochschulen, kann man feststellen, dass es zahlreiche Basisdienste gibt, die überall gleich sind und nichts dazu beitragen, sich gegenüber anderen Hochschulen hervorzuheben. Beispiele sind Mail, LDAP-Verzeichnisse, Speicherdienste und viele mehr. Diese Services sind prädestiniert, kooperativ betrieben zu werden.

In der heutigen Realität gibt es diese grüne Wiese jedoch leider nicht, sondern jede Hochschule hat ihre eigene IT-Historie und liebgewonnene IT-Lösungen. So muss zunächst ein kultureller Wandel sowohl bei den Mitarbeitern der Rechenzentren als auch bei allen IT-Anwendern in den Hochschulen sowie den Hochschulleitungen erfolgen.

Auch gibt es verschiedene schwer überbrückbare Rahmenbedingungen. So hat zum Beispiel eine Uniklinik ganz andere Ansprüche an die Verfügbarkeit (7 × 24 h) sowie beim Thema Datenschutz als andere Hochschulen.

Dennoch gibt es in Baden-Württemberg bereits einige erfolgreiche und Erfolg versprechende Kooperationen und Services, die teilweise bereits an anderen Stelle in diesem Tagungsband detailliert beschrieben wurden. Einige Beispiele für Zusammenschlüsse verschiedener Hochschulen und Universitäten sind:

- RZV (Regionales Zentrum Virtualisierung) mit der Universität Freiburg, Hochschule Furtwangen, Hochschule Offenburg und PH Freiburg. Gemeinsame Dienste sind die StudiCloud, VM-Cluster, Backupsicherung, weitere Dienste sind in Planung.
- In der HfSW (Hochschulföderation SüdWest) haben sich sieben baden-württembergische Hochschulen zusammengeschlossen, um ihre Kräfte zu bündeln, um die Leistungsstärke in der angewandten Lehre und Forschung weiterzuentwickeln. Ziel ist eine systematische Zusammenarbeit in den unterschiedlichsten Bereichen, insbesondere auch im Bereich der Rechenzentren.
- Gemeinsame Nutzung der OpenSource CMDB I-DoIT durch derzeit zehn Hochschulen zur Abbildung des BSI-Grundschutzes und als Configuration-Management-Database im Betrieb.
- Und zahlreiche Landesdienste, die in kooperativen Projekten des ALWR-BW (Arbeitskreis der Leiter wissenschaftlicher Rechenzentren in Baden-Württemberg) entstanden sind.

Insgesamt kann man festhalten, dass die Hochschullandschaft auf die gravierenden Änderungen im IT-Umfeld reagieren muss. Im Kleinen, meist auf persönlicher Ebene, gibt es bereits sehr erfolgreiche Kooperationen. Es hat sich gezeigt, dass Kooperation um so besser gelingt, je mehr Prozesse und Infrastruktur zwischen den Partnern abgestimmt sind. ITIL bietet hierzu einen möglichen Ansatz, um IT-Service-Management-Prozesse hochschulübergreifend zu gestalten. Wichtig ist jedoch, dass bestimmte Voraussetzungen wie die beschriebene Rahmenkooperationsvereinbarung sowie eine zentrale Schiedsstelle geschaffen sind.

Janne Chr. Schulz

Überlegungen zur Steuerung einer föderativen Infrastruktur am Beispiel von bwCloud

Der Einsatz von Virtualisierungstechnologien gehört zum betrieblichen Alltag der Hochschulrechenzentren, sie ermöglichen eine Entkopplung der physikalischen Hardware von den damit betriebenen Diensten. Im Rahmen des Landesprojekte bwCloud wird eine standortübergreifende Infrastruktur zur Bereitstellung von Compute-Ressourcen für den Betrieb von virtuellen Maschinen entwickelt, die sich einer breiten Nutzerschaft aus allen Bereichen von Universitäten, Hochschulen oder Forschungseinrichtungen öffnet. Dazu wird eine prototypische Implementierung einer Cloud-Umgebung („Hochschul-Cloud") an mehreren Standorten umgesetzt. Die Anforderungen an das Betriebsmodell und die Governance- und Steuerungs-Strukturen müssen dem Charakter der föderativen Infrastruktur gerecht werden und die Grundlagen für einen späteren Produktivbetrieb mit Leistungsausgleich schaffen.

1 Motivation

Virtualisierung ist ein nicht mehr ganz neues Phänomen, welches zunehmend die IT-Landschaft bestimmt und neue Entwicklungen und Betriebsmodelle, wie sie derzeit mit dem Begriff „Cloud" bezeichnet werden, überhaupt erst ermöglicht. Sie kann als nächste Iterationsstufe nach der Erfindung der Betriebssysteme angesehen werden, denn statt einer Verwaltung und Isolierung von Jobs auf einer einzelnen CPU werden nun komplette Betriebssysteme auf einer physikalischen Hardware unabhängig voneinander betrieben. Diese Technologie der Entkopplung von (Betriebs-)Systemen von der darunterliegenden physikalischen Hardware erlaubt ganz neue Betriebsmodelle und in vielen Fällen eine deutlich effizientere Nutzung vorhandener Hardware. Das Thema Virtualisierung wird deshalb seit mehr als zehn Jahren aktiv von den unterschiedlichsten Stellen untersucht und betrieben und insbesondere im kommerziellen Umfeld eingesetzt. Eine deutliche Verstärkung der Thematik hat der Trend mit dem Aufkommen des Cloud-Computings bewirkt. Kommerzielle Anbieter offerieren bereits seit mehreren Jahren eine Palette von Services,

Janne Chr. Schulz, Universität Mannheim

DOI:10.1515/9783110459753-019

die angefangen von traditionellen Diensten wie „kostenloser" E-Mail und Hosting von Webangeboten bis zu kompletten Maschineninstallationen, wie Amazon EC3 und Applikationslandschaften, wie Google-Docs oder Microsoft-Office 365, reichen. Diese Dienste beweisen die Mächtigkeit des Ansatzes und der erzielbaren Skaleneffekte.

Die Entwicklung von Virtualisierungs- und Cloud-Technologien ist auch an der Wissenschaftslandschaft nicht spurlos vorübergegangen (DFG 2016: 17 ff.). Viele Wissenschaftler und Hochschulmitarbeiter nutzen inzwischen verschiedenartige Dienste wie Google-Docs zur gemeinsamen Arbeit an Dokumenten oder Dropbox für den Austausch von Dateien während ihrer täglichen Arbeit. Diese schleichende Form des „Outsourcings" zeigt die hohe Akzeptanz von zentralisierten, netzwerkbasierten Services – nicht zuletzt wegen ihrer ortsunabhängigen Nutzungsmöglichkeiten mit mobilen Geräten – die langfristig dazu führen könnte, dass die Benutzer von den Angeboten der Hochschulrechenzentren immer weniger Gebrauch machen, sofern diese nicht gegensteuern.

Dieser Trend birgt vielfältige Gefahren, die sich im privaten Umfeld mit der kommerziellen Nutzung privater Daten verbinden und im wissenschaftlichen Umfeld mit dem Begriff der Industriespionage umrissen sind. Die Verarbeitung wissenschaftlicher Daten außerhalb des unmittelbaren Einflussbereiches der Hochschulen birgt viele Risiken – neben dem Datenschutz und der Gefahr des Diebstahls geistigen Eigentums auch die Abhängigkeit von Geschäfts- und Entgeltmodellen kommerzieller Anbieter, – so dass die Hochschulen auf ihre zentralen IT-Abteilungen nicht verzichten können. Im Gegenteil, sie zählen zunehmend zur strategischen Infrastruktur der Hochschulen.

Das bedeutet jedoch nicht, dass die Hochschulen von dieser Entwicklung nicht profitieren können. Hochschuleigene Virtualisierungs- und Cloud-Lösungen erlauben den Aufbau neuer Betriebsmodelle und Serviceangebote, die durch parallele Entwicklungen wie beispielsweise dem Ausbau der verfügbaren Bandbreiten im Landeshochschulnetz BelWü unterstützt und zum Teil erst ermöglicht werden. Darüber hinaus gibt es umfangreiche und intensive Kooperationen im Bereich des Hochleistungsrechnens (HPC) mit den Einrichtungen der bwForCluster,[1] dem bwUniCluster[2]

1 Zur Unterstützung von spezifischen Fach- und Forschungsdisziplinen im Land werden vier spezialisierte Parallelrechner (bwForCluster) aufgebaut und betrieben. Ihr Aufbau und Betrieb erfolgt im Rahmen des „Umsetzungskonzept der Universitäten des Landes Baden-Württemberg für das Hochleistungsrechnen bwHPC" und dient den Angehörigen der jeweiligen Forschungscommunity zur Versorgung mit HPC-Ressourcen.

2 Der bwUniCluster ist ein Parallelrechner zur Grundversorgung der Universitäten des Landes Baden-Württemberg mit Rechenleistung. Er kann von den Mitarbeiterinnen und Mitarbeitern aller Universitäten in Baden-Württemberg unentgeltlich genutzt werden. Weitere Informationen siehe Website „bwUniCluster", www.scc.kit.edu/dienste/bwUniCluster.php, abgerufen am 11. 04. 2016.

und dem bwHPC-Begleitprojekt bwHPC-C5,[3] welche durch zentrale Infrastrukturen wie bwIDM[4] und bwLSDF[5] befördert werden.

Im vorliegenden Beitrag werden Überlegungen zum Aufbau von Steuerungs- und Governance-Strukturen für das Landesprojekt bwCloud entwickelt. Dazu wird zunächst das Projekt in seinem Aufbau, den beteiligten Projektpartnern und seiner Zielsetzung vorgestellt. Anschließend folgen Überlegungen, in welcher Form Prozesse zur Steuerung und Koordination des Projektes benötigt werden.

2 Das Landesprojekt bwCloud

Das Landesprojekt „bwCloud – standortübergreifende Servervirtualisierung" hat zum Ziel, ein Konzept zur föderierten Virtualisierung von Servern und Diensten zu entwickeln, zu testen und eine prototypische Cloud-Umgebung für die Universitäten und Hochschulen des Landes Baden-Württemberg zu implementieren. Die Fragestellungen, die im Rahmen des Projektes aufgearbeitet und beantwortet werden, reichen vom Betrieb von entsprechenden Hardware- und Softwareinfrastrukturen bis hin zur Entwicklung von zukunftsweisenden Konzepten wie der Abrechnung von Leistungen im Land untereinander. Das Projekt ist eingebettet in die Landesaktivitäten, allen voran in das Umsetzungskonzept bwDATA Phase I.[6] Das Umsetzungskonzept konzentriert sich auf die Analyse der existierenden und zukünftig erforderlichen Kapazitäten und Anforderungen im Betrieb von Speicherdiensten und leitet daraus Handlungsfelder in den verschiedenen Bereichen wie beispielsweise Ausbau der Backup-Infrastruktur oder Weiterentwicklung der Virtualisierungsumgebungen an den Rechenzentren ab. Die Analysen bilden die Grundlagen zu weiteren Aktivitäten und Maßnahmen, die im Verlauf der Jahre 2013

3 Siehe hierzu die Überblicksdarstellung zu den ursprünglichen Projektüberlegungen: Hartenstein, Hannes, Thomas Walter, und Peter Castellaz. 2013. Aktuelle Umsetzungskonzepte der Universitäten des Landes Baden-Württemberg für Hochleistungsrechnen und datenintensive Dienste. *PIK – Praxis der Informationsverarbeitung und Kommunikation* 36(2): 99–108.

4 Das „Föderierte Identitätsmanagement der baden-württembergischen Hochschulen" (kurz bwIDM) ermöglicht den Angehörigen der Einrichtungen über eine einheitliche Schnittstelle die Nutzung vieler Landesdienste. Weitere Informationen siehe Website „bwIDM: Föderiertes Identitätsmanagement der baden-württembergischen Hochschulen", www.bwidm.de, abgerufen am 11. 04. 2016.

5 Das Landesprojekt bwLSDF ist eine Erweiterung der Large Scale Data Facility (LSDF) zur Datenspeicherung für baden-württembergischen Hochschulen und richtet sich in erster Linie an datenintensive Forschungsbereiche. Weitere Informationen siehe Website „bwLSDF", www.tik.uni-stuttgart.de/ueberuns/infrastrukturprojekte/bwlsdf/index.html, abgerufen am 11. 04. 2016.

6 „Umsetzungskonzept der Universitäten des Landes Baden-Württemberg für datenintensive Dienste – bwDATA Phase I (2013–2014)", vorgelegt von den Leitern der Rechen- bzw. Informationszentren der Universitäten des Landes Baden-Württemberg (ALWR-BW) in Abstimmung mit dem Ministerium für Wissenschaft, Forschung und Kunst Baden-Württemberg, 01. 11. 2012.

und 2014 angestoßen wurden. Das Landesprojekt bwCloud ist ein solches Projekt, das dem thematischen Bereich „Virtualisierung“ des Umsetzungskonzeptes zugeordnet ist.

2.1 Umfang, Schwerpunkt, Zielsetzung

Das Projekt folgt der bewährten Praxis der Landesprojekte in Baden-Württemberg: inhaltlich abgestimmt in ein landesweites Umsetzungskonzept, hauptsächlich finanziert vom „Ministerium für Wissenschaft, Forschung und Kunst Baden-Württemberg“ (kurz: MWK) als dem primären Mittelgeber, in seiner Laufzeit begrenzt auf zunächst zwei Jahre und angelegt als standortübergreifende Kooperation. An der Umsetzung sind die Rechenzentren der Universitäten Mannheim, Freiburg, Ulm und Karlsruhe sowie die BelWü-Koordination beteiligt. Mit der Umsetzung des Projektes werden zwei Ziele verfolgt: Zum einen werden populäre Technologien für den Einsatz im Hochschulumfeld erprobt und tauglich gemacht und zum anderen wird ein Konzept entwickelt, wie diese Technologien und Prozesse anschließend nachhaltig in betriebliche Strukturen von Rechenzentren eingebettet und betrieben werden können.

2.1.1 Dienstschichten und bwCloud

Hinsichtlich der Durchdringungstiefe und der Schnittstelle zur lokalen IT und zum Nutzer teilt sich die „Cloud“ in drei Dienstschichten ein (s. Abb. 1). Die oberen Schichten nutzen dabei die Services der unteren Schichten. Die unterste Schicht „Infrastructure as a Service“ (IaaS) umfasst die Versorgung mit IT-Infrastrukturkomponenten, die als virtuelle Ressourcen, beispielsweise komplette Rechner als virtuelle Maschinen (VM), angeboten und von den Nutzern „gemietet“ werden. Der

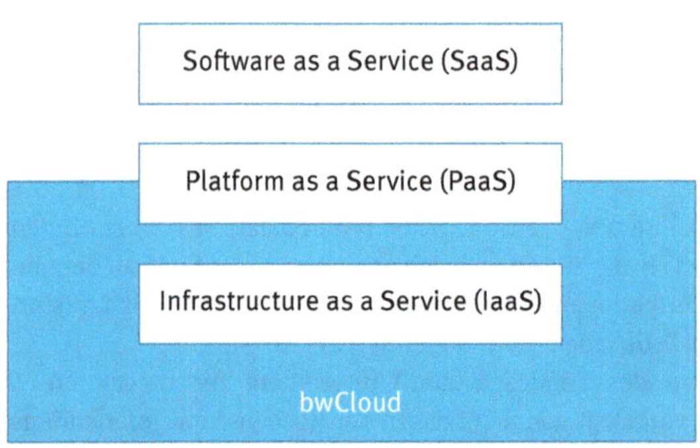

Abb. 1: Dienstschichten der Cloud und Verortung des Landesprojektes.

Anwender hat die volle Kontrolle über Systemarchitektur, Betriebssystem(e) und Anwendungen.

Im Mittelpunkt des Landesprojektes bwCloud steht die „Infrastructure as a Service (IaaS)"-Schicht: geplant ist die konzeptionelle und prototypische Realisierung einer über mehrere (Hochschul-)Standorte ausgedehnten Cloud-Infrastruktur als Basis für den Service bwCloud.

Die prototypische Realisierung der bwCloud befasst sich mit drei Schwerpunkten:

- Technische Evaluation und Umsetzung von Hardware- und Softwaretechnologien;
- Entwicklung eines Betriebs- und Governance-Modells;
- Entwicklung eines Konzepts für einen Landesdienst für den bwCloud-Service, basierend auf dem technischen Prototypen.

2.2 Bedarfsanalyse

Um eine grundsätzliche Einschätzung der Situation zu erhalten, wurde zu Projektbeginn eine Befragung der Rechenzentren im Land durchgeführt. Parallel dazu wurde begonnen, an den beteiligten Projektstandorten Einsatzszenarien und Nutzergruppen zu evaluieren, die für die Nutzung der bwCloud-Infrastruktur in Frage kommen.

Ziel der Befragung ist die Entwicklung einer „Landkarte" mit detaillierten Informationen zum Einsatz von Virtualisierungstechniken, die dem Projekt als Entscheidungs- und Entwicklungsgrundlage im Hinblick auf die aus Sicht der Betreiber vorrangigen Use-Cases, den daraus resultierenden Anforderungen an die Virtualisierungsplattform sowie den Anforderungen an Storage, Hardware und Netzwerk dienen soll. Mit der Befragung ist eine Übersicht über den Umfang des Einsatzes von Virtualisierungstechnologien, ihren Einsatzschwerpunkten, die Ausstattung der jeweiligen Plattformen in Bezug auf Speicher, Serverhardware und Netzwerkanbindung und schließlich die organisatorische Ausgestaltung der Virtualisierungsumgebungen erarbeitet worden. Zusätzlich sind die befragten Standorte zu den lokalen Steuerungsprozessen befragt worden, um einen Überblick über die Abläufe zur Genehmigung und Einrichtung bzw. dem Betrieb von virtuellen Ressourcen zu erhalten.

Durch den hohen Rücklauf kann den Ergebnissen der Befragung eine starke Aussagekraft zugeschrieben werden. Sie lassen sich in gekürzter Form wie folgt zusammenfassen:[7] „Klassische Rechenzentrumsdienste bilden bei der überwiegen-

7 Alle im folgenden Abschnitt zitierten Textquellen stammen aus dem Dokument: Aufsattler, W., Schulz, J. C., et al. 2015. Bericht zur Auswertung der landesweiten Befragung der Rechenzentren im Rahmen des Landesprojektes „bwCloud: Standortübergreifende Servervirtualisierung", Landesprojekt bwCloud.

den Mehrzahl der Hochschulen, die an der Befragung teilgenommen haben, bisher den Schwerpunkt der Virtualisierung. Die meisten Dienste sind bereits virtualisiert oder werden mittelfristig so weit wie möglich virtualisiert. Daneben werden vor allem Dienste für die Universitätsverwaltungen und Dienste im Zusammenhang mit Lehr-/Lernplattformen und/oder der Aufzeichnung von Lehrveranstaltungen virtualisiert.“ Für das Projekt wichtig ist die Erkenntnis, dass „... Cloud-Dienste bzw. virtuelle Systeme für Endanwender ... bei der Mehrzahl der Einrichtungen noch nicht in nennenswertem Umfang angeboten [werden]“. Dies deutet auf eine bislang bestehende „Versorgungslücke“ von (erweiterten) Nutzergruppen mit Cloud-Diensten hin.

In Bezug auf die Wachstumsperspektiven hat die Befragung ergeben, dass „(...) Wachstumsperspektiven ergeben, dass diese sich zum einen aus der weiteren Virtualisierung bestehender Dienste, der Erweiterung des Service-Portfolios und dem Ausbau des Angebots für Endkunden-VMs[8] ergeben. (...) Dies lässt den Schluss zu, dass der Schwerpunkt der Virtualisierung sich zunehmend von den zentralen Rechenzentrumsdiensten hin zu einem breiteren Angebot für Endkunden verlagert.“ Auf der anderen Seite konnte durch die Befragung festgestellt werden, dass sich die im betrieblichen Umfeld eingesetzten Virtualisierungsumgebungen aus mehreren Gründen nicht für die Öffnung weiterer Anwenderkreise über die eigene Nutzung hinaus eignen oder das eine solche Öffnung dieser Plattformen nicht angestrebt wird, denn die „(...) Anforderungen an die Virtualisierungsplattformen unterscheiden sich in den (...) Einsatzbereichen erheblich. Während bei den klassischen Rechenzentrumsdiensten der Schwerpunkt auf Ausfallsicherheit der Dienste für den Produktionsbetrieb liegt, gehen die Anforderungen an eine Plattform, mit der eine größere Anzahl Endkunden VMs zur Verfügung gestellt werden soll, in erster Linie in Richtung einer flexiblen und komfortablen Provisionierung der virtuellen Maschinen und ein Life-Cycle-Management, das den Überblick darüber garantiert, welche Systeme aktiv genutzt werden. Darüber hinaus erfordert dieser Einsatzbereich ein detailliertes Accounting-System, mit dem der Ressourcenverbrauch erfasst und abgerechnet werden kann.“

Diese Ergebnisse bestätigen und unterstützen die Zielrichtung des Projektes, einen zusätzlichen Service aufzubauen, mit dessen Hilfe das Service-Portfolio und der Anwenderkreis der Rechenzentren erweitert werden können.

2.2.1 Anforderungen der Anwender

Die Befragung hat ergeben, dass die eingesetzten Virtualisierungsplattformen (zumindest derzeit) nicht durch den Einsatz von Self-Service-Funktionalitäten den Anwendern gegenüber „geöffnet“ werden sollen. An keinem der befragten Standorte wird derzeit der Einsatz von weiteren, alternativen Zugängen zu den Ressourcen

8 Gemeint sind hier die virtuellen Maschinen der Nutzer.

zusätzlich zu den traditionellen Verwaltungsprozessen, beispielsweise der schriftlichen Beantragung und der Genehmigung des Vorhabens, geplant, in Erwägung gezogen oder gar bereits betrieben. Hieraus ergibt sich für die Konkretisierung der Projektziele die Aufgabe, eine Plattform mit entsprechenden Funktionalitäten auszuwählen. Diese Plattform muss in der Lage sein, wachsenden Anforderungen dynamisch zu begegnen („horizontale Skalierung"), und dies sowohl in technischer als auch organisatorischer Hinsicht. Die Analyse des Anwenderfeldes in Ergänzung der Befragung der Rechenzentren hat ergeben, dass offenbar ein (landesweiter) Bedarf an Compute- und Storage-Ressourcen, die unter den oben genannten Bedingungen genutzt werden können, existiert, der bislang noch nicht adressiert wird. Um diesen Bedarf mit einem adäquaten Angebot abdecken zu können, zielt die im Rahmen des bwCloud-Projektes aufgebaute Infrastruktur auf hauptsächlich drei Anwendungsfälle oder Use-Cases.

2.2.2 Use-Case 1: Die „Studi-VM"

Die Befragung der Rechenzentren hat untermauert, dass für die Studierenden als bislang größte Anwendergruppe derzeit keine oder wenn, dann lediglich in sehr beschränktem Umfang, Möglichkeiten angeboten werden, um ihnen für ihre Belange im Rahmen des Studiums Zugang zu Ressourcen wie eigener Hardware oder virtuellen Maschinen zu ermöglichen. Häufig wird diese Aufgabe von den Instituten und Lehrstühlen übernommen, an denen die Studierenden ihre (Abschluss-)Arbeiten anfertigen. Zwar variieren Größe und Ausstattung der Institute und Lehrstühle sehr, nichtsdestotrotz ist in nahezu allen Studiengängen eine stetige Zunahme an Einsatz und Bedarf von IT-gestützten Systemen festzustellen.

Die Anwendergruppe für eine „Studi-VM" sind daher Studierende, die Ressourcen in Form von virtuellen Maschinen im Rahmen des Studiums, beispielsweise für Projekt- oder Abschlussarbeiten, benötigen. Diese virtuellen Maschinen werden eine einfache Ausstattung umfassen und sind in ihrer Anzahl pro Anwender limitiert. Aufgrund der reduzierten Leistungsfähigkeit werden sie in Umgebungen angesiedelt, die mit „Überprovisionierung"[9] der physikalischen Ressourcen seitens der Virtualisierungsumgebung betrieben werden können. Sie lassen sich, bedingt durch ihren einfachen Aufbau und ihre reduzierten Anforderungen an die Betriebsumgebung, einfacher von einem zu einem anderen Betriebsstandort verschieben.

9 Bei „Überprovisionierung" wird einer virtuellen Ressource, beispielsweise einem virtuellen CPU-Kern, nicht exakt ein physikalischer CPU-Kern zugeordnet, sondern mehrere virtuelle CPU-Kerne „teilen" sich eine physikalische Ressource. Dies ist dann möglich, wenn die virtuellen Maschinen nicht permanent die Leistung der CPU benötigen, sondern Phasen durchlaufen, bei denen keine Operationen durchgeführt werden müssen. Dieses Verhalten tritt klassischerweise bei Serversystemen auf, bei denen die Last, verursacht durch Nutzeranfragen, schwankt.

Dies wird dann durchgeführt, wenn am ursprünglichen Standort physikalische Ressourcen freigemacht werden müssen (z. B. um eine Wartung durchführen zu können).

Die derzeit begrenzten Gesamtressourcen der bwCloud-Infrastruktur verlangen eine Limitierung des Zugangs von Mitgliedern dieser Gruppe. Die dazu notwendigen Auswahl- und Entscheidungsprozesse müssen von dem jeweiligen Standort organisiert und durchgeführt werden. Vonseiten der bwCloud-Infrastruktur ist dafür zu sorgen, dass die Standorte mit den für den Auswahlprozess benötigten Informationen versorgt werden.

2.2.3 Use-Case 2: Die „Wissenschaftler-/Projekt-VM"

Der Use-Case 2 richtet sich an Mitarbeiter und Wissenschaftler an den Einrichtungen im Land, die für Forschung oder andere Zwecke Ressourcen in Form von virtuellen Maschinen benötigen. Grundsätzlich sind die Anwender dieser Gruppe hinsichtlich der angefragten Ressourcen nicht beschränkt: Sie können individuell die Anzahl der virtuellen Maschinen steuern und auch selbständig entscheiden, wie die angefragten Ressourcen genutzt werden sollen oder wie das Layout des virtuellen Netzwerkes ausgebaut sein soll. Auf diese Weise ist der Aufbau von komplexen (temporären) Analyse- oder Auswertungssystemen genauso möglich wie der kontinuierliche Betrieb von Servern für die Organisation eines verteilten Projektes. Durch den Betrieb der Hardware in geschützten Umgebungen kann „externe" Hardware, beispielsweise Speicherhardware, die an den Betriebsstandorten steht, an die Cloud-Umgebung angeschlossen und bestimmten Anwendern zur Verfügung gestellt werden. Die Vorteile für die Anwender liegen in der schnellen Bereitstellung der angefragten Ressourcen, da keine Hardware beschafft werden muss, während die Betreiber der bwCloud-Infrastruktur unter Umständen keine neue bzw. zusätzliche Hardware aufbauen und betreiben müssen.

2.2.4 Use-Case 3: Die „Rechenzentrums-VM"

Die dritte Nutzergruppe sind die Rechenzentren selber. Auch sie unterliegen, wie die Anwender im zweiten Use-Case, keinen Restriktionen hinsichtlich Anzahl oder Leistungsfähigkeit der benötigten Ressourcen. Denkbar ist die Verschiebung einiger Rechenzentrumsdienste aus den klassischen Virtualisierungsumgebungen in die bwCloud-Infrastruktur, beispielsweise Dienste, die keine hohen Anforderungen an Hochverfügbarkeit und Ausfallsicherheit stellen. So könnten die im betrieblichen Einsatz verwendeten Virtualisierungsumgebungen entlastet werden, was den übrigen, dort laufenden Instanzen zugutekommt. Die Verschiebung entsprechender Ressourcen kann auch Überlegungen zu einer Neudimensionierung der betrieblichen Virtualisierungsumgebung unterstützen – als Stichwort sei hier das „Lizenzmanagement" genannt.

2.3 Die bwCloud-Infrastruktur

Um sowohl den Anforderungen der zukünftigen Nutzergruppen als auch den Wünschen und Vorstellungen der Betriebsstandorte gerecht zu werden, wird eine auf vier Standorte verteilte bwCloud-Infrastruktur aufgebaut und gemeinsam betrieben (s. Abb. 2). Es wurden zahlreiche kommerzielle und nichtkommerzielle Cloud-Softwarelösungen evaluiert und auf ihre Anwendbarkeit in Bezug auf die formulierten Use-Cases hin untersucht. Als Ergebnis der Evaluation kommt das Softwareframework OpenStack[10] zum Einsatz. Ein wesentlicher Vorteil des OpenStack-Frameworks ist die Möglichkeit, einfache Hardware („commodity") einsetzen zu können. Die komponentenbasierte Architektur erleichtert zudem den Aufbau von individuellen Netzwerken und individuellen Betriebsstandorten: Die Komponenten müssen nicht am selben physischen Ort betrieben werden, für die Kommunikation der Framework-Teile reicht eine leistungsstarke Vernetzung aus.

Die Virtualisierungsumgebungen werden unter der Prämisse eines gemeinsamen Services so eigenständig wie möglich aufgebaut und betrieben. Dazu wird regelmäßig geprüft, welche der OpenStack-Komponenten zentral und welche an

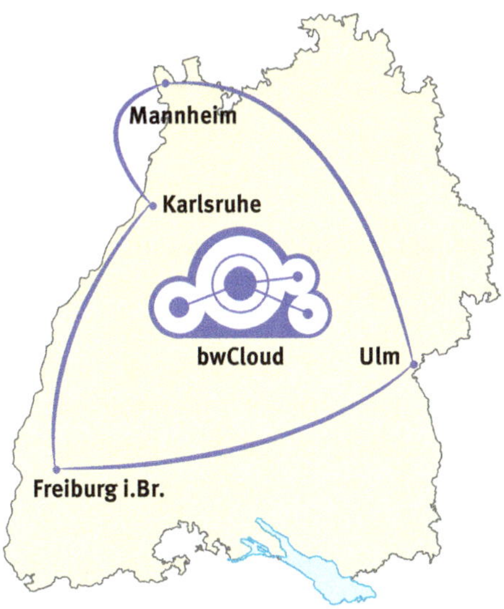

Abb. 2: Karte der bwCloud-Betriebsstandorte im Land (Stand: März 2016).

10 Weitere Informationen siehe Projektwebsite unter www.openstack.org, abgerufen am 21. 03. 2016.

den Betriebsstandorten individuell und eigenständig betrieben werden können bzw. müssen. Bei der Auswahl der Hardware wurde den Betriebsstandorten freie Wahl gelassen, lediglich einige wenige Eigenschaften der beschafften Hardware müssen von allen Standorten sichergestellt werden.[11] Auf diese Weise wird die Interoperabilität von unterschiedlichen Hardwarekonfigurationen getestet, denn die Möglichkeit, individuelle Hardwarelayouts in die bwCloud-Infrastruktur integrieren zu können, ist ein erklärtes Ziel des Projektes. So können an den Betriebsstandorten langjährige Erfahrungen im Umgang mit bestimmten Systemen genutzt werden, ohne das die Integration dieser Standorte in die bwCloud-Infrastruktur deren lokale Praxis und Prozesse zu stark normiert. Auch wird damit die Integration neuer Betriebsstandorte ermöglicht und gefördert.

Die Ausübung der vollen Kontrolle über alle Komponenten der Infrastruktur ist einer der zentralen Vorteile der bwCloud-Infrastruktur. Sämtliche Komponenten werden in Einrichtungen betrieben, die ihrerseits Bestandteil von öffentlichen Strukturen sind. Durch die Nutzung des Landeshochschulnetzes BelWü kann beispielsweise garantiert werden, dass die Daten, die zwischen den Standorten ausgetauscht werden, keine Komponenten passieren müssen, die unter der Kontrolle von nichtöffentlichen Einrichtungen wie Hochschulen stehen. Außerdem lassen sich Finanzmittel aus öffentlichen Förderstrukturen in die bwCloud-Infrastruktur integrieren, eine Möglichkeit, die private Ressourcenanbieter in dieser Form nicht so ohne weiteres anbieten können. Über den reinen Betrieb hinaus können zudem erweiterte Supportstrukturen aufgebaut werden, die gemeinsam mit den Anwendern zielgerichtete Lösungen entwickeln.

3 Steuerung der bwCloud

Die Herausforderungen im Betrieb der verteilten bwCloud-Infrastruktur sind auf vielen Ebenen groß und verlangen von allen Beteiligten ein hohes Maß an Integrations- und Zusammenarbeitswillen. Die Zielsetzung, einen Dienst auf Basis einer skalierbaren Infrastruktur aufzubauen, damit bislang noch nicht adäquat versorgte Anwendergruppen Zugang zu Ressourcen bekommen, bedeutet die Berücksichtigung einer Vielzahl an Rahmenbedingungen: Angefangen von der Beachtung der unterschiedlichen finanziellen Fördermechanismen zur Beschaffung von (neuer) Hardware über die enge betriebliche Abstimmung der Betriebsstandorte, was zentrale Betriebsparameter angeht, bis hin zur regelmäßigen Bedarfsanalyse – alle diese Prozesse müssen gemeinsam entwickelt, evaluiert und umgesetzt werden. Die

11 Die Hardware muss x86-kompatibel sein, soll keine Spezialkomponenten wie beispielsweise GPGPUs umfassen und soll mit klassischen, Ethernet-basierten Technologien vernetzt werden können.

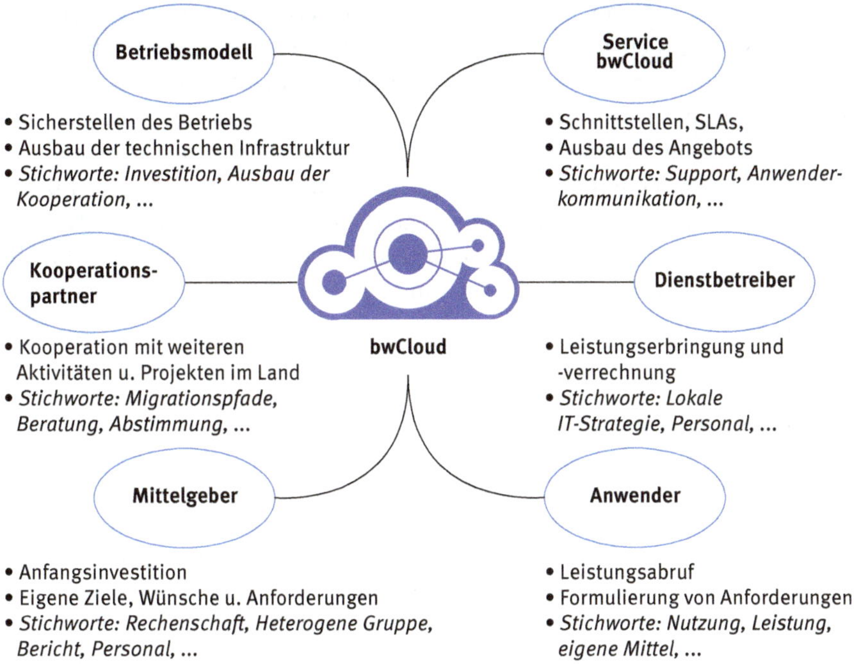

Abb. 3: Übersicht über die verschiedenen Interessengruppen und Steuerungsdomänen (s. a. S. 45 f. zum Thema „bwCloud-Steuerung“).

oben stehende Abb. 3 (ohne Anspruch auf Vollständigkeit) illustriert die verschiedenen Aspekte, die sich im Rahmen des Projektes als maßgeblich herausgestellt haben.

Die Entscheidung zum Aufbau und Betrieb der bwCloud-Infrastruktur an mehreren Standorten hat erhebliche Auswirkungen auf die Anforderungen an die notwendigen Steuerungsstrukturen. Im Fokus des Aufbaus und der Etablierung entsprechender Strukturen steht daher die kontinuierlich aktualisierte Abbildung der

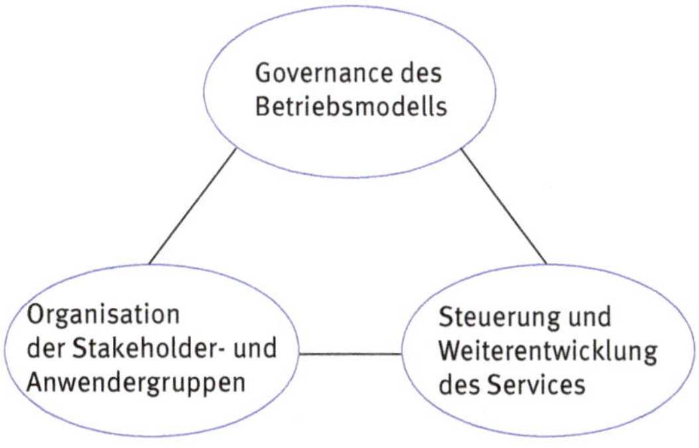

Abb. 4: Schwerpunkte der bwCloud-Steuerung.

Servicedynamik. Das bedeutet, dass für Betrieb und Service relevante Fragestellungen regelmäßig von den Betreibern und Anwendern der Infrastruktur überprüft und aktualisiert werden müssen. Eine wichtige Grundlage für die Abbildung der Servicedynamik spielen Messgrößen und -ergebnisse, die im Laufe des Betriebs der Infrastruktur gewonnen werden. Sie werden komplettiert durch den regelmäßigen Kontakt mit den Anwendergruppen und deren Feedback auf (strukturierte) Befragungen hinsichtlich Servicequalität. Aus dem Abgleich dieser Ergebnisse mit dem Ist-Zustand werden Verbesserungsvorschläge für den Service, aber auch für die technische oder organisatorische Ausstattung, entwickelt. Die Steuerungsstrukuren lassen sich in drei Schwerpunkte aufteilen (s. Abb. 4).

3.1 Governance des Betriebsmodells

Jedes verteilte Betriebsmodell ist zwingend auf die Kooperationsbereitschaft der Institutionen angewiesen, die die jeweilige Infrastruktur zur Verfügung stellen. Es liegt daher auf der Hand, dass die Betriebsstandorte in den Steuerungsstrukturen adäquat im Sinne von vorrangig berücksichtigt und eingebettet werden müssen, da ihre Einrichtungen durch Bereitstellung von physikalischen Voraussetzungen, wie Rechnerräume, Kühlung für die Hardware, Stromversorgung, oder durch organisatorische Leistungen (Administration der Hardware, Überwachung des Betriebs), einen direkten Anteil an der Gesamtleistung der bwCloud-Infrastruktur haben.

Neben der direkten Beteiligung in Form eines Betriebsstandortes gibt es weitere, abgestufte „Zwischenformen“ von Beteiligungen. Diese Beteiligungen können durch ein direktes finanzielles Engagement an der bwCloud-Infrastruktur oder durch Zurverfügungstellung von weiteren Services entstehen, die für den Betrieb nützlich und hilfreich sind. Hier ist zu beachten, dass gerade bei finanziellen Beteiligungen aus unterschiedlichen Förderquellen die Gruppe der Teilhaber („Shareholder“) schnell „heterogen“ wird, bedingt durch unterschiedliche Regularien der Fördermechanismen der jeweiligen Fördergeber (beispielsweise Berichtszeiträume und deren Umfang). Um bei der Leistungserbringung und -verteilung den individuellen Vorgaben gerecht zu werden, müssen diese den Betreibern von Anfang an bekannt sein und entsprechend beachtet werden. Die Berücksichtigung der finanziellen Rahmenbedingungen stellt zudem einen wichtigen Punkt bei der Ausarbeitung und späteren Anwendung von Verrechnungsmodellen dar.

Die zu entwickelnden Steuerungsstrukturen müssen in der Lage sein, auf neue Parteien oder auf den Weggang bereits engagierter Parteien reagieren zu können („Entry- und Exit-Strategie“). Diese Situationen sollten als realistische Szenarien früh in die Planungen einbezogen werden, damit sowohl die Bedingungen, zu denen neue Shareholder eingebunden werden können, als auch die Verpflichtungen der jeweiligen Partei im Falle ihres Austritts, klar und verbindlich kommuniziert werden können. Ähnliche Prozesse werden bereits im Rahmen des Betriebs des bwUniClusters umgesetzt und weiterentwickelt.

3.1.1 Integration der Prozesse in die lokalen Betriebsumgebungen

Da die Hardware in den jeweiligen Rechenzentren vor Ort aufgebaut ist und betrieben wird, müssen die Prozesse zur Administration der Infrastrukturen in die lokalen organisatorischen Abläufe eingebettet werden. Die Betriebsstandorte erbringen nicht nur „direkte" Leistungen wie die Administration der Hardware, sie sind auch die ersten Anlaufstellen bei Supportanfragen seitens der Anwender. Die Verbindung der Arbeits- und Organisationsprozesse mit denen der Standorte verlangt einen regelmäßigen Abgleich der lokalen Strategien mit den Zielsetzungen der bwCloud-Infrastruktur bzw. des bwCloud-Services. Besonders wenn die Infrastruktur auch für ausgewählte, passende Rechenzentrumsdienste (siehe Use-Case 3) genutzt werden soll, kann dies nur geschehen, wenn die Anforderungen des Standortes an die bwCloud-Infrastruktur mit den eigenen Ansprüchen übereinstimmen. Auf organisatorischer Ebene kann diese, standortübergreifende, Koordination durch ein „Technisches Betreiberforum" umgesetzt werden. Dieses Betreiberforum sollte sich regelmäßig mit der Servicekoordination treffen, um die aktuellen Entwicklungen zu besprechen und entsprechende Entscheidungen vorzubereiten oder umzusetzen.

3.1.2 Nachhaltiger Einsatz von qualifiziertem Personal

Die Befragung der Rechenzentren hat ergeben, dass ein großes Wissen um den Betrieb von Virtualisierungsplattformen an den Standorten vorhanden ist. Die Frage nach den eingesetzten Produkten hat ein sehr homogenes Bild ergeben, weshalb dieses Betriebswissen auf die spezifischen Produkte konzentriert ist. Die im Rahmen der bwCloud-Infrastruktur zum Einsatz kommende Softwareinfrastruktur auf Basis von OpenStack ist dagegen an den Standorten (zumindest im betrieblichen Sinne) noch nicht im Einsatz, weshalb an den Betriebsstandorten eine Strategie entwickelt werden muss, wie mittel- und langfristig Betriebspersonal an die neue Softwareumgebung herangeführt und für deren Betrieb qualifiziert werden kann.

3.1.3 Supplier-Strategie

Die Versorgung einer großen Anzahl von Anwendern, die nach Bedarfs- und Anforderungslage wächst, stellt eine der zentralen Anforderungen an die bwCloud-Infrastruktur und an den darauf basierenden Service dar, weshalb die Entscheidung zum Aufbau einer Virtualisierungsumgebung auf Basis des OpenStack-Frameworks getroffen wurde. Sollten einige auf Wartung oder Betrieb bezogene Aufgaben externalisiert werden (beispielsweise eine weitergehende Unterstützung beim Release-Management von OpenStack), müssen im Bereich des betrieblichen Einsatzes von

OpenStack-Services und Dienstleistungen Dritter evaluiert werden. Gleichzeitig gilt es regelmäßig zu prüfen, ob sich durch die Inanspruchnahme bestimmter Services Dritter eine mögliche „Vendor-Lock-in"-Situation ergibt, die vermieden werden muss. Gleichzeitig ergibt sich durch die Konzentration mehrerer Betriebsstandorte unter einem „betrieblichen Dach" die Möglichkeit, Skaleneffekte bei Lizenz- oder Hardwarekosten zu erzielen. Der Begriff „Supplier" bezieht sich im Falle der bwCloud-Infrastruktur aber nicht nur auf Anbieter von kommerziellen Services im Bereich der Virtualisierungsumgebung oder auf Hardwareanbieter, er umfasst auch andere Standorte, die im Rahmen des bwCloud-Services „höhere Services" wie beispielsweise die Pflege von Templates für virtuelle Maschinen anbieten. Hier ist zu beachten, dass es eine Möglichkeit eines Wissenstransfers geben muss für den Fall, dass diese Dienstleistung nicht mehr von dem entsprechenden Standort erbracht werden kann.

Der Vorteil einer erweiterten Gruppe an „Shareholdern" liegt in der Möglichkeit, Redundanzen aufzubauen. Diese Redundanzen können sowohl technischer, mehr als ein Betriebsstandort sichert zumindest die teilweise Funktionsfähigkeit der Infrastruktur, als auch organisatorischer Art sein (die organisatorischen Prozesse können auf mehrere Schultern verteilt werden). Gleichwohl stellt die Entwicklung entsprechender verbindlicher Steuerungsstrukturen eine nicht zu unterschätzende Herausforderung dar.

3.1.4 Hardware-Invest: Aufbau und Ausbau

Wenn positiv beschieden wurde, *ob* ein weiterer Ausbau der Infrastruktur notwendig ist, bezieht sich die Frage danach in betrieblicher Hinsicht auf die Entscheidung, an welchem Standort die Kapazitäten ausgebaut werden sollen und mit welchen Mitteln dies geschehen soll. Um die Frage der Standortwahl zu klären, müssen die Nachfragemuster untersucht werden, die Aufschluss über Anzahl und Intensität der Nutzung geben. In die Betrachtung und Analyse der Nachfragemuster sollten nicht nur tatsächliche und vergangene Anfragen zu den bestehenden Ressourcen einfließen, soweit möglich sollten auch absehbare und zukünftige Anfragen berücksichtigt werden (beispielsweise, wenn neue Projektanträge entwickelt werden). Die Wahl des skalierbaren Softwareframeworks als Virtualisierungsumgebung ermöglicht die rasche Integration heterogener Hardware, weshalb die Frage nach den Mitteln zum Ausbau bedarfsabhängig, d. h. mit Rücksicht auf die aktuelle Nachfragesituation entschieden werden kann. Das Intervall, in dem die gemessenen Daten unter dem Aspekt der Ressourcenplanung und des Ausbaus der Infrastruktur betrachtet werden, darf nicht zu groß gewählt werden, um möglichst zeitnah auf Veränderungen reagieren zu können. Auf diese Weise kann die bwCloud-Infrastruktur eine Ergänzung zu der klassischen Ressourcenplanung und -verwaltung an den Rechenzentren darstellen, in deren Verlauf üblicherweise längere Zeiträume abgedeckt werden müssen. Durch die Erweiterung des Service-Portfolios der Rechenzentren durch die bwCloud-Infrastruktur können zudem lokale Reserven vorgehalten werden, was die Planung an den Einrichtungen ebenfalls vereinfacht.

3.1.5 Standortübergreifende Betriebsgruppe

Das Softwareframework OpenStack kann durch individuelle Konfiguration der Umgebung sehr unterschiedlich und „variabel autonom" betrieben werden. Die Bandbreite der konfigurierbaren Installationen reicht von einer einzigen, über mehrere Betriebsstandorte ausgedehnten Region (als Beispiel für eine sehr enge Kopplung) bis hin zu äußerst autonomen Umgebungen, die sich nur wenige Komponenten teilen. Das bwCloud-Betriebsmodell sieht vor, dass die Standorte eigenständige Regionen aufbauen, die über die gemeinsame Nutzung einiger Komponenten zur „bwCloud" verbunden sind.[12] Auf Basis dieses Operationsmodus der Virtualisierungsumgebungen wird der Service bwCloud aufgebaut und angeboten. Der Anwender soll keinen Unterschied in der Bedienung zwischen den Regionen erfahren und greift einheitlich auf die bwCloud-Infrastruktur mit Hilfe zentraler Schnittstellen zu.

Um diese transparente Sicht auf die bwCloud-Infrastruktur zu etablieren und aufrechtzuerhalten, muss das Betriebspersonal an den Standorten letztlich eine „standortübergreifende Betriebsgruppe" darstellen. Dazu gehört nicht nur ein gutes Verständnis der eigenen lokalen Infrastruktur, sondern auch über diejenige der anderen Betriebsstandorte. Wenn ein solches Verständnis etabliert ist, können Betriebsprobleme gemeinsam und damit effizient gelöst werden, was zu einer größeren „betrieblichen" Robustheit der gesamten Infrastruktur führt.

3.2 Steuerung und Weiterentwicklung des Services

Auf Basis der bwCloud-Infrastruktur wird der Service bwCloud erbracht, bei dem die Anwender die Infrastruktur nur „vermittelt" nutzen, d. h. die Virtualisierungsumgebung erzeugt eine Abstraktionsebene zwischen Anwender und physikalischer Hardware, und es findet eine „Entkopplung" statt: Der Anwender muss sich nicht mehr um Verkabelung, Einbau oder Kühlung der Hardware vor Ort kümmern, son-

12 Als zentrale Komponente fungiert der Authentifizierungsdienst von OpenStack („Keystone"), der an das föderierte Identitätsmanagement bwIDM angebunden ist. Weitere zentral genutzte Komponenten sind der OpenStack-Image-Service („Glance"), der die Vorlagen für die virtuellen Maschinen für alle Regionen bereitstellt sowie die Weboberfläche („Dashboard"), mit der die Anwender Zugang zur bwCloud erhalten.

dern er kann sich die gewünschte Umgebung durch standardisierte Interfaces konfigurieren und zusammenstellen. Während sich die Governance des Betriebsmodells hauptsächlich auf die Steuerung der tatsächlichen physikalischen Infrastruktur bezieht, liegt der Schwerpunkt der Steuerung des Services auf der Aufgabe, die Anwender in ihren Prozessen mit der Virtualisierungsinfrastruktur zu unterstützen und diese weiterzuentwickeln.

3.2.1 Leistungserbringung und -verrechnung

Der Aufbau von geeigneten Leistungserbringungs- und verrechnungsmethoden dient nicht nur der Bildung eines (internen) Verwendungs- und Anwendungsbildes, was beispielsweise Verbrauch und Nachfrage illustriert, sondern er ist notwendig für einen möglichst kostendeckenden und nachhaltigen Betrieb der Infrastruktur. Damit die Leistungsverrechnung auf einer festen Grundlage basiert, müssen die beteiligten Akteure über die „Form des Betriebs“ frühzeitig entscheiden. Denkbar sind Services, die sich durch eine entsprechende Verrechnung der erbrachten Leistung „selber tragen“, d. h. mit den generierten Einnahmen werden laufende Kosten getragen. Diese laufenden Kosten können aus unterschiedlichen Komponenten bestehen, von betrieblichen Positionen wie Strom oder Kühlung über Personalkosten für die Administration der Hardware bis hin zu Investitionskosten, die für die regelmäßige Anpassung der Hardware an die Bedürfnisse anfallen. Den zweiten Aspekt der Leistungsverrechnung stellt die Methode dar, wie erbrachte oder abgerufene Leistungen[13] untereinander auf- und verrechnet werden. Die Herausforderung dabei besteht in der Auswahl und Etablierung einer gemeinsam akzeptierten „Währung“, mit der die Leistungen verrechnet werden können.[14]

Durch die Leistungsverrechnung erhalten die Einrichtungen der Anwender ein Steuerungsinstrument, um nach eigenen Vorgaben den Zugang zu den Ressourcen zu reglementieren. Damit dieses Instrument angewendet werden kann, wurde die Anbindung des landesweiten Identity-Management-Systems bwIDM an die bwCloud-Infrastruktur in einem der ersten Arbeitspakete umgesetzt. Im weiteren Verlauf werden die Anwender der unterschiedlichen Use-Cases mit jeweils individuellen Entitlements ausgestattet, welche die Benutzung der entsprechenden Ressourcen wiederum freischalten. Die Kopplung der OpenStack-Authentifizierungskomponente mit dem bwIDM-System garantiert nicht nur den reibungslosen Zugriff

13 Dabei spielen nicht nur unmittelbar erbrachte Leistungen wie die Administrationsaufwendungen seitens der Betriebsstandorte eine Rolle, sondern es müssen auch Teilservices, die von anderen (nicht Betriebs-)Standorten erbracht werden, berücksichtigt werden.

14 Monetäre Ströme sind in vielen Fällen ausreichend, haben aber ihre Limitierung. Alternativ dazu sind Modelle mit einer virtuellen Währungseinheit denkbar, die am Ende eines bestimmten Zeitraumes in Leistung umgewandelt wird.

der Anwender auf die Ressourcen, sondern sie ermöglicht auch die Übersicht der angefragten und verbrauchten Ressourcen, aufgeschlüsselt nach Standort und Leistungsprofil bzw. Use-Case. Diese Aufschlüsselung dient zugleich als Grundlage für eine Verrechnung der Leistungen.

Ohne Beschränkung der Allgemeingültigkeit kann zur Preisgestaltung festgehalten werden, dass die in Rechnung gestellten Kosten gewisse Kriterien erfüllen müssen: Sind sie zu hoch, ist kein Anwender bzw. kein Standort mehr willens, zukünftig die bwCloud-Infrastruktur zu nutzen. Auf der anderen Seite müssen mit den Mitteln, die zurückfließen, Fragen wie ein kontinuierlicher Ausbau der Infrastruktur beantwortet werden können. Die Gestaltung und Durchführung des Prozesses der Preisentwicklung ist deshalb eine der zentralen Aufgaben der Steuerungsstruktur der bwCloud-Infrastruktur.

3.3 Organisation der Stakeholder- und Anwendergruppen

Die Integration der Stakeholder- und Anwendergruppen in die Steuerungsprozesse der bwCloud-Infrastruktur und des darauf basierenden Dienstes bzw. Services stellt den dritten Schwerpunkt der Governance der bwCloud dar. Gemeint ist damit die Ausgestaltung der Partizipationsprozesse, mit denen die verschiedenen Gruppen organisiert und damit an der Steuerung der bwCloud beteiligt werden.

3.3.1 Lokale Supportstrukturen

Auch wenn eine einfach zu bedienende und entsprechend ausgebaute Self-Service-Funktionalität ein zentrales Merkmal der bwCloud-Infrastruktur ist, sind Anfragen, bei denen es um Lösungen für Probleme im Umgang mit der bwCloud-Infrastruktur geht, seitens der Anwender an die lokalen Supportstrukturen zu erwarten. Die Frage nach „der richtigen Stelle“, d. h. dem Routing der Tickets und Anfragen in Bezug auf Supportstrukturen und -standorte wird im Falle der bwCloud-Infrastruktur noch komplexer als bei den herkömmlichen, zentral erbrachten Rechenzentrumsdiensten, da die bwCloud aus mehreren Betriebsstandorten besteht und Situationen entstehen können, bei denen Nutzer nicht an „ihrem“ Heimatstandort die gewünschten Ressourcen zugewiesen bekommen, sondern auf einen anderen Betriebsstandort gelangen. Damit die lokalen Supportgruppen auf diese Anfragen adäquat reagieren können, muss dafür gesorgt werden, dass sich das Betriebspersonal mit den Mitarbeitern der Supportbereiche regelmäßig austauscht.

3.3.2 Nutzergremien

Die Integration der verschiedenen Nutzergruppen in die Steuerung und Weiterentwicklung der bwCloud-Infrastruktur stellt eine notwendige Voraussetzung für eine hohe Akzeptanz und Nutzung des Services dar. Ihre Umsetzung muss vonseiten der bwCloud-Steuerung erbracht werden, was hohe Anforderungen an die Kommunikations- und Moderationsfähigkeit und -bereitschaft der beteiligten Parteien darstellt. So ist die Frage, *wer* für die Anwender des Use-Case 1 („Studi-VM") „spricht", nicht einfach zu beantworten, denn es erscheint nicht sehr produktiv, wenn „alle" potenziellen Anwender über anstehende Entscheidungen befragt werden sollen. Dennoch ist ein regelmäßiges und ehrliches Feedback aller Anwender unerlässlich, um Fehlerquellen aufzuspüren und um den Service weiterzuentwickeln. Dabei ist diese Fragestellung nicht neu: Viele der Landesprojekte arbeiten mit gleichen oder ähnlich gelagerten Nutzerstrukturen.[15] Die Erfahrung der anderen Landesprojekte hat gezeigt, dass entsprechende Nutzergremien geeignet sind, Beschwerden und Kritikpunkte aufzunehmen und weiterzuleiten und so den Nutzern eine „Stimme" gegenüber dem Service und den Betriebsstandorten geben zu können. Um die Partizipation der Nutzer nicht auf ein einzelnes Gremium zu beschränken, muss ein regelmäßig erscheinender Nutzungs- und Rechenschaftsbericht veröffentlicht werden. In ihm wird der aktuelle Zustand der Infrastruktur und sowohl technische als auch organisatorische (Weiter-)Entwicklungen dokumentiert. Idealerweise enthält der Bericht auch, an welchen Stellen das jeweilige Feedback aufgenommen und verarbeitet wurde.

3.3.3 Identifikation neuer Anwendergruppen

Die Identifikation von neuen Anwendergruppen gehört genauso wie die Kommunikation mit den bereits existierenden Anwender- und Nutzerstrukturen ebenfalls zu den regelmäßigen Aufgaben, die im Rahmen der Steuerung durchgeführt werden müssen. Die Auseinandersetzung mit neuen Anforderungsprofilen bewirkt die kritische Beleuchtung des Status quo und erweitert den Blick für neue, bis dahin möglicherweise nicht bedachte Probleme oder Herausforderungen. Technisch gesehen könnten neue Anwendergruppen beispielsweise die Anbindung eines weiteren, extern betriebenen Nutzer-Identifikationssystems verlangen. Idealerweise wird dieser Vorgang analog zur Ankopplung der OpenStack-Komponente an das bwIDM gestaltet und umgesetzt. Unter betrieblichen Aspekten können neue Anwendergruppen für eine bessere Auslastung der Infrastruktur sorgen. Außerdem können neue Einnahmequellen erschlossen werden, die zu einer Diversifizierung der Finanzbasis beitragen und damit zu einem dauerhaften Betrieb ohne lokale Schwankungen führen.

---

15 Eines der Landesprojekte ist der bwSync&Share-Dienst, der für prinzipiell alle Angehörigen von Hochschulen im Bundesland einen Online-Dateispeicher anbietet. Der Frage der Integration von unterschiedlich großen Nutzergruppen widmet sich auch das bwHPC-C5-Begleitprojekt: Dabei geht es um die Betreuung von Nutzergruppen, die auf der Tier-3-Ebene die Ressourcen im Land für das Hochleistungsrechnen (High-Performance-Computing) nutzen.

3.4 bwCloud-Koordination

Um die Zusammenarbeit der verschiedenen Betriebsstandorte und die Überwachung und Durchführung der regelmäßigen Abstimmungsprozesse dauerhaft und verlässlich erbringen zu können, muss im nächsten Schritt der Entwicklung des Projektes und auf Basis der bislang getroffenen Entscheidungen eine *bwCloud-Koordination* aufgebaut werden. Die Stelle der Koordination ist nicht notwendigerweise an einen der Betriebsstandorte gebunden; es muss ein allgemein akzeptierter und respektierter Standort sein, der über gute Verbindungen auf allen Ebenen zu den beteiligten Parteien verfügt und der eine neutrale, pragmatische Politik betreibt. Ein Großteil der Aufgaben der Koordination leitet sich aus den Erfahrungen während der Umsetzung der ersten Phase des Projektes ab und lässt sich ohne Beschränkung der Allgemeinheit bereits jetzt formulieren (s. Abb. 5).

Die in Abb. 5 dargestellten Aufgaben und Wechselbeziehungen sind nicht als „statisch vorgegeben" zu betrachten: Ein Ausgleich für bezogene Leistung kann auch vom Anwenderstandort direkt an den Betriebsstandort entrichtet werden. Um die gesamte Dynamik für alle fair und transparent darstellen zu können, sollte daher nur sichergestellt werden, dass diese Bewegungen zentral verzeichnet werden. Grundsätzliches Ziel der bwCloud-Koordination muss eine Entlastung der Be-

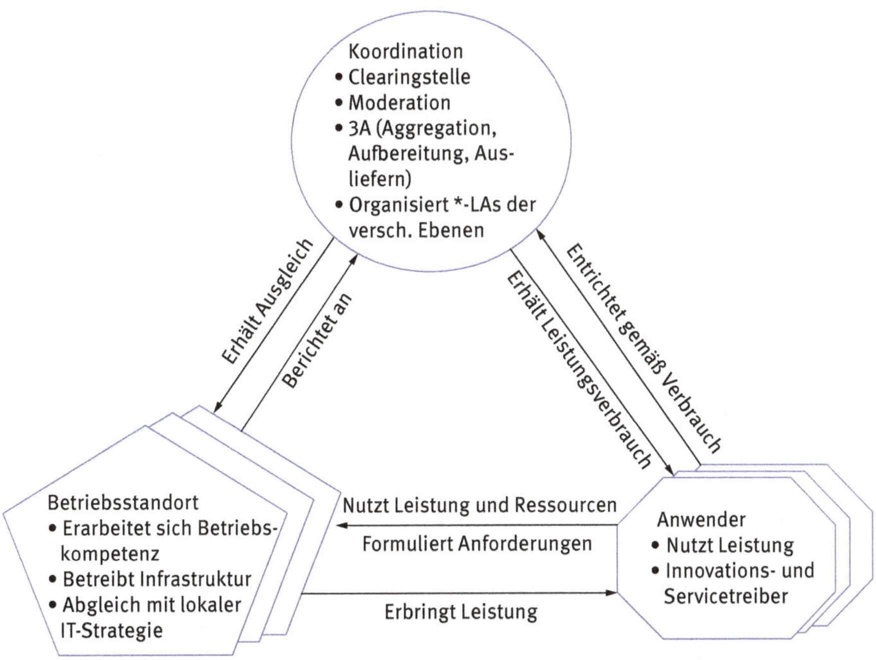

Abb. 5: Prozesse und Wechselwirkungen zwischen Betriebsstandort, Anwender und bwCloud-Koordination.

triebsstandorte von notwendigen Routineaufgaben sein, damit die Funktionsfähigkeit der bwCloud-Infrastruktur und des Services gewährleistet werden kann.

3.4.1 Aufgaben der bwCloud-Koordination

Die Bereiche der bwCloud-Koordination reichen von sehr pragmatischen Tätigkeiten wie der Anfertigung von Rechenschaftsberichten bis hin zu politischen und strategischen Aufgaben wie der Moderation von gruppenspezifischen Prozessen bis zur Organisation des Ausbaus der Infrastruktur unter den Betriebsstandorten oder der Weiterentwicklung des Dienstes. Allen Aufgaben gemein ist die Anforderung, dass die Umsetzung für alle Beteiligten transparent und jederzeit nachvollziehbar und in ihrer Ausgestaltung neutral zu geschehen hat. Die Anforderungen steigen zusätzlich, wenn finanzielle Beteiligungen und Geldströme stattfinden. Um Irritationen über Zuständigkeiten zu vermeiden, muss die Rolle der bwCloud-Koordination früh und umfassend beschrieben werden.

3.4.1.1 Priorisierung der Aufgaben

Die bwCloud-Koordination hat Zugang zu allen Ebenen des Landesdienstes bwCloud. Sie steht in direktem Kontakt mit den Betriebsstandorten, sammelt das Feedback der Anwender und kommuniziert gemeinsam mit den Betriebsstandorten mit potenziellen Anwendergruppen oder neuen Betriebsstandorten. Die wichtigsten Aufgaben der bwCloud-Koordination sind, einen umfassenden und detaillierten Überblick über die verschiedenen Ebenen und Parteien des Dienstes zu behalten und die anstehenden Aufgaben oder Entscheidungen vorzubereiten und zu priorisieren.

3.4.1.2 Berichtstätigkeit und Ausbau der Infrastruktur

Im Bereich der praktischen Tätigkeiten sammelt die Koordination die (Roh-)Daten der Betriebsstandorte zu den unterschiedlichen Betriebsparametern und erstellt u. a. auf dieser Basis regelmäßige Reports für die unterschiedlichen beteiligten Interessengruppen. Das reicht vom technischen Sachbericht für die Betriebsstandorte über den Rechenschaftsbericht für die Mittelgeber bis hin zu den Sachberichten für die Anwender, in denen über Weiterentwicklungen des Services oder der Infrastruktur informiert wird. Die Betriebsstandorte und die an den Standorten eingesetzten Mitarbeiter müssen regelmäßig zu einem gemeinsamen Erfahrungsaustausch angeregt werden, um die Servicequalität weiter zu verbessern oder um interne Prozesse zu optimieren. Die aktive Begleitung von Gremien, wie z. B. einem technischen Betreiberforum und die Moderation des dort stattfindenden Informationsaustausches, gehört deshalb genauso zu dem Aufgabenbereich der Koordinationsstelle wie die Aufbereitung des Austausches mit den unterschiedlichen Anwendergruppen. Die Koordination ist erster Ansprechpartner, wenn Eintritts- oder Austrittspläne von (neuen) Betriebsstandorten geäußert werden und begleitet diese Prozesse aktiv bei ihrer Umsetzung.

3.4.1.3 Clearingstelle für Leistungsverrechnung

Die Auslastung der beteiligten Hardware spielt besonders bei Fragen des Ausbaus eine wichtige Rolle, aber auch bei der Überprüfung der ermittelten Preise für die Verrechnung der Leistungen bilden diese Daten eine wichtige Grundlage. Sofern die Leistungserbringung und -verrechnung mit dem Geldfluss verknüpft ist, muss die Koordination als Clearingstelle für den Ausgleich der Konten der Parteien sorgen, d. h. sie muss den Leistungserbringern die erbrachte Leistung vergüten und von den Leistungsbeziehern entsprechend einfordern. Da kein „Gewinn" im klassischen Sinne erwirtschaftet werden soll, muss gemeinsam entschieden werden, wie eventuell anfallende Mittel verausgabt werden.

3.4.1.4 Regelmäßiges Review der Prozesse

Der Betrieb einer verteilten Infrastruktur mit dem Ziel, unterschiedliche Anwendergruppen und deren Anforderungen mit einem Service zu versorgen, der nicht nur die Bedürfnisse der Anwender aufnimmt und befriedigt, sondern der auch die Betriebsstandorte nicht überfordert, kann nur in einem iterativen Prozess aufgebaut und weiterentwickelt werden. Daher stellt die regelmäßige Organisation und Durchführung von internen Reviews der Prozesse neben der Sammlung der Informationen und der Priorisierung der Aufgaben eine weitere zentrale Aufgabe der bwCloud-Koordination dar. Die Reviews tragen so zur Qualitätssicherung und -steigerung bei und erlauben gleichzeitig einen „sich entwickelnden Betrieb", denn je mehr Parteien organisiert werden müssen, desto komplexer werden die Beziehungen dieser untereinander.

4 Fazit und Ausblick

Die Befragung der Rechenzentren hat ein eindeutiges Bild ergeben: Auf der einen Seite werden Technologien für einen modernen IT-Rechenzentrumsbetrieb längst umgesetzt und angewendet. Insbesondere die Entkopplung von physikalischer Hardware von den (Steuerungs-)Schichten darüber, umgesetzt beispielsweise durch Virtualisierungslösungen, wird seit längerem praktiziert. Die Infrastrukturen der Rechenzentren werden bislang nur „vermittelt" über die darüber angebotenen Services einer größeren Anwendergruppe zur Verfügung gestellt und angeboten. Ein direkter Zugriff auf die Ebenen des Betriebs ist bislang nicht oder nur sehr eingeschränkt und ausgewählt möglich. Dieses Modell stößt dann an seine Grenzen, wenn die Anwender neue Services nachfragen oder Services selber erbringen wollen oder müssen. Auf der anderen Seite steigen seit langem die Anforderungen und Bedürfnisse der Anwender an die Services der Rechenzentren. Besonders was die Komplexität der Prozesse von dem Zeitpunkt der ersten Kontaktaufnahme mit dem Rechenzentrum bis zum Zeitpunkt der Zurverfügungstellung der Ressource angeht, besteht eine große Chance, diese mit geeigneten Techniken und Infrastrukturen zu reduzieren. Einen großen Anteil haben dabei Etablierung und Nutzung von Schnittstellen, wie beispielsweise Self-Service-Funktionalitäten, die es den Anwendern erlauben, auf eigene Initiative hin tätig zu werden und sich mit Ressourcen zu versorgen.

Diese Anforderungen aufnehmend, wurden im Rahmen der Umsetzung des bwCloud-Projektes einige zentrale Entscheidungen gefällt. Die Komponenten für die bwCloud-Infrastruktur sowie für das eingesetzte Softwareframework haben dabei der Prämisse zu folgen, dass den beteiligten Betriebsstandorten ein größtes Maß an betrieblicher Autonomie erhalten bleibt. Wegweisend ist das Motto: „So wenig Zentralisierung wie möglich, so viel wie nötig". Die Entscheidung, die bwCloud in Rahmen einer föderativen Kooperation zu erbringen, stellt daher den Versuch der praktischen Umsetzung dieser Zielsetzung dar. Eine wichtige Rolle bei der Umsetzung des Projektes spielt die Stelle der Koordination für die bwCloud-Infrastruktur bzw. den bwCloud-Service. Sie muss die für die Steuerung notwendigen Prozesse standardisieren, durchführen und überwachen. Sie muss die dafür notwendigen Parameter regelmäßig von den Betriebsstandorten einsammeln und aufbereiten, Trends ermitteln und Entscheidungsgrundlagen anbieten, nach denen die bwCloud-Infrastruktur und der Service weiterentwickelt werden können. Die in diesem Beitrag angeführten Überlegungen zu den Steuerungs- und Governance-Strukturen stellen dabei keinen Endpunkt der Entwicklung dar – im Gegenteil, sie sind sicherlich noch nicht vollständig und müssen sich in der Praxis erst noch bewähren. Sie basieren auf den Erfahrungen, die im Rahmen der Umsetzung des Projektes gemacht wurden und auf den Einflüssen und Erkenntnissen aus den anderen (Landes-)Projekten und Kooperationen. Im Erfolgsfall, d. h. wenn es gelingt, Mechanismen und Prozesse zu entwickeln und umzusetzen, die von allen beteiligten Betriebsstandorten, den Stake- und Shareholdern und den Mitarbeitern an den Rechenzentren ernstgenommen und gelebt werden, bietet eine solche verteilte Infrastruktur den Anwendern einen großen Mehrwert und erweitert gleichzeitig das Serviceportfolio der Rechenzentren um wichtige, zukunftsgerichtete Services.

Literatur

DFG. 2016. *Informationsverarbeitung an Hochschulen – Organisation, Dienste und Systeme.* Stellungnahme der Kommission für IT-Infrastruktur für 2016–2020, 17 ff. [online] www.dfg.de/download/pdf/foerderung/programme/wgi/kfr_stellungnahme_2016_2020.pdf [06. 04. 2016].

Jan Münchenberg, Dirk von Suchodoletz, Simon Rettberg, Steffen Richter und Christian Rößler

Kooperativer IT-Dienst: bwLehrpool

Am Fallbeispiel des zukünftigen Landesdienstes bwLehrpool werden erste Erfahrungen und Herausforderungen bei kooperativen IT-Diensten erläutert. Voraussetzung ist ein gemeinsames Verständnis aller Beteiligten für das Thema IT-Service-Management. Einen ersten Lösungsansatz liefert hier ITIL, wobei dort der kooperative Aspekt fehlt. Dieser Beitrag versucht auf Basis der bisherigen Erfahrungen pragmatisch diese Lücke zu schließen, um einen optimalen Betrieb zwischen den Hochschulen zu gewährleisten. In großen Teilen funktioniert der Betrieb während der derzeitigen Evaluierungsphase bereits verhältnismäßig gut, da bisher noch weniger als zehn Hochschulen beteiligt sind, die teilweise bereits bei anderen Themen schon miteinander kooperieren. Ziel ist jedoch, einen zuverlässigen Betrieb des IT-Dienstes bwLehrpool für die gesamte Hochschullandschaft in Baden-Württemberg zu gewährleisten, der sich selber organisiert und finanziert.

1 Einführung

Die zunehmende Digitalisierung der Lehrveranstaltungen und Prüfungsprozesse stellt die Hochschulen und Universitäten seit vielen Jahren vor die Herausforderung, ausreichende Kapazitäten an PC-Pools und studentischen PC-Arbeitsplätzen zur Verfügung zu stellen, die personal- und ressourcenschonend betrieben werden können. Zusätzlich müssen die Rechner in den Pools möglichst flexibel betrieben werden, so dass unterschiedliche Ansprüche an die Arbeitsumgebung und verfügbaren Programme bedient werden können. Die seit einigen Jahren mögliche Desktop-Virtualisierung lässt sich dabei gewinnbringend auch für den Betrieb von Poolrechnern einsetzen, bwLehrpool basiert auf diesem Lösungsansatz.

Der IT-Dienst bwLehrpool bietet Lehrenden an Hochschulen und Universitäten in Baden-Württemberg die Möglichkeit, schnell, einfach und unabhängig von Administratoren in den Pool- und Laborräumen angepasste Lehrumgebungen für Studentinnen und Studenten bereitzustellen. Gleichzeitig soll jede beliebige Lehr- bzw. Prüfungsumgebung zu einer beliebigen Zeit an einem beliebigen Ort (Pool-

Jan Münchenberg, Hochschule Offenburg
Dirk von Suchodoletz, Albert-Ludwigs-Universität Freiburg
Simon Rettberg, Albert-Ludwigs-Universität Freiburg
Steffen Richter, Hochschule Offenburg
Christian Rößler, Albert-Ludwigs-Universität Freiburg

DOI:10.1515/9783110459753-020

raum oder studentischer Arbeitsplatz) zur Verfügung stehen. bwLehrpool nutzt dazu die Möglichkeiten der Virtualisierung sowie die vorhandene IT-Infrastruktur und Kompetenzen der Hochschulrechenzentren.

Das Projekt wurde gemeinsam von den Hochschulen Offenburg und Reutlingen sowie der Universität Freiburg mit Förderung seitens des MWK Baden-Württemberg entwickelt. Aktuell wird das System im Folgeprojekt bwEKlausuren u. a. um Plattformen für Prüfungsumgebungen erweitert und an mehreren Hochschulen und Universitäten des Landes Baden-Württembergs zur Evaluierung ausgerollt. Ziel ist, bis Ende 2016 bwLehrpool in einen zentralen Landesdienst (www.alwr-bw.de/kooperationen) für alle Hochschulen und Universitäten zu überführen, der sich selber tragen soll. Entsprechend wurde bereits in der Konzeptions- und Entwicklungsphase der Architektur des Dienstes darauf geachtet, dass dieses Ziel in der späteren Betriebsphase erreicht werden kann. Die hierfür notwendige Organisation und Prozesslandschaft ist noch in der Diskussions- und Aufbauphase. Ziel ist, keine Insellösung zu generieren, sondern eine, die möglichst viele Synergieeffekte mit Betriebsstrukturen anderer Landesdienste nutzt, um Ressourcen und Kosten zu sparen. Leider existieren hier noch keine, die direkt genutzt werden könnten. Daher wurde als Vorbild die etablierte ITIL gewählt, nach der zahlreiche Hochschulen und Universitäten in Baden-Württemberg momentan ihre IT-Prozesse auszurichten versuchen. In ITIL wird jedoch der kooperative Aspekt kaum berücksichtigt, so dass diese Lücke im Falle von Landesdiensten geschlossen werden muss.

2 Dienstbeschreibung: bwLehrpool

Auf der Basis eines lokal gebooteten Linux-Grundsystems können beliebige virtualisierbare Betriebssysteme für Lehr- und Prüfungszwecke zentral bereitgestellt und lokal auf den Maschinen ausgewählt werden (Trahasch et al. 2015). Die verschiedenen Lehrumgebungen müssen nicht mehr auf den einzelnen PCs installiert werden und erlauben so eine flexible, multifunktionale Nutzung heterogener Rechner in Poolräumen. Die Betriebsumgebung von bwLehrpool abstrahiert von der einzelnen Hardware in den Räumen vor Ort und ermöglicht den Lehrenden räumliche Unabhängigkeit und weitestgehende Freiheiten bei der Konfiguration ihrer Softwareumgebungen, was ihnen vollkommen neue Gestaltungsmöglichkeiten von PC-gestützten Lehrveranstaltungen erlaubt. Sie können selbständig Lehrumgebungen entwickeln und sofort in den Poolräumen ohne fremde Abhängigkeit zur Verfügung stellen. Des Weiteren können sie sich durch Nutzung von Vorlagen (Betriebssysteme, Standardprogramme und -konfigurationen) auf den eigentlichen Lehrinhalt bzw. die Lehrsoftware fokussieren.

2.1 Mehrwert

Damit ein IT-Dienst für eine Hochschule oder Universität attraktiv ist, müssen die Leistung und die hierzu anfallenden Kosten stimmen (siehe Beitrag von Honigberger, Voraussetzungen für Rechenzentrumskooperationen, im gleichen Band). Es muss ein Mehrwert wahrnehmbar sein. Die Hauptaspekte sind nach ITIL zum einen die Verbesserung der eigenen Dienstleistung gegenüber den hochschulinternen Kunden, zum anderen die Beseitigung von Einschränkungen. In Bezug auf bwLehrpool sowie die Stakeholder Hochschulleitung, Lehrende und IT-Administratoren ergeben sich durch bwLehrpool folgende Mehrwerte, die nicht ausschließlich monetär bewertet werden können:

- bessere Auslastung der Poolräume;
- höhere Verfügbarkeit studentischer Arbeitsplätze mit passender Lehrumgebung außerhalb des normalen Lehrbetriebs;
- geringere Gesamtkosten, u. a. durch geringere HW- und Lizenzkosten;
- höhere Flexibilität in Bezug auf einsetzbare Lehrumgebungen bzw. -software resultiert in größerer Freiheit für die Lehrenden;
- Entlastung des Rechenzentrumsteams von bisherigen, regelmäßigen Standardaufgaben in den Poolräumen, da die Lehrenden selbständig die eigene Lehrumgebung administrieren und im System bereitstellen;
- Prestigegewinn der Hochschule durch Innovation und gute IT-Ausstattung, was sich beispielsweise in Rankings ausdrücken könnte.

2.2 Architektur

Die Architektur von bwLehrpool ist daher so konzipiert, dass die genannten Mehrwerte erreicht werden können. Insbesondere war wichtig, dass die in den Rechenzentren bereits vorhandenen Ressourcen und Kompetenzen bzgl. der Themen VM-Cluster, Filesystem, Netzwerk u. a. genutzt werden. Investitionen und Neueinstellungen sind somit nicht notwendig. Auch die geforderte Umkehrbarkeit der Entscheidung (Honigberger ebd.) ist gegeben. Zusätzlich ermöglicht der einfache Einführungsprozess in weniger als einem Tag den Hochschulen, ohne großen Aufwand und Veränderung der bestehenden Umgebung sich ein Bild des Dienstes innerhalb der eigenen Infrastruktur zu machen und Risiken und Mehrwerte für die eigene Hochschule zu bewerten.

Ein weiterer Erfolgsfaktor für bwLehrpool ist die Akzeptanz bei den Lehrenden sowie den Rechenzentrumsmitarbeitern und, falls abweichend, den IT-Administratoren der Pool- und Laborräume. Grundvoraussetzung hierfür ist die klare Trennung der Aufgaben- und Verantwortungsbereiche zwischen den Beteiligten innerhalb der Hochschulen. Um die zentrale Komponente, den Satelliten, kümmern sich die Rechenzentrumsadministratoren. Er wird im Normalfall als virtuelle Maschine auf dem hochschuleigenen VM-Cluster betrieben und mit dem Filesystem gekop-

Abb. 1: Aufgaben- und Verantwortungsbereiche innerhalb der Hochschule.

pelt. In den Poolräumen wird von den Studenten mit der hochschuleigenen Authentifizierungsstruktur mit Hilfe der Komponente VMChooser die virtuelle Lehrumgebung ausgewählt und gestartet. Der VMChooser wird zur Laufzeit vom Satelliten geladen, weshalb es innerhalb der Rechnerräume keinen zusätzlichen administrativen Aufwand gibt. Im Gegenteil, es kann hier sogar das bisherige regelmäßige Neuaufspielen der Poolraumumgebungen vor Semesterbeginn wegfallen.

Die dritte Komponente ist die bwLehrpool Suite, die von den Lehrenden zur Administration der virtuellen Lehrumgebungen verwendet und an die entsprechenden Veranstaltungen gekoppelt wird. Die Hauptaufgabe ist das Hochladen der virtuellen Festplatte der jeweiligen Lehrumgebung sowie das Ergänzen von Metadaten wie Name des Dozenten, Inhalt u. a., die das spätere Auffinden erleichtern. Zusätzlich können Berechtigungen vergeben werden, die eine kooperative Zusammenarbeit, auch hochschulübergreifend, mit anderen Lehrenden bei der Bearbeitung und Weiterentwicklung von Lehrumgebungen erlaubt. Die Anmeldung erfolgt über einen weiteren Landesdienst – bwIDM (www.bwidm.de) –, den die meisten Hochschulen bereits im Einsatz haben. Die Dozenten haben somit jederzeit die Möglichkeit, die Suite durch Selbstregistrierung am Dienst bwLehrpool zu nutzen.

3 Betriebsmodell/ITSM

Ein Landesdienst kann nur erfolgreich werden, wenn möglichst viele der beschriebenen Erwartungen erfüllt werden, so dass für die jeweilige Hochschule die Mehrwerte die Bedenken überwiegen. Die geforderte nachhaltige finanzielle Unabhängigkeit kann nur erreicht werden, wenn möglichst viele Hochschulen an diesem Dienst teilnehmen und diesen langfristig finanzieren. Entsprechend müssen die notwendigen, verlässlichen Rahmenbedingungen geschaffen werden. Dies sind neben den finanziellen Aspekten vor allem die klare Aufgaben- und Verantwortungsverteilung aller Beteiligter sowie die Kommunikations- und Eskalationsprozesse. Darüber hinausgehende Governance-Aspekte werden im Beitrag „Dienste-übergreifende Governance" diskutiert. Das Betriebsmodell wurde anhand der nach ITIL vorgegebenen IT-Service-Management-Prozesse entwickelt. Da an jedem Standort bwLehrpool vom jeweiligen Hochschulrechenzentrum zusammen mit dem bwLehrpool-Team kooperativ betrieben wird, ist ein gemeinsames Verständnis des Dienstes und der Prozesse notwendig.

3.1 Kritische Situationen

Zum besseren Verständnis werden exemplarisch zwei Situation in den Poolräumen aus dem Hochschulalltag hervorgehoben, die auch bei den bisherigen Lösungen bereits besonders kritisch bewertet werden. Dadurch wird aufgezeigt, wie bei Problemen kooperativ zusammengearbeitet werden muss. Es muss zwischen zeitkritischen Problemen, die sofort behoben werden müssen, und weniger kritischen differenziert werden, die zu einem späteren Zeitpunkt bearbeitet werden können.

Der folgenschwerste Fall ist, dass eine Lehrveranstaltung oder sogar eine Prüfung nicht beginnen kann, weil die hierzu notwendige Umgebung im Poolraum nicht zur Verfügung steht. Es muss schnell reagiert und eine Lösung gefunden werden. Es kann verschiedene Ursachen geben. Zum einen kann die lokale Infrastruktur wie Poolrechner, Netzwerk, VM-Cluster (Satellit), Speichersystem (Ablage der Container-Dateien der virtuellen Maschinen) sowie LDAP-Anmeldung Probleme haben. Dies sind Probleme, die im Normalfall von den lokalen Rechenzentrumsadministratoren gelöst werden können. Gegebenenfalls brauchen sie Zusatzwissen über das bwLehrpool-System, welches im Administrationshandbuch beschrieben sein muss. Wird keine Lösung gefunden, muss an das bwLehrpool-Team eskaliert werden, mit welchem zusammen z. B. über eine Remote-Verbindung das Problem analysiert und die Lösung realisiert wird. Das Problem kann jedoch auch ein Fehler im bwLehrpool-System selber sein, welches nur vom bwLehrpool-Team durch einen Hotfix gelöst werden kann.

Im zweiten Fall kann ein Dozent keine neue bzw. angepasste virtuelle Umgebungen mit Hilfe der Suite auf den Satelliten hochladen. Dies ist weniger kritisch, wird jedoch umso dringlicher, je näher der Veranstaltungszeitpunkt rückt. Wie oben können auch hier wieder Probleme an der lokalen Infrastruktur oder am bwLehrpool-System Ursache sein.

3.2 Rollenverteilung

Für einen sicheren und erfolgreichen Betrieb ist ein klares Rollenverständnis aller Beteiligten notwendig.

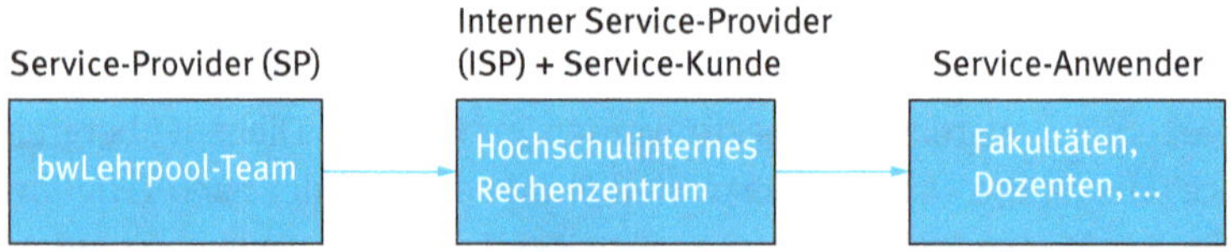

Abb. 2: Rollenverteilung zwischen Service-Provider und -Anwendern.

Der **Service-Provider (SP)**, das bwLehrpool-Team, ist dafür verantwortlich, dass die Komponenten des Dienstes sowie die dazugehörenden Prozesse funktionieren, kommuniziert sind und regelmäßig weiterentwickelt werden.

Der **interne Service-Provider (ISP)** ist im Normalfall das hochschulinterne Rechenzentrum, um bereits existierende Synergien zwischen den Hochschulen zu nutzen. Sie arbeiten bereits bei vielen anderen Themen zusammen, haben in den meisten Fällen ähnliche Infrastrukturen und Fähigkeiten. Die Hochschulen kommunizieren immer nur über die ISPs mit dem SP. Der ISP ist für den ausfallsicheren Betrieb des Satelliten zuständig und „veredelt" den Basisdienst bwLehrpool durch hochschulspezifische Aspekte (Drucker, Laufwerke, Prozesse, Lizenzserver).

Der **Service-Kunde** ist aus Sicht der teilnehmenden Hochschulen eine Person des ISP, meistens der Rechenzentrumsleiter. Er regelt alle vertraglichen Angelegenheiten zwischen Hochschule und SP, formuliert und kommuniziert neue Anforderungen, welche in der Governance-Steuergruppe (Buck et al., Dienste-übergreifende Governance, im gleichen Band) entschieden werden. Gleichzeitig koordiniert und kontrolliert er auch die Service-Bereitstellung für die eigenen Nutzer (Infrastruktur, Service-Desk, Schulungen, ...). Außerdem ist er für die Finanzen zuständig und zahlt den vereinbarten Preis an den SP aus seinem Budget. Gegegebenfalls verrechnet er die Leistungen hochschulintern weiter. Nicht zuletzt ist er auch die vertragliche Eskalationsstufe in Richtung SP. Zusätzlich sollte für jede Hochschule ein technischer Ansprechpartner genannt werden, welcher die Eskalationsstufe im täglichen Betrieb ist. Unter anderem ist er für die Kommunikation und Koordination der Second-Level-Support-Tickets verantwortlich. Genauso kann der SP diesem schnell Problemlösungen und Releaseankündigungen mitteilen.

Die **Service-Anwender** (Dozenten, IT-Adminstratoren der Fakultäten, ...) sind die Kunden des ISPs. Ihr direkter Ansprechpartner ist immer der ISP. Die Qualität und der Erfolg des Dienstes wird am erreichten Mehrwert für die Service-Anwender gemessen.

3.3 Support-Struktur

Eine sinnvolle Aufteilung belässt den First-Level-Support an den einzelnen Hochschulen und verortet nur den Second-Level-Support bei den Spezialisten. In den meisten Fällen geht es beim Support um Fragen des Umgangs mit dem System

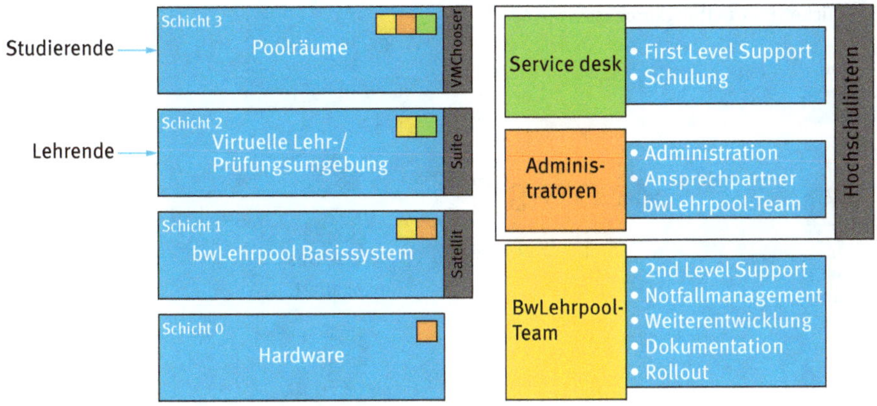

Abb. 3: Aufgaben- und Verantwortungsbereiche über den gesamten Dienst bwLehrpool.

oder Anmeldeprobleme, die gut im First-Level-Support erledigt werden können. Größere Probleme werden vom First-Level- (nicht von den Anwendern) an den Second-Level-Support weitergeleitet. Ein solcher First-Level-Support ist an den meisten Hochschulen durch einen Service-Desk bereits etabliert und den Anwendern als zentraler Anlaufpunkt bekannt. In den meisten Fällen kommt dort ein Ticketsystem zum Einsatz, um Anfragen und Probleme kundenfreundlich, schnell und effizient abzuarbeiten und zu dokumentieren.

Wie in Abb. 3 dargestellt, wird das bwLehrpool-Team nur als Spezialist benötigt. Es hat im Normalfall keinen direkten Anwenderkontakt. Kommuniziert wird immer nur zwischen dem First-Level- und Second-Level-Support. Hier muss jedoch eine sehr enge und vertrauensvolle Abstimmung erfolgen. Die Mitarbeiter sollten sich gegenseitig kennen, so dass auch in kritischen Situationen schnell eine gemeinsame Lösung gefunden werden kann.

3.4 Gemeinsame Support-Infrastruktur und ITSM-Prozesse

Damit das kooperative Zusammenspiel zwischen den ISPs der einzelnen Hochschulen und dem SP funktioniert, muss es ein gemeinsames Verständnis von ITSM sowie einheitliche Support-Prozesse geben. Ebenso muss es ein gemeinsames Ticketsystem geben. Im Idealfall gibt es eine einzige Support-Mailadresse z. B. bwLehrpool@hs-offenburg.de, an welche die Anwender sowie interessierte neue Hochschulen ihre Anfragen und Probleme senden können. Die Herausforderung ist, für den hochschuleigenen Service-Desk nicht ein weiteres Ticketsystem zu schaffen, sondern eine intelligente Verzahnung in das dortige Ticketsystem herzustellen.

Allerdings sind hierbei datenschutzrechtliche Aspekte zu beachten. So sollte der Anwender beispielsweise bei der Selbstregistrierung von bwLehrpool mit Hilfe

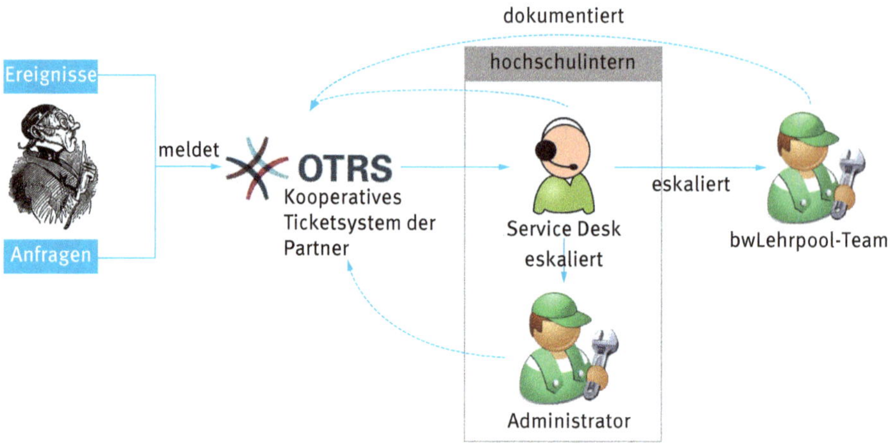

Abb. 4: Incident-Management und Service-Request mit Hilfe eines kooperativen Ticketsystems.

von bwIDM darauf hingewiesen werden, dass das Ticket in einem kooperativen System gespeichert wird und ggf. von hochschulfremden Personen gelesen und bearbeitet wird.

Ein klassischer Prozess für das Incident-Management und den Service-Request könnte folgendermaßen aussehen und ist aktuell für die Evaluationsphase eingerichtet (s. Abb. 4).

Die Lehrenden melden Probleme, stellen Anfragen an den hochschuleigenen Service-Desk oder senden eine Mail an bwLehrpool@hs-offenburg.de, wodurch ein Ticket eröffnet wird. Dieser versucht entweder anhand einer gemeinsamen FAQ-Datenbank das Problem zu lösen oder eskaliert es je nach Bewertung (Anmelde-, Netzwerk-, Speicherproblem u. v. m.) an den eigenen Kollegen. Kann das Problem nicht hochschulintern gelöst werden, erfolgt eine Eskalation an den Second-Level-Support, das bwLehrpool-Team. Die Kommunikation sowie die Dokumentation, was wann bereits analysiert und gemacht wurde, erfolgt über das Ticket im kooperativen Ticketsystem. Dadurch wissen zu jedem Zeitpunkt alle Beteiligten darüber Bescheid, was der aktuelle Bearbeitungsstatus ist. Anfragen von neuen Hochschulen sowie die Begleitung des Rolloutprozesses an einer Hochschule werden immer vom bwLehrpool-Team bearbeitet.

3.5 Leistungsverrechnung

Bei einem kooperativen Ansatz erfolgt die Leistungserbringung immer durch mehrere Partner. Hierzu ist die oben betrachtete Aufgaben- und Verantwortungsteilung zwingend erforderlich. Die gemeinsamen Kunden des ISPs und SPs sind immer die Lehrenden und die jeweilige Hochschulleitung bzw. Abteilungen wie die Fakultäten.

3.5.1 Service-Inhalte

In die Kalkulation für den Dienst werden nur Leistungen eingerechnet, die nicht von den Hochschulen selbst erbracht werden, sondern vom bwLehrpool-Team oder von anderen kooperierenden Hochschulen wie die Wartung der Vorlagen-VMs.

Der ISP jeder Hochschule erbringt folgende Leistungen im Tagesbetrieb von bwLehrpool auf eigene Kosten:

- Bereitstellung der Infrastruktur:
  - Poolräume und studentische Arbeitsplätze;
  - VM-Cluster zum Betrieb der Satelliten-VM;
  - Netzwerk;
  - performantes Filesystem zur Ablage der Container-Dateien der virtuellen Maschinen der Lehrenden;
  - LDAP-Anbindung zur Authentifizierung am VMChooser in den Poolräumen;
  - Konfiguration des hochschuleigenen IDPs (Identity-Provider) zur Authentifizierung und Selbstregistrierung der Lehrenden an der Suite mit Hilfe von bwIDM;
  - Drucksystem, Filesystem für die Homeverzeichnisse, ...
- Bereitstellung notwendiger Lizenzen:
  - Beispielsweise VMWare;
  - Lizenzen für Betriebssysteme und Anwendungen in den Lehrumgebungen.
- First-Level-Support:
  - Single-Point-of-Contact für die Anwender bei Fragen und Problemen;
  - Einführungsveranstaltungen und Beantwortung von Handlingsfragen;
  - Notfallmanagement.
- Koordination und Kommunikation mit dem bwLehrpool-Team;
- Qualitätssicherung und Durchsetzung der Governance am eigenen Standort;
- Erhebung von Kennzahlen zur Verbesserung des Dienstes.

Der SP, das bwLehrpool-Team, erbringt folgende Leistungen im Basisbetrieb:

- Entwicklung:
  - Bereitstellung der bwLehrpool-Komponenten;
  - Regelmäßige Releaseversionen der Softwaremodule;
  - Durchführung kleinerer Change-Requests;
  - Aktualisierung der Dokumentation.
- Second-Level-Support:
  - Unterstützung beim Problem-Management und Notfallmanagement;
  - Pflege einer FAQ-Datenbank.
- Betrieb des zentralen bwLehrpool-Servers an der Universität Freiburg, der für die Suite-Authentifizierung, die Verteilung der Vorlagen für die Lehrumgebungen sowie die Erfassung der Kennzahlen notwendig ist.

- Bereitstellung aktueller und gepatchter Vorlagen für die Lehrumgebungen;
- Koordination und Kommunikation mit den Rechenzentren der Hochschulen;
- Qualitätssicherung und Zusammenfassen der Kennzahlen zur Verbesserung des Dienstes.

Zusätzlich erbringt der SP folgende wichtige Leistungen unregelmäßig, die jedoch die meiste Zeit beanspruchen:

- Weiterentwicklung des Dienstes;
  - Aufnahme neuer Anforderungen;
  - Entwicklung neuer Funktionen in den SW-Modulen (Satellit, Suite, VMChooser);
  - Anpassung an sich verändernde Rahmenbedingungen;
- Koordination und Administration des Dienstes;
- Durchführung der Governance-Prozesse und -treffen;
- Analyse und Beratung der Hochschulen bei der Einführung und Optimierung des Dienstes vor Ort;
- Marketing und Informationsveranstaltungen, Referenzbesuche, ...

3.5.2 Service-Level-Agreement

Das Thema Service-Level-Agreement (SLA), insbesondere der Punkt Servicezeiten, ist eine der schwierigsten Herausforderungen im Rahmen kooperativer Dienste. Mittlerweile ist es an den Hochschulen Normalität, u. a. auf Grund der steigenden Zahl an Lehrbeauftragten, dass in den Poolräumen von Montag bis Freitag in den Zeiten von 8:00–20:00 Uhr (oder noch länger) und zusätzlich an den Samstagen gelehrt wird. Auf Grund der personellen Ausstattung der Rechenzentren (als auch Hausmeister) ist jedoch in den meisten Fällen die Servicezeit mit der normalen Arbeitszeit der Rechenzentrumsmitarbeiter identisch. Bereitschaftsregelungen nach Feierabend oder am Wochenende werden so weit wie möglich vermieden und sollten nur Ausnahmefälle sein. Die Hochschulen müssen demnach zwischen einer Vergrößerung des Personalstamms und dem Risiko ausgefallener Lehrveranstaltungen sowie unzufriedener Lehrender und Studenten abwägen. Bisher wurde fast überall nur für die Bibliotheken eine solche Entscheidung getroffen.

Entscheidend ist, dass die Betroffenen bei den kritischen Situationen wie oben beschrieben schnelle Unterstützung erhalten. Durch die Nutzung der hochschulinternen Infrastruktur (VM-Cluster, Storage, LDAP-Anbindung, ...) bei der Systemarchitektur von bwLehrpool können die ISPs in den meisten Fällen selbst eine schnelle Lösung bzw. einen Workaround finden. Zusätzlich haben viele Hochschulen noch ein lokales Standard-System auf den Poolrechnern installiert, welches im Notfall gebootet werden kann. So steht für einen Notbetrieb zumindest das Office-Paket und ein Browser für den Zugriff auf das Internet und die E-Learning-Umgebung zur Verfügung. Die negativen Auswirkungen werden dadurch verringert.

Der SP kann die Lücken für die Servicezeiten nicht ausfüllen. Zu diskutieren ist, in welchem Umfang es seitens des SPs eine Bereitschaft für Notfälle während der normalen Servicezeiten der Rechenzentren gibt. Dies spiegelt sich jedoch am Personalbedarf wider.

Ein weiterer wichtiger Punkt im SLA ist die Haftung, die Hochschulen als SP nicht übernehmen können. Was passiert jedoch, wenn der SP fahrlässig handelt oder durch schlecht getestete Releaseversionen oder mangelhafte Dokumentation den Lehrbetrieb einer anderen Hochschule extrem stört oder sogar dort Infrastruktur zerstört? Hier spielt das gegenseitige persönliche Vertrauen eine wichtige Rolle, das bei personellen Veränderungen erst wieder geschaffen werden muss.

Nicht zuletzt ist die Vertragslaufzeit für beide Seiten, den SP und Kunden, wesentlich. Der Kunde muss sich für einen definierten Zeitraum darauf verlassen können, dass er einen zuverlässigen Dienst erhält. Genauso braucht der SP für eine sichere Planung der Personalkapazitäten klare Zusagen für finanzielle Beteiligungen. Im SLA bzw. der Governance muss geregelt werden, was passiert, wenn ein Kunde frühzeitig aussteigen möchte oder ein SP nicht mehr den Dienst erbringen kann/will. Auch muss entschieden werden, was passiert, wenn weitere Kunden mit anderen bzw. zusätzlichen Interessen am Dienst teilnehmen wollen, die die Erhöhung der Leistungskapazitäten notwendig machen und somit die Kosten erhöhen. Sehr schwierig wird es bei Vertragsverlängerungen, bei dem alle Beteiligten sich ohne Konsequenzen überlegen können, ob sie am Dienst weiterhin teilnehmen wollen bzw. ob Sie weiterhin SP sein wollen. Diese Dinge müssen aber wiederum im Governance-Gremium entschieden werden (Buck et al., Dienste-übergreifende Governance, im gleichen Band).

3.5.3 Kosten des Service-Providers (SP)

Die Kosten des SPs setzen sich in der Hauptsache aus Personalkosten zusammen. Die Systemkosten halten sich durch den Einsatz einer VM als zentralen Server für bwLehrpool, der aktuell an der Uni Freiburg installiert ist (s. o.), in Grenzen und sind vernachlässigbar. Auch Lizenzkosten fallen seitens des SPs nicht an. Schwieriger ist die Bewertung der Personalkosten, da diese einen statischen und dynamischen Anteil haben. Der statische Teil wird für den Betrieb benötigt, insbesondere für die Verfügbarkeit eines kompetenten Mitarbeiters während der normalen Servicezeiten der Kunden – den ISPs.

An dieser Stelle wird eine optimale Ausstattung von zwei E13-Mitarbeitern als Basis genommen, um Krankheits- und Urlaubsfälle sowie die Risikominimierung durch Wissensverlust bei Personalwechsel abzudecken. Je nachdem können diese Personen zukünftig auch weitere Dienste unterstützen. In der Anfangsphase muss jedoch mit zwei Vollzeitstellen gerechnet werden. Die Kosten betragen daher 120.000 € pro Jahr für die Bearbeitung der oben beschriebenen Service-Inhalte des SPs.

Der dynamische Teil ist von der Weiterentwicklung des Dienstes und der Anzahl von Changes abhängig. Dies ist also ein projektbezogener Anteil, der durchaus auch nur einer Hochschule in Rechnung gestellt werden kann, wenn es sich um eine Sonderlösung handelt. Diese Leistungen können von den beiden genannten Mitarbeitern erbracht werden.

Kleinere Teilaufgaben wie die ständige Aktualisierung der VM-Vorlagen können von einzelnen Hochschulen im Rahmen von bwLehrpool erbracht werden, wofür Sie eine Vergütung erhalten.

4 Fazit und Ausblick

Ende 2016 soll sich jedoch der Dienst selber tragen. Die Diskussion über Nachhaltigkeit und Finanzierung wird derzeit bei fast allen Landesdiensten in Baden-Württemberg geführt. Sinnvoll ist, eine einheitliche Lösung für die Kostenumlage, SLAs zu schaffen. Stand November 2015 haben vier Hochschulen bwLehrpool bereits produktiv im Einsatz, ungefähr zehn weitere befinden sich in der Evaluierungsphase und weitere Anfragen existieren. Die Supportprozesse und -infrastruktur wie oben beschrieben sind aufgebaut und haben sich bereits bewährt. Durch die schnell steigende Teilnehmerzahl müssen die Prozesse nachjustiert werden. Als nächstes muss dringend die Governance-Struktur aufgebaut werden, die am besten in einem Gesamtkonzept für alle Landesdienste in Baden-Württemberg integriert ist. Durch bwLehrpool wurde erfolgreich gezeigt, wie kooperative Zusammenarbeit zwischen Hochschulen in Projekten erfolgen kann. Diesen Erfolg auch im Betrieb fortzuführen, ist nun die große Herausforderung.

Die Richtigkeit des Lösungsansatzes zeigt sich anhand der großen Anzahl an Anfragen sowie durch die bereits erfolgten Installationen von bwLehrpool an mehreren Hochschulen.

Literatur

Trahasch, Stephan, Dirk von Suchodoletz, Jan Münchenberg, Simon Rettberg, Christian Rößler und Michael Wilson. 2015. *bwLehrpool: Plattform für die effiziente Bereitstellung von Lehr- und Klausurumgebungen*. 8. DFN Forum Kommunikationstechnologien, Lübeck 2015.

Konrad Meier, Florian Kemmer, Christoph Reich, Vanessa-Sabrina Buck und Martin Duffner

RZV StudiCloud – Kooperative Dienste des Regionalen Zentrums Virtualisierung

Das Regionale Zentrum Virtualisierung (RZV) des Rechenzentrums der Universität Freiburg, der Pädagogischen Hochschule Freiburg, der Hochschule Offenburg und der Hochschule Furtwangen wurde mit dem Ziel gegründet, IT-Ressourcen auf Basis von Virtualisierung zu zentralisieren und den Partnern zugänglich zu machen. In diesem Beitrag soll ein ausgewählter RZV-Dienst unter den Gesichtspunkten der Kooperation, der gegenseitigen Leistungserbringung und eines föderativen Managements betrachtet werden. Für die Darstellung steht exemplarisch der Dienst RZV StudiCloud im Fokus. Dieser Dienst bietet eine Self-Service-Infrastruktur zum Betrieb virtueller Maschinen durch Studierende, Arbeitsgruppen, Lehrende und Mitarbeiter an. Die Benutzer können sich selbständig für den Dienst registrieren und anschließend im Rahmen einer Quota eigenständig auf die zur Verfügung gestellte Ressource zugreifen. Speziell für den Dienst RZV StudiCloud wurde in Absprache mit den Projektpartnern ein Verrechnungsmodell entwickelt und etabliert. Das entwickelte Modell wird im Rahmen des Artikels anhand einer Beispielverrechnung verdeutlicht.

1 Einführung

Da die zunehmende Vielfalt und Komplexität der angebotenen Dienste nicht mehr in hoher Qualität von jeder Hochschule einzeln erbracht werden kann, eröffnet die Kooperation die Möglichkeit, vorhandene Strukturen durch Schaffung geeigneter Betriebsmodelle und Schnittstellen so weit wie möglich zu vereinheitlichen und dadurch Synergieeffekte zu erzielen. Neben technischen Synergien soll durch eine regionale Schwerpunktbildung das vorhandene IT-Personal effektiver eingesetzt werden. Eine solche Zusammenarbeit streben die Universität Freiburg und die umliegenden Hochschulen an. Ziel des Regionalen Zentrums Virtualisierung (RZV) des Rechenzentrums der Universität Freiburg, der Pädagogischen Hochschule Frei-

Konrad Meier, Albert-Ludwigs-Universität Freiburg
Florian Kemmer, HFU Furtwangen (Hochschule Furtwangen University)
Christoph Reich, HFU Furtwangen (Hochschule Furtwangen University)
Vanessa-Sabrina Buck, HFU Furtwangen (Hochschule Furtwangen University)
Martin Duffner, Pädagogische Hochschule Freiburg

DOI:10.1515/9783110459753-021

burg, der Hochschule Offenburg und der Hochschule Furtwangen ist eine zeitgemäße, stabile, sichere und kontinuierliche Versorgung mit IT-Services auf der technologischen Basis „Virtualisierung". Das Angebot des RZV steht allen Hochschulmitgliedern der beteiligten Partner zur Verfügung. Es umfasst klassische Server-Virtualisierung (RZV-ESX) und selbstverwaltete virtuelle Maschinen auf Basis von OpenStack (www.openstack.org/). Die Virtualisierung wird durch hochverfügbare Storage-Lösungen unterstützt, die mit ihrer Inbetriebnahme verschiedene Failover-Szenarien netzwerkweit ermöglichen. Darüber hinaus stehen verschiedenen Anwendergruppen Speicher für Dienste zur Verfügung, die in VMs, Gruppenlaufwerken und dem RZV-Storage verwendet werden können.

Die vorhandene Dienstlandschaft soll regional optimiert und an die Erfordernisse eines sparsamen und konsolidierten IT-Betriebs angepasst werden. Das Ziel des Vorhabens liegt nicht im Nachvollziehen von längst stattfindenden Entwicklungen wie der breiten Einführung von Virtualisierung, sondern dem Auf- und Ausbau der Infrastruktur für zukünftige Anforderungen, wie verstärkte Anfragen aus den Fakultäten und Instituten nach Cloud-ähnlichen Diensten. Für diese Ziele werden die bereits bestehenden Kooperationen, wie beispielsweise zu PC-Lehrpools oder Backup, weiter ausgebaut, um gemeinsame Dienstekonzepte zu entwickeln und anzubieten. Die gemeinsam beschaffte und anteilig durch das baden-württembergische Ministerium für Wissenschaft und Kultur geförderte Hardware bildet die Grundlage des RZV.

In diesem Beitrag soll ein ausgewählter RZV-Dienst unter den Gesichtspunkten der Kooperation, der gegenseitigen Leistungserbringung und eines föderativen Managements betrachtet werden. Für die Darstellung steht exemplarisch der Dienst RZV StudiCloud im Fokus.

2 Dienstbeschreibung

Für die RZV-Dienste müssen Vereinbarungen zwischen dem Dienstanbieter und den Dienstnutzern getroffen werden sowie das IT-Management der Dienste beschrieben werden. Dabei kann man sich am Service-Level-Management nach ITIL[1] orientieren. In Checklisten für Service-Level-Agreements[2] finden sich relevante Punkte für eine solche Vereinbarung, wie u. a. der Kommunikation zwischen Kunde und Service-Provider, den Servicezeiten, der Support-Typen und -Levels, der Service-Level-Anforderungen und -Ziele, den technischen Standards und der Spezifikation der Service-Schnittstelle, den Verantwortlichkeiten sowie ggf. ein Preismodell. Diese müssen an die Spezifika der Hochschulen angepasst werden. Beispielsweise können die Rechenzentren der Hochschulen keinen *24/7*-Support garantieren.

---

1 wiki.de.it-processmaps.com/index.php/Service_Level_Management.
2 wiki.de.it-processmaps.com/index.php/Checkliste_SLA_OLA.

2.1 Dienstbeschreibung RZV StudiCloud

Die RZV StudiCloud bietet eine Self-Service-Infrastruktur zum Betrieb virtueller Maschinen durch Studierende, Lehrende, Mitarbeiter und Arbeitsgruppen an. Als virtuelle Infrastruktur steht Rechenleistung (CPU, RAM), Festspeicher und Netzwerk zur Verfügung. Die Benutzer können sich selbständig für den Dienst registrieren und anschließend im Rahmen einer Quota (Ressourcenbegrenzung) eigenständig auf die zur Verfügung gestellte Ressource zugreifen.

Dabei steht ein möglichst einfacher Workflow aus Nutzersicht für die Einrichtung einer eigenen virtuellen Maschine (VM) im Vordergrund. Dem Nutzer werden Betriebsystem-Images bereitgestellt und er muss nur noch entscheiden, von welchem Image er eine VM starten möchte und mit welchen Ressourcen sie ausgestattet sein soll. Der Nutzer hat verschiedene Linux-Distributionen sowie eine Windows-Version mit Evaluierungslizenz zur Auswahl. Im Rahmen der Nutzer-Quota kann er selbständig entscheiden, wie die ihm zur Verfügung stehenden Ressourcen eingesetzt werden sollen. Beispielsweise kann er eine virtuelle Maschine mit 2 GByte Arbeitsspeicher starten oder vier kleine VMs mit je 512 MByte Arbeitsspeicher. Gerade für Experimente und Studienprojekte gibt dies den Nutzern die nötige Flexibilität. Nicht benötigte Ressourcen kann der Nutzer wieder freigeben, indem er virtuelle Maschinen löscht. Das Konzept der RZV StudiCloud sieht für alle VMs ein Ablaufdatum von maximal neun Monaten vor. Nach dieser Zeit werden die VM-Reservierungen automatisch wieder freigeben. Damit wird sichergestellt, dass auch Ressourcen, die ein Benutzer nicht selbständig freigegeben hat (z. B. weil er es vergessen hat), wieder zur Verfügung stehen.

2.2 IT-Service-Management

Die Kundenakzeptanz eines IT-Dienstes wird maßgeblich durch Eigenschaften wie Verfügbarkeit, Performance etc. beeinflusst, die in den Service-Level-Agreements (SLA) definiert werden. Ziel des IT-Service-Management ist es, auf Basis der SLAs den IT-Dienst an die Kundenanforderungen anzupassen (Kopperger et al. 2006). Das IT-Service-Management an Hochschulen unterscheidet sich von dem bei Unternehmen. Werden in der freien Wirtschaft Angebot und Nachfrage mehr oder weniger über Märkte mit Preisen in Übereinstimmung gebracht, so ist die Beziehungsstruktur der Stakeholder von Diensten, die durch Hochschuleinrichtungen erbracht werden, komplizierter. Langgewachsene Hierarchien und Strukturen bei einem parallelen, hohen Autonomiestreben von Instituten und Fakultäten führen zu Entscheidungsfindungen, die schwer nachvollziehbar sind. Das wirkt sich auf die Planung, Erbringung, Überwachung und Steuerung von IT-Services aus. Rudakova, et al. (2010) veranschaulicht diese Besonderheiten durch einen Vergleich der Hochschulrechenzentren mit den IT-Organisationen von privatwirtschaftlichen Unternehmen.

Einer der wichtigsten IT-Service-Management-Einheiten ist der Service-Desk mit dem Incident-Management-Prozess, der bei dem an Hochschulen vorhandenen heterogenen Zielpublikum eine Herausforderung darstellt. Um den Stakeholdern an den verschiedenen Standorten bestmögliche Unterstützung bei der Problembewältigung zu bieten, soll der First-Level-Support eines RZV-Dienst bei den jeweiligen Service-Desks der Hochschulen angebunden werden. Aus Sicht der Anwender soll es nach wie vor nur einen Single-Point-of-Contact geben, unabhängig davon, dass es sich eventuell um einen RZV-Dienst handelt. Bisherige Erfahrungen mit IT-Diensten zeigen, dass die meisten Support-Anfragen sich um Service-Handhabung, Anmeldeprobleme, Daten-Restore und Ähnlichem drehen, die in der Regel durch den First-Level-Support kompetent bearbeitet werden können. Probleme, die sich z. B. durch Service-Ausfälle ergeben, sollen für den Kunden transparent an den Second-Level-Support weitergeleitet und von denjenigen gelöst werden, die ein vertieftes Wissen über die Systeme haben. Das Expertenteam kann sich aus Administratoren unterschiedlicher Standorte zusammensetzen.

Für einen ökonomischen und effizienten Second-Level-Support der Dienste setzt das RZV-Konsortium ein gemeinsames Ticketsystem mit Anbindung an bwIDM (www.bwidm.de/) ein. Das ist möglich, da das Identitätsmanagent der beteiligten Hochschulen im RZV-Verbund die Anforderungen an bwIDM, dem förderativen Identitätsmanagement der baden-württembergischen Hochschulen, erfüllt. So können alle beteiligten IT-Mitarbeiter gemeinsam die Tickets der RZV-Dienste bearbeiten und sich gegenseitig unterstützen. Momentan ist eine optimale Integration in die vorhandenen Ticketsysteme der einzelnen Standorte nicht gegeben, da sowohl technische Fragen, „Wie funktioniert die IDM-Anbindung an das Ticketsystem?", als auch organisatorische Fragen, „Wie funktioniert Urlaubsvertretung, um eine zeitnahe Ticketbearbeitung zu gewährleisten?", noch nicht abschließend geklärt sind.

Für die RZV StudiCloud wird eine zentrale E-Mail-Adresse für den Support angeboten, die alle Anfragen auf das Ticketsystem weiterleitet. Die Administratoren der RZV StudiCloud werden manuell als Supportmitarbeiter im Ticketsystem verwaltet und stammen aus den teilnehmenden Hochschulen.

Durch Teilnahme am Dienst stimmen die Benutzer zu, dass die Inhalte ihrer Tickets ggf. zur Bearbeitung und Behebung der Probleme Mitarbeitern anderer Institutionen zugänglich gemacht werden.

3 Betriebsmodell des Dienstes RZV StudiCloud

Ein Betriebsmodell soll die technologischen und organisatorischen Abläufe eines RZV-Dienstes beschreiben (www.mein-wirtschaftslexikon.de/b/betriebsmodell.php). Es muss in die vorhandenen Strukturen der beteiligten Hochschulen eingebettet werden. Das bedeutet, dass man sich Gedanken über die technische und IT-Management-Integration des Dienstes machen muss. Bevor der Service-Betrieb beschrieben wird, werden die Anforderungen an den Dienst und das User-Management des Services beschreiben.

3.1 Anforderungen an den Dienst RZV StudiCloud

Die wichtigste Ressource des Dienstes RZV StudiCloud sind die virtuellen Maschinen, die unter dem Aspekt „best-effort" betrieben werden sollen, was völlig ausreichend ist. Die Verfügbarkeit der Umgebung beispielsweise ist nicht als „Mission Critical" anzusehen. Daher sind keine hohen Anforderungen an den Dienst RZV StudiCloud zu stellen. Das betrifft auch den *24/7*-Betrieb, was heutzutage wünschenswert wäre, aber mit der üblichen IT-Personalquantität einer Hochschule und des fehlenden Bereitschaftsdienstes nicht geleistet werden kann.

Für den erfolgreichen RZV StudiCloud-Betrieb ist eine einfache und schnelle Bereitstellung von VMs (Cloud-Dienste) durch das StudiCloud-Portal sehr wichtig. D. h. Cloud-Dienste sollen einfach zu bedienen sein und den Nutzer nicht mit Fachwissen und Detailfragen überfordern. Die Bereitstellung verständlicher Fehlermeldungen und Tooltips sollen genauso zur Nutzbarkeit beitragen und einer Fehlbedienung durch den Nutzer vorzubeugen, als auch, dass Standardeinstellungen der Netzwerkkonfiguration bei der VM-Provision ausreichen sollten, um einen schnellen und einfachen Einstieg in die Nutzung des Dienstes zu ermöglichen und eine komplexe Netzwerkkonfiguration vermieden wird.

Der Zugriff auf die gestarteten VMs müssen für den Nutzer aus allen Netzwerken der Hochschulen ermöglicht werden und sollte über ein graphisches Interface (VNC, Remote-Desktop) erreichbar sein und keine Kenntnisse der Kommandozeile erfordern. Wichtig dabei ist auch, dass jeder VM automatisch ein Hostname (DNS) zugewiesen wird, um die Adressierung der VMs zu erleichtern.

Selbstverständlich sollte die Performance einer VM ein zügiges Arbeiten ermöglichen. Die Performance sollte sich an aktuell üblichen Desktop-Rechner orientieren (z. B. Netzwerk mit 1 Gbit/s, HDD, Mittelklasse-Prozessor).

Der Nutzer wird oft die verwendeten Ressourcen nicht selbstständig wieder aufräumen. Daher sollte ein Mechanismus für die Deprovisionierung auf Provider-Ebene vorhanden sein, der länger ungenutzte Ressourcen abschaltet.

Der Benutzer soll Snapshots von VMs erzeugen können. Gerade für weniger erfahrene Benutzer ist diese Funktion sinnvoll, um dessen administrative Fehlkonfigurationen einfach rückgängig machen zu können. Snapshots können aber auch für die Datensicherung der gesamten VMs genutzt werden und müssen durch den Nutzer selbst erledigt werden. An die Datenverfügbarkeit und Datensicherheit der gesamten RZV StudiCloud sind keine sehr hohen Anforderungen zu stellen. Sie entsprechen den üblichen Service-Backup- und -Recovery-Vorgaben eines Providers.

Grundlage für die virtuellen Maschinen sind die Maschinen-Images, die die gängigen Betriebssystem-Vorlagen wie aktuelle Windows- und Linux-Images bereitstellen. Momentan ist für den Bau neuer Images Expertenwissen notwendig. Beispielsweise müssen für die Image-Vorlagen bereits sinnvolle Voreinstellungen für einen sicheren Zugriff konfiguriert werden (z. B. Login nur mit SSH-Key, automatische Updates etc.). Des Weiteren sollten Images der Nutzer aus IT-Sicherheitsgründen nicht direkt in die RZV StudiCloud hochgeladen werden können. Zuvor sollte manuell ein Imageaudit durch Experten durchgeführt werden, um die Sicherheit der gesamten Infrastruktur des Dienstes RZV StudiCloud und der einzelnen VMs nicht zu gefährden. Images sollten so vorkonfiguriert sein, dass Nutzer ohne großen Installationsaufwand ihre kundenspezifische VM nutzen können. Welche Images (z. B. Webserver oder Blog-Plattformen), zusätzlich zu denen bereits angebotenen Betriebssystem-Images, bereitzustellen sind, soll durch regelmäßige Umfragen ermittelt werden.

Die Service-Qualität und Leistungsfähigkeit des Dienstes hängt stark von der Qualität der genutzten Server-, Netzwerk- und Storage-Infrastruktur ab. Die dafür notwendigen technischen Anforderungen werden hier kurz skizziert.

3.2 User-Management RZV StudiCloud

Benutzer in der RZV StudiCloud sind Studierende, die für ihr Studium virtuelle Maschinen benötigen, Mitarbeiter des wissenschaftlichen Personals, sowie Arbeitsgruppen. Die Benutzer können sich selbständig für den Dienst registrieren und somit automatisiert einen User-Account erstellen und verwalten. Das User-Account-Management ist in Abb. 1 gegeben und besteht aus drei Phasen:

- Registrierung;
- Self-Service;
- Deregistrierung.

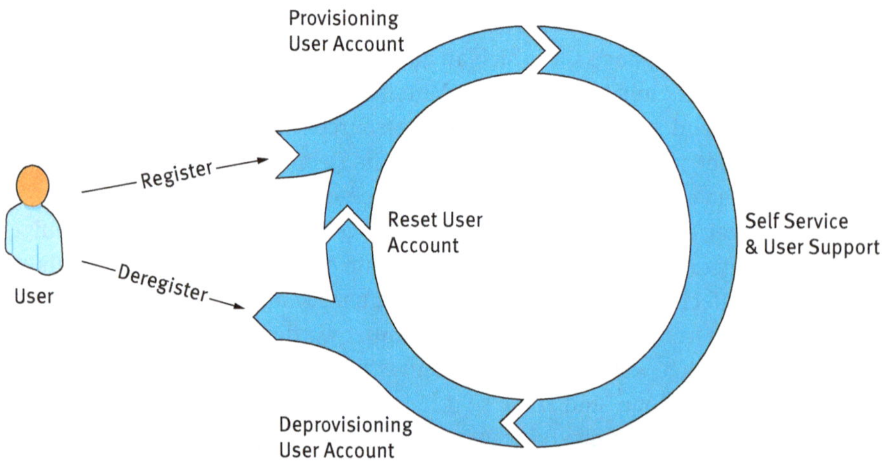

Abb. 1: User-Account-Management.

3.2.1 Registrierung

Die Registrierung des Benutzers erfolgt durch den Benutzer selbst über die Registrierungswebseite[3] für Landesdienste in Freiburg. Die am KIT entwickelte Registrierungsseite verfügt über eine Shibboleth-Anbindung an bwIDM,[4] über die sich die Benutzer als Hochschulangehörige authentifizieren können. Somit können sich auch Nutzer aus Furtwangen, Offenburg und der PH in Freiburg anmelden. Nach erfolgreicher Authentifizierung wird dem Benutzer der bwCloud-Dienst[5] angezeigt und er kann sich für diesen registrieren. Wird die Registrierung ausgelöst, folgt im nächsten Schritt eine Überprüfung, ob der Benutzer die Zugangsvoraussetzung für den Dienst erfüllt. Die Zugangsvoraussetzungen werden dabei über „Entitlements" von den Heimatorganisationen definiert und über Shibboleth ausgeliefert. Somit ist es möglich, einen Benutzerkreis zu definieren, der berechtigt ist, den Dienst RZV StudiCloud zu benutzen.

3.2.2 Self-Service

Nach erfolgreicher Registrierung ist es dem Benutzer möglich, über das Webinterface auf die RZV StudiCloud zuzugreifen. Im Rahmen einer definierten Quota kann der Benutzer selbständig virtuelle Maschinen starten und Speicher allozieren.

3.2.3 Deregistrierung

Dieser Vorgang wird vom Benutzer auf der Registrierungsseite[6] für Landesdienste in Freiburg angestoßen. Es ist dem Benutzer über diesen Vorgang möglich, einen BW-Dienst, wie die RZV StudiCloud abzumelden, den Benutzeraccount zu löschen und somit alle allozierten Ressourcen wieder freizugeben.

Über die Funktion „Deregister" ist es dem Benutzer gestattet, seinen Benutzeraccount zurückzusetzen. Dies geschieht indem er sich für den Dienst „deregistriert" und anschließend neu „registriert". Bei diesem Vorgang werden alle benutzerspezifischen Daten gelöscht und anschließend neu angelegt.

3.3 Betrieb RZV StudiCloud

Die Basisinfrastruktur der RZV StudiCloud baut auf OpenStack (Virtualisierung, Verwaltung) und Ceph[7] auf. Die offizielle Laufzeit dieser ersten Umgebung beträgt

3 bwservices.uni-freiburg.de/.
4 www.bwidm.de/wp-content/uploads/bwidm-booklet.pdf.
5 bwcloud.uni-mannheim.de.
6 bwservices. uni-freiburg.de/.
7 Storage, ceph.com/.

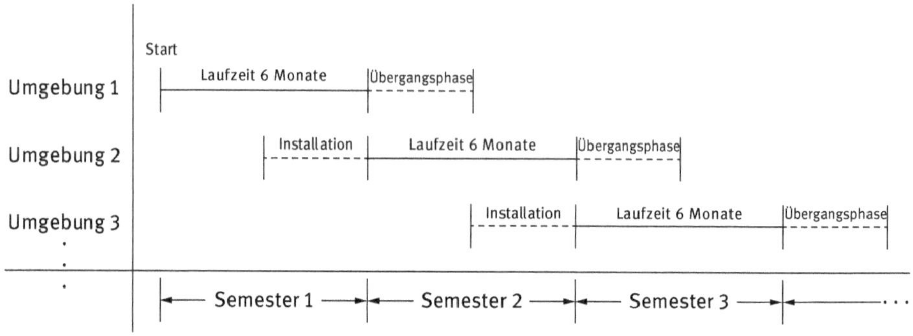

Abb. 2: Betriebsmodell.

sechs Monate. Parallel zur ersten Umgebung wird eine aktualisierte Version der RZV StudiCloud aufgebaut, die nach Ablauf der Laufzeit der ersten Umgebung den Produktivbetrieb übernimmt. Die initiale Installation wird in einer Übergangsphase noch weitere drei Monate betrieben und dann abgeschaltet (s. Abb. 2).

Der Wechsel zu einer neuen Umgebung alle sechs Monate löst dabei mehrere Probleme:

- Virtuelle Maschinen in einer Cloud-Infrastruktur haben den großen Vorteil, dass sie bei Bedarf sehr schnell gestartet werden können. Oft werden die gestarteten VMs vom Benutzer nur kurzzeitig benötigt und danach nicht wieder gelöscht, da sie für den Endnutzer kostenlos von der Hochschule zur Verfügung gestellt werden. Durch die Beschränkung der Laufzeit auf maximal neun Monate wird dieses Problem elegant gelöst.
- Ein Upgrade auf eine neue OpenStack-Version ist im laufenden Betrieb nach derzeitigem Stand nicht empfehlenswert. Eine neue OpenStack-Version soll parallel auf einer Staging-Infrastruktur aufgebaut und ausgiebig getestet werden. In der Übergangsphase kann der Nutzer seine VMs auf die neue OpenStack-Version umziehen und testen.
- Der Wechsel auf eine neue Umgebung ermöglicht es, konzeptionelle Strukturen zu verändern, die im laufenden Betrieb sonst nicht verändert werden können. So ist es beispielsweise möglich, die Speicherinfrastruktur in der nächsten Umgebung grundlegend neu zu strukturieren, um beispielsweise einen SSD-Cache einzufügen (ohne dabei laufende VMs zu gefährden).

Mit diesem Modell ist die Laufzeit einer VM auf maximal neun Monate beschränkt, wenn sie direkt nach dem Start der Umgebung gestartet wird und anschließend 6 + 3 Monate läuft.

Da Semesterstart bzw. -ende der kooperierenden Institutionen unterschiedlich sind, wurde ein Drei-Monats-Nutzungs-„Puffer“ in die Betriebsplanung eines Sechs-Monats-Rhythmus miteinbezogen. Dieser Puffer soll einen reibungslosen Wechsel der Infrastruktur zwischen den unterschiedlichen Semesterlaufzeiten der

Kooperierenden schaffen, folglich gewährleistet es den Nutzern einen redundanzfreien und in vollem Umfang zu nutzenden Dienst.

Die Hardware, die nach Ende der Laufzeit einer Umgebung frei wird, wird in den nachfolgenden Umgebungen wiederverwendet (s. Abb. 2). So ist in der Übergangsphase von Umgebung 1 damit zu rechnen, dass die Anzahl an VMs zurückgeht und frei werdende Ressourcen in Umgebung 2 integriert werden können. Nach Ende der Übergangsphase können die OpenStack-Management-Server verwendet werden, um Umgebung 3 vorzubereiten.

4 Leistungsverrechnungsmodell

Das Leistungsverrechnungsmodell dient der Übersichtlichkeit bei Leistungseinsätzen der jeweiligen Dienste sowie deren Anteilseinbringung. Für die Transparenz sollen jährlich vom jeweiligen RZV-Dienste-Provider zu erstellende Leistungsnutzungsberichte sorgen.

Dem Projekt wurde eine einmalige Landesanschubfinanzierung zur Hardwareerweiterung[8] zur Verfügung gestellt. Ein weiterer Investitionsbedarf kann durch einen Nachfolgeantrag durch das RZV-Gremium gedeckt werden. Für den Fall, dass dies nicht gelingen sollte, wird eine Eigenfinanzierungsstrategie im Rahmen des RZV geplant. Eine nachhaltigen Betrieb der RZV-Dienste durch eine Eigenfinanzierung könnte aus in das Leistungsverrechnungsmodell mit aufgenommen werden, indem Neuinvestition/Hardwareerweiterung durch einen jährlichen Abschreibungsbetrag auf die Gesamtrechnung eingerechnet werden.

Nachfolgend wird eine Kostenanalyse für den Dienst RZV StudiCloud erstellt und Leistungsverrechnungsmodelle entwickelt.

4.1 IT-Service-Kosten am Beispiel des Dienstes RZV StudiCloud

Relevant sind Kosten der Anschaffung, der Erweiterung des Dienstes und für Betriebspersonal sowie weitere Kosten.

4.1.1 Anschaffung

Zum Start des Dienstes wurde Hardware im Umfang von 35.000 € beschafft. Die Beschaffung wurde vorab durch die Projektpartner, Universität Freiburg, Hoch-

8 Nach Artikel 143c GG für Großgeräte für Forschung, Ausbildung/Lehre und Krankenversorgung; www.dfg.de/foerderung/programme/infrastruktur/wgi/grossgeraete_laender/.

schule Furtwangen, Hochschule Offenburg und Pädagogische Hochschule Freiburg, abgestimmt und wurde aus dem RZV-Großgeräteantrag[9] finanziert.

4.1.2 Erweiterung

Im laufenden Betrieb kann es notwendig sein, die aktuelle Umgebung zu erweitern, um zusätzliche Ressourcen bereitzustellen. Beispielsweise ist es möglich, dass die Anzahl an Nutzern beim Start einer Umgebung unterschätzt wurde und zusätzliche Hardware nötig ist. Die Erweiterung erfolgt dabei nach Absprache mit den Projektpartnern im Rahmen der Projekt-Governance. Dies führt zu einer bedarfsabhängigen Erweiterung der RZV StudiCloud und verhindert, dass Ressourcen zu großen Teilen unbenutzt bleiben.

4.1.3 Personalkosten

Für den Betrieb der RZV StudiCloud ist Personal notwendig, das vor allem folgende Tätigkeiten ausführt:
- Administration (Patch-, Security-, Problem- und Netzwerkmanagement);
- Incident-Management (Help-Desk, Tickets etc.);
- Verwaltung (Einkauf, Personalmanagement, Inventarisierung etc.).

Das von den Projektpartnern eingebracht Personal wird bei der Leistungsverrechnung berücksichtigt und wird im Leistungsverrechnungsmodell als jährliche Kosten aufgeführt und abgerechnet. Im nachfolgenden Kapitel 4.3 Leistungsverrechnung RZV StudiCloud wird dieser Ansatz wieder aufgegriffen.

4.1.4 Weitere Kosten

Weitere Kosten wie für Strom, Anbindung an das Landesforschungsnetz und Serverraumnutzung werden in der Kostenkalkulation nicht berücksichtigt, da der Kostenträger nur schwer zuzuweisen ist. Des Weiteren werden auch Kosten für Software-Lizenzen (Virtualisierung, Security wie notwendige Firewall) nicht in die Kalkulation miteinbezogen.

4.2 RZV Leistungsverrechnungsmodelle

Ein Leistungsverrechnungsmodell soll die Dienstnutzung durch den Kunden und den dafür notwendigen Aufwand des Dienst-Providers ausgleichen. In Unterneh-

9 Antragsteller war das Rechenzentrum der Universität Freiburg.

men werden solche Modelle genutzt, um IT-Dienstleistungen für die einzelnen Abteilungen zu verrechnen (Brun et al. 2006). Bei kooperierenden Hochschulen sind solche Prozesse noch nicht gängig. Das hat mehrere Gründe. Unter anderem ist das IT-Controlling, welches für Kostentransparenz sorgen soll, noch nicht ausreichend in den Hochschulen etabliert. Außerdem stoßen Finanztransaktionen zwischen Hochschulen bisher auf Vorbehalte wegen unklarer steuerrechtlicher Bewertung.

Im RZV-Verbund wurden mehrere Leistungsverrechungsmodelle diskutiert, die im Folgenden kurz vorgestellt werden.

4.2.1 „Landeslizenz"-Modell

Beim „Landeslizenz"-Modell sind nur die Anteile, die ursprünglich im RZV-Hardware-Antrag festgelegt wurden, relevant. D. h. die IT-Service-Kosten (Anschaffung, Erweiterung, Personalkosten etc.), wie sie im vorherigen Kapitel beschrieben sind, werden in Höhe des Anteils umgelegt. Dieses Modell ist zwar sehr einfach umzusetzen, führt aber schnell zu Ungerechtigkeit im weiteren Projektverlauf. So würde ein RZV-Partner, der einen IT-Dienst gar nicht nutzt, trotzdem an den IT-Kosten beteiligt werden. Für die Partner gäbe es keinen Grund für „Ressourcen-Sparsamkeit", was auch nicht zu einer nachhaltigen Nutzung führen würde.

4.2.2 „On-Demand"-Modell

Beim „On-Demand"-Modell werden Fix-Kosten (Anschaffung, Erweiterung, etc.) wie beim „Landeslizenz"-Modell verrechnet, und die IT-Service-Kosten für den Betrieb (Personalkosten) werden nach der Nutzung und nach dem Verbrauch der RZV-Partner umgelegt. Dabei ist es notwendig, dass der Umfang der Nutzung des IT-Services ermittelt wird.

4.2.3 „Cloud-Service-Provider"-Modell

Fix- und Betriebskosten werden so kalkuliert, dass die Gesamtkosten nach der Ressourcennutzung umgelegt werden können. Dieses Modell verfolgt den Ansatz von Cloud-Providern aus der freien Wirtschaft und bietet die Möglichkeit, einen IT-Service nachhaltig zu betreiben. Potenziell wäre dieses Leistungsverrechnungsmodell sehr gerecht. Schwierig dabei ist aber die Ressourcenplanung und Refinanzierung, weil die Nutzung kaum prognostizierbar ist. Die Erhebungs- und Abrechnungslogik ist unter Umständen sehr komplex und übersteigt die eigentlichen – durch die Nutzung anfallenden – Kosten.

Im RZV-Konsortium soll es keine Kostenumlage auf Studierende geben. Möglich wäre eine anteilige Kostenbeteiligung der Lehrstühle oder Fakultäten. Im Vordergrund sollte aber eine einfache Durchführbarkeit der Nutzungserhebung und Kostenumlegung und ein möglichst simples Leistungsverrechnungsmodell stehen.

Im RZV wird das „On-Demand"-Modell favorisiert, das auf lange Sicht Erweiterungen durch weitere Großgeräteanträge oder individuelle Investitionen der Partner finanziert. Betrieb und ggf. Reinvestition der beschafften Hardware wird durch die Leistungsverrechnung finanziert.

4.3 Leistungsverrechnung RZV StudiCloud

Erbrachte Leistungen sollen in einer Mischform dargestellt und abgerechnet werden. Dazu wird im Folgenden eine Beispielrechnung aufgeführt, die die Verrechnung über die Service-Nutzung des Dienstes darstellt.

In der Beispielrechnung erfolgt die Preisbestimmung für die messbare Nutzung auf der Basis der Servicekosten der Kooperationspartner pro Jahr. Die nachfolgenden Rechnungen basieren auf den Ausgaben der Projektpartner für ein Jahr.

Diese Berechnung der Servicekosten pro Jahr ist wie folgt:

Abschreibung der Hardware über 5 Jahre[10]:	7.000 € / Jahr.
Personalkosten 50 % Stelle = 25 % (HFU) + 25 % (Uni Freiburg):	30.000 € / Jahr
SW-Lizenzkosten:	0 € / Jahr
Gemeinkosten:	0 € / Jahr
Gesamtkosten für das Jahr:	37.000 € / Jahr

Im Folgenden werden die Gesamtkosten für den Dienst anteilig auf die Projektpartner umgelegt. Bei einer Rechnungsaufstellung der Nutzungsanteile für ein Jahr mit 200 Nutzern ergeben sich folgende Kosten für die Projektpartner. Die Kosten basieren dabei auf den Servicekosten für den einzelnen User pro Jahr. Bei 37.000 € Gesamtkosten und 200 Benutzern ergeben sich Servicekosten von 185 € für einen User pro Jahr.

Tab. 1: Anteilige Kosten der Kooperationspartner.

HAW Furtwangen	45 % = 90 Nutzer	90 Nutzer × 185 € =	16.650 €
Universität Freiburg	30 % = 60 Nutzer	60 Nutzer × 185 € =	11.100 €
HAW Offenburg	15 % = 30 Nutzer	30 Nutzer × 185 € =	5.550 €
PH Freiburg	10 % = 20 Nutzer	20 Nutzer × 185 € =	3.700 €

10 Die initialen Kosten für die Hardware von 35.000 € werden hierbei über die Abschreibungsdauer von 5 Jahren anteilig berücksichtigt: 35.000 € / 5 Jahre = 7.000 € / Jahr

Im Folgenden wird berücksichtigt, welcher Projektpartner welche vorherigen Leistungen erbracht hat und diese anschließend mit den Kosten verrechnet. Dabei wird angenommen, dass die initiale Hardwarbeschaffung von der HAW Furtwangen bezahlt wurde und dass das Personal zu 25 % von der Universität Freiburg und zu 25 % von der HAW Furtwangen erbracht wurde.

Tab. 2: Übersicht der erbrachten Leistungen.

	HAW Furtwangen	Universität Freiburg	HAW Offenburg	PH Freiburg
Hardware	7.000 €	0 €	0 €	0 €
Erweiterung	0 €	0 €	0 €	0 €
Personal	15.000 €	15.000 €	0 €	0 €
Ausgaben des Partners	22.000 €	15.000 €	0 €	0 €

Tab. 3: Verrechnung des Kostenanteils an Leistungen.

	HAW Furtwangen	Universität Freiburg	HAW Offenburg	PH Freiburg
Ausgaben des Partners	22.000 €	15.000 €	0 €	0 €
Kostenanteil des Partners	−16.650 €	−11.100 €	−5.550 €	−3.700 €
Rechnungssumme	+ 5.350 €	+ 3.900 €	−5.550 €	−3.700 €

Die hier aufgeführten Rechnungssummen beschreiben die Differenz zwischen erbrachter Leistung (durch Hardwarekauf oder Personaleinsatz) und der Nutzungsanteile (Anzahl an Nutzern pro Standort) des Projektpartners. Im Beispiel hat die HAW Furtwangen einen Überschuss von 5.300 € erzeugt und die HAW Offenburg (durch fehlende Ausgaben) ein Defizit von 5.550 €. In diesem Beispiel ist zu sehen, dass ein Projektpartner auch ohne die Bereitstellung von eigenem Personal oder Hardware seinen Nutzern diesen Service anbieten kann.

Diese Berechnungen sollen nicht dazu dienen, Geldflüsse zwischen den Kooperationspartnern anzustoßen. Mit den ermittelten Eckdaten ist beabsichtigt:
- in der Kooperation das Verantwortungsgefühl zu wecken,
- evtl. zwischen den Diensten einen Budgetausgleich zu vereinbaren und
- eine Übersicht über Effizienz und Attraktivität der Dienste zu gewinnen.

Das dargestellte Leistungsverrechnungsmodell kann den Projektpartnern und den Nutzer transparent machen, wie das Budget für die IT-Dienstleistungen eingesetzt wurde. Es liefert Daten für mögliche Anpassung und Optimierung der Dienste. Insbesondere können abweichende Nutzungsprognosen jährlich angepasst werden.

5 Fazit

Aus der ersten Betriebsphase der RZV StudiCloud lassen sich erste positive Erfahrungen ableiten. Der Dienst wird gut nachgefragt und als sinnvolle Ergänzung der Diensteportfolios der beteiligten Partner gesehen. Erste Erweiterungen werden geplant, wobei auf die derzeit noch informellen Governance-Strukturen für die Entscheidung zurückgegriffen wurde. Die Finanzierung der Erweiterung orientiert sich dabei am diskutierten Finanzierungsmodell.

Die Verrechnung der Rechnungssummen für den Dienst RZV StudiCloud mit anderen RZV-Diensten macht eine Dienst-übergreifende Governance unerlässlich. Ziel ist es, die Geldflüsse zwischen den Projektpartnern zu minimieren, indem die Rechnungssummen der Dienste sich gegenseitig größten Teils aufheben. Nicht jede Hochschule oder Universität muss jeden Dienst selber aufbauen und anbieten. Ist ein Verrechnungsmodell gefunden, können Leistungen zwischen den Hochschulen in größerem Umfang abgerechnet werden. Das daraus resultierende Verrechnungsmodell sollte sich auch auf Kooperationen mit einer größeren Anzahl an Projektpartnern anwenden lassen.

Literatur

Brun, R., A. Hasse und C. Kunze. 2006. *Kalkulation und Leistungsverrechnung in der IT.* In: Blomer, Mann, Bernhard (Hrsg.). *Praktisches IT-Management.* Symposion Verlag.

Kopperger, D., J. Kunsmann und A. Weisbecker. 2006. *IT-Servicemanagement.* In: E. Tiemeyer (Hrsg.). *IT-Management – Konzepte, Methoden, Lösungen und Arbeitshilfen für die Praxis.* München.

Rudakova, L., M. Söllner und J. M. Leimeister. 2010. *Warum Hochschulrechenzentren andere IT-Service-Management Konzepte brauchen – eine konzeptionelle Analyse.* In: *40. Jahrestagung der Gesellschaft für Informatik*, Leipzig.

Vanessa-Sabrina Buck, Christoph Reich, Dirk von Suchodoletz, Jan Münchenberg und Martin Duffner

Dienste-übergreifende Governance am Beispiel RZV

Eine sich intensivierende Kooperation zwischen den Hochschulen Baden-Württembergs erzeugt neue Anforderungen an deren Rechen- und Informationszentren. Mit der Zunahme von kooperativ erbrachten Diensten in unterschiedlichen Konfigurationen aus Dienstanbietern und Nutzern steigt der Bedarf an abstrakteren Organisationsstrukturen, die diese unter einem gemeinsamen Dach abwickeln können. Die Strukturen der Dienstebene können nicht einfach vervielfältigt werden, sondern müssen auf Schlankheit und Effizienz achten, ohne dabei die Provider- und Nutzersichten zu vergessen. Ausgangspunkt der Betrachtung bildet das Regionale Zentrum Virtualisierung (RZV), welches in unterschiedlichen Gesamtanteilen die Dienste RZV StudiCloud, Virtualisierung und Storage innerhalb eines Viererverbunds gemeinschaftlich erbringt. In einer nächsten Stufe soll versucht werden, die geplanten Landesdienste bwLehrpool und bwCloud geeignet zu integrieren. Hier treten wenigen Providern deutlich mehr potenziellen Nutzern gegenüber, wobei es Überschneidungen zum RZV gibt. Solche Erweiterungen erzeugen Schwierigkeiten bei der Integration in die RZV-Strukturen, so dass Alternativen aus anderen Beispielen öffentlicher Kooperation in Betracht gezogen werden sollten.

1 Einführung

Durch die Entwicklungen der letzten Jahre ist das Verhältnis der Hochschularten und Hochschulen untereinander durch das Spannungsfeld von Konkurrenz und Kooperation gekennzeichnet. So haben Entwicklungen wie die Exzellenzinitiative des Bundes oder der Solidarpakt des Landes zum Ziel gehabt, die Profile der einzelnen Hochschulen zu schärfen und um zusätzliche Mittel wie die Förderlinien der Exzellenz oder den Innovations- und Qualitätsfonds in Baden-Württemberg zu konkurrieren. Parallel hierzu schärfen die Hochschulen ihr Profil durch die Einführung neuer Studiengänge. Parallel hierzu laufen Entwicklungen, wie die Kooperation im

Vanessa-Sabrina Buck, HFU Furtwangen (Hochschule Furtwangen University)
Christoph Reich, HFU Furtwangen (Hochschule Furtwangen University)
Dirk von Suchodoletz, Albert-Ludwigs-Universität Freiburg
Jan Münchenberg, Hochschule Offenburg
Martin Duffner, Pädagogische Hochschule Freiburg

DOI:10.1515/9783110459753-022

Lehramt und der Lehrerbildung zwischen Universitäten und Pädagogischen Hochschulen oder gemeinsame Promotionen von Hochschulen für Angewandte Wissenschaften (HAW) und Universitäten. Die öffentlichen Hochschulen im Land stehen einerseits im Wettbewerb um herausragende forschende und engagierte Studierende zueinander. Andererseits existieren eine Reihe von Standardaufgaben, die von den meisten Hochschulen in vergleichbarer Form erbracht werden und sich nicht mehr als Distinktionsmerkmal eignen. Hierzu zählen unter anderem Dienste der Verwaltung, der Bibliotheken und der Rechenzentren.

Politisch gewünscht oder Sachzwängen folgend intensiviert sich die Zusammenarbeit zwischen den Hochschulen in Baden-Württemberg. Kooperationen funktionieren umso besser, je mehr sich die IT-Prozesse der Partner ähneln. Zukünftige Studierende und Mitarbeiter entscheiden sich eher anhand des Profils einer Hochschule statt nach der konkreten Umsetzung von bestimmten Standarddiensten.

In der Hochschullandschaft von Baden-Württemberg werden zunehmend Leistungen und Dienste untereinander ausgetauscht. Zwei Kategorien von Diensten lassen sich identifizieren:

- Regionale Kooperationen zwischen einzelnen Einrichtungen,
- Landesdienste, die von einer oder wenigen Hochschulen für potenziell alle anderen erbracht werden.

Im ersten Fall handelt es sich meistens um ganz konkrete Leistungen zwischen Partnern, die aufgrund von gegenseitigem Vertrauen funktionieren. Im zweiten Fall gibt es in den meisten Fällen diese Vertrauensbasis noch nicht. Es sollten Richtlinien und Vereinbarungen angestrebt werden, mit denen eine Verlässlichkeit der Leistungen beziehungweise Dienste erreicht wird. Dabei spielen einige Aspekte eine Rolle:

- Es existiert eine mehrjährige Historie größerer Kooperationsprojekte im Land, die zu Themen, wie High-Performance-Computing, Identity-Management oder gemeinsame Bibliothekssysteme stattgefunden haben (siehe Suchodoletz, Zusammenarbeit gestalten, im gleichen Band).
- Die verschiedenen Projekte fanden oder finden immer noch zum großen Teil isoliert voneinander statt. Eine sehr lose Koordination erfolgt zum Beispiel auf Ebene des ALWR-BW für die Universitäten.
- Es gibt etliche Beispiele stark kodifizierter Kooperationen mit klarer juristischer Form, wie den DFN, die HIS eG oder die GWDG (siehe Schulz und Suchodoletz, Bericht vom Workshop „Governance in Kooperationen", in diesem Band).

Für die Übergangsphase aus einem Projektkontext in eine Produktivumgebung fehlen derzeit noch die institutionellen Rahmenstrukturen und Erfahrungen. Aus diesem Grund soll in diesem Text[1] versucht werden, ausgehend von den zwei Kate-

1 Vorarbeiten zu diesem Text in der Bachelorarbeit „Governance- und Finanzierungsmodell für IT-Services an Hochschulen" von Vanessa Buck an der Hochschule Furtwangen.

gorien von Diensten Überlegungen für eine diensteübergreifende Governance zu entfalten. Diese sollten sich mit den verschiedenen Ebenen wie betriebsorganisatorische Fragen, Organisationsformen, -aufgaben und -entscheidungen beschäftigen.

2 Strukturüberlegungen

Bezogen auf einzelne Dienste lassen sich mit überschaubarer Komplexität Steuerungs- und Entscheidungsstrukturen etablieren, die den Ansprüchen der Beteiligten gerecht werden. Mit einer zunehmenden Zahl von kooperativ zu erbringenden Diensten skaliert dieser Ansatz nicht mehr. Es fehlen Elemente der übergreifenden Steuerung und des Ausbalancierens der Interessen. Sobald mehrere Dienste mit sehr unterschiedlichen Nutzern, Providern und Konstellationen gemeinsam in einem (übergreifenden) Modell abgebildet werden sollen, sollten Überlegungen zur Organisation beziehungsweise Governance vorangestellt werden.

Zukünftige Governance-Modelle eines föderativen Services sollten sowohl passend als auch zeitgemäß sein. Dabei bezieht sich „passend" in diesem Kontext auf die Anforderung, die aktuellen Gegebenheiten aufzunehmen und zukunftsorientiert zu sein. Der Ausdruck „zeitgemäß" beschreibt, dass es entgegen klassischer Strukturaufbauten und Orientierung nach reinen hierarchischen Gliederungen hin zu Interessens- und Anforderungsverfolgung der internen und externen Umwelt aufgebaut und ausgerichtet sein sollte. Sinnvollerweise werden bei den Überlegungen vorrangig Modelle berücksichtigt, die Verwendung in öffentlichen Hochschulen oder ähnlichen Körperschaften aufweisen, bereits seit längerem existieren und erfolgreich betrieben werden.

Eine Organisation lässt sich als eine Gesamtheit aus mehreren Personen definieren, die sich zusammenfindet, um bestimmte Aufgaben oder Ziele zu erreichen, die oft nicht mehr alleine erbracht werden können. Sie bildet ein soziales System, welches zuvor definierte Ziele verfolgt. Die Organisation setzt dabei zur Erreichung der Ziele Strukturen, Regeln sowie Normen ein, die von ihren Mitgliedern einzuhalten sind. Eine (Neu-)Strukturierung von Organisationen erfolgt typischerweise mittels eines Aufbauplans. Dieser dient dazu, die einzelnen Ebenen der Organisation den jeweiligen Entscheidungsträgern zuzuordnen. Aus dem Aufbau sollte hervorgehen, welche Organisationseinheit für welche Aufgaben zuständig ist und welche Rechte und Beziehungen sich aus dieser Ordnung ableiten. Der Umsetzung dient die Erstellung eines Governance- oder Organisationsmodells. Die Möglichkeiten der Strukturanordungen, die verwendet und ergänzt werden können, sind vielfältig. Jede Organisationsstruktur muss in sich individuell gestaltet und aufgebaut werden und sich dabei nach den jeweiligen Rahmen- und Randbedingungen richten. Deshalb wird es kaum gelingen für die Kooperation von Rechenzentren die „eine" perfekte oder vordefinierte Organisationsstruktur zu finden.

Ziel muss es zudem sein, eine Governance-Struktur zu finden, die für alle angebotenen Dienste passt. Genauso muss gewährleistet sein, dass kleinere Föderationspartner gehört werden und mitentscheiden können. Das ist allerdings nicht immer ganz einfach, da die Anzahl der Kooperationspartner bei den Diensten variabel ist. Betrachtet man die beiden angestrebten Landesdienste bwLehrpool oder bwCloud[2] und setzt diese mit dem Regionalen Zentrum Virtualisierung (RZV) in Bezug, ergeben sich einige wesentliche Unterschiede. So wird beispielsweise die RZV StudiCloud zunächst nur von den vier RZV-Partnern genutzt, während bwLehrpool und bwCloud als potenzielle Landesdienste Baden-Württemberg weit eingesetzt werden sollen.

2.1 Bisheriger Stand im RZV

Der Ausgangspunkt der Überlegungen liegt in der bisherigen pragmatischen Umsetzung der Steuerung des RZV. Organisationstheoretisch (Bühner 2004 oder Laux 2005) orientiert sich die jetzige Governance in einer divisionalen Form an einer Zwei-Ebenen-Hierarchie. Auf der oberen Ebene agiert das sogenannte Top-Management, welches für die Entscheidungen der Organisation im strategischen Bereich verantwortlich zeichnet. Hierzu zählen Planungsentscheidungen für Investitionen beispielsweise für eine Erweiterung eines Dienstes, Organisationsentscheidungen für die betrieblichen Abläufe und die Bewilligung der Finanzplanungen der nachgeordneten Bereiche. In diesen Bereich fallen ebenso die Erstellung eines (Re-)Finanzierungsmodells des Dienstes als auch dessen Regulierung. Die Gremienmitglieder dieser Ebene setzen sich aus den Repräsentanten der Teildienste zusammen, wobei eine Person jeder Hochschule im RZV vertreten sein sollte. Entscheidungen werden auf dieser Ebene im Konsens getroffen.

Innerhalb des RZV sind die Organisationsstrukturen der Dienste, RZV StudiCloud, ESX und Storage sowohl in ihrem Aufbau als auch in ihrer Organisation als identisch anzusehen. Die Dienste unterscheiden sich ausschließlich in der Besetzung ihrer Dienstkoordination.

Konsortialleitung: Die Konsortialleitung nimmt in den Überlegungen die Rolle der obersten Instanz ein. Sie erfüllt die Aufgaben eines Top-Managements und ist für strategische Entscheidungen innerhalb des RZV zuständig. Weiter gehören die Verwaltung der RZV-Finanzen sowie die Entscheidung der Finanzverteilung auf die einzelnen Dienste hinzu. Außerdem ist die Konsortialleitung für die unten aufgeführten Aufgaben zuständig:

- Entscheidung über Erweiterung der Service-Portfolio;
- Einstellung von Diensten;
- generelle Regelungen innerhalb des RZV (Kooperationspolitik);

2 Die Liste ließe sich um Weitere ergänzen, vgl. hierzu: www.alwr-bw.de/kooperationen/dienste.

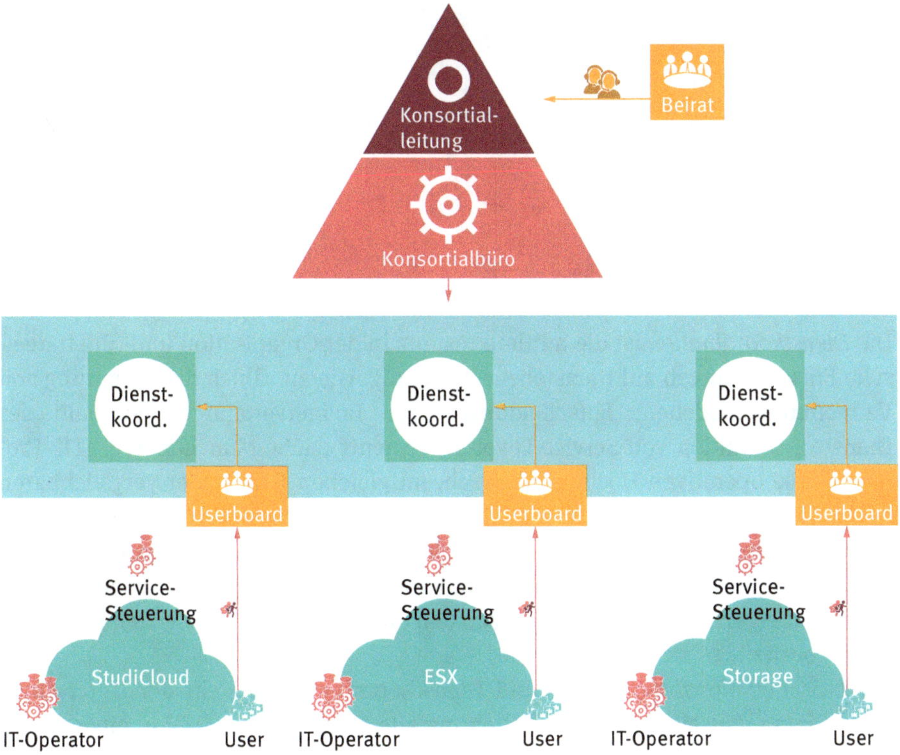

Abb. 1: Organisation auf Föderationsebene.

- Risikomanagement;
- Regelung eines Mitgliederrücktritts oder Aufnahme eines neuen Mitgliedes.

Die Konsortialleitung soll hierbei mit jeweils einer Person einer Hochschule besetzt werden – idealerweise mit einem Mitglied der Rechenzentrumsleitungen der beteiligten Partner. Entscheidungen werden innerhalb der Konsortialleitung in gemeinsamer Übereinstimmung getroffen. Hierbei wird das Entscheidungssystem des Kassations-Kollegiums herangezogen. Das Konsortialbüro ist eine nachgeordnete Instanz ohne Weisungsbefugnis. Ihre Aufgaben beschränken sich auf die Kommunikation und Koordination von Anforderungen zwischen den beiden Ebenen wie das Vermitteln an interessierte Nutzer oder neu hinzukommende Dienste. Eine weitere Aufgabe liegt in der Organisation von Vertragsabschlüssen zwischen den Mitgliedern des RZV. Die Verträge beziehungsweise Verwaltungsvereinbarungen, welche nur die Regelungen zu beispielsweise Austritt, Stärkung des Kooperationsgedankens, der Organisation betreffen, werden von der Konsortialleitung erarbeitet und je nach Fragestellung zur Verabschiedung an die jeweilige Hochschulleitung abgegeben.

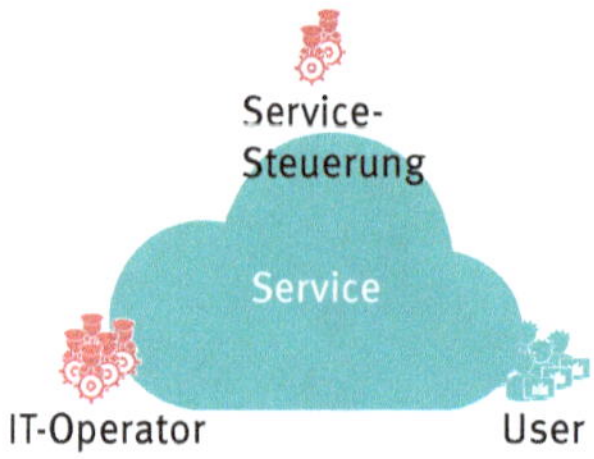

Abb. 2: Organisation auf Dienstebene.

Die *Dienstkoordination* ist die mittlere Instanz in der Organisation und für strategische Entscheidungen auf Dienstebene zuständig. Hierzu zählen die Gestaltung von Verrechnungsmodellen, Entscheidungen zur Budgetverteilung innerhalb des Dienstes, Definition von Service-Level-Agreements (siehe Münchenberg, ITIL-Prozesse im kooperativen Hochschulbereich, im gleichen Band) oder vergleichbaren Vereinbarungen und die Überwachung der Service-Steuerung. Mitglieder der Dienstkoordination setzen sich aus den Repräsentanten des jeweiligen Dienstes zusammen, womit die Dienste der RZV StudiCloud, ESX als auch Storage eine Koordination mit eigenen und unabhängig von den anderen Diensten besetzten Repräsentanten besitzt.

Zwischen Konsortialleitung und Dienstkoordination besteht der Unterschied darin, dass einerseits die Konsortialleitung alle Mitglieder des RZV in einer leitenden Instanz verbindet und andererseits auf dieser Ebene Entscheidungen mit Blick auf alle Dienste abgewogen und getroffen werden. Im Gegenzug sind in der Dienstkoordination nur Mitglieder vertreten, welche den Dienst selbst nutzen beziehungsweise ihn in Vertretung in ihrer Einrichtung anbieten. Deshalb haben ihre Aufgaben den Fokus auf den Erfolg des einzelnen Dienstes.

Das *Userboard* dient sowohl der Konsortialleitung als auch der Service-Steuerung als Entscheidungshilfe hinsichtlich Nutzungsverbesserung und Erweiterungen eines Dienstes aus Sicht der Endanwender. Innerhalb der bestehenden Organisationsstruktur ist das Userboard mit der Dienstkoordination verbunden. Durch diese Koppelung wird ein Regelkreis aus Anforderungen und Entscheidungen der Dienstkoordination zur Arbeitsdelegation an die Service-Steuerung eingerichtet. Letztere setzt die Aufgabe um und bewertet anschließend anhand von Kennzahlen oder Nutzerbefragungen die Zufriedenheit seitens der Endanwender. Nach Auswertung dieser Kennzahlen oder/und Nutzerbefragungen werden die gesammelten Informationen an die Konsortialleitung zurückgesendet.

Die *Service-Steuerung* ist für operative Entscheidungen hinsichtlich des Dienstes zuständig. Dabei nimmt sie oft die Rolle des Produktspezialisten wahr. Die Aufgaben des Service-Steuerung liegen in der Aufbereitung entscheidungsrelevanter Informationen (Analyseverfahren- und Kennzahlenermittlung), in der Identifikation und Planung von notwendigen Maßnahmen, in der Unterstützung bei der Umsetzung von Erweiterungen und generellen Verbesserungen sowie in der finanziellen Steuerung eines Services. Dabei verwaltet sie das ihr zugeteilte Budget der Dienstkoordination. Neben der Verwaltung sind ihre Kernaufgaben die Überwachung eines ordnungsgemäßen Betriebs des Dienstes sowie dessen Qualitätskontrolle. Die Service-Steuerung ist verpflichtet, der Dienstkoordination einen jährlichen Bericht zu liefern. Dieser enthält Messergebnisse, den Betriebsverlauf des Dienstes sowie die Beschreibung aller durchgeführten Maßnahmen und Erweiterungen.

Die Service-Steuerung ist aus Repräsentanten der jeweiligen Kooperationspartner zusammengesetzt. Das Stimmrecht wird nach anteiliger Nutzung des Dienstes vergeben. Die Aufgaben der Service-Steuerung umfassen folgende Punkte:
- Antragstellung über eventuelle Feature-Erweiterung;
- Beantragung des Budgets;
- Festlegung der Kennzahlen für ein Leistungsverrechnungsmodell. Diese sollen immer wieder auf Effektivität und Transparenz überprüft werden;
- Rechnungserstellung;
- Auswertung des Nutzerverhaltens bei der Nutzung des Dienstes;
- Konfliktlösung und Eskalationssteuerung;
- Dienstüberwachung, Festlegung der Kennzahlen für die Servicequalität (beispielsweise Verfügbarkeit, Kundenzufriedenheit);
- Festlegung über Messart und -periode der festgelegten Kennzahlen;
- jährliche Aufstellung der erbrachten Leistung auf Basis eines Leistungsverrechnungsmodells;
- Konfliktlösung, Eskalationssteuerung;
- Erarbeitung von Serviceoptimierungen und -erweiterungen;
- Customer-Relationship-Management durch Service-Desk (Hotline, Help-Desk, Ticketsystem).

IT-Operator ist das Operationsteam des Rechenzentrums, welches für den ordnungsgemäßen Betrieb des IT-Dienstes zuständig ist. Es unterstützt den Dienst mit operativen Tätigkeiten und besitzt eingeschränkte „kleine“ Entscheidungsbefugnisse im Betrieb. Seine Aufgaben bestehen aus:
- Administration des IT-Dienstes, wie Wartung, Sicherheitsupdates, Backup;
- Incident- und Problem-Management;
- Vorschläge für Optimierung oder Verbesserung des IT-Services erarbeiten und an die Service-Steuerung weitergeben;
- Bewertung hinsichtlich Machbarkeit und Kosten von neuen Dienst-Features.

Nutzer sind alle Mitglieder der beteiligten Hochschulen, die einen oder mehrere Dienste für ihre Arbeit oder Studium einsetzen. Sie nehmen in der folgenden Form Einfluss:
- Erstellen von Tickets bei Fragen und Problemen;
- Tickets zum Einbringen von Wünschen für neue Features;
- Nutzung der Support-Infrastruktur.

2.2 Steuerungsstrukturen

Die Steuerung und Optimierung aller RZV-Dienste wird im Rahmen eines föderativen Managements von der *Konsortialleitung* übernommen. Sie ist mit einer Person von jedem beteiligten Partner besetzt. Das Gremium ist für strategische Entscheidungen, wie beispielsweise Verbesserungen oder Erweiterungen von Dienstleistungen, zuständig. Es soll rechtzeitig Fehlentwicklungen erkennen und Maßnahmen zur Gegensteuerung ergreifen. Eine weitere Aufgabe ist, Leistungsverrechnungsmodelle für die RZV-Dienst zu entwickeln und anzupassen. Entscheidungen werden in dieser Ebene, wenn möglich, im Konsens getroffen.

Die RZV-Dienste ESX, Storage und StudiCloud werden jeweils durch eine eigene, Service-orientierte *Dienstkoordination* gesteuert und von einem *RZ-Provider* betrieben. Die Konsortialleitung versucht, den Spezifika der einzelnen Services gerecht zu werden, zeitnah Service-spezifische Entscheidungen zu fällen und anhand der Wünsche des Service-Nutzers Optimierungen anzustoßen. Reporting, Erweiterungenswünsche, Verbesserungsvorschläge der einzelnen RZV-Service-Governance-Teams, speziell, wenn sie Budget-Auswirkungen haben, werden an das RZV-Governance gemeldet und erläutert. Die RZV-Service-Governance arbeitet der RZV-Governance zu. Jede *Dienstkoordination* ist mit einer Person pro Partner besetzt. Ihre Aufgaben leiten sich aus der Service-Steuerung her.

Die Nutzer der RZV-Dienste sollten hinsichtlich der Verbesserung und Erweiterung mit einbezogen werden. Dies kann durch Umfragen, Auswertung der Service-Tickets und Nutzungsmonitoring erfolgen. Konsortialleitung und Dienstkoordination legen dafür geeignete Metriken fest.

Mitglieder des *RZV-Providers* sind alle Personen, die in den Betrieb des IT-Dienstes involviert sind. Bei der RZV StudiCloud übernimmt die Hochschule Furtwangen die Hauptaufgaben für diesen Dienst. Für ESX und Storage liegen diese beim Rechenzentrum der Universität Freiburg. Die HAW Offenburg steuert die Ticket-Queue bei.

2.3 Varianten einer projektinternen Abstimmung

Eine weitere Entscheidungsfindungsmöglichkeit in der Dienstkoordination bestünde in der einfachen Mehrheitsstimme. Einfach bedeutet in diesem Fall, dass eine Stimme bei ungleicher Anzahl bereits entscheiden kann und die Regelung nach prozentualer Stimmabgabe wegfällt. Sollte dieses jedoch durch gerade Mitgliederanzahl nicht gelingen, dann könnte bei mehrmaligem Durchlauf die Lösung eines höheren Gremiums in Betracht gezogen werden. Alternativen bestünden in gewichteten Stimmen anhand der Anzahl lokaler Nutzer oder eingebrachten Investitionsmitteln und Arbeitsleistung. Dieses und weitere Verfahrensweisen wären in der jeweiligen Geschäftsordnung zu vereinbaren.

Eine alternative Variante besteht in der Einbeziehung einer zusätzlichen Person in die Konsortialleitung. Diese sollte im Falle der Ausnahme ein Stimmrecht bekommen, hierfür würde sich beispielsweise eine gewählte Person des Beirats anbieten. Die Konsortialleitung zieht insbesondere bei strategischen Fragen den ihr beigestellten Beirat zurate. Der Beirat hat die Funktion eines Beraters. In ihm ist jeweils eine Person pro Service vertreten. Er berät das Konsortialleitung in technischen wie auch finanziellen Belangen. Hierfür würde sich eine gewählte Person aus der Service-Steuerung anbieten.

Auf der Ebene der Dienstkoordination wie auch der Service-Steuerung wäre eine direkte Versammlung in vierteljährlichem Turnus denkbar, die Einladung erfolgt im Wechsel durch einen der Kooperationspartner. Hierfür würde sich die Regelung anbieten, bei Versammlungen sowohl einen Moderator als auch einen Protokollführer auszuwählen. Diese könnten nach bestimmten zeitlichen Abschnitten wechseln oder man setzt bei der Wahl des Moderators fest, dass diese Position generell der Gastgeber einnimmt.

Für die Kommunikation können zudem (elektronische) Arbeitsmittel, wie Videokonferenzen, Kollaborations- und Projektsteuerungs-Tools, auf einer virtuell vernetzten Plattform eingesetzt werden. Diese kann gleichzeitig Aufgaben der Dokumentation, der Fortschrittsüberwachung und dem Risikomanagement dienen. Diese sollten optimalerweise diensteübergreifend einheitlich sein.[3]

2.4 Kosten-Leistungsverrechnung

Insbesondere bei weder im Zeitablauf noch zu einem gegebenen Zeitpunkt ausgeglichener Leistungsbilanz zwischen zwei beliebigen Partnern, wird dauerhaft auf eine Art der Verrechnung verzichtet werden können. Dieses ist im öffentlichen Bereich nicht ganz unproblematisch.[4] Vorarbeiten und Versuche hierzu gibt es seitens des ZKI oder der GWDG. Die Erstellung eines angepassten Leistungsverrechnungsmodells für den jeweiligen Dienst im RZV ist eine Kernaufgabe der Konsortialleitung. Die Entscheidung über Art, Umfang und Umsetzung wird hierbei bevorzugt im Konsens getroffen. Das Leistungsverrechnungsmodell dient zur Übersicht der Abrechnung an Aufwendungen der jeweiligen Dienste sowie der eingebrachten Anteile. Transparenz bei der Kosten- und Leistungsrechnung kann unter anderem durch jährlich zu erstellende Protokolle des jeweiligen RZV-Dienste-Providers erreicht werden. Allgemeine Schritte zur Kosten-Leistungsrechnung beinhalten:[5]

3 Diese Werkzeuge könnten wiederum auf kooperativ angebotenen Diensten basieren.

4 Logik eines öffentlich finanzierten Rechenzentrums mit pauschalierten Mittelzuweisungen seitens der Hochschulleitungen.

5 Für eine Aufstellung am konkreten Beispiel RZV StudiCloud vgl. „Kooperative Dienste des Regionalen Zentrum Virtualisierung (RZV)“.

- Kosten für Service pro Jahr ermitteln;
- Nutzung prognostizieren und Preisermittlung;
- Erstellung eines kooperativen Verrechnungsmodells am Jahresende.

Die Leistungsrechnung beinhaltet die Abrechnung der in Anspruch genommenen Dienste. Hier bieten sich unterschiedliche Modelle, wie „Pay per Use“ oder „Flat Rate“ und Kombinationen aus diesen an.[6]

Das „Pay per Use“-Verfahren ist besonders in der Leistungsabrechnung von Cloud-Diensten beliebt. Die Bezahlung für eine Leistung erfolgt in Höhe des in Anspruch genommenen Umfangs. Dabei nimmt der Provider einen bestimmten Kostensatz, basierend auf den Gesamtbetriebskosten, und verrechnet ihn mit der erbrachten Leistung. Der Provider kann einen Gewinn durch einen erhöhten Kostensatz, durch eine ansteigende Nutzeranzahl oder durch sinkende Grenzkosten erwirtschaften. Der Gewinn liegt hier im Sinne gemeinsamen Vorteils gesunkener Aufwendungen. „Pay per Use“ setzt eine ständige Überwachung der Ressource voraus und generiert hierdurch selbst wieder Aufwand. „Flat Rate“ setzt im Gegensatz von „Pay per Use“ einen Grundbasispreis an, in welchem die berechneten Fix- und Leistungskosten enthalten sind.

Eine weitere Möglichkeit besteht in der Nutzung des Verrechnungsverfahrens. Hierbei wird der tatsächliche Verbrauch mit dem geplanten Verbrauch durch Soll-Ist-Vergleich ins Verhältnis gesetzt. Der Unterschied zum „Pay per Use“ liegt im Vorliegen einer Planrechnung. Wegen der Besonderheiten des öffentlichen Sektors, zum Beispiel der Grundfinanzierung der Rechenzentren, scheint das Verrechnungsverfahren für die Abrechnung der Dienstleistungen im RZV als am besten geeignet. Hierbei werden jedoch nicht nur die tatsächliche Nutzung zur geplanten verrechnet, sondern ebenso die jeweiligen Investitionen, welche die Partner eingebracht haben. Diese werden mittels eines zu zahlenden Leistungspreises ausgeglichen.

3 Überlegungen zur Aufnahme weiterer Dienste in die Struktur

Die RZV-Strukturen schaffen eine bestimmte Variante der Governance für eine (regionale) relativ ausgeglichene Kooperation zwischen einzelnen Hochschulen und Universitäten, in der Partner in einer Matrix sowohl Dienste anbieten als auch konsumieren. Die Angebote bwLehrpool oder bwCloud unterscheiden sich von dem Projekt RZV, da es sich hierbei um Dienste handelt, die von potenziell allen Hochschulen in Baden-Württemberg genutzt werden können. So wird bwLehrpool

6 Es existieren weitere Varianten, wie „Cost Plus“, die aber wegen fehlender Überschussabsicht in diesem Zusammenhang nicht relevant sind.

im Augenblick von den Rechenzentren der Hochschule Offenburg und der Universität Freiburg erbracht. Die bisherigen Partner im RZV sind potenzielle Nutzer dieses Dienstes. Sie treten nur als Dienstnutzer neben weiteren Anwendern, zu denen unter Umständen andere Kooperationsbeziehungen bestehen, auf.

Ein Ansatz besteht nun darin, die RZV-Strukturen auf generelle Eignung für die Ausweitung der Zahl der Dienste und der Partner zu untersuchen. Mit Blick auf das vorausgehend skizzierte diensteübergreifende RZV-Modell (Abb. 1) ergeben sich eine Anzahl nicht trivial auflösbarer Herausforderungen, die in stärkeren Asymmetrien und deutlich höherer Zahl der Partner und in hohem Koordinationsaufwand liegen. Deshalb sollten mögliche Lösungen, wie sie an anderer Stelle, wie beispielsweise DARIAH (Blümm et al. 2016) diskutiert wurden, in Betracht gezogen werden.

4 Fazit

Die Kooperation innerhalb des RZV blickt auf eine mehr als zweijährige Startphase bis zur Inbetriebnahme der Dienste zurück. Im Zuge des Produktivbetriebs wird sicherlich an der einen oder anderen Stelle die Organisation sowie diverse Prozesse zu optimieren oder zu erweitern sein. Hierzu ist es sinnvoll, die Nutzer der Dienste beispielsweise durch direkte Befragungen oder den Beirat hinzuzuziehen. Verändern sich Ansprüche oder die technischen Gegebenheiten, hat dieses Auswirkungen auf die Strategie des RZV. Anpassungen in Technik oder Strategie können hierbei ursprüngliche Projektziele oder Mitarbeiter betreffen.

Mit zunehmender Kooperation und der Vervielfältigung erbrachter Dienste wird die Matrix zwischen Providern und Nutzern unter den Rechenzentren sehr vielfältig. Im Zuge der vorliegenden Betrachtung wurden zwei aus Governance-Sicht verschiedene Dienstekategorien identifiziert. Insbesondere bei den angestrebten Landesdiensten bwCloud und bwLehrpool ergeben sich stärkere Asymmetrien in der Rolle der Partner und der Leistungsverrechnung. Hier kann nicht mehr jede Kooperation in eine 1:1-Beziehung zwischen zwei Partnern aufgelöst werden. Zudem wird die verfügbare Zeit der Rechenzentrumsleitungen nicht mehr genügen, um im Mikro-Management Entscheidungen für jede Teilkooperation zu fällen.

Derzeit ist der Übergang von Projekten in einen produktiven Status (und favorisierte) immer noch kompliziert. Einfacher wäre es, wenn hierfür auf allgemein definierte und funktionierende Rahmenbedingungen zurückgegriffen werden könnte. Idealerweise existieren dann Gremien und Governance-Strukturen, die nur um einen neuen Dienst oder Partner erweitert werden müssen. Solche Strukturen müssen daher notwendigerweise auf der Ebene oberhalb der einzelnen Projekte agieren. Je nach Art der zu berücksichtigenden Dienste lassen sich Beispiele bei DARIAH oder auch in den Konstruktionen des BelWü, DFN oder der GWDG finden.

Literatur

Bühner, Rolf. 2004. *Betriebswirtschaftliche Organisationslehre*. München [u. a.]: de Gruyter. [online] dx.doi.org/10.1524/9783486592528 [13. 05. 2016]

Blümm, Mirjam, Stefan Schmunk, Peter Gietz, Wolfram Horstmann und Heiko Hütter. 2016. *Vom Projekt zum Betrieb: Die Organisation einer nachhaltigen Infrastruktur für die Geisteswissenschaften DARIAH-DE*.

Laux, Helmut. 2005. *Grundlagen der Organisation. Die Steuerung von Entscheidungen als Grundproblem der Betriebswirtschaftslehre*. Berlin, Heidelberg: Springer. [online] dx.doi.org/10.1007/b138878 [13. 05. 2016].

Heiko Hütter und Peter Gietz

Kooperationsmöglichkeiten von Rechenzentren mit DARIAH-DE

DARIAH-DE unterstützt Forschung und Lehre in den Geistes- und Kulturwissenschaften mit einer digitalen Forschungsinfrastruktur für Digital-Humanities-Tools, Forschungsdaten, fachwissenschaftliche Dienste und Services. Zur Überführung der technischen Bereiche der bisherigen Projektstruktur, die von einer Reihe von Rechenzentren kooperativ betrieben und ausgebaut werden, in eine nachhaltige Organisation, sind gravierende Änderungen in den Bereichen Governance, Prozessstruktur, Technologieeinsatz, Außendarstellung und auch dem Rollenverständnis aller Beteiligten erforderlich. Der folgende Artikel beschreibt sowohl die Vorgehensweisen, mit denen der Veränderungsprozess in DARIAH-DE gestaltet wird, als auch die verschiedenen Möglichkeiten, wie Rechenzentren mit der nachhaltigen DARIAH-DE-Infrastruktur kooperieren können.

1 DARIAH-DE – ein Kooperationsverbund

Das vom Bundesministerium für Bildung und Forschung (BMBF) geförderte Projekt DARIAH-DE bietet eine modular aufgebaute, digitale Forschungsinfrastruktur, die digital arbeitende Geistes- und KulturwissenschaftlerInnen durch Ressourcen, Tools und Services in Forschung und Lehre unterstützt. Dies geschieht im Sinne eines „Kooperativen Modells", also im Zusammenschluss mit den jeweiligen Fachdisziplinen und -communities. Auf der Basis fachwissenschaftlicher Anforderungen wird die Forschungsinfrastruktur stetig angepasst, und es wird auf diese Weise sichergestellt, dass die einzelnen Komponenten forschungsnah und communitygetrieben weiterentwickelt werden. Es handelt sich um eine Infrastruktur, die Forschung im Bereich Digital Humanities (DH) ermöglicht und voranbringt. DARIAH-DE ist der deutsche Beitrag zum Europäischen Verbund DARIAH-EU, der wiederum Teil der 2002 ins Leben gerufenen „European Strategy Forum on Research Infrastructures" (ESFRI, Publication Office of the European Union 2011) ist. Durch die Beteiligung von 20 Institutionen ist DARIAH-DE im Projektstatus bereits ein beachtlicher Kooperationsverbund. In der letzten Projektphase wird die Infrastruktur in eine nachhaltige Organisationsstruktur überführt, die darauf ausgelegt sein wird, weitere Kooperationspartner, insbesondere wissenschaftsnahe IT-Diensteanbieter

Heiko Hütter, DAASI International GmbH
Peter Gietz, DAASI International GmbH

DOI:10.1515/9783110459753-023

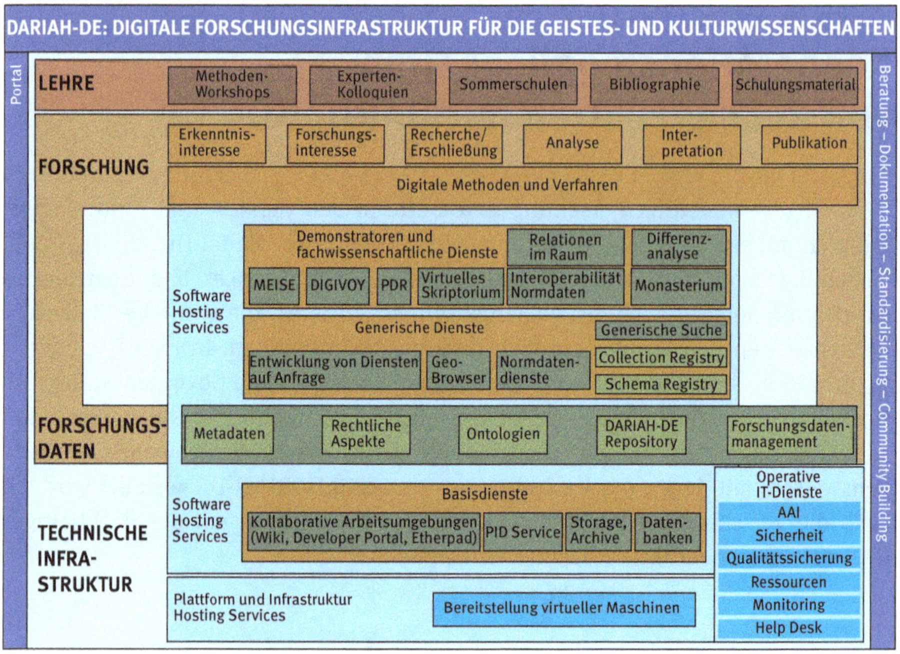

Abb. 1: Das DARIAH-DE-Diensteangebot.

wie beispielsweise Forschungs- und Hochschulrechenzentren, aufzunehmen. Im Folgenden werden das DARIAH-DE-Diensteangebot, das Governance-Modell sowie Details solcher Kooperationsmöglichkeiten beschrieben.

- Lehre: methoden- und zielgruppenspezifische Workshops, Summerschools, Schulungsmaterialien und eine Bibliographie, aber auch Materialien für die Erstellung von Curricula für DH-Studiengänge;
- Forschung einschließlich der Entwicklung von forschungsbezogenen, fachwissenschaftlichen digitalen Werkzeugen und Diensten, etwa für quantitative Datenanalyse oder Annotations- und Visualisierungsverfahren;
- Forschungsdaten und Sammlungen und deren Zurverfügungstellung;
- technische Infrastrukturkomponenten, die die Basis aller digital zur Verfügung gestellter Dienste darstellen.

Im Rahmen dieser vier Säulen wurde eine Vielzahl von produktiv nutzbaren Diensten entwickelt und zur Verfügung gestellt. So wurden eine Reihe fachwissenschaftlicher Dienste entwickelt bzw. vorhandene Software in die DARIAH-Infrastruktur integriert und über das DARIAH-DE-Portal zur Verfügung gestellt, wie z. B. der DARIAH-DE-Geo-Browser zur Raum-Zeit-Visualisierung von Daten, die Collection Registry, mit der Forschungsdaten-Sammlungen Dritter (EinzelforscherInnen, Einrichtungen, etc.) in DARIAH-DE nachgewiesen und neu registriert werden können, die Schema-Registry, mit der spezifische Metadatenstandards hinterlegt bzw. miteinander verbunden werden können, sowie die auf diese beiden Registries aufbauende generische Suche, die Suchen über heterogene Datenbestände ermöglicht. Des Weiteren wird ein Forschungsdaten-Repositorium für wissenschaftliche Sammlungen, die bisher nicht strukturiert online angeboten wurden, zur Verfügung gestellt und in die generische Suche eingebunden. Für XML-/TEI-basierte Forschungsdaten, u. a. aus der Editionswissenschaft, steht außerdem das in die technische Infrastruktur von DARIAH-DE integrierte, öffentlich zugängliche TextGrid-Repository zur Verfügung, in dem geisteswissenschaftliche Forschungsdaten langfristig archiviert, nachgenutzt sowie mit verschiedenen Werkzeugen weiter erforscht werden können. Dazu zählt neben Kollationstools und Bildverwaltungs- und Betrachtungswerkzeugen auch DIGIVOY, mit dem die Daten des TextGrid-Repository für eine Analyse in Voyant präprozessiert und mit XML-basierten Textdaten explorativ analysiert und visualisiert werden. Das TextGrid-Repository ist Teil der virtuellen Forschungsumgebung TextGrid, mit deren Software-Komponenten innerhalb des TextGrid Laboratory XML-basierte geisteswissenschaftliche Forschungsdaten kollaborativ generiert, erschlossen und publiziert werden können. Die technische Infrastruktur von DARIAH-DE umfasst neben Hosting-Services wie der Bereitstellung von virtuellen Maschinen und Speicherplatz auch operative Dienste, darunter eine Authentifizierungs- und Autorisationsinfrastruktur (AAI), Monitoring und einen Help-Desk. Ein PID-Service kann genutzt werden, um Daten mit Persistent-Identifiers dauerhaft zu referenzieren und zitierfähig zu halten. Zusätzlich stehen kollaborative Arbeitsumgebungen zur Verfügung, z. B. ein Wiki, der kollaborativ nutzbare Editor Etherpad und ein Portal für Software-Entwicklung.

Das hier skizzierte Angebot gilt es, in einen nachhaltigen Betrieb zu führen, indem das Projekt in eine nachhaltige Organisationsform überführt wird.

2 Die Entwicklung vom Projekt zur Organisation

Bereits zum Ende der ersten Projektphase von DARIAH-DE war ersichtlich, dass zumindest Teile der bis dahin aufgebauten Projektorganisation[1] in eine Organisation bzw. Aufbauorganisation überführt werden müssen. Dies hatte zwei wesentliche Gründe: Zum einen ist für ein Infrastrukturprojekt wie DARIAH-DE die Verstetigung und damit die langfristige Nutzungsperspektive für die entsprechenden EndnutzerInnen essenziell, was somit per definitionem bereits gegen ein Projekt[2]

1 Nach DIN 69901 die „Gesamtheit der Organisationseinheiten und der aufbau- und ablauforganisatorischen Regelungen zur Abwicklung eines bestimmten Projektes".

2 Definition Projekt nach dem Gabler Wirtschaftslexikon, abgerufen am 29. 03. 2016 (wirtschaftslexikon.gabler.de/Definition/projekt.html) „Begriff: **Zeitlich befristete**, relativ innovative und risikobehaftete Aufgabe von erheblicher Komplexität, die aufgrund ihrer Schwierigkeit und Bedeutung meist ein gesondertes Projektmanagement (PM) erfordert."

spricht, und zum anderen beanspruchten Tätigkeiten wie Support, Beratung und Betrieb der Infrastruktur immer größere Ressourcenanteile. Diese Tätigkeiten sind innerhalb klassischer Aufbauorganisationen, in denen sie mit den dort vorherrschenden Instrumenten bewertet, kontrolliert und gesteuert werden können, besser zu integrieren als in einer Projektorganisation, die auf Deliverables und Meilensteinerreichung ausgerichtet ist.

Ein solcher Wandel ist in klassischen Organisationen bereits hochkomplex, da er Veränderungen in den Bereichen Governance, Prozessstruktur, Technologieeinsatz, Außendarstellung und auch im Rollenverständnis aller Beteiligten verursacht. Dies geschieht unabhängig davon, ob Aufgaben von ProjektmitarbeiterInnen an LinienmitarbeiterInnen übergeben werden oder ProjektmitarbeiterInnen zu LinienmitarbeiterInnen werden sollen und ist somit eine unvermeidbare Herausforderung. Im konkreten Fall von DARIAH-DE gestaltet sich die Überführung allerdings noch schwieriger, da es sich um ein Kooperationsprojekt aus 20 beteiligten Partnerinstitutionen handelt.[3]

Als besonders vorteilhaft bei der Gestaltung dieses Wandels hat sich die strukturierte Projektorganisation von DARIAH-DE herausgestellt, die in der zweiten Förderphase etabliert wurde. Es wurden Cluster eingeführt, die die Vorhaben in DARIAH-DE nach Forschungsfragen und -themen gruppierten. Auf derselben Ebene waren die Konsortialleitung und AGs (mit Querschnittaufgaben über verschiedene Cluster hinweg) und auch Stakeholdergremien angesiedelt. Jede dieser Organisationseinheiten entsandte eine(n) VertreterIn in das sogenannte Exekutivkomitee, das höchste Entscheidungsgremium in DARIAH-DE, das die gesamte Projektsteuerung verantwortete. Ziel dieses Aufbaus war es, ein kleines, entscheidungsfähiges Gremium zu bilden, das auf Grund dieser Struktur von fachlicher Expertise aus allen Bereichen von DARIAH-DE geprägt war. Um gleichzeitig alle Partnerorganisationen in einem Projekt dieser Größenordnung auf dem Laufenden zu halten und eine Plattform zu bieten, um Entscheidungen zu diskutieren und zu beeinflussen, wurde zudem das Steuerungsgremium geschaffen, in das jeder Konsortialpartner von DARIAH-DE eine(n) VertreterIn entsendete (s. Abb. 2).

Ausgehend von dieser Struktur konnten dann die Veränderungsprozesse in den oben genannten Bereichen gezielt angegangen werden und fanden letztlich ihre Verschränkung im Exekutiv-Komitee. Bei der Konzeption von DARIAH-DE II war noch angedacht, dass die technische Nachhaltigkeit sinnvollerweise in einem eigenen Kontext diskutiert werden sollte, dem damals konzipierten Cluster 3. Es stellte sich jedoch sehr früh heraus, dass die von DARIAH-DE der Community zur Verfügung gestellten Leistungen so verschränkt mit den fachwissenschaftlichen Anforderungen und eingesetzten Methoden sind, dass eine grundlegende Trennung nur bedingt sinnvoll war. Darauf wurde mit der Einsetzung einer Taskforce reagiert, in

3 Stand DARIAH-DE II (Februar 2014 bis einschließlich Februar 2017).

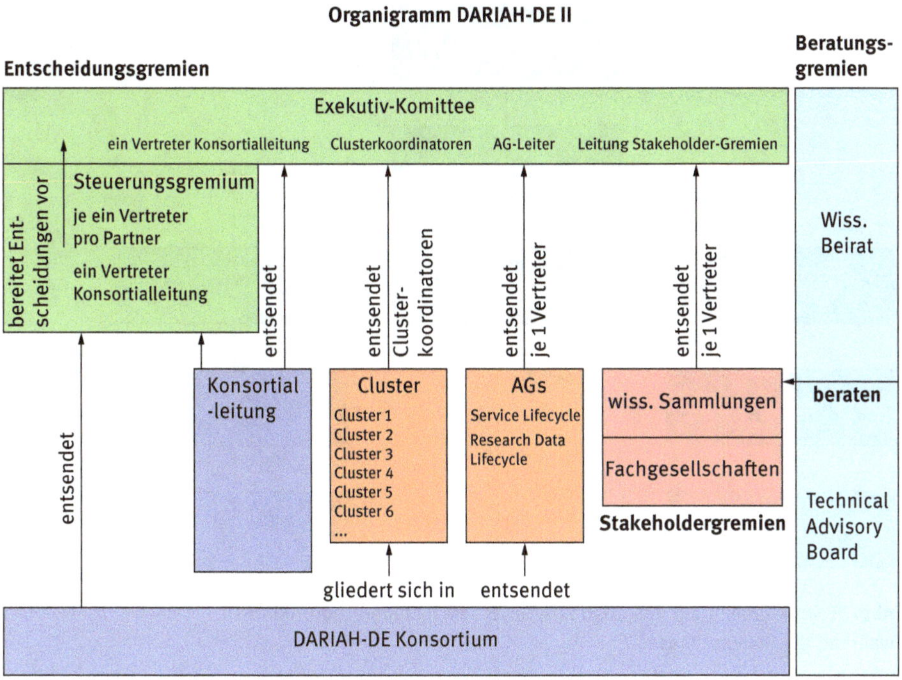

Abb. 2: Projektorganisation DARIAH-DE II.

der sowohl Cluster 3 als auch die Konsortialleitung Entscheidungsvorbereitungen bezüglich der Gesamtnachhaltigkeit von DARIAH-DE schufen, die wiederum vom Exekutiv-Komitee abgenommen wurden. So konnten effektiv und effizient in kleiner Runde triviale Schlussfolgerungen bereits vorsortiert bzw. unsinnige Handlungsoptionen eliminiert werden und durch entsprechende Vorbereitung letztlich in einem durch das Konsortium getragenen Gremium Entscheidungen getroffen werden.

Das geschaffene Nachhaltigkeitskonzept für DARIAH-DE sieht ganz konkret in seiner Umsetzung in der anstehenden Phase, der sogenannten Operational-Phase (März 2016 bis einschließlich Februar 2019), unter anderem die Gründung von DARIAH-DE als Rechtsform vor, die Etablierung eines stabilen Finanzierungskonzepts, die Gründung eines DARIAH-DE-*Coordination-Office* inklusive der DARIAH-DE-*eHumanities Infrastructure Service Unit* (DeISU) sowie die Etablierung einer umfassenden Governance-Struktur, die weiterhin den föderativen und community-basierten Aufbau von DARIAH-DE erlaubt und fördert.

Das DARIAH-DE-Coordination-Office wird auf Basis der Anforderungen von Forschungsprojekten und -verbänden, Universitäten, Forschungseinrichtungen und Communities den forschungsbezogenen Betrieb und den weiteren Ausbau umsetzen. Die DeISU als Bestandteil des Coordination-Office wird die dazu notwendigen technischen Komponenten der Infrastruktur in Zusammenarbeit mit den betei-

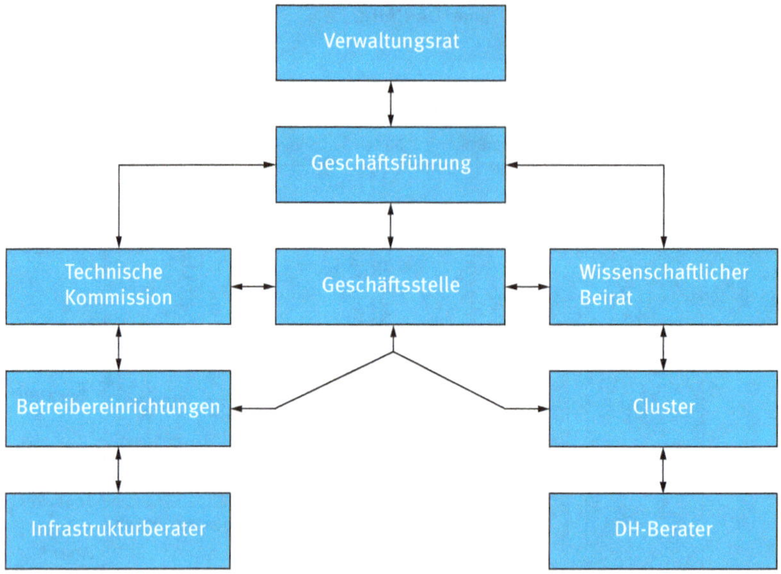

Abb. 3: Struktursicht auf das abstrakte Governance-Modell von DARIAH-DE während der Konzeptphase.

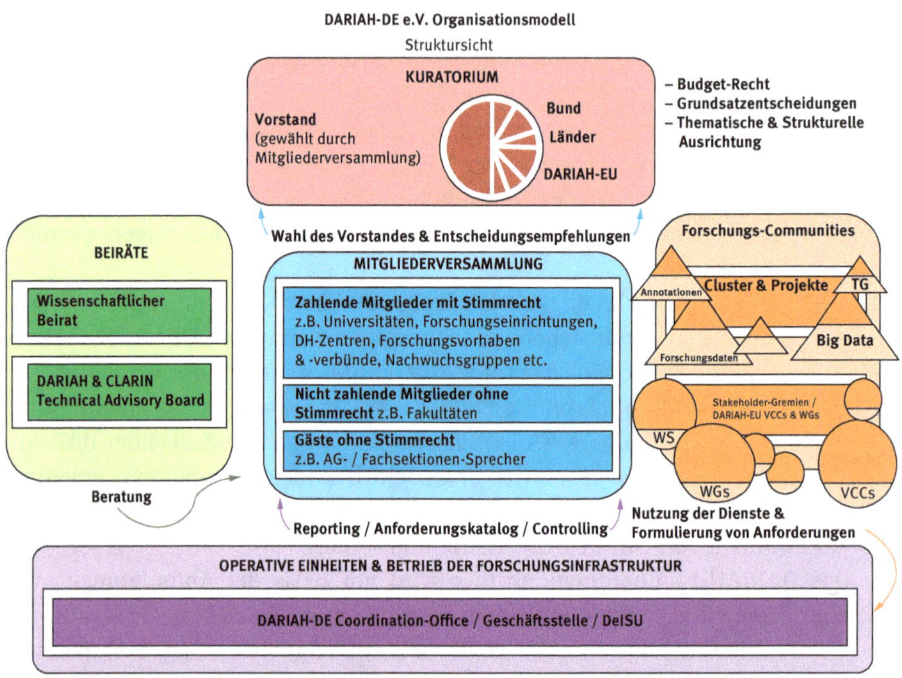

Abb. 4: Instanziierung des Governance-Modells am Beispiel eines eingetragenen Vereins.

ligten Rechenzentren und weiteren Dienstleistern schaffen, diese an ForscherInnen und Forschungsvorhaben vermitteln und eine Vielzahl an Werkzeugen und Diensten als DARIAH-DE-Services zur Verfügung stellen.

Es hat sich während der Konzeptionsphase bewährt, Modelle nicht zu früh zu konkretisieren und – wo sinnvoll möglich – abstrakt zu halten. Ein gutes Beispiel hierfür liefert das Konzept zum Governance-Modell für DARIAH-DE. Hier wurde bereits lange vor Festlegung der konkreten Rechtsform über notwendige Organisationseinheiten und ihre Beziehung zueinander diskutiert und entschieden, bevor die konkrete Rechtsform festgelegt werden konnte. Dieses Vorgehen verursachte zwar notwendige Nacharbeiten bei der Konkretisierung des Modells, verhinderte aber unabsehbar lange Verzögerungen bei der späteren Umsetzung (s. Abb. 3 und 4).

Ein weiterer Vorteil der Abstraktion war, dass parallel in verschiedenen Kontexten bzw. Gruppen an den notwendigen Veränderungen aus den Bereichen Governance, Prozessstruktur, Technologieeinsatz, Außendarstellung und dem Rollenverständnis gearbeitet werden konnte. Beispielsweise beschäftigte sich in DARIAH-DE die AG SLC (AG Service-Life-Cycle) mit notwendigen Prozessen zur Übernahme von Services aus der Community in die DARIAH-DE-Infrastruktur, bevor die DeISU durch ihre Gründung dazu befähigt wurde oder das Governance-Modell vollständig ausgearbeitet war.

3 Kooperationsmöglichkeiten mit DARIAH-DE

Um das große, komplexe und in Art und Umfang sehr heterogene Serviceangebot[4] von DARIAH-DE einer konstant wachsenden Community zur Verfügung zu stellen, vertraut DARIAH-DE starken Rechenzentrumspartnern, die diese Services gemeinschaftlich erbringen. Aktuell sind dies das *Jülich Supercomputing Centre* (FZJ), das Karlsruher *Institut für Technologie* (KIT), die *Max Planck Computing and Data Facility* (MPCDF) und die *Gesellschaft für wissenschaftliche Datenverarbeitung Göttingen* (GWDG). Bislang wurde die Servicebereitstellung im Kontext des Forschungsprojektvertrags geleistet, was in der kommenden Phase durch das DeISU-Modell abgelöst wird und durch das auch die flexible Integration weiterer Rechenzentrumspartner ermöglicht wird.

Für die Kooperation eines Rechenzentrums mit DARIAH-DE gibt es drei verschiedene Varianten, die eine unterschiedlich starke Verschränkung mit DARIAH-DE bedeuten:

- Kooperation über InfrastrukturberaterInnen;
- Kooperation durch die Bereitstellung von Basisdiensten und Ressourcen;
- Kooperation durch den Betrieb von höherwertigen fachwissenschaftlichen Services.

4 Aktuell gibt es ca. 50 unterschiedliche Serviceangebote bzw. Configuration-Items (CI).

3.1 Kooperation über InfrastrukturberaterInnen

Ein Rechenzentrum hat die Möglichkeit, InfrastrukturberaterInnen zu benennen. Diese dienen in der eigenen Institution (Hochschule, Forschungseinrichtung, ...) als erste AnsprechpartnerInnen zum Angebot von DARIAH-DE. Für diese Aufgabe hält DARIAH-DE Informationsmaterial und einen Zugang zum Help-Desk-System bereit, um schnell und unkompliziert Anfragen weiterleiten zu können. Auf diese Weise kann bereits im Rechenzentrum selbst geprüft werden, welche Anforderungen durch den Kunden selbst gut abgedeckt werden können und wo das eigene Serviceangebot mit Hilfe von DARIAH-DE erweitert werden kann.

3.2 Kooperation durch die Bereitstellung von Basisdiensten und Ressourcen

DARIAH-DE benötigt zum Betrieb der Infrastruktur eine ganze Reihe von Basisdiensten und Ressourcen. Diese reichen von der Bereitstellung von Storage und

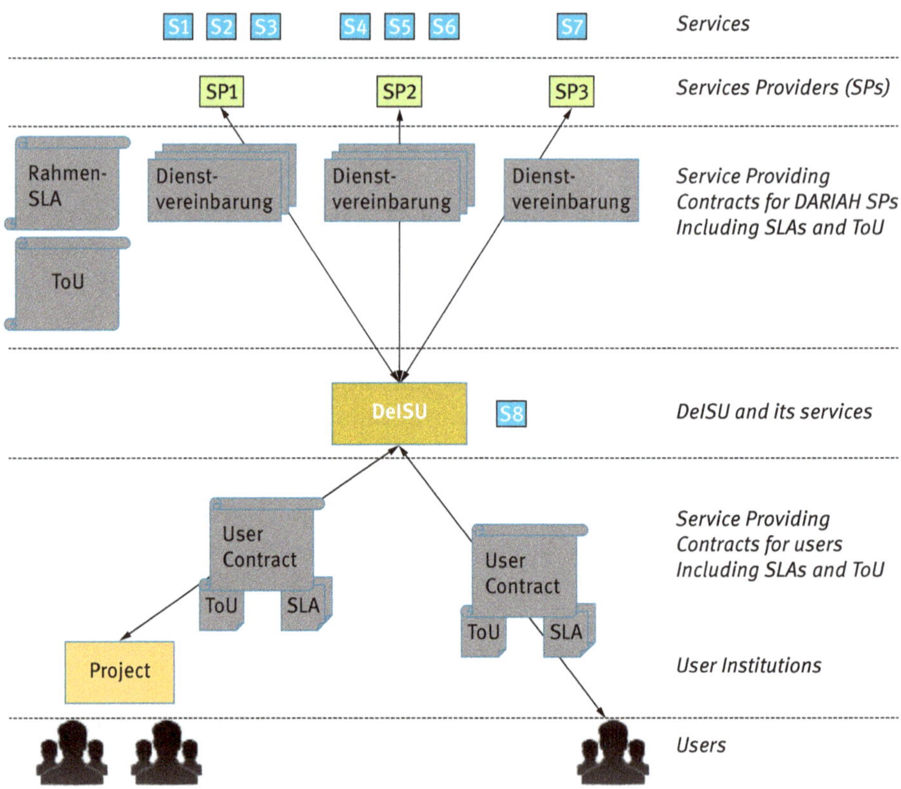

Abb. 5: Das DeISU-Vertragsmodell.

virtuellen Maschinen bis hin zum Betrieb von Datenbanken. Im DeISU-Modell wird pro Serviceart ein Dienstbereitstellungsvertrag mit dem anbietenden Rechenzentrum geschlossen. Dieser enthält sowohl die DARIAH-DE *Terms of Use*, die gemeinschaftlich von den beteiligten Rechenzentrumspartnern abgestimmt wurden, sowie sogenannte Rahmen-SLA (Service-Level-Agreement). Letztere sollen insbesondere für eine im Betrieb möglichst homogene Infrastruktur sorgen, trotz der unterschiedlichen Betreiber für die einzelnen Services. So sind in den Rahmen-SLA beispielsweise Wartungsfenster festgelegt. Trotz des Einschlusses der Rahmen-SLA kann im Bedarfsfall im einzelnen Dienstbereitstellungsvertrag eine Abweichung festgelegt werden, um nötigenfalls auch den Anforderungen des Service-Providers oder eines speziellen Services Rechnung tragen zu können. Die Bereitstellung des Services wird finanziell vollständig kompensiert. Um die Vermittlung der Services zur Community kümmert sich die DeISU bzw. das DARIAH-DE-Coordination-Office (s. Abb. 5).

3.3 Kooperation durch den Betrieb von höherwertigen fachwissenschaftlichen Services

Sehr häufig werden in DH-Forschungsprojekten Services entwickelt, die für einen Großteil der Community zur Nachnutzung interessant sind. DARIAH-DE versucht für solche interessanten Services einen nachhaltigen Betrieb zu ermöglichen und arbeitet hierbei sowohl mit Rechenzentren als auch möglichst frühzeitig mit den Forschungsprojekten selbst zusammen. Jeder Service, der potenziell in DARIAH-DE für einen nachhaltigen Betrieb aufgenommen werden soll, durchläuft den DARIAH-DE-Service-Life-Cycle.[5]

Dieser sieht fünf Phasen bzw. Statuszustände vor, in denen sich ein Service aus der Perspektive von DARIAH-DE befindet. Soll ein neuer Service in die DARIAH-

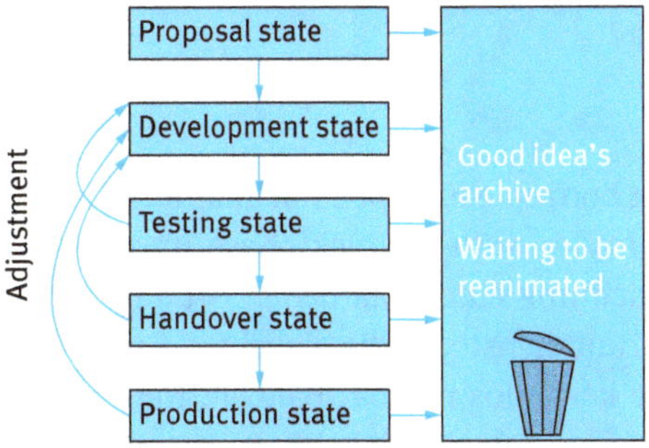

Abb. 6: Der Service-Life-Cycle von DARIAH-DE.

5 de.dariah.eu/dariah-de-mentoring.

DE-Infrastruktur integriert werden, stellt DARIAH-DE zwei Mentoren – einen für die technische und einen für die fachwissenschaftliche Perspektive – zur Verfügung, die den Prozess der Aufnahme des Services in DARIAH-DE begleiten. Für jeden Übergang in einen neuen Status sind von DARIAH-DE und insbesondere auch von den beteiligten Rechenzentren in DARIAH-DE Kriterien definiert worden, die den Übergang in den nächsten Status ermöglichen. Auf diese Weise kann gewährleistet werden, dass beim Übergang in den Production-State der Service einen Reifegrad erreicht hat, dass er durch ein Rechenzentrum für den nachhaltigen Betrieb übernommen werden kann. Zusätzlich versucht DARIAH-DE möglichst frühzeitig, zwischen Service und potenziellem Service-Provider bzw. Rechenzentrum den Kontakt herzustellen (im Optimalfall bereits in der Projektantragsphase), um den nachhaltigen Betrieb nach Projektende so reibungslos wie möglich fortführen zu können (s. Abb. 6).

4 Ausstieg aus DARIAH-DE und Möglichkeiten hierzu

Wenn ein Rechenzentrum sich als DARIAH-Service-Provider in das Angebot der DeISU integriert hat, sollte es sich verpflichten, wenigstens einen gewissen Zeitraum als Provider zur Verfügung zu stehen. Um aber auch hier eine Flexibilität zu gewährleisten, ist im Rahmen-SLA bereits festgelegt, dass ein Dienstleister jährlich aus den Verträgen zurücktreten kann, nach Vertragsende aber noch bis zu einem Jahr eine Übergabe an ein neues Rechenzentrum ermöglichen muss. So wird zum einen gewährleistet, dass Rechenzentren sich nicht unbegrenzt als Dienstleister zur Verfügung stellen müssen, zum anderen aber auch, dass der Betrieb für GeisteswissenschaftlerInnen kontinuierlich erhalten bleibt.

5 Ausblick

Im Rahmen von DARIAH-DE II wurden die Konzepte für einen nachhaltigen Betrieb der Infrastruktur entwickelt, die es gilt, in der dritten Projektphase umzusetzen. Der kritischste Faktor ist hierbei die Einrichtung einer staatlichen Grundfinanzierung, die es ermöglichen wird, dass die Grunddienste für die einzelnen Geisteswissenschaftler und für kleinere DH-Projekte kostenlos nutzbar bleiben. Neben einer solchen angestrebten Grundfinanzierung, an der sich idealerweise sowohl der Bund als auch interessierte Länder beteiligen werden, wird es auch Eigenleistungen der beteiligten DARIAH-Partner geben. Außerdem werden die Kosten mancher Spezialdienste, etwa individuelle Beratung zu Datenmodellierung oder überdurchschnittlich hohe Ressourcenanforderungen von DH-Projekten, selbst zu tragen sein. Genau in einem solchen Finanzierungsmix liegt die Chance, einen zuverlässigen und nachhaltigen Betrieb zu erreichen. Die erstellten Modelle werden sich im Realbetrieb als funktional erweisen müssen. Sicherlich müssen sie entsprechend überprüft und den Gegebenheiten angepasst werden. Wenn es die Bereitschaft gibt, solche Anpassungen flexibel und dynamisch durchzuführen, können sich diese Konzepte als Erfolgsmodelle herausstellen, die auch in ähnlichen Problemfeldern genutzt werden können. Die hier skizzierten Governance-Strukturen gewährleisten, dass solche Überprüfungen und Anpassungen regelmäßig vorgenommen werden können.

Literatur

Publications Office of the European Union. 2011. *ESFRI 2011*. Strategy Report on Research Infrastructures – Roadmap 2010, Luxembourg. [online] ec.europa.eu/research/infrastructures/pdf/esfri-strategy_report_and_roadmap.pdf [06. 04. 2016].

Wilfried Grieger und Paul Suren

Kooperationen mit der GWDG

Die GWDG nutzt als gemeinnützige GmbH ein Vollkostenrechnungssystem, das es erlaubt, die Kosten einer angebotenen Dienstleistung im Bereich eines wissenschaftlichen Rechenzentrums möglichst genau zu bestimmen. Durch diese Kostentransparenz werden nicht nur Projekte oder Kooperationen mit anderen wissenschaftlichen Einrichtungen prinzipiell ermöglicht, sondern auch mit Institutionen außerhalb dieses Bereichs. Innerhalb der beiden Gesellschafter der GWDG, nämlich der Max-Planck-Gesellschaft und der Universität Göttingen, werden die Dienstleistungen mit Hilfe eines Kontingentierungssystems auf die beteiligten Institute verteilt.

1 Einleitung

Die Gesellschaft für wissenschaftliche Datenverarbeitung mbH Göttingen, abgekürzt GWDG, ist eine gemeinsame Einrichtung der Georg-August-Universität Göttingen – Stiftung Öffentlichen Rechts und der Max-Planck-Gesellschaft zur Förderung der Wissenschaften e. V. Sie erfüllt die Funktion eines Rechen- und IT-Kompetenzzentrums für die Max-Planck-Gesellschaft und des Hochschulrechenzentrums für die Universität Göttingen. Ihre wissenschaftlichen Forschungsaufgaben liegen im Bereich der Angewandten Informatik. Hierzu leitet der Geschäftsführer parallel eine Forschungsgruppe für Praktische und Angewandte Informatik, die ihrerseits mit wissenschaftlichem Personal ausgestattet ist. Ferner fördert sie die Ausbildung von Fachkräften für Informationstechnologie.

Laut Gesellschaftervertrag verfolgt die „Gesellschaft für wissenschaftliche Datenverarbeitung mbH Göttingen [...] den Zweck, im Dienste der Wissenschaft Probleme mit Hilfe von Rechenanlagen zu lösen, wissenschaftliche Forschung im Bereich der Informatik zu betreiben und die Ausbildung von Fachkräften für Rechenanlagen zu fördern."

Sie fördert Wissenschaft und Forschung, indem sie

- „ein DV-Versorgungssystem für Forschungseinrichtungen und Universitäten betreibt,
- bei der wissenschaftlichen Gestaltung der IT/TK-Technologie für Forschungsprojekte und universitäre Lehre mitwirkt,
- für Forschungseinrichtungen und Universitäten als Forschungsförderungseinrichtung Leistungen erbringt,

Wilfried Grieger, Gesellschaft für wissenschaftliche Datenverarbeitung mbH
Paul Suren, Gesellschaft für wissenschaftliche Datenverarbeitung mbH

DOI:10.1515/9783110459753-024

- wissenschaftliche Anwender bei der Lösung von Problemen im Bereich der Informations- und Kommunikationstechnologie berät und bei der Umsetzung der Problemlösungen mitwirkt,
- wissenschaftliche und Anwender von Informations- und Kommunikationstechnologie aus- und weiterbildet,
- eigene Forschung auf dem Gebiet der Praktischen und Angewandten Informatik, insbesondere zur Methodik des Rechnereinsatzes, für die Lösung wissenschaftlicher Fragen betreibt. Das gesamte von ihr betreute DV-Versorgungssystem ist dabei Objekt der Untersuchung.“

Die GWDG wurde im Jahr 1970 gegründet, um die gemeinsamen IT-Kompetenzen und insbesondere die finanziellen Mittel der fünf Max-Planck-Institute im Göttinger Raum und der Universität Göttingen zu bündeln und Synergien zu nutzen. Als Rechtsform wurde die gemeinnützige GmbH gewählt. Da sich dieses System im Laufe der Jahre bewährt hatte, wurden Anfang der 1990er Jahre die Aufgaben der GWDG auch auf die gesamte Max-Planck-Gesellschaft ausgedehnt.

Als gemeinnützige GmbH hat die GWDG vielfältige Möglichkeiten, auch Kooperationen außerhalb der Universität oder sogar außerhalb des allgemeinen Wissenschaftsbetriebs im Rahmen ihres Gesellschaftsvertrags einzugehen. Entscheidend dafür ist insbesondere die Kostentransparenz, die durch eine klassische Vollkostenrechnung erzielt wird.

Auf den folgenden Seiten soll dieses System im Zusammenspiel mit den Entscheidungsgremien und den Kooperationen vorgestellt werden.

2 Entscheidungsgremien

Neben der Geschäftsführung und den Leitern der Arbeitsgruppen verfügt die GWDG über eine Gesellschafterversammlung und einen Aufsichtsrat, die die Berichte der Geschäftsführung über die Geschäftslage entgegennehmen, kommentieren und Entscheidungen zur Haushaltslage treffen. Beide Gremien tagen in der Regel gemäß einer Geschäftsordnung zweimal im Jahr. Beschlüsse werden auf Grundlage der Geschäftsordnung und des Gesellschaftsvertrags gefasst. Die Sitzungen werden von der Geschäftsführung vorbereitet. Da die beiden Gesellschafter die GWDG jeweils zur Hälfte finanzieren, achtet jeder Gesellschafter auch besonders darauf, dass die von den Instituten der Gesellschafter entgegengenommenen Leistungen auch möglichst in etwa dem Wert der jeweiligen Finanzierung entspricht.

Genaueres zur Struktur der GWDG findet man unter dem folgenden URL: www.gwdg.de/de/web/guest/ueber-uns/organisation.

Es gibt natürlich immer wieder Phasen, in denen ein Gesellschafter mehr Leistung abnimmt als ihm nach der Finanzierung zustehen würde. In diesem Fall muss von der Geschäftsführung dem Trend entgegengesteuert werden. Solche Phasen sind in der Regel nicht vorhersehbar, daher ist es erforderlich, möglichst schnell auf Trends reagieren zu können. Zurzeit liegt die Universität Göttingen in der Leistungsabnahme etwas vor der Max-Planck-Gesellschaft. Daher wird jetzt versucht, die Max-Planck-Institute dazu zu bewegen, zusätzliche Dienste von der GWDG abzunehmen. Dazu werden ausgewählte Max-Planck-Institute besucht, um mit ihnen gesonderte Projekte zu vereinbaren.

Die Gegensteuerung wird mit Hilfe eines Kontingentierungssystems erreicht, in dem die entgegengenommenen Leistungen in einer fiktiven Währungseinheit, nämlich der Arbeitseinheit (AE), bewertet werden. Die Bewertung stammt aus der Vollkostenrechnung, die es erlaubt, dem erbrachten Dienst auch seine Kosten zuzuordnen. Die Bewertung des Dienstes erfolgt dann in der Regel proportional zu seinen Kosten. Das gesamte Kontingentierungssystem soll allerdings in erster Linie dazu dienen, die vorhandenen Ressourcen möglichst gerecht auf die Institute zu verteilen.

Jeder Dienst kann aus dem Dienstleistungskatalog der GWDG entnommen werden: www.gwdg.de/de/web/guest/ueber-uns/leistungskatalog/leistungen-der-gwdg.

Statt der fiktiven Währungseinheit AE hätte auch gleich die aktuelle Währungseinheit EUR verwendet werden können. Allerdings hat das bisher regelmäßig zu Missverständnissen geführt, nämlich genau dann, wenn eine Dienstleistung von den Gesellschaftern bereits finanziert ist, die nutzenden Institute jedoch noch Aufstellungen über verbrauchte Ressourcen erhalten.

Das vollständige Kontingentierungssystem ist unter dem folgenden URL nachzulesen: www.gwdg.de/de/web/guest/ueber-uns/leistungskatalog/kontingentierungsrichtlinien.

Die aus der Nutzung der Dienstleistungen abgeleiteten Statistiken und der Verbrauch von Arbeitseinheiten, werden regelmäßig den Gremien zur Begutachtung vorgelegt. Daraus werden dann entsprechende Maßnahmen abgeleitet.

Vorschläge und Anregungen für neue Dienste stammen zwar auch aus dem Aufsichtsrat und der Gesellschafterversammlung, aber hauptsächlich aus der Nutzervertretung, die, wie der Name schon sagt, die Nutzerschaft gegenüber der GWDG vertritt. Die Nutzervertretung tagt ebenfalls zweimal im Jahr. Auf den Sitzungen werden alle Neuerungen, Vorschläge und Anregungen ausführlich diskutiert, verworfen oder auch realisiert.

Über eine mittelfristige Finanzplanung werden schon grobe Planungen frühzeitig in die Gremien eingebracht. Die Feinplanung erfolgt dann in der Regel vor Beginn des neuen Haushaltsjahres.

3 Kostenrechnungssystem

Zur Ermittlung der Kosten führt die GWDG eine klassische Vollkostenrechnung mit Kostenarten, Kostenstellen und Kostenträgern durch.

Das Ziel der Kostenrechnung der GWDG ist die verursachungsgerechte Verteilung aller Kosten auf die Kostenträger und deren Aufteilung auf die Institute (Nutzer).

Zu den Kostenarten gehören u. a. die Personalkosten, Sachkosten wie Verbrauchsmaterial und Gebäudekosten und die Abschreibungen.

Die Kostenstellen werden gebildet von den Arbeitsgruppen und weiteren Hilfskostenstellen (Gebäudebewirtschaftung, technische Infrastruktur, Forschung, Ausbildung, usw.) sowie eine interne Leistungsverrechnung. Eine entscheidende Kostenstelle ist der „Gewerbebetrieb", in dem alle diejenigen Kosten abgebildet werden, die nicht als gemeinnützig anerkannt werden können. Da der Gewerbebetrieb kein Personal enthält, muss dieses bei Bedarf aus den anderen Kostenstellen, insbesondere den Arbeitsgruppen, entliehen werden. Hierüber lassen sich dann auch Kooperationen abbilden, die keine Projekte sind.

Die Kostenträger sind alle Dienste aus dem Dienstleistungskatalog der GWDG (www.gwdg.de/de/web/guest/ueber-uns/leistungskatalog/leistungen-der-gwdg):

- Kosten aus Bestellungen (Hardware, Software, Dienstleistungen, ...) werden den Kostenarten, Kostenstellen und Kostenträgern zugeordnet.
- Personelle Kosten werden Kostenstellen und Kostenträgern zugeordnet.
- Gemeinkosten (z. B. Miete, Wasser, Strom) werden nach Schlüsseln (falls möglich direkt) auf Kostenstellen und Kostenträger aufgeteilt.

Das Kostenrechnungssystem der GWDG ist ausführlicher beschrieben im folgenden GWDG-Bericht: D. Wall (Hrsg.), *Kostenrechnung im wissenschaftlichen Rechenzentrum – Das Göttinger Modell*, GWDG-Bericht Nr. 43, Göttingen 1996.

Danach hat auch der Arbeitskreis „Kosten- und Leistungsrechnung" des ZKI sich dieses Themas angenommen. Alle diesbezüglichen Ergebnisse lassen sich unter dem folgenden URL finden: www.zki.de/arbeitskreise/aufgeloeste-ak/protokolle-und-veroeffentlichungen-des-ak-kosten-und-leistungsrechnung/.

4 Bewertung der Dienstleistungen und Aufteilung der Kosten auf die Institute

Grundsätzlich werden zwei Arten von Dienstleistungen unterschieden: die personellen Dienste und die maschinellen Leistungen.

Personelle Dienste werden grundsätzlich mit 4 AE pro Stunde Arbeitszeit bewertet.

Bei den maschinellen Leistungen werden die aus der Kostenrechnung ermittelten Gesamtkosten eines Dienstes in einem Betrachtungszeitraum auf den gesamten „Verbrauch" (z. B. gesamte genutzte CPU-Zeit, gesamter genutzter Plattenplatz) im gleichen Betrachtungszeitraum umgerechnet. Da sich die Kosten in EUR und die

Bewertung in AE lediglich um einen festen Proportionalitätsfaktor unterscheiden, können die Kosten auch in AE umgerechnet werden.

Bei den personellen Diensten werden die Kosten (in AE) proportional zur aufgewendeten Arbeitszeit auf die Institute verteilt. Dazu erfassen die Beschäftigten ihre Arbeitszeit und verteilen sie auf Dienstleistungen (Kostenträger) und Institute.

Bei den maschinellen Leistungen werden die Kosten (in AE) nach „Verbrauch" (z. B. CPU-Zeit, Plattenplatz) oder anderen Schlüsseln (z. B. Pauschbetrag für die Nutzung des Internet-Zugangs) auf Kostenträger und Institute verteilt (maschinelles Accounting).

5 Kooperationen

Da nun aus der Kostenrechnung die Kosten für jede von der GWDG angebotene Dienstleistung (auch in EUR) bekannt sind, können auch bei jeglichen Kooperationen mit anderen Einrichtungen (im erlaubten Rahmen des Gesellschaftsvertrags) die dadurch für die GWDG entstehenden Kosten zumindest abgeschätzt werden.

Kooperationen lassen sich damit genauso in das Kostenrechnungssystem einfügen und wie reguläre Dienstleistungen abrechnen.

Markus von der Heyde

Replikations- und Diversifikationsmodelle für IT-Governance in Hochschulverbünden

Ausgehend von der Definition und Reife der eigenen IT-Governance einer Hochschule kann die IT-Governance für IT-Verbünde von mehreren Hochschulen abgeleitet werden. Dieses Vorgehensmodell folgt den Vorschlägen von Weill und Ross, das für die IT-Versorgung innerhalb der Hochschulen eine hohe Synergie durch eine Replikation von Lösungen nahelegt, aber zwischen den Hochschulen für ein Shared-Service-Modell größere Synergieeffekte vermuten lässt. Abschließend werden Fragen, die auf der Ebene der Hochschulleitungen, der CIOs und der operativ Verantwortlichen zu beantworten sind, gesammelt. Diese Fragen machen den Reifegrad der eigenen Institution deutlich und legen in der positiven Beantwortung ein gutes Fundament für eine Governance von IT-Verbünden für Hochschulen.

1 Die Ausgangslage

Neben Kosten und politischen Gründen führt primär die Industrialisierung der IT zur Notwendigkeit einer engeren Zusammenarbeit der Hochschulen in der Erbringung von IT-Services für ihre Mitglieder (Heyde 2009; Görl et al. 2011; Heyde 2014). Hochschulen sind aber häufig nicht mit wirksamen Steuerungsmechanismen vertraut, wie eine empirische Studie von Breiter und von der Heyde belegt (Heyde 2015). Dennoch besteht dringender Bedarf, die IT-Versorgung zwischen Hochschulen zu steuern (Bröcker et al. 2010; HRK 2012; Heyde 2014).

Diese Steuerung ist insbesondere notwendig, damit Grundservices mit minimalem Aufwand bei maximaler Sicherheit (hauptsächlich Verfügbarkeit und Vertraulichkeit) und Funktionalität laufen. Eine potenziell erfolgreiche Strategie zur Verhinderung von Kooperationen könnte andererseits sein, kontinuierlich neue Nebenschauplätze zu eröffnen. Zum Beispiel passiert dies dort, wo pragmatische Teillösungen abgelehnt und erste wirksame Schritte verhindert werden. Eine emotionale Begründung dafür ist wiederum, dass jede Vereinheitlichung ein Verlust von lokaler (Vor-)Macht und Individualität bedeutet.

IT kann aber besonders gut automatisieren und vereinheitlichen. Daher sollte der Einsatz von IT besonders dort gut funktionieren, wo die Möglichkeiten von IT besonders stark sind. Ultimatives Ziel ist deshalb die Definition einer funktionierenden IT-Governance-Struktur für einen IT-Verband mehrerer Hochschulen.

Markus von der Heyde, vdH-IT

DOI:10.1515/9783110459753-025

2 Die Grundidee

In der Literatur sind die IT-Governance-Modelle von Not-for-Profit-Organisationen von Weill und Ross (2004) untersucht und klassifiziert worden. Die Übertragung auf die Hochschullandschaft in Deutschland erscheint nach den in Ross, Weill und Robertson (2006) definierten Grundsätzen für die Gestaltung des operativen Modells der Zusammenarbeit wie folgt anwendbar:

- Für ein Kooperationsmodell innerhalb einer Hochschule, also auf der Ebene der Fakultäten, kann ein Replikationsmodell die höchste Autonomie bei gleichzeitiger Nutzung der möglichen Synergien umsetzen.
- Auch zwischen mehreren Hochschulen kann das Replikationsmodell wirksam eingesetzt werden.
- Wenn keine Fächerzusammenhänge bestehen (Beispiel der Zusammenarbeit einer Kunsthochschule mit einer Technischen Universität), dann kann wenigstens ein Diversifikationsmodell die Grundsätze für eine Governance und damit für eine Zusammenarbeit legen.

Die Charakteristik eines Replikationsmodells ist ein hoher Grad an Standardisierung, da relativ ähnliche Einheiten (z. B. Fakultäten) zwar autonom agieren, aber ähnliche (sich wiederholende) „Geschäftsprozesse" betreiben (Einschreibung, Lehre, Prüfungen, Zeugnisse usw.). Die zentralen Verwaltungseinheiten betreiben demgegenüber bereits eine Standardisierung auf technischer (z. B. eine Datenbank für alle Prüfungsleistungen) oder organisatorischer Ebene (ein Prüfungsamt mit Satelliten in den Fakultäten).

Demgegenüber ist das Diversifikationsmodell mit einem geringen Standardisierungsgrad zur Kopplung zwischen Hochschulen geeignet. Nur wenige Geschäftsprozesse (z. B. eine landesübergreifendende Chipkarte oder Zertifikate im deutschen Forschungsnetz) sind übergreifend definiert und führen zu besonderen Synergien. Zwischen den Hochschulen werden also Shared-Services eine wichtige Rolle einnehmen, müssen aber zum Abbau doppelter Strukturen innerhalb der Hochschulen führen, da ansonsten die Synergiegewinne nicht stattfinden.

In beiden Modellen ist in Abgrenzung zum Koordinierungs- und zum Unifikationsmodell ein geringer Grad der Geschäftsprozessintegration festzustellen (siehe Ross, Weill und Robertson 2006: 29, Abb. 2-1; Weill und Ross 2009: 35, Abb. 2-1). Nach dem Vorgehensmodell von Weill und Ross folgt nach der Definition des operativen Modells der Entwurf eines korrespondierenden Architekturmodells. Die Organisation durchläuft dann verschiedene Phasen mit aufbauenden Reifegraden (Business-Silos → standardisierte Technologien → optimierter Kern → Modularität der Geschäftsprozesse). Diese Wandlungsprozesse auf Hochschulen und IT-Verbünde von Hochschulen zu übertragen, kann Gegenstand weiterer Untersuchungen sein und führt an dieser Stelle zu weit.

3 Die Realität

Was bedeutet die Anwendung der Modelle konkret? Überträgt man zunächst das „IT-Engagement-Modell" von Ross, Weill und Robertson (2006: 120, Abb. 6-1) auf eine Hochschule, so entsteht die Sicht aus Abb. 1.

Ergänzt man dann die Hauptaufgabe der Governance in der Koordination innerhalb einer Hochschule und zwischen mehreren Hochschulen, so ergibt sich eine in der Struktur sehr ähnliche Darstellung (s. Abb. 2). Die Ebene der Projekte heißt nun Hochschule und die Geschäftsebene ist eine neue Organisationsform der Zusammenarbeit.

In der konkreten Ausformung dieser übergeordneten Organisation sind viele rechtliche Konstrukte (GmbH, Stiftung, Genossenschaft, Zweckverband, Verein usw.) denkbar, die auch in anderen Aufsätzen dieses Bandes beschrieben und untersucht werden.

Eine plausible, systematische Herangehensweise zur Auswahl einer geeigneten Organisationsform fehlt bislang. Eine Übersicht der Vor- und Nachteile kann aus Abb. 3 gewonnen werden. Hier sind entlang zentraler Fragen die bisher bestehenden Beispiele und eine subjektive Einschätzung der Machbarkeit als Matrix dargestellt. Die Sichtweise erhebt dabei keinen Anspruch auf alleinige Gültigkeit, sondern soll nur die aktuell in Deutschland viel diskutierten Beispiele und Formen überblicksartig zusammenstellen.

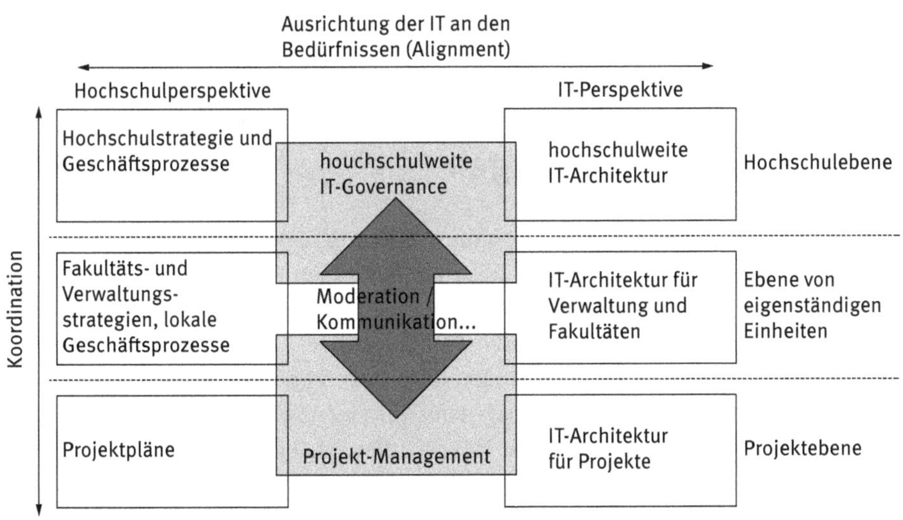

Abb. 1: Die IT-Governance innerhalb einer Hochschule kann im Sinne des Engagement-Modells von Ross, Weill und Robertson (2006) dargestellt werden. Der Ausgleich innerhalb einer Institution zwischen inhaltlich stark entkoppelten Ebenen und ggf. übergreifend agierenden Projekten kann nur durch eine geeignete Moderation und Kommunikation erzielt werden.

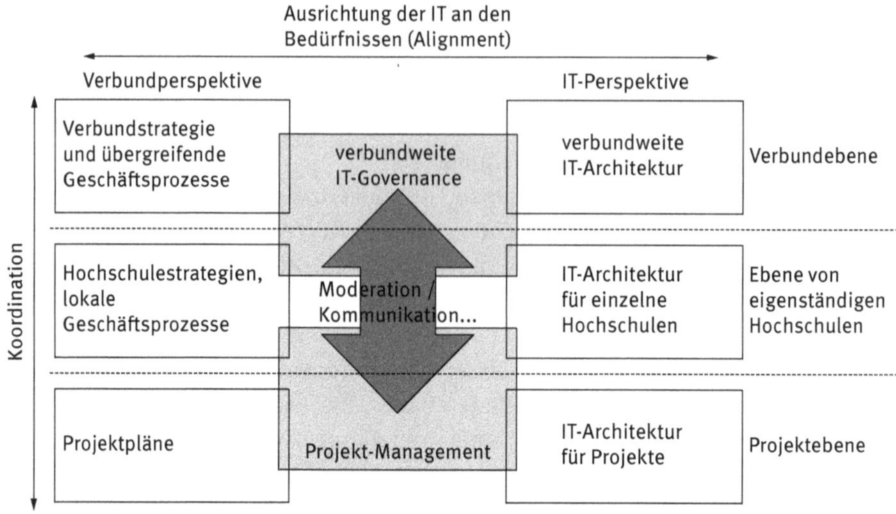

Abb. 2: Die IT-Governance in Verbünden folgt hier im Grundsatz dem Modell von Ross, Weill und Robertson (2006). Die Ebene der hochschulinternen Prozesse wurde der Übersicht halber nicht explizit aufgezeichnet, ist aber nach wie vor gemäß dem Modell aus Abbildung 1 enthalten.

Anhand von Leitfragen können sich die beteiligten Partner vor der Gründung einer neuen Organisationsform auf potenzielle Kandidaten der Form einigen. Die dann im zweiten Schritt infrage kommenden Modelle müssen für den bestimmten Zweck juristisch geprüft und mit geeigneten Beschlüssen untersetzt werden.

4 Die Schlussfolgerungen

Um letztlich zu einer Organisationsform und der Steuerung innerhalb der neuen Organisation zu kommen, könnten folgende Leitfragen Orientierung bieten. Diese wurden aus einer Bewertung der Reife von IT-Governance gewonnen, wie sie von Weill und Ross (2009: 156 ff.) entworfen und in zahllosen Organisationen angewendet wurde. Können die folgenden Fragen überwiegend positiv beantwortet werden, so befindet sich die Organisation insgesamt auf einem guten Weg, um die Vorteile einer IT-Governance für die Ziele der Hochschulen einsetzen zu können. Erst wenn dies gegeben ist, kann der Übergang zu weiter reichenden Kooperationsmodellen langfristig gelingen. Je reifer eine Hochschule die eigene Governance gestaltet hat, also die im Folgenden zusammengetragenen Fragen positiv beantworten kann, um so erfolgreicher kann sie sich selbst in der strategischen Anwendung von IT verändern. Je erfolgreicher eine Hochschule dies heute selbst steuern kann, umso effektiver kann sie Teil einer erfolgreichen Kooperation zwischen Hochschulen werden.

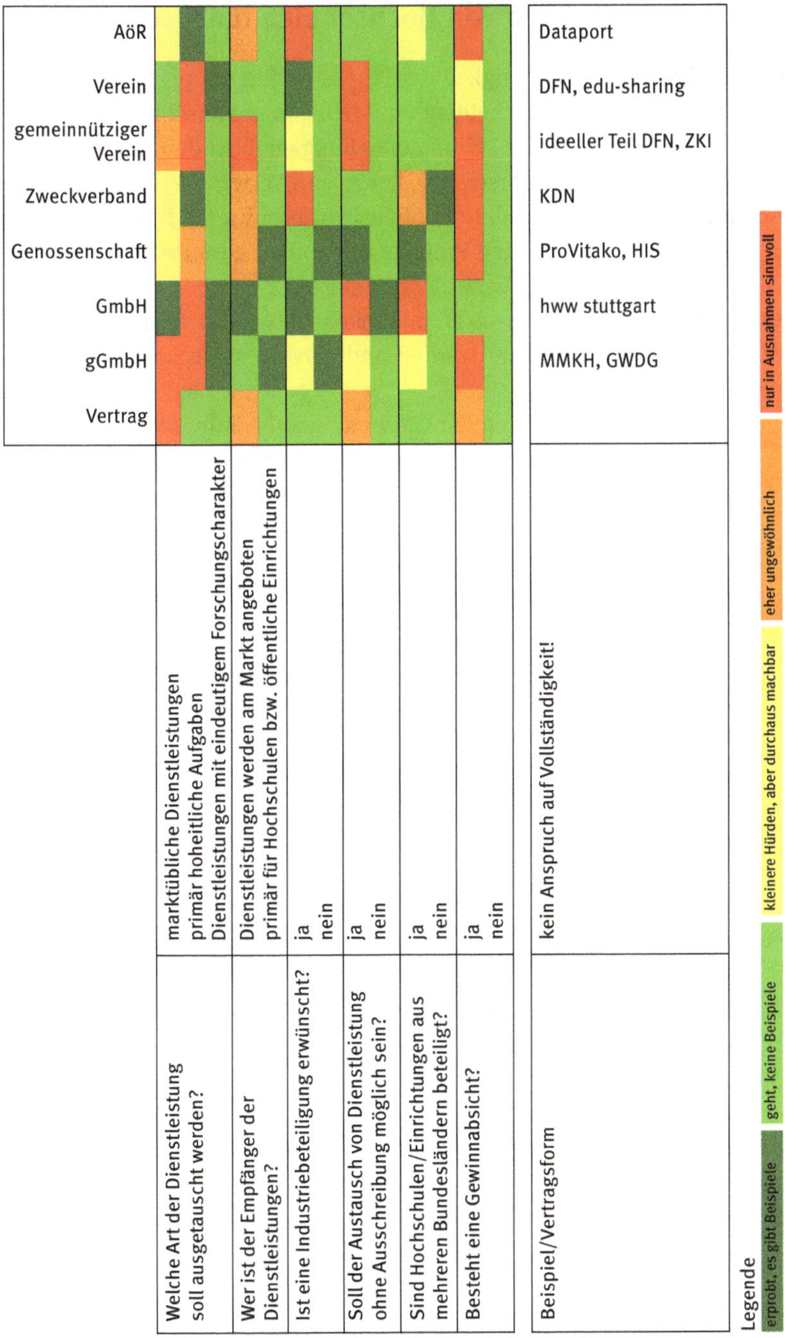

Abb. 3: Eine Übersicht der in Deutschland bereits bestehenden Kooperationen anhand der gewählten Organisationsform. Bestimmte Modelle sind im Hochschulsektor bisher nicht oft oder gar nicht umgesetzt worden (z. B. Zweckverband), so dass hier Beispiele aus der kommunalen Verwaltung aufgeführt wurden.

4.1 Was müssten Leitungen von Hochschulen tun?

- Besteht ein Bekennen zur Wichtigkeit der IT, das sich in der persönlichen Teilnahme des Präsidiums an entscheidenden Sitzungen niederschlägt?
- Inwieweit besteht innerhalb der Leitung eine Einigkeit über den Grad der Standardisierung der Prozesse in Forschung, Lehre und Verwaltung sowie über die notwendige Leistungsfähigkeit der digitalen Plattform für die Prozesse?
- Werden große Veränderungen und Projekte kontrolliert gestartet (also mit konkreten Zielen, Ressourcen und Verantwortlichkeiten)?
- Wird der strategische Nutzen von IT in Projekten bewusst auch abseits von konkretem Nutzen gesteuert und werden andererseits schlecht laufende Projekte frühzeitig gestoppt?
- Inwieweit werden Initiativen nach der Umsetzung auf Leitungsebene so ausgewertet, dass nicht Schuldige für einen Misserfolg oder Helden für einen Erfolg gesucht werden? Kann die Institution insgesamt einen Lernerfolg durch die Vermeidung von Fehlern bzw. die wiederholte Anwendung von guten Lösungen erzielen?
- Werden Investitionen in IT und die Weiterbildung bei der Nutzung von IT strategisch gefördert?
- Ist die Organisation innerhalb der Hochschule so aufgestellt, dass multi-disziplinäre Arbeitsgruppen die Problemstellungen zwischen Teilorganisation transportieren und zu innovativen Lösungen entwickeln können?

4.2 Was müssten CIOs tun?

- Ist der CIO in die strategischen Entscheidungen der Institution einbezogen?
- Inwieweit werden die Implikationen aus der Digitalisierung regelmäßig thematisiert?
- Ist die Verantwortlichkeiten zur Erreichung der strategischen Ziele klar geregelt und nachvollziehbar dokumentiert?
- Ist die Rolle vom CIO in Abgrenzung der anderen Rollen (IT-Leitung und Hochschulleitung) klar geregelt und so gestaltet, dass jederzeit effektive und effiziente Entscheidungen zur IT getroffen werden können?
- Sind alle Mitglieder der Institution durch die Verfügbarkeit von Daten und Prozessbeteiligung befähigt, sich bei Veränderungen in geeigneter Weise einzubringen?

4.3 Was müssten operative IT-Leitungen tun?

- Wird auf der Arbeitsebene der IT innerhalb der gesamten Institution mit Interesse für das gemeinsame Ganze zusammengearbeitet?

- Bestehen zielgerichtete Anreize, die eine Zusammenarbeit belohnen und fördern, so dass ein ideales Gleichgewicht zwischen dezentraler und zentraler Aufgabenerledigung gesteuert und erreicht wird?
- Welche Datenbestände werden über die Grenzen von Teilorganisationen hinaus für alle in der Hochschule bzw. für alle in einem Verbund benötigt?

Literatur

Bröcker, Werner und Frank König. 2010. *Informationsverarbeitung an Hochschulen – Organisation, Dienste und Systeme*. Empfehlungen der Kommission für IT-Infrastruktur für 2011–2015, Deutsche Forschungsgemeinschaft 2010. [online] www.dfg.de/download/pdf/foerderung/programme/wgi/empfehlungen_kfr_2011_2015.pdf [12. 02. 2015].

Entschließung der 13. Mitgliederversammlung der HRK am 20. November 2012 in Göttingen: *„Hochschule im digitalen Zeitalter: Informationskompetenz neu begreifen – Prozesse anders steuern"*, erschienen in *Beiträge zur Hochschulpolitik* 1/2013. [online] www.hrk.de/fileadmin/redaktion/hrk/02-Dokumente/02-10-Publikationsdatenbank/Beitr-2013-01_Informationskompetenz.pdf [12. 02. 2015].

Görl, Simone, Johanna Puhl und Manfred Thaller. 2011. *Empfehlungen für die weitere Entwicklung der Wissenschaftlichen Informationsversorgung des Landes NRW.* Köln.

Ross, Jeanne W., Peter Weill und David C. Robertson. 2006. *Enterprise Architecture as Strategy*. Boston: Harvard Business School Press.

von der Heyde, Markus. 2014. *Anforderungen an die IT-Architektur und deren Nutzen für flexible Versorgungkonzepte. PIK – Praxis der Informationsverarbeitung und Kommunikation* 37(1): 53–58.

von der Heyde, Markus, et al. 2009. *Strukturkonzepte für die Informations- und Kommunikationsversorgung von Hochschulen. PIK – Praxis der Informationsverarbeitung und Kommunikation* 32(3): 167–173.

von der Heyde, Markus und Andreas Breiter. 2015. *Wer entscheidet? IT-Governance an Hochschulen. Informatik 2015*, in print in *Lecture Notes in Informatics* (*LNI*) 2015.

Weill, Peter und Jeanne W. Ross. 2004. *IT Governance: How Top Performers Manage IT Decision Rights for Superior Results*. Boston: Harvard Business School Press.

Weill, Peter und Jeanne W. Ross. 2009. *IT Savy – what non-IT executives should know to make IT pay off*. Boston: Harvard Business School Press.

Romaric David and Mauro Boero

Regional HPC Center in Strasbourg: governance and cooperation

The HPC Regional computing center[1] at the University of Strasbourg (Unistra hereafter, is one of the major regional computing centers in France, ranked number 5 out of 30 regarding computing power available to users.

The HPC Center is open to 3 kinds of users:

- Ph.D. and master students of the Universities of Strasbourg/Mulhouse;
- Researchers from the Alsace Region, i. e. mainly Universities of Strasbourg/Mulhouse and CNRS from the academic side;
- Small and Medium enterprises (SMEs) via specific contract under the *Alsacalcul Service*[2] offer.

The HPC Center is operated and maintained by three dedicated engineers of the IT Departement of the Unistra. It is strongly supported by and in synergy with the vice-presidency in charge of the Research activities at the Unistra, specifically, computational research and data handling and storage.

The scientific head of the HPC Center is a researcher heading a scientific steering board, termed Scientific Council hereafter, for the HPC usage and exploitation on specific projects covering multidisciplinary activities ranging from mathematics to astrophysics, geophysics, materials science and biology. In this paper, we will present the user typology and access, the role of the Scientific Council, the organization regarding SMEs, and the cooperation with other HPC Centers.

1 Hardware resources

Users can access the following ressources:

- more than 350 computing servers exploiting the Linux operating system and connected by an Infiniband network;
- 60 GPU or accelerators (including 2 Xeon Phis for exploratory and testing purposes).

1 hpc.unistra.fr.
2 alsacalcul.unistra.fr.

Note: This article was validated by Paul-Antoine Hervieux.

Romaric David, Université de Strasbourg
Mauro Boero, Université de Strasbourg

DOI:10.1515/9783110459753-026

Nodes are accessible via the Slurm resource manager.

These resources were funded:

- by national/regional projects, including projects from the french programme *Investissements d'Avenir*. Around 40 % of the available computing power of the HPC center comes from this project. This part of the machine will be named **public** in the following paragraphs.
- by several projects led by researchers from the Alsace Region. When benefiting from funding, these researchers add computing nodes hosted in our center. This represents about 60 % of the total computing power. The access mode to these resources is a major success of our HPC Center and will be detailed below. This part of the machine will be named **mutualized** in the following paragraphs.

2 Access to ressources

The access to resources depends on a combination of these main issues:

- the scientific project;
- the type of user (researcher, researcher having contributed to the resources, SME);
- the number of computing hours requested;
- the match between software and hardware requirements;
- the priority needed.

Basically, for researchers, the access to computational resources is free of charge. More precisely, access modes can be classified into three specific types:

2.1 Test mode

The Test mode is available for a maximum period of one year. Test accounts can be opened at any time. In this "best-effort" mode, users are not granted large amounts of computing hours; instead, they have free access for a limited amount of time (max. 24 hours) and jobs can be stopped/restarted any time a non-test job (production run) needs resources engaged by the *test* user.

2.2 Grant mode

In grant mode, users are allocated large amounts of computational resources, namely several thousands of CPU (GPU) hours upon approval of the computational project by the HPC Scientific Council. To this aim, the Scientific Council meets twice per year to evaluate the submitted projects and to distribute the available amount of hours. Every year, 20 millions computing hours are available (and used) under this type of grants. These jobs are then dispatched onto the **public** machine. These jobs can preempt best-effort jobs. This is currently the most exploited procedure to grant access to the computational resources within the HPC center. The servers are equipped with RAMs of at least 4 GB/core to fit everyone's need. Specific needs are dealt singularly case by case.

2.3 Mutualized mode

The so-called "mutualized mode" is oriented to those users contributing to the acquisition of additional nodes to the **mutualized** part of the cluster. For instance, if a research team contributes with a budget granting the acquisition of 30 % of the overall number of cores of the mutualized machine, then this team will get a share of 30 % of the available computing cycles. With this policy, the group is granted a fair and continuously available access to HPC resources proportional to his contribution. Hence, the jobs of this group (or researcher) may run on any machine equivalent to the ones bought. These jobs can preempt best-effort jobs.

This facility of preempting jobs has been a major requirement for all the batch schedulers we have been using so far, from LSF to Slurm. We've been constantly adapting the preemption policy, from suspension to resubmission procedures. We remark that for the shorter jobs, resubmission seems to be a good choice.

In the mutualized mode, machines bought by the users are fully defined by the HPC Center, leading to an overall consistency of the global resources. When needed, the HPC Center takes care of the public procurement process.

On mutualized machines, the amount of installed memory may vary depending on the needs of the application to which they are dedicated; this is particularly true for life-science projects.

These combinations of priorities are schematically sketched below:

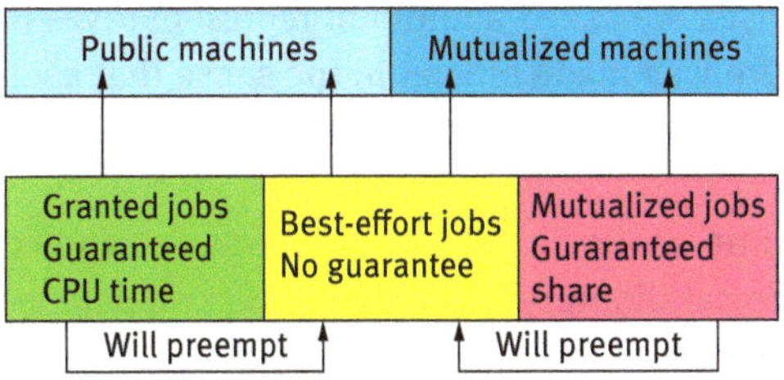

Fig. 1: Combination of priorities.

3 User support

The user support is probably the strongest commitment of the HPC Team in Strasbourg. Availability to listen to the need of the users and to respond timely and effectively is a major figure of merit of the HPC team.

4 Scientific council of the HPC Center

Whereas the HPC Center has been evolving since 1998, the scientific council of the HPC Center has been created only later, in 2010, as a response to the request of governance of the Unistra. The Scientific council plays a key role in:
- evaluating the computational projects and managing the HPC hours to grant an effective full access to the machine;
- being the interface between the governance of the Unistra (vice-presidence in charge of research) and the HPC Center.

Namely, the Scientific council is the place where bottom-up processes and information meet the top-down ones.

The Scientific council is composed of 14 members, belonging to different laboratories of the Unistra and the Université de Haute Alsace in Mulhouse. The vice-president for research and IT, as well as the head of the IT department are also members of this council.

The composition of the Scientific Council for our HPC Center has been inspired by the organization set-up by GENCI (the french grand équipement national de calcul intensif), responsible for the management of grants on French Tier-1 computational resources. In this organization, ten different scientific domains have been identified and each one of them is managed by a specific scientific council.

In our Scientific Council, one researcher per each scientific domain has been asked to represent his/her own research theme. To cope with domains not represented by the proposed group of scientists, we asked additional representatives to join the Scientific Council. The procedure was made official in the sense that each scientist received a formal letter of engagement signed by the vice-president of the Unistra.

During the first meeting of the scientific council, the president was designated by the assembly after his spontaneous candidature. In view of the competence and expertise of the candidate, no objections were found and his appointment as Scientific Director got the unanimity of the scientific board.

The importance of the Scientific Council become even more evident later, since it was the trigger that enabled an active participation of the Unistra in national projects. Indeed, when a national call for funding an HPC project is announced, this project is first advertised in the network of the operational team. The Scientific

Council is the place where decisions for answering or denying the call take place. In some cases, final decisions or specific directives are taken by the vice-president in charge of research and IT.

The Scientific Council meets once or twice a year, according to the number of call for proposals to be evaluated for attributing CPU hours or according to the information that needs to be shared. The call for proposals is organized through a survey web resource, in which researchers upload their projects summaries and fill an online form for the specific computational needs related to the submitted project.

Proposals are available to all members of the Scientific Council. If a member of the Scientific council is the P. I. of a submitted proposal, he/she leaves the room at the time of the examination of this proposal, to ensure an unbiased decision. In any case the attribution of hours is done compatibly with the availability at HPC. This is an unavoidable step especially for requests more appropriate to a Tier-1 center than to a Tier-2 as our HPC Center.

5 Access for SMEs

The HPC service of the University of Strasbourg for SMEs is branded *Alsacalcul Services*.[3] The dedicated team in charge of SMEs, under the supervision of the head of the HPC center, is composed of:

- a marketing engineer in charge of promoting the service;
- a technical engineer in charge of the technical support;
- a legal advisor in charge of the contract process and legal issues related to it.

This activity started at the beginning of 2015 and one year was necessary to assess the operability and eventually to successfully finalize the first signed contract. During this first year, the team focused mainly on:

- defining the service offer (computing hours, training, consulting);
- calculating and validating costs and prices of the services offered;
- setting-up a website and starting networking activities.

The contracts between *Alsacalcul Services* and its clients will be held by the SATT Conectus. Conectus is the contracting office representing the link between the Unistra and companies interested in accessing computing resources.

The *Alsacalcul Services* activity benefits from 2 different funding sources:

- A local funding via the IDEX initiative. IDEX is in turn part of the *Investissements d'Avenir* program. This funding allowed the recruitment of one person and one internship (which later could become a full-time job position).

---

3 alsacalcul.unistra.fr/.

- A national funding via GENCI (www.genci.fr), in the Diffusion of Numerical Simulation program. This program identified seven regional platforms in France. These platforms are now in charge of promoting and contracting HPC for SMEs. The funding allows for the recruitment of one person. Moreover, when a SME is billed for compute hours or HPC consulting, part of the invoice is paid by the program.

The platform for SMEs HPC computing at the University of Strasbourg is now part of a well-coordinated network, which will contribute to our visibility and, hence, finalization of contacts.

6 Collaborations with other regional computing centers

In Strasbourg, there are two computing centers differing in purpose and architecture:
- HPC Computing center,[4] about which this article focuses on;
- Grid/Cloud-Computing center,[5] operated by CNRS.

Both operational teams collaborate on technical networking with great synergy and mutual benefit, Some trainings are jointly organized (local and national training sessions).

From a scientific point of view, the Scientific Council presented above is the access point for computational resources. The call for projects submissions allows for the access either to the HPC or to the Grid/Cloud machines, depending on the technical needs expressed by researchers and the suitability of the software to be used.

On a regional basis, the head of the HPC Center of the University of Strasbourg is also one of the advisors for the creation and building of the Explor HPC center in the former Lorraine region.

7 Collaboration with national computing centers

The collaborations with national computing centers take mostly place in the context of the Equip@Meso project. These collaboration is based on three major pillars:

4 hpc.unistra.fr.
5 www.grand-est.fr.

- scientific meetings;
- technical trainings;
- technical projects.

On these 3 pillars, the HPC Center of Strasbourg has been very active and the promoter of several events. For instance, the 1st scientific meeting of the project was organized and held in Strasbourg. This meeting targeted life-science and chemistry.

The HPC Center of Strasbourg organized also technical meetings on debugging, optimization procedures, GPUs programming, etc.

Strasbourg is a participant of a technical project led by Crihan (www.crihan.fr, also a member of the project), which consists in measuring network performances between sites (both regional and national). Latency and bandwidth performances data are collected with perfSonar (www.perfsonar.net).

Summarizing, we emphasize the fact that national collaborations are project-based, and fit both the scope and the specificity of the Equip@Meso project. Other national collaborations are described in the Access for SMEs paragraph.

8 Conclusion

The regional HPC Center of Strasbourg has a clear visibility and a strong scientific impact in France. One of its strongest features is its expertise in resources mutualization which makes the exploitation of the cluster efficient, yet versatile. Added values are represented not only by the CPU-oriented massively parallel applications, but also by the increasing efforts in GPU programming and the overall commitment to scientists.

Stefan Wesner, Thomas Walter,
Bernd Wiebelt und Dirk von Suchodoletz

Strukturen und Gremien einer bwHPC-Governance – Momentaufnahmen und Perspektiven

Die Umsetzung des bwHPC-Konzepts hat in Baden-Württemberg leistungsfähige, verteilte Forschungsinfrastrukturen geschaffen, in denen verschiedene Gruppen wie Nutzer, Zuwendungsgeber und Betreiber von verschiedenen Standorten im Land aufeinanderzutreffen. Die noch in der Verfeinerung und Erprobung befindlichen Governance-Strukturen in bwHPC dienen dazu, den Betrieb der Cluster im Sinne aller beteiligten Parteien fair und erfolgreich gemeinsam zu gestalten und eine effiziente Nutzung der Ressourcen über ihre Laufzeit sicherzustellen. Mit dem ALWR-BW und dem Lenkungskreis sind die landesweit übergeordneten Strukturen für die Steuerung von bwHPC definiert. Sie greifen mit den Bausteinen der bwHPC-C5-Governance, bestehend aus Kern- und Clusterauswahlteam, sowie dem Technical-Advisory-Board ineinander. Für die Scientific-Governance der bwHPC-Dienste wurde der Landesnutzerausschuss eingerichtet. bwHPC bildet damit ein Beispiel für die förderierte Bereitstellung und Steuerung von großen Ressourcen über verschiedene Forschungs- und Lehreinrichtungen hinweg.

1 Einleitung

Das Land Baden-Württemberg investiert seit mehr als zehn Jahren in das High-Performance-Computing (HPC) und unterstützt die Universitäten mit Zuwendungen und Projektgeldern, die bislang in der Summe deutlich über 200 Mio. € ausmachen. Das Land übernimmt hierfür signifikante Investitionskosten für die Cluster-Erneuerung, während die jeweiligen Standorte, die Rechenzentren der Universitäten, im Gegenzug für die Sicherstellung des Betriebs (Einrichtung, Wartung, Aktualisierung) aufkommen. Im Anschluss an das bis Ende 2012 geförderte bwGRiD-Projekt (Schulz und Hermann 2014) wurde ein integriertes Folgekonzept bwHPC formuliert, welches die zukünftigen Weiterentwicklungen im Bereich des HPC sowohl inhaltlich als auch organisatorisch beschreibt. Im Rahmen dieses Ge-

Stefan Wesner, Universität Ulm
Thomas Walter, Eberhard-Karls-Universität Tübingen
Bernd Wiebelt, Albert-Ludwigs-Universität Freiburg
Dirk von Suchodoletz, Albert-Ludwigs-Universität Freiburg

DOI:10.1515/9783110459753-027

samtkonzeptes stellen die inhaltlichen Begleitprojekte wie bwHPC-C5 „Coordinated Compute Cluster Competence Centers", Anwenderschulungen und die Folgebeschaffung der bwForCluster beziehungsweise des bwUniClusters die logische Konsequenz aus den Erfahrungen, die mit dem bwGRiD-Projekt gesammelt wurden, dar (Hartenstein 2013). Die bwForcluster bedienen den landesweiten Bedarf an Hochleistungsrechner-Performance im Einstiegssegment (Tier-3) für ausgewählte Wissenschaftsbereiche in Baden-Württemberg.

Landesweit verteilte, kooperative Strukturen zur Erbringung von HPC-Diensten für verschiedene Forschungs-Communities sowie Lehr- und Ausbildungsaufgaben, die aus unterschiedlichen Quellen finanziert werden, bedürfen geeigneter Governance-Strukturen. Diese bündeln und moderieren die vielfältigen Interessen und Zielvorstellungen der Partner. Gleichzeitig versuchen sie zwischen den Stake- und Shareholdern einen Ausgleich zu schaffen. Hierzu müssen sie die notwendigen Beratungs- und Entscheidungsgremien für alle anfallenden Fragestellungen und Prozesse implementieren.

Neben den Zuwendungsgebern Land und DFG können je nach Cluster weitere Mittelgeber involviert sein, die als Shareholder berücksichtigt werden sollen. Neben den an den Anträgen beteiligten Fach-Communities erfolgten an einzelnen Standorten Erweiterungsinvestitionen durch einzelne Lehrstühle beziehungsweise Institute, wie beispielsweise das Institut für wissenschaftliches Rechnen in Heidelberg oder durch Berufungs- und Drittmittel in Freiburg. Aus den direkten Anteilen leiten sich bestimmte Rechte ab. Die verschiedenen Beteiligungs- und Aufwuchsfinanzierungsmodelle werden in „Überlegungen zu laufenden Cluster-Erweiterungen in bwHPC" diskutiert.

Die zu implementierenden Governance-Strukturen in bwHPC dienen dazu, den Betrieb der Cluster im Sinne aller beteiligten Parteien, Zuwendungsgeber, Nutzer und Betreiber fair und erfolgreich gemeinsam zu gestalten und eine hohe Auslastung der Ressourcen sicherzustellen. Hierbei können zwei Ebenen unterschieden werden: Die Scientific-Governance betrachtet die Belange der beteiligten Forschenden, wie die Ausgestaltung des Hardware- und Softwaresetups,[1] Regeln für den Zugriff auf die Ressource und die Auswahl geeigneter Rechenvorhaben. Die betriebliche Governance organisiert die administrativen Aufgaben rund um die physikalische Ressource, die installierte Softwarebasis oder technische Belange wie die Umsetzung geeigneten Schedulings sowie die langfristige Planung und Finanzierung von Erweiterungen und Erneuerungen der installierten Cluster-Basis.

Dieser Beitrag unternimmt einen Anlauf, bestehende Gremien zu referieren und denkbare Strukturen mit ihren jeweiligen Rechten und Pflichten für das bwHPC-Gesamtkonzept vorzuschlagen. Nicht alle Bausteine sind bisher ausformuliert und durch die jeweiligen Gremien beschlossen worden. Es wird versucht, dem

---

1 Hierzu wurden die Forschenden vor der Cluster-Beantragung befragt und Wünsche nach bestimmten Speichergrößen, Zahl von CPU-Kernen oder zu installierender Software erhoben.

dynamischen Charakter der bwHPC-Governance Rechnung zu tragen, indem regelmäßige Anpassungen erfolgen können. Ein langfristiges Ziel der Überlegungen folgt den Kriterien von Schlankheit, Funktionalität und Transparenz.

2 Ausgangsbasis: Die involvierten Parteien

Alle involvierten Parteien haben Erwartungen an die Umsetzung und Erbringung von HPC-Diensten, die sich je nach Rolle unterscheiden. So beschafften in jahrelang geübter Praxis Arbeitsgruppen oder Institute Compute-Ressourcen, die diese typischerweise in ihren eigenen Serverräumen mit ihrem eigenen Personal selbst betrieben und exklusiv nutzten. Diese Herangehensweise entspricht nicht mehr den Bedürfnissen moderner Forschung, wo es um zeitnahe Umsetzung und flexible Arbeitsumgebungen in einer schnelllebigen IT-Landschaft geht. Die verschiedenen bwHPC-Cluster bringen aufgrund ihres landesweiten Charakters universitäts- und hochschulübergreifend verschiedene Parteien zusammen, deren Interessen in Einklang zu bringen sind. Für die laufenden bwHPC-Ressourcen lässt sich eine logische Dreiteilung in Zuwendungs- und Geldgeber, Nutzer sowie Betreiber vornehmen, wobei die Übergänge fließend sein können. Direkt über Eigenbeiträge involvierte Shareholder sind sowohl Mittelgeber als auch Nutzer der Ressourcen.

Die Gruppe der *Zuwendungsgeber* besteht je nach Cluster-Ausprägung aus verschiedenen Parteien. Am bwUniCluster als HPC-Grundversorgungssystem der Universitäten des Landes Baden-Württemberg sind maßgeblich das Land mit 50 % (Zuschuss nach § 143c GG) und die Landesuniversitäten sowie Hochschulen in verschiedenen Anteilen beteiligt. Bei zusätzlichem Bedarf ist eine Erweiterung über eine Aufwuchsfinanzierung vorgesehen. Die bwForCluster sind als Forschungsinfrastruktur angelegt. Anteilseigner sind das Land und je nach Standort weitere Institute und Arbeitsgruppen der passenden Fach-Communities. Die eingebrachten Gelder wurden durch die DFG zu 50 % kofinanziert (§ 91c GG). Indirekte Mittelgeber sind die Universitäten der Cluster-Standorte, da sie für die Grundinfrastruktur wie geeignete Serverräume und Personal sowie Energieversorgung aufkommen.

Nutzer der bwHPC-Ressourcen bilden die Gruppe der Forschenden der jeweiligen Fach-Communities, die einen Bedarf an HPC-Rechenleistung während der initialen Antragstellung oder zu einem späteren Zeitpunkt durch eine Projektkurzbeschreibung beziehungsweise ein angemeldetes Rechenvorhaben (www.bwhpc-c5.de/ZAS/zas_uebersicht.php) nachgewiesen haben. Sie sind der Grund der Förderung der HPC-Ressourcen durch Land und DFG. Die Nutzer können dabei von allen Landeshochschuleinrichtungen kommen und je nach Zuweisung auf einem der fünf Cluster ihre Vorhaben durchführen. Sie verzichten im Gegenzug auf eine eigene Antragstellung beim Land oder der DFG und stimmen einer dezentralen Aufstellung ihrer Ressource zu.

Betreiber sind die Rechenzentren der fünf Cluster-Aufstellungsorte und zugeordnete Projektmitarbeitende an der lokalen Einrichtung aus den begleitenden C5- oder IQF-Projekten.[2] Die Betreiberstandorte stellen Hosting-Kapazitäten für die Cluster-Hardware, Personal für die Administration und die Energieversorgung für den Betrieb der Hardware bereit. Im Fall des bwUniClusters werden die Betriebskosten anteilig durch die Cluster-Eigentümer getragen. Die Kosten beruhen in der aktuellen Umsetzung auf einer Schätzung des ALWR-BW, werden pauschal jährlich abgerechnet und den Kanzlern der Eigentümereinrichtungen zur Zahlung eingereicht.[3]

Einige Betreiber realisieren zusätzlich zu ihrer Aufgabe als Service-Provider eigene Forschungsinteressen im Bereich HPC, wie beispielsweise die Untersuchung des Einsatzes von Virtualisierung für bestimmte Forschungsumgebungen.[4] Gleichzeitig schaffen sie eine glaubwürdige Grundlage zur Konsolidierung von HPC-Ressourcen in ihrer eigenen Universität und im landesweiten Kontext. Die Betreiber sind als primäre Einreicher der Förderanträge gegenüber den Zuwendungsgebern formal verantwortlich für die Verausgabung der Mittel. Daher kann eine Einflussnahme auf betriebliche Entscheidungen durch die Nutzer nur im Konsens mit den Betreibern erfolgen.

3 Erwartungsmanagement

Jede der beteiligten Parteien verbindet mit den bwForClustern bestimmte Erwartungen. Für die institutionellen Zuwendungs- und Geldgeber ist sicherlich der wissenschaftliche Erfolg (Impactfaktor) eine zentrale Bewertungsmetrik. Eine gern gesehene Begleiterscheinung seitens der Rektorate und Rechenzentren der Betreiberstandorte sind Synergieeffekte und die Konsolidierung von notwendigen HPC-Investitionen. Außerdem wird auf die Nachhaltigkeit der etablierten Lösungen Wert gelegt. Für die Nachprüfbarkeit der im Antrag vorhergesagten Ergebnisse ist ein Berichtswesen in den Governance-Strukturen zu etablieren.

Für die Nutzer steht im Vordergrund, dass sie sich auf wissenschaftliche Fragestellungen konzentrieren können und weitestgehend von administrativen und technischen Fragen betrieblicher Natur entbunden sind. Sie finden sich in einer

---

2 Das Projekt diente den HPC-Standorten Karlsruhe, Mannheim und Ulm zur personellen Begleitung der Umstellung von bwGRiD auf die neuen Infrastrukturen, um einen schnellen und reibungslosen Start zu erreichen.

3 Eine detaillierte Aufschlüsselung der Kosten ist für die Zukunft vorgesehen.

4 Vgl. Virtual InfiniBand Clusters for HPC Clouds, Marius Hillenbrand, KIT.
Dynamic provisioning of a HEP computing infrastructure on a shared hybrid HPC system; Konrad Meier, Georg Fleig, Thomas Hauth, Michael Janczyk, Günter Quast, Dirk von Suchodoletz, Bernd Wiebelt; January 2016; Proceedings of ACAT 2016; UTFSM Valparaíso, Chile.

einheitlichen Betriebsumgebung wieder, die eine erleichterte Abstimmung untereinander erlaubt. Sie hilft zudem bei einem horizontalen Wechsel zwischen den Clustern gleicher Leistungsebene. Zugleich unterstützt die Abstimmung einen vertikalen Übergang zu einem Cluster der höheren Leistungsebenen. Ein möglichst reibungsloser Betrieb mit einem angemessenen „Quality-of-Service" ist hier gefordert. Für die HPC-Nutzer sollte der eigentliche Standort eines Clusters keine Rolle spielen, also kein Unterschied bestehen, ob sie auf Ressourcen rechnen, die an der eigenen Universität stehen oder irgendwo entfernt im Land.[5] Gemeinsam versprechen sich die Betreiber und das Land als Mittelgeber von bwCluster neben der optimalen Versorgung der Forschung eine Konsolidierung von Personal- und Betriebskosten.

Aus der Erfahrung mit dem kooperativen Betrieb von früheren Hochleistungsverbünden (Held 2009) lässt sich ableiten, dass die verschiedenen Erwartungshaltungen nicht völlig konfliktfrei auflösbar sind. Außerdem ist die Erfüllung von bestimmten Zielvorstellungen ohne Steuerung nicht automatisch gegeben. Aus diesem Grund bedarf es eines iterativen Managements der Lenkungs- und Governance-Prozesse (s. Abb. 1). Die entwickelten Konzepte, Problemlösungen und Steuerungsmechanismen müssen regelmäßig auf ihre Wirksamkeit überprüft werden.

Begleitend zum laufenden Aufbau und der Erweiterung der Cluster werden die Governance-Strukturen gemeinsam mit allen Beteiligten entwickelt. Neben gemeinsamen übergreifenden Bausteinen können sich auf der Ebene der einzelnen Fach-Communities oder für den bwUniCluster durchaus individuelle Substrukturen ausbilden (vgl. Wiebelt et al., Strukturvorschlag für eine bwHPC-Governance der ENM-Community, im gleichen Band).

4 Elemente übergreifender Cluster-Governance

Grundsätzliche Festlegungen für die übergreifende Cluster-Governance finden sich im bwHPC-Konzept unter anderem durch folgende generelle Regelungen: *„Die Steuerungsaufgaben für den Betrieb, den Support und ggf. für Priorisierungsentscheidungen im Falle einer Mangelbewirtschaftung sind wie folgt vereinbart: Entscheidungen für die Fortentwicklung von Betrieb und Support in Zusammenhang mit dem bwUniCluster-System sowie mit den bwForClustern werden vom ALWR-BW gefällt. Hierbei hat die Stimme jedes Standorts gleiches Gewicht. Die Nutzerunterstützung wird föderativ erbracht, wobei der ‚Operations Support' hauptverantwortlich durch den jeweiligen Betriebsstandort erbracht wird und der ‚User Support' immer auch an jedem Nutzerstandort lokal ansprechbar ist. Die Aussteuerung der Nutzung unter den bereits genannten Festlegungen obliegt einem landesweiten Nutzerausschuss, in den die*

5 Dies stellt zusätzliche Anforderungen an die Betreiber, da sie es nun mit Kunden ihrer eigenen und von vielen weiteren Einrichtungen im Land zu tun haben, die gleich zu behandeln sind.

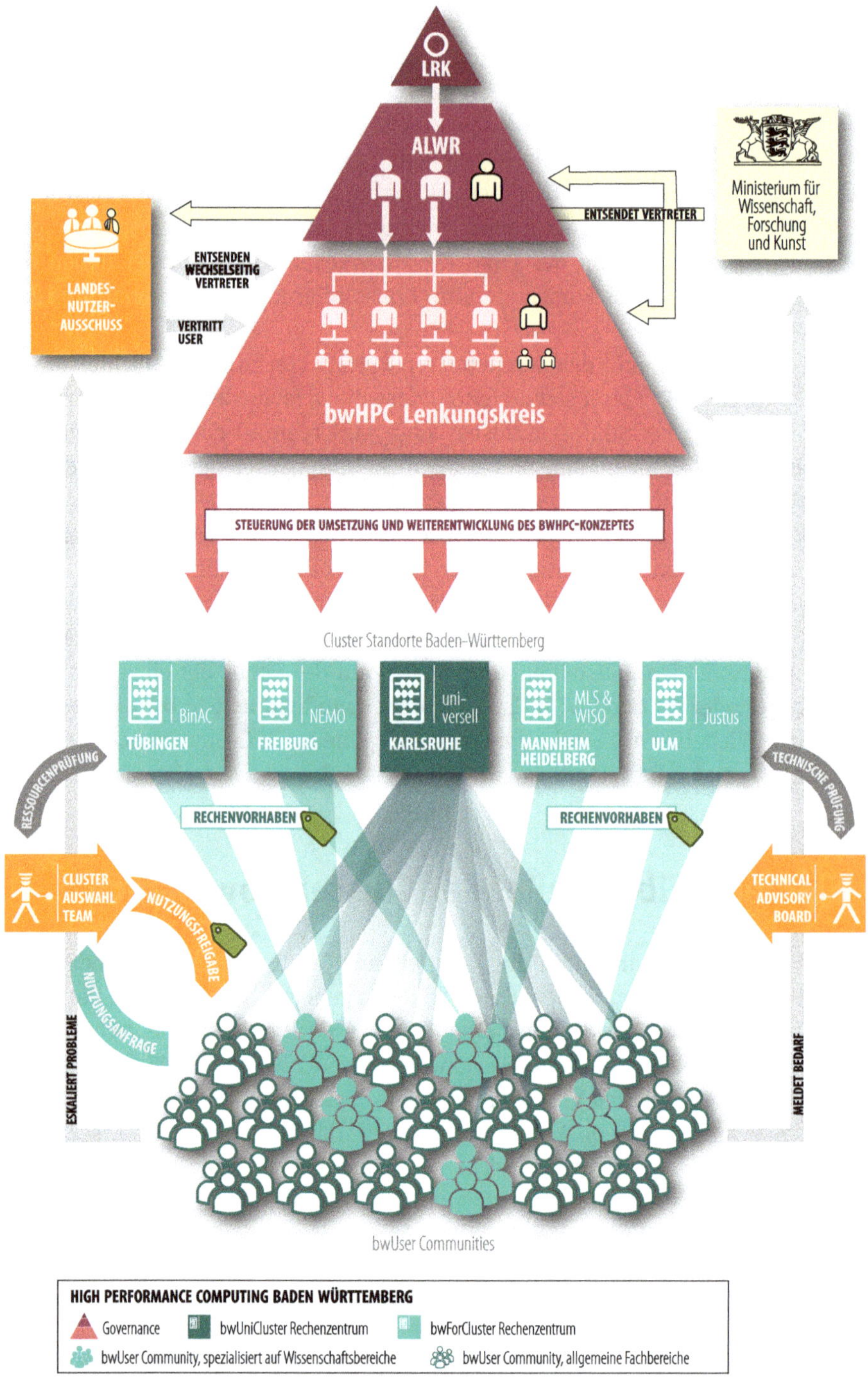

Abb. 1: Versuch eines Überblicks zur HPC-Governance.

Prorektoren/Vizepräsidenten für Forschung pro Standort ein Mitglied entsenden." (ALWR-BW 2012, S. 9).

Mit dem ALWR-BW und dem Lenkungskreis sind die landesweit übergeordneten Strukturen für die Steuerung von bwHPC definiert. Sie greifen mit den Bausteinen der bwHPC-C5-Governance ineinander. Der ALWR-BW verfügt über die Richtlinienkompetenz der Entwicklungen, welche durch den Lenkungskreis beschlossen und umgesetzt werden. Daneben soll das Prinzip angewendet werden, dass so viel wie möglich von untergeordneten Entscheidungen in nachgeordneten Gremien verhandelt und getroffen werden soll.

4.1 ALWR in Baden-Württemberg

Das Umsetzungskonzept der baden-württembergischen Universitäten zum Hochleistungsrechnen, kurz bwHPC, wird vom Arbeitskreis der Leiter der wissenschaftlichen Rechenzentren der Universitäten des Landes Baden-Württemberg (kurz ALWR-BW) gesteuert. Der ALWR-BW bildet damit das oberste Gremium der Betreiberseite. Seine **Aufgaben** im Rahmen von bwHPC liegen in der Entwicklung zukünftiger Konzepte und deren Verfeinerung. Der ALWR-BW in Baden-Württemberg wurde durch die Landesrektorenkonferenz eingerichtet. Die Überlegungen für diesen Arbeitskreis entstanden ursprünglich im Zusammenhang mit der Beschaffung eines Höchstleistungsrechners, der allen Wissenschaftlern im Lande zugänglich gemacht werden sollte. Durch regelmäßige Treffen – es wurde ein vierteljährlicher Turnus vereinbart – sollen gemeinsame Aktivitäten zwischen den Rechenzentren der Universitäten abgestimmt und koordiniert werden (Held 2009: 209).

Mitglieder des ALWR-BW sind die Direktorinnen und Direktoren der Universitätsrechenzentren der neun Universitäten des Landes Baden-Württemberg beziehungsweise der universitären Informationszentren. Sie sind persönlich Mitglied und können sich nicht vertreten lassen. Ständiger Gast ist ein Vertreter des Ministeriums für Wissenschaft, Forschung und Kunst Baden-Württemberg (MWK). Der ALWR-BW beschließt die Einladung von weiteren Gästen abhängig von behandelten Themenbereichen und je nach Bedarf.

Laut *Geschäftsordnung* wählt sich der ALWR-BW einen *Sprecher* in der Rolle des vorsitzenden Mitglieds aus seinem Kreis. Es gilt eine Amtszeit von drei Jahren, wobei eine Wiederwahl möglich ist. Die Sitzungsmoderation obliegt dem Sprecher. Die in der Regel vier Sitzungstermine werden jeweils im Voraus für das kommende Jahr festgelegt. Die Sitzungen finden jeweils vom Mittag des ersten bis zum Mittag des zweiten Tages statt. Sowohl die Tagesordnung als auch alle dazugehörenden Unterlagen werden in einem der jeweiligen Sitzung assoziierten Ordner auf einem gemeinsam geteilten Netzwerkspeicher (www.ALWR-BW-BW.de/kooperationen/bwsync-share/) bereitgestellt. Zugriff auf die Ordner haben die Mitglieder und ständigen Gäste des ALWR-BW. Die *Tagesordnung* wird vom Sprecher auf der Grundlage von Meldungen der Mitglieder des ALWR-BW mindestens sieben Tage vor der Sitzung mithilfe des gemeinsamen Netzwerkordners verbreitet. Jedes Mitglied ist berechtigt, Tagesordnungspunkte anzumelden. Jeder Tagesordnungspunkt wird einem hierfür verantwortlichen Mitglied des ALWR-BW zugeordnet und mit einer für den einzelnen Punkt geplanten Zeitvorgabe versehen. Tagesordnungspunkte, die einen Beschluss erfordern, werden vor Berichtspunkten angeordnet. Beschlussvorlagen, gegebenenfalls mit Optionen, werden schriftlich formuliert und mindestens sieben Tage vor einer Sitzung auf dem Sitzungsordner elektronisch bereitgestellt.

Der ALWR-BW ist beschlussfähig, wenn mindestens sechs der stimmberechtigten Mitglieder anwesend sind. Beschlüsse werden mit Zweidrittelmehrheit der anwesenden Mitglieder gefasst. Ist dies nicht möglich, erfolgt nach einer ausführlichen Diskussion die Beschlussfassung auf der nächsten Sitzung mit einfacher Mehrheit. Kommt in zwei aufeinanderfolgenden Sitzungen kein Beschluss zustande, ist der Antrag abgelehnt. Das Protokoll wird in Form eines Ergebnisprotokolls erstellt. Dieses soll im Entwurf zwei Wochen nach der Sitzung vorliegen. Das Protokoll übernimmt in alphabetischer Reihenfolge der Sitzstadt der Einrichtung ein Mitglied des ALWR-BW, wobei der Sprecher nicht Protokoll führt.

4.2 bwHPC-Lenkungskreis

Dem ALWR-BW nachgeordnet ist der bwHPC-Lenkungskreis mit Aufgaben der übergreifenden Steuerung des bwHPC Tier-3. Zur Umsetzung dieser Beschlüsse im Sinne einer einheitlichen Sicht auf die Umsetzung des bwHPC-Konzeptes ist es erforderlich, dass im bwHPC-Lenkungskreis sowohl Vertreter der Betreiberseite – diese umfassen „Hosting Institutions" als auch Vertreter der Rechenzentren von „Nonhosting Institutions" – als auch Repräsentanten der Nutzer und des Zuwendungsgebers Land mitwirken.

Zu den **Aufgaben** des bwHPC-Lenkungskreises zählt der Beschluss der vom ALWR-BW entwickelten Konzepte. Weiterhin begleitet er den Landesnutzerausschuss (LNA-BW) und ALWR-BW in allen Fragen betreffend des bwHPC-Konzepts und seiner Evaluierung, der Bedarfserhebungen und eventuell daraus resultierenden Erweiterungen, des bwHPC-Ressourcenbetriebs und des bwHPC-Begleitprojektes sowie der Konfliktlösung zwischen Nutzer- und Betreiberseite innerhalb des Gesamtprojekts. Dem bwHPC-Lenkungskreis sind folgende Themen zur Beschlussfassung vorzulegen:
- bwHPC-Konzept und seine Fortschreibungen,
- bwHPC-Evaluierungskonzept,
- Konzept für die Erhebung des Bedarfs und dessen Ergebnisse,
- Beschaffungen, Erneuerungen sowie Erweiterungen durch Dritte im Rahmen von bwHPC,
- Betriebskonzepte im Rahmen des bwHPC,
- Projektanträge, die Begleitprojekte für bwHPC anstreben.

Der bwHPC-Lenkungskreis setzt sich aus folgenden **Mitgliedern** und **Vertretern** zusammen: Je Universität aus dem jeweiligen Direktor beziehungsweise der Direktorin des Wissenschaftlichen Rechenzentrums beziehungsweise des universitären Informationszentrums, einem Vertreter der Hochschulen für Angewandte Wissenschaften (HAW), einem Mitglied des LNA-BW sowie einem Vertreter des MWK. Der Vertreter der HAWen kann sich durch einen ständigen Vertreter vertreten lassen. Die Benennung sowohl des Mitglieds als auch des ständigen Vertreters erfolgt durch die Rektorenkonferenz der Hochschulen für Angewandte Wissenschaften. Das vom LNA-BW entsandte Mitglied kann sich durch einen ständigen Vertreter vertreten lassen. Der LNA-BW entscheidet gemäß seinen eigenen Verfahrensgrundsätzen, welches seiner Mitglieder in den bwHPC-Lenkungskreis entsandt werden soll, und kann neben dem Mitglied bis zu zwei ständige Vertreter aus seinem Kreis benennen. Das ergibt eine Gesamtzahl von dreizehn Mitgliedern, die sich aus elf Rechenzentrumsleitern der beteiligten Universitäten und je einem Vertreter der HAWs und des MWK zusammensetzen. Der bwHPC-Lenkungskreis wählt aus seiner Mitte einen *Sprecher*. Die Sprecherrolle rotiert regelmäßig in halbjährlichen Abständen unter den hochschulischen Mitgliedern, um der gemeinsamen Verantwortung für die Umsetzung von bwHPC Ausdruck zu verleihen. Der Lenkungskreis *tagt* vier Mal im Jahr immer direkt vor den ALWR-BW-Sitzungen.

Die *Sitzungen* des bwHPC-Lenkungskreises finden mindestens vier Mal pro Jahr statt. Weitere Sitzungen sind einzuberufen, sofern ein Mitglied des bwHPC-Lenkungskreises dies verlangt. Der Sprecher lädt mindestens zwei Wochen vor der Sitzung unter Angabe der Tagesordnung zu den Sitzungen ein. Die *Tagesordnung* wird vom Sprecher auf der Grundlage von Meldungen der Mitglieder des bwHPC-Lenkungskreises zusammengestellt. Jedes Mitglied ist berechtigt, Tagesordnungspunkte anzumelden. Beschlussvorlagen werden schriftlich formuliert und mindestens sieben Tage vor der Sitzung allen Mitgliedern bereitgestellt. Teilnahmeberechtigt sind die genannten Mitglieder beziehungsweise ihre Vertreter. Mitglieder können ihre Stimme auf eine zuvor genannte Person übertragen, die entsprechende Vollmacht ist vor der Sitzung formlos auch an den Sprecher zu kommunizieren.

Der bwHPC-Lenkungskreis ist *beschlussfähig*, wenn mindestens die Hälfte der Mitglieder sowie der Vertreter des MWK anwesend oder per Vollmacht vertreten sind. Beschlüsse kommen in der Regel durch einfache Mehrheit zustande, abweichende Regelungen können im Einvernehmen mit dem MWK vom bwHPC-Lenkungskreis beschlossen werden. Beschlüsse können nicht gegen die Stimme des MWK-Vertreters gefasst werden (Zuwendungsgebervorbehalt).

Die Geschäftsordnung sieht weiterhin vor, dass zu den Sitzungen Gäste hinzugezogen werden können. Die Entscheidungen hierüber trifft der bwHPC-Lenkungskreis. Das Protokoll wird in Form eines Ergebnisprotokolls erstellt. Dieses soll im Entwurf zwei Wochen nach der Sitzung vorliegen. In Ausnahmefällen kann eine Beschlussfassung auch auf schriftlichem Wege herbeigeführt werden. Widerspricht ein Mitglied der Beschlussfassung auf schriftlichem Wege, so ist eine Beschlussfassung in der nächsten Sitzung vorzusehen. Das Ergebnis der Beschlussfassung wird in das Protokoll der nächsten Sitzung aufgenommen. Weitere Regelungen zur Geschäftsordnung kann der bwHPC-Lenkungskreis per Beschluss treffen.

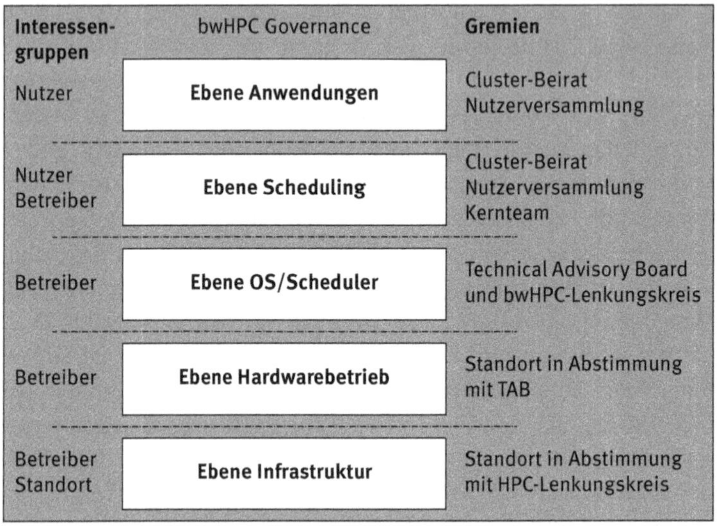

Abb. 2: Einflusssphären cluster-lokaler und bwHPC-Governance.
Verschiedene Ebenen mit Zuständigkeiten und Gremien, bezogen auf die Cluster.

4.3 Landesnutzerausschuss

Für die wissenschaftliche Steuerung der bwHPC-Dienste der Ebene 3 und die nutzerseitige Steuerung im Bereich der wissenschaftlichen Datenhaltung wurde der Landesnutzerausschuss Baden-Württemberg (LNA-BW) eingerichtet (Hartenstein et al. 2013). Die Geschäftsstelle ist derzeit am Steinbuch Centre for Computing (SCC) des Karlsruher Instituts für Technologie (KIT) eingerichtet und übernimmt organisatorische Funktionen. Im LNA-BW sind alle Universitäten des Landes vertreten. Die Prorektoren/Vizepräsidenten für Forschung schlagen jeweils ein Mitglied vor, das dann vom MWK in den LNA-BW berufen wird. Weiterhin sind die HAWen mit einem gemeinsamen Vertreter und das MWK ständiger Gast im LNA-BW. Dieser Ausschuss tritt mindestens zweimal pro Jahr zusammen. Der LNA-BW konsolidiert und kondensiert die Vielfalt der Nutzererwartungen an HPC zu kompakten Berichtspunkten, die unter anderem an den ALWR-BW geleitet werden. Er erfüllt auf diese Weise Aspekte der Scientific-Governance.

Die Aufgaben des Landesnutzerausschusses umfassen[6]:

- Diskussion der Regularien bezüglich des Ressourcenzugangs,
- Beurteilung von Clusterauslastungsdaten,
- Diskussion der Fachbereichszuordnung der Kompetenzzentren,
- Regulierung von Clustererweiterungen,

6 Die ausführliche Aufgabenbeschreibung findet sich unter www.bwhpc-c5.de/Aufgaben_bwLNA.php.

- Vertretung der Nutzerwünsche bezüglich des operativen Betriebes gegenüber den Betreibern, wie beispielsweise Rückmeldung des nutzerseitigen Bedarfs an neuen Technologien an die Betreiber, Ermittlung des Bedarfs an Software-Lizenzen, Bedarf an Quota oder Anpassungen bei Job-Queues bezüglich Job-Laufzeiten.

4.4 Clusterauswahlteam

Das CAT (Clusterauswahlteam) wird durch die einzelnen HPC-Kompetenzzentren der Leistungsebene 3 beschickt. Es ist in seiner Ausgestaltung an die Prozeduren von HLRS, SCC oder auch PRACE angelehnt und setzt sich deshalb optimalerweise aus dem lokalen bwHPC-C5-Vertreter und je zwei Vertretern der jeweiligen HPC-Kompetenzzentren zusammen. In vollständiger Ausprägung umfasst das HPC-Kompetenzzentrum Mitglieder des HPC-Supports, der HPC-Operatoren als auch Vertreter der Fach-Communities. Auf diese Weise sind im CAT Nutzer-, Support- und Betreiberperspektiven repräsentiert.

Das CAT trifft in erster Linie technische Entscheidungen – „Routing" der Antragsteller auf einen geeigneten Cluster nach Domäne beziehungsweise Hardware- und Software-Vorgaben. Es hat dabei einen „Lightweight-Review"-Charakter, der eine kurze Eingangsprüfung auf die Cluster-Eignung des Rechenvorhabens vornimmt und unpassende Anträge an das HPC-Grundversorgungssystem (bwUni-Cluster) überweist. Damit fungiert das CAT als ein relativ grober Filter im Sinne eines Plausibilitätschecks. Das CAT hat sich dem im bwHPC-Konzept statuierten Ziel des „einfachen Clusterzugangs" (Hartenstein et al. 2013: 102) ohne aufwändige Prüfung verpflichtet.

Shareholder stellen im Rahmen ihres vereinbarten Ressourcen-Anteils ein speziell gekennzeichnetes Rechenvorhaben, um ebenso Metainformationen zu erfassen. Ihre Vorhaben werden dann ohne weitere Prüfung angenommen. Die Situation stellt sich für die General-Shareholder in Form einzelner Universitäten und der HAWs etwas anders dar. Wissenschaftler aus den beteiligten Einrichtungen beantragen ihre Vorhaben über die zentrale Antragsseite (ZAS, www.bwhpc-c5.de/ZAS/zas_uebersicht.php).

Neben der horizontalen Verteilung der Vorhaben auf Tier-3 initiiert das CAT Unterstützung bei der Antragstellung für den vertikalen Übergang auf höhere Cluster-Ebenen. Bei Unklarheiten in der Zuordnung von Rechenvorhaben werden die betreffenden Verantwortlichen der Clusterstandorte und ggf. der LNA-BW konsultiert.

4.5 bwHPC-C5-Kernteam

Das bwHPC-C5-Kernteam (KT) ist ein Gremium des bwHPC-C5-Projekts und setzt sich aus allen Arbeitspaketleitern, Vertretern der Betreiberstandorte und dem Projektbüro zusammen. Übernimmt eine Einrichtung dabei gleichzeitig mehrere Funktionen wie Arbeitspaketleitung und Betreiberstandort, wird dabei nur ein Vertreter entsandt und verfügt über eine Stimme. Die *Aufgaben* des Kernteams liegen im Monitoring von Fortschritt und Risiken auf Projektebene sowie der Thematisierung von Schwierigkeiten bei der Zusammenarbeit zwischen den Arbeitspaketen. Zusätzliche Teilnehmer als ständige Gäste können mit Mehrheitsbeschluss im KT zugelassen werden. Es ist aber grundsätzlich nur ein Vertreter einer Einrichtung stimmberechtigt.

Darüber hinaus wird vor jedem KT-Treffen seitens der Arbeitspaketleiter in Zusammenarbeit mit den Arbeitspaket-Teilnehmern ein kurzer Fortschritts- und Risikobericht bereitgestellt. Treffen des Kernteams finden mindestens eine Woche vor den Treffen des ALWR-BW statt. Alle Anfragen an diesen müssen über das KT eingereicht werden. Zur projektinternen Koordination finden regelmäßige zweiwöchentliche Videokonferenzen gemeinsam mit dem bwHPC-TAB statt. Weiterhin bereitet das KT die bwHPC-C5-Projekttreffen und eine Agenda für eventuell anliegende Abstimmungen vor. Darüber hinaus entwickelt es Qualitäts- und Erfolgsmetriken für bwHPC als auch das bwHPC-C5-Projekt.

4.6 Technical Advisory Board (bwHPC-TAB)

Das TAB ist ein landesweites Gremium auf Cluster-operativer und -technischer Ebene. Es berät unter anderem über die landesweite Abstimmung betrieblicher Aspekte der bwHPC-Cluster. Es sorgt z. B. für die Festlegung der gemeinsamen Parameter und für die Synchronisation des technischen Betriebsmodells, bestehend aus Betriebssystem-Basisinstallation sowie höhere Softwareebene inklusive Scheduler. Damit wirkt es möglichen Diskrepanzen zwischen den Standorten auf der operativ-technischen Ebene entgegen.

Das TAB koordiniert zudem die Abstimmung in der Entwicklung und Fortschreibung des Betriebsmodells (Schulz u. Hermann 2014). Dies beinhaltet unter anderem die Moderation bei Umsetzungen technischer Entwicklungen, Änderungen der Basissoftware und Konfigurationen (z. B. des Scheduling). Entscheidungen zu den Paketen der Anwendungssoftware obliegen den jeweiligen Fach-Communities auf der Ebene ihrer Cluster im bwHPC-C5.

Die Koordination innerhalb des TAB erfolgt via Mailingliste, regelmäßiger Videokonferenzen und durch ein Projektmanagement-Tool. Mit den Videokonferenzen nimmt das TAB außerdem seine Funktion als operativ-technische Sitzung der bwUniCluster-Shareholder wahr. Entscheidungen und Empfehlungen des TAB sind einvernehmlich, können aber den jeweiligen bwHPC-Clusterbetreiber letztendlich die Verantwortung nicht abnehmen.

5 Langfristige Entwicklungen

Das einmal entwickelte Modell der vier Fach- und des Universal-Clusters kann nicht einfach statisch fortgeschrieben werden, da sowohl von der technischen als auch vonseiten der Wissenschaft permanent neue Entwicklungen stattfinden. Mit dem Aufkommen neuer Verfahren und Methoden in den bestehenden Communities oder dem zunehmenden Bedarf aus bisher noch nicht mit einem eigenen Cluster berücksichtigten Wissenschafts-Communities verschieben sich zwangsläufig die Nutzungsprofile der bestehenden Cluster. Mit den Weiterentwicklungen auf den verschiedenen Gebieten der Wissenschaft und dem Aufkommen von „Big Data" erweitert sich der Kreis der Compute-Nutzer, was durch geeignete Strukturen berücksichtigt werden muss. So kann der Bedarf entstehen:
- existierende Cluster zu erweitern,
- neue Teil-Cluster an bestehenden Standorten einzurichten oder
- die Ausrichtung bestehender Cluster an die neuen Erfordernisse ihrer Communities anzupassen.

Die bisherigen Fachschwerpunkte in bwHPC entstanden aus den Erfahrungen des bwGRiD. Alle relevanten Communities mit entsprechendem Bedarf an Hochleistungsrechnen wurden bei der Festlegung 2013 berücksichtigt. Im Rahmen der durch die Steuergremien koordinierten Weiterentwicklung von bwHPC wurde seitens der Geo- und der Ingenieurwissenschaften artikulierter Mehrbedarf an Ressourcen und Support auf der Leistungssebene 3 erkannt. Entsprechende Maßnahmen zur Umsetzung sind für 2016 geplant, siehe die Erweiterung des bwUni-Clusters und HPC-Kompetenzzentren für Geo- und Ingenieurwissenschaften. Zukünftige Shareholder der Cluster werden bei ihrer Einbringung der Mittel unterstützt, einen geeigneten Cluster zu finden und mit der passenden Community und dem entsprechenden Betreiber die Erweiterung zu erörtern.

Zusätzlich besteht aus den bestehenden Communities der regelmäßige Bedarf nach Erweiterungen, dem vorerst durch mögliche Aufwuchsfinanzierung an den entsprechenden Standorten entsprochen werden soll.[7] Diese Entwicklungen werfen generelle Fragen nach der langfristigen Perspektive der einzelnen Cluster und Standorte auf. So sollte es im Sinne eines durchgängigen Betriebes regelmäßige Erneuerungen geben, die wiederum auf verlässliche und planbare Zuwendungen angewiesen sind. Diese Fragestellungen werden Bestandteil der Erörterungen im bwHPC-Lenkungskreis sein.

7 Vgl. hierzu den Beitrag zu „Überlegungen zu laufenden Cluster-Erweiterungen in bwHPC".

6 Ausblick

Die Entwicklungen der Governance-Strukturen eines so umfangreichen Projekts, wie es aus dem bwHPC-Konzept entstanden ist und Partner aus dem gesamten Bundesland umfasst, sind noch nicht abgeschlossen. Während die Aufgabenstellungen für einige Gremien wie den bwHPC-Lenkungskreis inklusive seiner Geschäftsordnung recht umfassend ausformuliert wurden, sind andere noch recht knapp und offen gehalten. Wegen der Vielfalt der Interessengruppen aus Nutzern, Betreibern und Zuwendungsgebern und der Menge der Beteiligten weicht die Sicht auf die Elemente der Governance voneinander ab. Diese Lücke wird sicherlich im Laufe der Zeit geschlossen werden. Einige Gremien und Strukturen müssen sich in der derzeitigen Zusammensetzung noch bewähren, ein Teil dieser ist noch sehr jung und wenig erprobt. Schrittweise Weiterentwicklungen auf den verschiedenen Ebenen sind deshalb geplant.

Für die Weiterentwicklung der Strukturen aus den bisherigen Erfahrungen heraus und zur Erleichterung des Überblicks für Dritte soll beispielsweise die Mehrfachstruktur herausgenommen werden. Ebenso soll in der Nachfolge der bisherigen Einzelprojekte und parallel laufenden Projekte wie bwHPC, das die Inbetriebnahme begleitende IQF-Projekt aufgegeben werden. Ende 2015 wurde entschieden, dass künftig nur ein einziges, integriertes Umsetzungsprojekt vorgesehen sein wird, das die Entwicklung und Steuerung von bwHPC in allen Aspekten inklusive Betrieb und der Leitung der HPC-Kompetenzzentren begleitet. In diesem Zusammenhang wurde die deutlich stärkere Verschränkung des Infrastrukturkonzepts bwHPC mit seinem Begleitprojekt bwHPC-C5 durch die Aufwertung des Kernteams beschlossen. Ebenfalls laufen die Entwicklung von Strukturen für die Einbindung der Nutzer und ihrer Vorstellungen auf der Ebene der einzelnen Cluster noch. Gleichzeitig wurden an einzelnen Standorten bereits verschiedene Aufwuchsfinanzierungen erfolgreich umgesetzt. Die Strukturen müssen sich zudem in Situationen eines eventuellen Ressourcenmangels bewähren, wenn deutlich mehr Compute-Bedarf auf eine gegebene Infrastruktur trifft.[8] bwHPC bildet damit ein Modell für andere große und langfristige Kooperationen (im Land) sowie für die schrittweise Ausbildung der Strukturen für deren Governance.

Aus bwHPC haben sich Infrastrukturen entwickelt, die die einzelnen Betriebsstandorte zu Service-Providern von bestimmten Fach-Communities macht und die nicht mehr einer einzigen Universität zugeordnet sind. Hierfür sind langfristig funktionierende, interuniversitäre Abstimmungsstrukturen essentiell.

8 In 2016 gehen die letzten beiden Bausteine des Konzepts in den Produktionsbetrieb. Erst nach einer Einschwingphase werden Aussagen hierzu realistisch.

Literatur

Hartenstein et al. 2012. *Umsetzungskonzept der Universitäten des Landes Baden-Württemberg für das Hochleistungsrechnen.* [online] mwk.baden-wuerttemberg.de/fileadmin/redaktion/m-mwk/intern/dateien/pdf/Forschung/Umsetzungskonzept_bwHPC.pdf

Hartenstein, Hannes, Thomas Walter und Peter Castellaz. 2013. *Aktuelle Umsetzungskonzepte der Universitäten des Landes Baden-Württemberg für Hochleistungsrechnen und datenintensive Dienste. PIK – Praxis der Informationsverarbeitung und Kommunikation* 36(2): 99–108.

Held, Wilhelm (Hrsg.). 2009. *Vom Anfang des Informationszeitalters in Deutschland. Geschichte der Zusammenarbeit der Rechenzentren in Forschung und Lehre vom Betrieb der ersten Rechner bis zur heutigen Kommunikation und Informationsverarbeitung.* [online] www.zki.de/fileadmin/zki/Publikationen/Chronik/0Chronik.pdf [11. 04. 2016].

Schulz, Janne Chr. und Sven Hermann (Hrsg.). 2014. *Hochleistungsrechnen in Baden-Württemberg – Ausgewählte Aktivitäten im bwGRiD 2012.* Konferenzband mit Beiträgen zu Anwenderprojekten und Infrastruktur im bwGRiD im Jahr 2012. KIT Verlag.

Stefan Wesner, Dirk von Suchodoletz und Gerhard Schneider

Überlegungen zu laufenden Cluster-Erweiterungen in bwHPC

Dieser Text erläutert Aspekte der finanziellen Kooperation bei der Bereitstellung und Nutzung großer Rechenkapazitäten für die Wissenschaft am Beispiel des bwHPC-Konzepts in Baden-Württemberg. Signifikante, geförderte Cluster, die sich im Land fachspezifisch ausrichten, bilden die Grundlage für Erweiterungsinvestitionen für über den ursprünglichen Bedarf hinausgehende Kapazitätswünsche. Diese Herangehensweise schafft neben Effizienzgewinnen eine Reihe signifikanter Vorteile sowohl für die Forschungseinrichtungen als auch für die Universitäten und Mittelgeber. Es werden verschiedene Szenarien für das Einbringen zusätzlicher Finanzmittel präsentiert, da je nach Mittelgeber, Zweck und Förderlogik sehr unterschiedliche Anforderungen erfüllt werden müssen. Diese Szenarien werden an konkreten Beispielen aus dem Landesverbund illustriert.

1 Motivation

Compute-Leistung in großem Umfang wird zu einem immer wichtigeren Arbeitsmittel für die Wissenschaft und Forschung. Hierbei sind zunehmender Bedarf und Ausbreitung in immer mehr Fachdisziplinen zu beobachten. Deshalb steigt der Anteil an Forschungsanträgen, Berufungszusagen oder Projektförderungen, die Rechen-Cluster beinhalten. Die immer umfangreichere Hardware dieser Cluster muss in geeigneter Weise untergebracht, betrieben und gewartet werden. Erfolgt eine dezentrale Aufstellung und Betreuung solcher Systeme durch die jeweilige Forschergruppe, entsteht ein verhältnismäßig hoher Aufwand:

- Jede Gruppe muss sich die Kenntnisse aneignen, um ein geeignetes System auswählen, es ausschreiben und den Beschaffungsvorgang organisieren zu können.
- Zu den Rechenknoten selbst kommen nicht zu vernachlässigende Kosten wie Netzwerkverkabelung und die Unterbringung in 19″-Racks hinzu.
- Die Racks müssen geeignet aufgestellt, mit Energie versorgt und klimatisiert werden, was über viele vorhandene Institutsressourcen hinausgeht.

Stefan Wesner, Universität Ulm
Dirk von Suchodoletz, Albert-Ludwigs-Universität Freiburg
Gerhard Schneider, Albert-Ludwigs-Universität Freiburg

DOI:10.1515/9783110459753-028

Diese Vorgänge sind nicht nur mit verhältnismäßig hohen Infrastrukturkosten verbunden, sondern erfordern teilweise einen erheblichen Personaleinsatz. Eine größere Beschaffung raubt Zeit, so dass oft erhebliche Fristen von der Förderungsbewilligung bis zum Start des tatsächlichen Forschungsvorhabens verstreichen. Neben dem verhältnismäßig hohen Einstandsaufwand für arbeitsgruppeneigene Cluster kommt die Administration im späteren Betrieb hinzu. Zumeist steht kein spezialisiertes Personal zur Verfügung. Es wird stattdessen häufig auf Nachwuchsforschende zurückgegriffen, die neben ihrer eigentlichen wissenschaftlichen Tätigkeit noch Administrationsaufgaben teilweise erheblichen Umfanges übernehmen müssen. Dieser Effekt wird in vielen Fällen noch dadurch verstärkt, dass Fördergeber den Betrieb von Institutsinfrastruktur inklusive Personaleinsatz als Eigenleistung verlangen.

Die Zersplitterung von Ressourcen über Institute und Arbeitsgruppen hinweg erhöht den Finanzbedarf von Forschungseinrichtungen unnötig. Besonders zu Buche schlagen Zusatzaufwendungen für Personal, Koordinierung, Energie und Wartung – Leistungen, die nicht dem jeweiligen Kernauftrag entsprechen.

Die geeignete Skalierung eines Compute-Systems ist eine eigene Klasse von Herausforderungen, da sich der Rechenbedarf von Forschungsvorhaben selten exakt vorausbestimmen lässt. Je nach Fragestellung fließen etliche Variablen in die Größenbestimmung eines Clusters ein. Probleme mit hohem Parallelisierungsgrad erfordern die entsprechende Zahl an CPU-Cores, die der maximal denkbaren Problemgröße entspricht, selbst wenn die einzelne Rechnung in verhältnismäßig kurzer Zeit absolviert wird. Eine Erhöhung der Größenordnung der Fragestellung lässt sich mit einem solchen System in diesem Fall nicht mehr abbilden. Ähnliches gilt für den Gesamtrechenbedarf auch leicht parallelisierbarer Softwareanwendungen. Da üblicherweise eine gewisse Vorlaufzeit für das Aufsetzen des Workflows eingeplant werden muss und umgekehrt die Forschungsergebnisse nicht erst ganz zum Ende des Projekts vorliegen sollten, wird auch in diesen Fällen das System zwangsläufig „zu groß“ geplant. Das geschieht ebenso, wenn die Wartezeiten auf die Ergebnisse eines einzelnen Rechnungslaufes verkürzt werden sollen.[1] Ein weiteres Ungleichgewicht besteht zwischen den zeitlichen Längen von Forschungsprojekten und der Hardwarelaufzeit. Je nach Fachgebiet und Fragestellung sind diese typischerweise auf zwei bis fünf Jahre angelegt, wobei jedoch nicht zu jeder Zeit ein gleich hoher Compute-Bedarf anfallen muss.

Im kommerziellen Umfeld werden Compute-Systeme klassischerweise über fünf Jahre abgeschrieben, da dieses einen guten Kompromiss aus Leistung über die Zeit, Anschaffungs- und Wartungskosten sowie Energiebedarf erzielt. Über diesen Zeitraum sollten die Systeme rund um die Uhr laufen. Das bedeutet für die meisten bisher im wissenschaftlichen Bereich einzeln beantragten Compute-Systeme, dass sie nicht die optimale Zeit laufen und sich nur schwer durch ein einzelnes For-

1 Dieses nimmt implizit in Kauf, dass es Perioden völliger Inaktivität auf der Maschine gibt.

schungsvorhaben optimal ausnutzen lassen. Ebenso fällt es schwer, geeignete Nachnutzer für nicht mehr benötigte Ressourcen zu finden. Kooperative Ansätze wie Cluster-Verbünde können Abhilfe schaffen.

2 Cluster-Verbünde

Moderne Compute-Cluster sind seit längerer Zeit so ausgelegt, dass sie durch Scheduling der anfallenden Jobs sowohl eine optimale Auslastung des Gesamtsystems als auch eine gerechte Verteilung der Ressource unter den beteiligten Benutzern erreichen.[2] Damit lassen sich größere Mengen von Compute-Knoten zu einer logischen Einheit zusammenfassen, die gemeinsam beschafft, aufgestellt, gewartet und administriert werden. Durch moderne Software-Verteil-, Monitoring- und Steuerungsverfahren skalieren solche Systeme in erheblichem Maße, und es lassen sich etliche Optimierungen und Einsparungen erzielen:

- Die gemeinsame Beschaffung erreicht durch die Losgröße eine durchaus relevante Reduktion der Anschaffungskosten, da Projektpreise ausgehandelt werden können.
- Eine hohe Zahl von Rechnerknoten sorgt für geringeren Verschnitt bei der Aufstellung und eine deutlich bessere Auslastung und dichtere Bestückung von teuren Server-Racks.
- Viele Softwarepakete werden von verschiedenen Forschungsgruppen genutzt, so dass Installations-, Update- und Konfigurationsaufwände nur einmalig anfallen. Ebenso ergeben sich häufig Ersparnisse bei den Lizenzen, insbesondere, wenn Campus- oder Landeslizenzen vorliegen.
- Bestimmte Komponenten zum Monitoring oder zur Steuerung der Anlage müssen nur einmal beschafft werden.
- Die Größe der Gesamtanlage hilft, eine Reihe von Optimierungen zu erreichen: Jobs werden im Verhältnis zu kleineren Systemen deutlich schneller fertig, wissenschaftliche Fragestellungen können bei entsprechendem Bedarf wachsen und scheitern nicht an der Größe eines kleinen Einzelsystems.
- Das Gesamtsystem lässt sich durch viele gleichzeitige Benutzer nahezu durchgängig auslasten, ohne dabei einzelnen Nutzern zu lange Wartezeiten zumuten zu müssen.

In Baden-Württemberg gibt es eine längere Tradition von Cluster-Verbünden wie dem landesweiten bwGRiD (Dynowski et al. 2014), welches 2012 abgeschlossen wurde, und dem sich aktuell in der Umsetzung befindlichen bwHPC-Konzept (Har-

---

2 Vgl. hierzu die Ausführungen zu Scheduling und Fairshare in „Strukturvorschlag für eine bwHPC-Governance der ENM-Community“.

tenstein et al. 2013). Diese Verbünde haben erheblich dazu beigetragen, Ressourcen sinnvoll zu bündeln und den Zugang zu Compute-Ressourcen für die Wissenschaft deutlich zu vereinfachen. So haben sich beispielsweise für den bwUniCluster am Standort Karlsruhe mehrere Landesuniversitäten und Hochschulen für Angewandte Wissenschaften (HAW) zusammengefunden, um diesen Cluster mit breitem Anwenderbereich gemeinsam mit dem Ministerium für Wissenschaft, Forschung und Kunst in Baden-Württemberg (MWK) zu verwirklichen. Für die derzeitig vier Forschungs-Cluster im Land bilden sich um die jeweiligen Fach-Communities herum Gruppen von Antragstellern, die gemeinsam mit der Förderung durch das MWK die Kofinanzierung ihrer Vorhaben bei der DFG erreicht haben.

2.1 Mittelgeber der Vorhaben

Der Wissenschaft wird im rohstoffarmen Deutschland eine zentrale Rolle beigemessen, die deshalb in Forschung und Lehre gemäß politischen Konsenses einen hohen Grad an Freiheit genießt. Diese Freiheit zeigt sich bei der Verwendung von Mitteln sowohl aus der verfügbaren Grundausstattung als auch bei eingeworbenen Drittmitteln in Forschungsinstitutionen. Förderinstitutionen und Mittelgeber ebenso wie die jeweilige Universität können nur in gewissem Umfang durch die Mittelbewilligung Einfluss nehmen und bestimmte allgemeine Forderungen an sie knüpfen. Weiterhin unterscheiden sich die Bedingungen der verschiedenen Förderlinien von EU-Kommission, DFG und Bundes- oder Landesministerien. Hierzu zählt beispielsweise die Art des Nachweises der Verwendung oder die Notwendigkeit von Abschlussberichten. Diese sind beim Einsatz der Mittel zu berücksichtigen.

Gleichzeitig wird im Land das Ziel verfolgt, dass sich Infrastrukturprojekte um die Forschenden bemühen und dass sie mit ihren jeweiligen Konzepten überzeugen sollen. Eine Beteiligung an vorhandenen Infrastrukturen muss ausreichend offen und attraktiv sein, um Wissenschaftler nicht in ihren Vorhaben einzuschränken und trotzdem von einer Teilnahme und Einbringung ihrer Mittel zu überzeugen.

3 Kristallisationskerne für Verbundinfrastrukturen

Mit den bestehenden und sich im Aufbau befindlichen Clustern sind sehr attraktive Ressourcen für die Wissenschaft entstanden, die das Interesse weiterer Forschungsgruppen geweckt haben. Gleichzeitig erkennen Hochschuleinrichtungen den Wert dieser Forschungsinfrastrukturen, der sowohl für die Berufung neuer Wissenschaftler als auch die Unterstützung von neuen Forschungsprojekten zunehmend relevant wird. Damit steigt mittelfristig der Bedarf, die bestehenden Cluster an die zusätzlichen Anforderungen anzupassen oder neue Cluster einzurichten. Diese Entwicklungen bringen eine Reihe von Implikationen mit sich, die Auswirkungen auf hochschulinterne und hochschulübergreifende Prozesse haben können.

Die geschaffenen Cluster-Ressourcen unterliegen einer Abschreibung und Veraltung,[3] so dass in regelmäßigen Abständen bei weiter bestehendem Bedarf über Erneuerung nachgedacht werden muss. Hierbei sollte darauf geachtet werden, dass das Kernsystem ausreichend dimensioniert und gleichzeitig offen für weitere Erweiterungen ist und damit ein attraktiver Kristallisationskern für zusätzliche Investitionen bleibt. Dieses sollte mit eventuell anstehenden Erweiterungsinvestitionen verschränkt werden. Alle erfolgreichen Technologien in IT und im Internet – das zeigt der Aufstieg der zur Zeit marktbeherrschenden Internetkonzerne – profitieren von der extremen Variabilität und den nicht vorhersagbaren Entwicklungsmöglichkeiten, die nicht durch Regularien aus der analogen Zeit künstlich beschränkt sind.

3.1 Finanzierungsfragen

Um von Skaleneffekten bei Beantragung, Betrieb und Wartung der Verbund-Cluster profitieren zu können, sollten Erweiterungen oder Ersetzung der Anlagen kontinuierlich oder in regelmäßigen, geplanten Abständen erfolgen. So wurden beispielsweise im Beantragungsprozess der HPC-Cluster in Freiburg und Mannheim-Heidelberg weitere Forschungsgruppen eingebunden, die Eigenanteile eingebracht haben. Am Standort Ulm wurden bereits erste Erweiterungen aus Mitteln Dritter nach Inbetriebnahme vorgenommen. Diese Option sollte für weitere Gruppen offenstehen, so dass nach einer gewissen, festgelegten Zeit eine neue Finanzierungsrunde aufgelegt werden kann. Hierzu sind einige Fragen zu beantworten wie die Festlegung des Umgangs mit notwendigen Erweiterungen oder Aktualisierungen der Cluster generell. Es soll der Tatsache Rechnung tragen, dass es kontinuierliche Mittelflüsse durch Berufungen und Projekte gibt. Hier wäre zu entscheiden, ob wiederholt dedizierte Großprojekte angestoßen oder spezielle Förderlinien genutzt werden.[4] Eine Alternative läge in einer eher kontinuierlichen Weiterentwicklung und Erneuerung mit Möglichkeit der Schwerpunkt und Exzellenzbildung in bestimmten Bereichen.[5]

3.2 Organisatorische Auswirkungen des bwHPC-Landeskonzepts

Mit der Bildung von hochschulübergreifenden, landesweiten Cluster-Verbünden verschränken sich unter Umständen landespolitische, strategische, Wissenschafts-

3 Für Compute-Cluster geht man von einer durchschnittlichen sinnvollen Laufzeit von fünf Jahren aus.

4 Dieses könnte auf eine Stichtaglösung hinauslaufen, zu der über einen gewissen Zeitraum hinweg Gelder gesammelt und gemeinsam eingesetzt werden. Durch den kooperativen Ansatz lassen sich so bestimmte Relevanzgrenzen der DFG erreichen.

5 An dieser Stelle wäre festzulegen, wie in der Laufzeit der Cluster Ersatz und Zusatzinvestionen aus Berufungs- und Projektmitteln eingesetzt werden sollen.

und Uni-spezifische Belange. Finanzierungen für Cluster-Anteile sollten im Sinne des formulierten HPC-Konzepts standortübergreifend fließen. Dieses ist besonders leicht am bwUniCluster zu sehen, der direkte Anteile von mehreren Landesuniversitäten und in der Erweiterungsrunde auch von HAWen enthält. Damit gehen bestimmte Erwartungen und Verpflichtungen seitens der Betreiber und der Leistungsnehmer einher. So finden direkte Geldflüsse von den zahlenden Einrichtungen an den Standort Karlsruhe/KIT statt.

Weiterhin hat die Community-Orientierung der neuen Forschungs-Cluster eine andere interessante Folge: So könnte beispielsweise eine Top-Wissenschaftlerin mit viel Geld an Universität A berufen werden, aber ihre fachliche Compute-Zuordnung an den Cluster-Standort Universität B erfolgen. Wenn dann Berufungsmittel zur Erweiterung der Kapazitäten eingesetzt werden, setzt dies Mittelflüsse zwischen Hochschuleinrichtungen in Gang.

Aus Sicht der Berufungskommissionen ergibt sich ebenfalls ein neues Bild: Geforderte Mittel für Compute-Bedarf sollten in Zukunft zuerst gegen bestehende Cluster geprüft werden, insbesondere auch an auswärtigen Standorten. Dieses kann dazu dienen, einen möglichst effizienten Mitteleinsatz zu erreichen.[6] Umgekehrt erfordern verschobene Mittel neue Formen von Vereinbarungen, so dass der ziel- und zweckgerichtete Einsatz an einer Dritteinrichtung sichergestellt werden kann.

Aus Sicht der Wissenschaft muss die Ressource möglichst attraktiv bereitgestellt werden, so dass die einzelnen Gruppen die HPC-Cluster optimal für sich nutzen können. Hierzu ist im Rahmen einer festzulegenden wissenschaftlichen Governance ein Ausgleich der Interessen der verschiedenen Gruppen zu organisieren.[7]

4 Beteiligungspläne

Für die verschiedenen Anforderungen seitens der Wissenschaft sollten Cluster-Standorte eine Reihe von Beteiligungsmodellen anbieten können. Wegen der Größe einzelner Vorhaben und der Beteilung verschiedener Akteure sollten die organisatorischen Implikationen der Steuerung nicht vernachlässigt werden.

4.1 Szenario 1 – Kleinere Investitionswünsche in zentrale Server-Hardware

Das Institut X hat zeitlich gebundene Mittel aus interner oder externer Quelle in Höhe von Y (beispielsweise 50.000 €). Der Beschaffungsantrag wird dem jeweiligen

6 So wäre zu prüfen, ob Antragsteller ihre eigenen Betriebsressourcen haben oder nicht. Das hat Implikationen für die Abläufe in einzelnen Berufungskommissionen und Rektoraten.

7 Siehe Wiebelt et al., „Strukturvorschlag für eine bwHPC-Governance der ENM-Community“, im gleichen Band.

Rechenzentrum einer Landeseinrichtung zur Begutachtung vorgelegt. Dies lässt sich am Beispiel eines schon durchgeführten Erweiterungsverfahrens in Ulm illustrieren:

- Eine dezentrale Investition einer Arbeitsgruppe oder eines Forschungsprojekts in eigene Infrastruktur wird vom jeweiligen Rechenzentrum abgelehnt. Stattdessen erhalten die Antragsteller ein Angebot, die Investitionsmittel in den zentralen Compute-Cluster zu integrieren.
- Das Angebot umfasst eine bestimmte Aufteilung der neuen Ressourcen: Zwei Drittel der Hardware stehen dem Investor exklusiv zur Verfügung. Dies gilt auch für den Fall, dass die Rechenknoten zwischenzeitlich ungenutzt bleiben.
- Ein Drittel der Hardware steht *allen* Benutzern der Ressource, also auch dem Investor, als Teil des Gesamtsystems zur Verfügung.
- Die grundlegende Infrastruktur für dieses Angebot, wie 19″-Racks, Ethernet-Switches und die Verkabelung wird vom Rechenzentrum gestellt. Sie umfasst ebenso die notwendigen Aufwendungen für Strom und Klimatisierung, die ebenso wie die notwendige Fläche in einem geeigneten Serverraum von der Standort-Universität angeboten werden.
- Der direkte und indirekte Finanzierungsanteil der Universität könnte als Teil von internen „Green IT"- und Effizienzmaßnahmen „refinanziert" werden.[8]

Die Abbildung der Anteile erfolgt auf der technischen Ebene mittels des Job-Schedulers der Gesamtanlage mittels Fairshare-Queueings (Wiebelt et al., „Strukturvorschlag für eine bwHPC-Governance der ENM-Community", im gleichen Band).

4.2 Szenario 2 – bwUniCluster und Erweiterungen

Im Gegensatz zu Szenario 1 sind dieses Finanzierungsmodell und die entsprechende Aufwuchsfinanzierungen in der Granularität oberhalb von einzelnen Instituten, Arbeitsgruppen oder Forschungsprojekten angesiedelt. Mit dem bwUniCluster-System werden an den verschiedenen Universitäten in Baden-Württemberg lokal angedachte Ressourcen zur allgemeinen HPC-Grundversorgung vereint und wie eine lokale Ressource in einem Beteiligungsmodell mit kooperativen Beiträgen, wie beispielsweise Softwarepflege in allen Standorten, zugänglich gemacht. Durch Bedarfserhebungen und Schätzungen von Vorläufer-Clustern wurde ein Umfang von 4 Mio. € als sinnvolle Investitionsgröße für das System festgestellt. Dabei werden die Investitionskosten durch eine Zuwendung des Land Baden-Württemberg nach Artikel 143c des Grundgesetzes kofinanziert. So haben beispielsweise die Universi-

---

8 Die Universität vermeidet Aufwände beim Einrichten von dezentralen Serverräumen und spart durch Konzentration bei der Energie für die notwendige Kühlung.

täten Ulm, Stuttgart, Heidelberg und Freiburg einen zehnprozentigen Anteil[9] an der Ressource. Die Leistungsanteile am bwUniCluster-System werden entsprechend einem Beteiligungsschlüssel (Anteile an den Gesamtinvestitionsmitteln) vergeben und auf technischer Ebene durch ein nach Anteilen gewichteten, fairen Warteschlangen-Algorithmus (vgl. Wiebelt et al., Strukturvorschlag für eine bwHPC-Governance der ENM-Community, im gleichen Band) umgesetzt. In gleicher Form, wie das bwUniCluster-System gemeinsam beschafft wird, werden anfallende Betriebskosten zur Laufzeit auf die Teilhaber umgelegt.[10]

Der Planung zur Erweiterung des HPC-Grundversorgungssystems ging die Erfassung der Bedarfssituation an den Hochschulen im Land Baden-Württemberg voraus. Aktive HPC-Nutzerakquise (Universität Konstanz), Ersatz einer lokalen HPC-Ressource (KIT), Erweiterung der Themenfelder in Abstimmung mit dem Landesnutzerausschuss (Universität Hohenheim) sowie die Integration der Hochschulen für Angewandte Wissenschaften umfassten die Kriterien zur gewünschten Erweiterung von Leistungsanteilen am bwUniCluster-System. Entsprechend den erfassten Nutzeranforderungen wird die Erweiterung für parallele Anwendungen mit verteiltem Speicher ausgelegt. Sie umfasst eine Ausschreibungssumme von ca. 2,1 Mio. € ausschließlich für Rechenknoten ohne Erweiterung des Lustre-Parallelspeichers. Wegen unterschiedlichen Bedarfs beteiligen sich nicht alle bisherigen Eigentümer an der Erweiterung. Neu hinzu kommen die Hochschulen für Angewandte Wissenschaften. Wegen des Fokus auf Rechenknoten ohne zusätzlichen Speicher wurde ein vereinfachtes Gesamtinvestitionssummenmodell angesetzt.[11] So entsprechen die neuen Leistungsanteile aller Eigentümer der Summe der ursprünglichen und für die Erweiterung getätigten Investitionsanteile und beziehen sich auf das Gesamtsystem inklusive Erweiterung. Damit betragen die Fairshare-Anteile der vorgenannten vier Eigentümer Ulm, Stuttgart, Heidelberg und Freiburg nach der Erweiterung 6,7 % des Clusters. Die Finanzierung der Betriebskosten durch die oben genannten Teilhaber für die Erweiterung des bwUniCluster-Systems erfolgt wiederum nach dem schon bewährten Beteiligungsmodell.

4.3 Szenario 3 – Spezielle Anforderungen seitens der Mittelgeber

Das Fairshare-Modell (Szenarien 1 und 2) lässt sich nicht auf alle Situationen abbilden, da sich die an Drittmittel geknüpften Bedingungen unterscheiden können. So

9 Dieser Anteil ergibt sich aus einer Investition von 200.000 € durch die jeweilige Universität und einer Verdoppelung durch das Land auf 400.000 €, was einem Zehntel der Gesamtaufwendungen entspricht.

10 Betriebskosten werden aktuell auf Grundlage einer ALWR-BW-Schätzung jährlich pauschal abgerechnet, eine detailliertere Aufstellung ist für die Zukunft geplant. Dabei spielt es keine Rolle, ob der Eigenanteil tatsächlich ausgeschöpft wurde.

11 In diesem Modell wurde darauf verzichtet, „alte“ und „neue“ Rechenknoten in ihrer Leistungsfähigkeit nach einer bestimmten Metrik ins Verhältnis zu setzen.

wird in bestimmten Konstellationen wie der Ausweisung von Projektmitteln für Betriebsmittel für Rechenbedarf eine exklusive Verfügbarkeit der beschafften HPC-Ressource gefordert. Selbst diese Situation kann sauber im bwHPC-Kontext abgebildet werden. Hierzu wird für die Investitionskosten eine Formel angesetzt, die beispielsweise 90 % für Rechenknoten und 10 % für Infrastrukturkosten vorsieht. Zu letzterem zählen Kostenblöcke, wie HPC-Vernetzung durch InfiniBand, Switches für das Managementnetz oder Server-Racks für den Einbau der Rechenknoten. Das Verhältnis kann je nach Cluster und gewünschtem Knoten-Interconnect variieren und muss mit den Antragstellern vereinbart werden. Wegen der exklusiven Nutzung der Knoten sind die Stromkosten durch den Auftraggeber zu zahlen. Eine Beteiligung an den Betriebskosten ist auch denkbar, wenn die HPC-Ressourcen nur zu einem Teil exklusiv benutzt werden (Szenario 1) oder nicht exklusiv über entsprechende Anteile am Fairshare (Szenario 2).

Die Variante erlaubt den Wissenschaftlern des investierenden Projekts die Nutzung von Landeslizenzen für Software. Entweder erlauben die Lizenzvereinbarungen eine direkte Verwendung ohne weitere Kosten, wenn es sich um pauschalierte Vereinbarungen handelt, oder es fallen Lizenzkosten beispielsweise auf Basis der beschafften Knotenanzahl an. In diesem Fall wird zumindest sichergestellt, dass investierende Projekte von den vereinbarten Rabattstaffeln der jeweiligen Software profitieren. Ebenso übernimmt das entsprechende Rechenzentrum den Basisbetrieb der Knoten. Das erlaubt Forschungsprojekten einerseits, sehr schnell arbeitsbereit zu sein, und auf der anderen Seite verschiedene Kosten zu senken. Ebenso profitiert die Hochschule, an der das Projekt durchgeführt wird, da sich der Aufwand zur Bereitstellung der Infrastruktur an dezentraler Stelle verringert.

Das lässt sich am besten am Beispiel einer Gruppe Stuttgarter Wissenschaftler illustrieren, die in den bwForCluster JUSTUS am Standort Ulm investiert haben. Das Vorgehen wurde durch beide Unversitäten unterstützt, ebenso wie durch den Geldgeber dieses Wissenschaftlers. Die Vereinbarung erfolgte im Rahmen des bwHPC-Konzepts als „Handschlag-Vertrag“, so dass eine Dokumentation per E-Mail-Kommunikation genügte. Dem Wissenschaftler wird eine exklusive Nutzung der zusätzlichen Knoten (garantierte Anzahl Knoten zur exklusiven Nutzung) durch eine logische Unterteilung des Gesamtclusters durch das Queueing-System zugesichert. Durch die Rahmenbedingung der Beschaffung wird eine auf drei Jahre garantierte Betriebssicherheit der Knoten, das heißt beispielsweise Austausch bei Defekt, realisiert.

4.4 Szenario 4

Im Fall des Freiburger Clusters für die Elementarteilchenphysik, Neurowissenschaften und Microsystemtechnik (ENM) erfolgte mit der Fertigstellung des DFG-Förderantrags eine Aufnahme von weiteren Arbeitsgruppen aus diesen Wissenschafts-Communities. Diese hatten einen zusätzlichen Bedarf, der über ihren Anteil am ursprünglichen Gesamtantrag hinausging, identifiziert. Ursprünglich waren die Eigenmittel dafür vorgesehen, Mini-Cluster für die jeweilige Arbeitsgruppe zu beschaffen. Dies wurde durch die Erweiterung des Freiburger Cluster-Antrags um diese Zusatzmittel vermieden. Im Ergebnis umfasst der bwForCluster ENM ein Gesamtvolumen von 3,7 Mio. €.[12] Die eingebrachten Mittel werden anteilig ebenso wie die Basismittel verausgabt. Das bedeutet, dass die investierenden Arbeitsgruppen den entsprechenden prozentualen Anteil an den Kosten für die Rechenknoten, Serverschränke, Betriebssystem und Basissoftware ebenso wie für die Netzwerke tragen. Sie erhalten in Höhe ihres Anteils einen zusätzlichen, den Basisumfang als Mitglied der Wissenschafts-Community übersteigenden Anteil der Gesamtrechenzeit. Dieses wird mittels Fairshare-Mechanismus des Schedulers abgebildet. Gleichzeitig werden sie als Shareholder speziell in der Cluster-Governance beteiligt (vgl. Wiebelt et al., Strukturvorschlag für eine bwHPC-Governance der ENM-Community, im gleichen Band).

4.5 Szenario 5

In Heidelberg entstand die Situation, dass die Beantragung des bwForClusters MLS& WISO[13] zeitlich mit der Beantragung des Nachfolgesystems für den HPC-Cluster des Interdisziplinären Zentrums für wissenschaftliches Rechnen (IWR) zusammenfiel. Das IWR ist eine zentrale Einrichtung der Universität Heidelberg und betreibt seit vielen Jahren HPC-Systeme mit einem Schwerpunkt auf Methodenentwicklung. Um Synergieeffekte zu nutzen, wurde die Beantragung und Beschaffung der beiden HPC-Cluster zusammengefasst. Es entstand ein gemeinsamer DFG-Förderantrag des Universitätsrechenzentrums und des IWR der Universität Heidelberg sowie des Rechenzentrums der Universität Mannheim. Das beantragte Clustersystem ist mittlerweile in Betrieb und besteht aus einem Produktionsteil für die fachbezogene Forschung im Bereich Molekulare Lebenswissenschaften, Wirtschafts- und Sozialwissenschaften und aus einem Entwicklungsteil für die Methodenentwicklung, der von allen Fachbereichen genutzt werden kann. Durch den getrennten Betrieb von zwei Clusterteilen können die unterschiedlichen Anforderungen der beiden Nutzer-Communities am besten erfüllt werden. Der Produktionsteil bietet einen stabilen Betrieb mit möglichst hoher Verfügbarkeit und mit Fokus auf der Bereitstellung von Anwendungssoftware. Dagegen ermöglicht der Entwicklungsteil eine hohe Flexibilität hinsichtlich des gesamten Software-Stacks, der bis auf Betriebssystemebene für den Einsatz von bestimmten Methoden optimiert werden kann. Beide Clusterteile wurden in die bwHPC-Infrastruktur integriert und stehen den Wissenschaftlern in Baden-Württemberg als Landesdienste zur Verfügung. Durch die gemeinsame Antragstellung und

---

12 Die Mittel setzen sich im Einzelnen aus 1,5 Mio. € Landesförderung durch das MWK, 0,35 Mio. € aus Mitteln der zusätzlichen Arbeitsgruppen und 1,85 Mio. € Kofinanzierung der DFG zusammen.
13 www.bwhpc-c5.de/wiki/index.php/Category:BwForCluster_MLS%26WISO.

Beschaffung konnten die Kompetenzen der beteiligten Einrichtungen gebündelt und weiter ausgebaut werden. Insbesondere die Etablierung des Entwicklungsteils als zusätzlicher Landesdienst ist ein direktes Ergebnis dieser Zusammenarbeit.

5 Vorläufiges Fazit

Die hochschulübergreifende Zentralisierung von HPC-Ressourcen schafft wesentliche Synergien und Vorteile für die Forschenden im Land und die einzelnen Einrichtungen. Hierzu stellt die Cluster-Grundfinanzierung den essentiellen Kristallisationskern bereit. Regelmäßige Erneuerungen und Erweiterungen sind in sinnvollen und planbaren Intervallen notwendig, um eine gewisse Einheitlichkeit der Cluster-Hardware sicherzustellen. Diese im Verhältnis zur Gesamtsumme relevanten Beiträge helfen, die Richtung der Cluster-Entwicklung im Sinne des Gesamtkonzepts sicherzustellen. Durch offene Beteiligungsmodelle wird gleichfalls dafür gesorgt, dass die Fach-Communities Einfluss auf die Weiterentwicklung des bwHPC-Konzepts haben. Die anteiligen Nutzer, sowohl in ihrer Rolle als Shareholder als auch als Stakeholder der Ressource (vgl. Wiebelt et al., Strukturvorschlag für eine bwHPC-Governance der ENM-Community, im gleichen Band) bekommen durch die Einbindung in das bwHPC-Landeskonzept, welches durch die DFG positiv begutachtet wurde, und durch das begleitende C5-Projekt eine hohe Sicherheit des effizienten Einsatzes ihrer eingebrachten Mittel.[14] Vorgelegte Verrechnungsmodelle werden zunehmend zur Voraussetzung weiterer Förderung wie beispielsweise bei der Aufwuchsfinanzierung des bwUniClusters seitens des MWK gemacht. Neben den Wissenschaftlern profitieren die Universitäten und HAWen in erheblichem Maß von Cluster-Verbünden. Sie schaffen attraktive Forschungsinfrastrukturen und helfen, den Compute-Bedarf in kontrollierte Bahnen zu lenken. Der Aufwand hinsichtlich Bauplanung, Klimaregelung und Zutrittssteuerung sowie für den Anschluss an Universitäts- und Steuerungsnetze wäre bei einer dezentralen Serverlandschaft deutlich höher.

Literatur

Dynowski, Marek, Michael Janczyk, Tobias Kienzle, Matthias Landwehr, Reinhard Mayer, Adrian Reber, Nico Struckmann, Sabine Richling, Janne Schulz und Sven Hermann. 2014. *Das bwGRiD heute.* Eine erfolgreiche förderative HPC-Forschungsumgebung Hochleistungsrechnen in Baden-Württemberg – Ausgewählte Aktivitäten im bwGRiD, 18–39, KIT Scientific Publishing.

14 Durch den lange bestehenen Rahmen der Kooperation und Betriebserfahrungen an den Standorten mit regelmäßigem, institutionalisiertem Austausch besteht das notwendige Wissen für einen effizienten Cluster-Betrieb.

Hartenstein, Hannes, Thomas Walter und Peter Castellaz. 2013. *Aktuelle Umsetzungskonzepte der Universitäten des Landes Baden-Württemberg für Hochleistungsrechnen und datenintensive Dienste. PIK – Praxis der Informationsverarbeitung und Kommunikation* 36(2): 99–108.

Bernd Wiebelt, Michael Janczyk, Dirk von Suchodoletz,
Ad Aertsen, Stefan Rotter, Markus Schuhmacher,
Andreas Greiner und Günter Quast

Strukturvorschlag für eine bwHPC-Governance der ENM-Community

Der bwForCluster NEMO bietet für das Land Baden-Württemberg Hochleistungsrechenressourcen im Einstiegssegment (Tier-3) für drei wissenschaftliche Communities an: Elementarteilchenphysik, Neurowissenschaft und Mikrosystemtechnik (ENM). Prinzipbedingt muss damit einer Mischung aus verschiedenen Benutzerprofilen und entsprechend heterogenen Erwartungshaltungen Genüge getan werden. Zur Versorgung der drei Fach-Communities kommt dabei noch hinzu, dass es für einige Arbeitsgruppen die erste Berührung mit Rechnen jenseits des Desktops ist, während andere Arbeitsgruppen damit bereits auf (eigenen) Clustern Erfahrungen gesammelt haben. Zudem gibt es Arbeitsgruppen, welche die Hochleistungsrechenressource durch eigene finanzielle Beteiligungen vergrößert und sich damit erweiterte Nutzungsrechte erworben haben. Um einen fairen Ausgleich der Interessen und einen harmonischen Betrieb zu gewährleisten, bietet es sich deshalb an, die Benutzer frühzeitig, regelmäßig und in angemessener Art und Weise in Entscheidungsprozesse und in die Weiterentwicklung des Betriebsmodells in einer zweistufigen Beteiligungsstruktur zu involvieren. Eine breit aufgestellte Nutzerversammlung ermöglicht es, ein Gesamtbild über Zufriedenheit und zukünftige Anforderungen aller involvierten Anwender zu erhalten. Gleichzeitig werden aus den Reihen der wissenschaftlichen Communities, der Shareholder und der Betriebsgruppe Vertreter in einen kleinen, handlungsfähigen Cluster-Beirat entsandt, der sich in engeren Zyklen trifft und operative Belange des Clusters erörtert.

1 Motivation

Das Land Baden-Württemberg, vertreten durch das Ministerium für Wissenschaft, Forschung und Kunst (MWK), und die Deutsche Forschungsgemeinschaft (DFG) fördern mit dem bwHPC-Konzept größere, verteilte Infrastrukturen für das High-Performance-Computing in Baden-Württemberg (Hartenstein et al. 2013). Der hier betrachtete bwForCluster NEMO bedient den landesweiten Bedarf an Hochleis-

Bernd Wiebelt, Michael Janczyk, Dirk von Suchodoletz, Ad Aertsen, Stefan Rotter, Markus Schuhmacher, Andreas Greiner, Albert-Ludwigs-Universität Freiburg
Günter Quast, Karlsruher Institut für Technologie

DOI:10.1515/9783110459753-029

tungsrechnern im Einstiegssegement (Tier-3) für die Wissenschaftsbereiche Elementarteilchenphysik, Neurowissenschaften und Mikrosystemtechnik (ENM). Der am Standort Freiburg lokalisierte Cluster wurde durch Drittmittel aus Gruppen der ENM-Communities erweitert. Durch die gleichzeitige Ansiedlung der Cluster-Hardware und der Leitung des Kompetenzzentrums ENM in Freiburg ergibt sich ein vom dortigen Rechenzentrum verantwortlich zu koordinierender Service. Da dieser Service (landesweit) für alle Wissenschaftler aus den genannten Fachbereichen erbracht wird, sind geeignete Formen des Ausgleichs der Interessen und der Steuerung der Weiterentwicklungen des Clusters erforderlich. Hierfür wird ein *kooperatives und konsensorientiertes Steuerungsmodell* angestrebt, welches auf die Erfahrungen der Gruppen der einzelnen Fachdisziplinen in anderen kooperativen Strukturen zurückgreift. Zwei besondere Faktoren machen eine differenzierte Struktur erforderlich:

- Der Cluster bedient drei verschiedene Fach-Communities mit durchaus sehr verschiedenen Forschungsansätzen und Rechenvorhaben. Die Bestimmung und Nachjustage der Anteile wird insbesondere bei Wartezeiten in der Queue eine zentrale Aufgabe.
- Schon in der Antragsphase wurden zusätzliche Mittel von einzelnen Arbeitsgruppen aus den Fach-Communities aufgenommen. Diese sind anteilige Mitbesitzer (Shareholder) des neuen Clusters.

Die Governance-Strukturen des bwForCluster NEMO dienen dazu, den Betrieb des Clusters im Sinne aller beteiligten Parteien, Geldgeber, Benutzer und Betreiber, fair und erfolgreich gemeinsam zu gestalten. Das vorgeschlagene Governance-Modell strebt eine enge Rückkopplungsschleife mit den Fach-Communities an, wie sie schon in der Antragsphase zur Beschaffung erfolgte. Das dient gleichzeitig der Entlastung übergeordneter Ebenen wie Landesnutzerausschuss oder bwHPC-Lenkungskreis von ENM-spezifischen Belangen. Gleichwohl bleiben die übergeordneten Ebenen die letzte Instanz bei Problemen, die das bwHPC-Konzept als Ganzes betreffen, wie beispielsweise im Fall einer Mangelbewirtschaftung. Die übergreifenden Strukturen werden im Beitrag „Strukturen und Gremien einer möglichen bwHPC-Governance" behandelt.

2 Organisatorische Rahmenstrukturen

Das Land und die Universitäten in Baden-Württemberg haben in den vergangenen Jahren eine neue, intensivere Form der Kooperation inbesondere im Bereich HPC und Datenhaltung eingeleitet. Die vom MWK und der DFG geförderte Zusammenarbeit soll daher mehrere Aspekte der standortübergreifenden Zusammenarbeit abdecken: Zum einen werden auf diese Weise Kommunikations- und Organisationskanäle geschaffen, die notwendig sind, um gemeinsame Vorhaben zu planen und zu realisieren. Zum anderen können sich die beteiligten Kooperationspartner auf ihre Stärken konzentrieren und das (eigene) Profil weiter schärfen und ausbauen. Die landesweiten und die standortspezifischen HPC-Konzepte müssen – damit sie tragfähig sind und nachhaltig wirken können – in die Betriebslandschaft der Rechenzentren beziehungsweise der Infrastrukturen der beteiligten Akteure eingebettet werden. Betriebliche Abläufe und Infrastrukturen müssen mit wissenschaftlichen Geräten und Prozessen harmonisiert werden. Diese Entwicklung ist eine gewollte und logische, weil notwendige, Konsequenz aus der Verstärkung der Kooperation auf allen Ebenen.

Die bwHPC-Initiative ist insofern ein interessantes Modell, als dass die Wissenschaft durch einen Zusammenschluss innerhalb bestimmter Communities (Stakeholder) eine Dienstleistung (Hochleistungsrechnen) gemeinsam bei den Betreibern (ausgewählte Universitätsrechenzentren im Land) beauftragt und dieses in gemeinsam koordinierten DFG-Großgeräteanträgen für jeden fachspezifischen Cluster realisiert. Im Gegenzug verzichten die Beteiligten auf eigene Anträge und Umsetzungen.[1] Das erfordert Abstimmung und Vertrauen. Die Betreiber sind formal gegenüber dem MWK und DFG verantwortlich, da sie für die Finanzierung und Umsetzung der Vorhaben unterschrieben haben. Das bedeutet, dass die Stakeholder während des Beschaffungsprozesses involviert wurden und eine weitere Einflussnahme in Belange des technischen Betriebes nur im Konsens mit den Betreibern erfolgen kann.

Die Finanziers DFG und MWK sowie die direkten Anteilseigner erwarten innerhalb bestimmter Perioden Berichte, wie sich das Vorhaben entwickelt. Nicht alle Parteien (DFG und MWK) wollen dazu zwingend in Ausschüssen vertreten sein oder in die Belange der Forschungs-Communities hineinregieren. Mittelgebende Arbeitsgruppen und Institute, die sich mit eigenen Forschungsgeldern engagieren, wollen als Shareholder bei Entscheidungen zur Weiterentwicklung befragt werden und in die begleitenden Entscheidungsprozesse involviert sein. Dem muss beim Gremien-Design Rechnung getragen werden.[2] Drängender werden die Fragen im Falle der „Mangelbewirtschaftung“, weil dann konkurrierende Interessen bestehen, die geeignet ausgeglichen werden sollen. Interessenausgleich und Problemlösung in diesem Bereich werden über das Clusterauswahlteam (CAT) beziehungsweise auf einer höheren Ebene durch den Landesnutzerausschuss moderiert.

Bedingt durch den landesweiten Charakter des bwHPC-Konzepts gibt es zunehmend Benutzer, die aus verschiedenen Einrichtungen des Landes und nicht von

1 Das spart auf Seiten der Wissenschaft duplizierten Antrags-, später Beschaffungs- und Betriebsaufwand. Umgekehrt können die Standorte notwendige Infrastrukturmaßnahmen, wie die Bereitstellung klimatisierter Serverräume, bündeln.

2 An dieser Stelle kommt es auf die Art der Beteiligung (Fairshare-Modelle, exklusiver Bereich) an, ob evtl. mit Stimmrechten oder Ähnlichem gearbeitet werden sollte. Insbesondere, wenn es durch sehr gute Auslastung des Gesamtsystems zu Engpässen kommt, können Shareholder auf ihren eingebrachten Ressourcenanteilen bestehen.

der Standort-Universität des bwForClusters kommen. Damit entfallen die direkten Zugriffsmöglichkeiten auf die Betreiber des Hochleistungsrechners, die ansonsten durch die Zugehörigkeiten zur gleichen Hochschule automatisch gegeben gewesen wären. Dies mag für die Nutzer zunächst ungewohnt erscheinen.[3] Die zunehmende Akzeptanz von Cloud-Diensten normalisiert jedoch die für manche Nutzer fremde Situation zunehmend.

Durch die landesweite Kooperation kristallisieren sich zwei wesentliche Handlungsfelder heraus: Zum einen gilt es, eine einfache, tragfähige und transparente Form für die gegenseitige Leistungserbringung zu finden, zum anderen geeignete Governance-Strukturen zu installieren, mit denen Ansprüche und Rechte der Partner auf den verschiedenen Ebenen ausgeglichen werden. Ohne diese teilweise noch auszubauenden Strukturen lässt sich die dringend notwendige Entwicklung höher integrierter Kooperationen und verteilt erbrachter Landesdienste nicht realisieren, da teilweise erhebliche Sachmittel und personelle Ressourcen an einzelnen Standorten für einen bwForCluster aufgebracht werden müssen (selbst wenn sie dafür an anderer Stelle nicht mehr anfallen). Derzeitige betriebliche Governance-Strukturen auf bwHPC-Ebene sind das Technical Advisory Board (TAB) und der bwHPC-Lenkungskreis. Die Scientific-Governance wird durch den Landesnutzerausschuss (LNA-BW) und das Cluster-Auswahlteam (CAT) abgebildet.[4]

Ein langfristiges Ziel für den Standort Freiburg ist die Weiterentwicklung des bwForClusters NEMO durch das Einwerben neuer Mittel für regelmäßige Aktualisierung und Erweiterung des Systems (Hardware, Software und Human Resources). Deshalb soll es möglich sein, in einem Shareholder-Modell zusätzliche Ressourcen aus Berufungs-, Instituts-, Projekt- oder Arbeitsgruppenbudgets in die jeweiligen bwForCluster einzubringen und als Erweiterung aufzunehmen.[5] Im Gegenzug erfolgt eine Beteiligung am Gesamtsystem unter der Bedingung, dass sich Erweiterungen direkt der zentralen Governance sowie Administration und Monitoring unterstellen.[6]

---

3 Besonders die wegfallende Weisungsbefugnis an dienstrechtlich untergeordnete Administratoren wird hier und da zu „Phantomschmerzen" führen.

4 Lenkungskreis, TAB, LNA und CAT sind im Zuge der Entwicklung des bwHPC-Konzepts in Absprache mit dem MWK eingeführt worden. Vgl. Wiebelt et al., Strukturvorschlag für eine bwHPC-Governance der ENM-Community, im gleichen Band.

5 Wegen der Zuordnung der Cluster zu bestimmten Fach-Communities kann eine solche Investition durchaus übergreifend erfolgen. So kann beispielsweise eine interessierte Gruppe am Standort A nach Absprache mit dem CAT und bwHPC-Lenkungskreis am Standort B investieren.

6 Die konkreten Leistungen und Bedingungen werden in „Überlegungen zu laufenden Cluster-Erweiterungen in bwHPC" konkretisiert.

3 Technischer Rahmen: Fairshare und Quality-of-Service

Bei einem Hochleistungsrechner handelt es sich, technisch gesehen, um ein Time-Sharing-System, das heißt, es gibt a priori niemanden, dem die Ressourcen exklusiv jederzeit uneingeschränkt zur Verfügung stehen. Stattdessen wird durch das Abschicken eines „Rechenjobs" der Bedarf angemeldet, und dann wird die Aufgabe je nach Verfügbarkeit der Ressource zeitnah abgearbeitet. Dabei sind alle Benutzer im Standard-Betriebsmodell gleichberechtigt, wobei über die Benutzung Buch geführt wird. Werden die Ressourcen knapp, dann werden diejenigen Benutzer bevorzugt, die bis zu diesem Zeitpunkt nur wenig Rechenzeit in Anspruch genommen haben. Dieses Grundprinzip wird hierbei als „Fairshare" bezeichnet, das heißt, es erfolgt ein Interessenausgleich auf Basis der erfolgten beziehungsweise noch nicht erfolgten Benutzung.

Es ist jedoch auch in einem Time-Sharing-System möglich, exklusive beziehungsweise quasi-exklusive Zugriffe auf Ressourcen zu gewährleisten, beziehungsweise das Fairshare-Prinzip um verfeinerte Nutzungsszenarien zu erweitern. Dies wird dann über diverse, nachfolgend beschriebene Quality-of-Service-Mechanismen realisiert.

3.1 Nutzungskontingente

Das erste grundlegende Prinzip liegt in der Zuweisung von Nutzungskontingenten, je nach Betriebsmodell für einzelne Benutzer, Arbeitsgruppen, Rechenvorhaben oder Projekte. Dabei muss unterschieden werden zwischen „flüchtigen" Ressourcen wie Rechenzeit und „haltbaren" Ressourcen wie beispielsweise Storage. „Flüchtige" Ressourcen zeichnen sich dadurch aus, dass sie unwiederbringlich verloren sind, wenn sie nicht ausgenutzt werden: Wenn zu einem bestimmten Moment 80 % der Rechenleistung abgerufen werden, sind die restlichen 20 % als Verlust zu verbuchen. Bei „haltbaren" Ressourcen ist diese zeitliche Einschränkung so nicht gegeben. Wenn zu einem Zeitpunkt 80 % des Storage-Systems belegt sind, sind die restlichen 20 % auch zu einem späteren Zeitpunkt noch nutzbar.

Bei der Zuweisung von Nutzungskontingenten an „flüchtigen" Ressourcen ist zu beachten, dass diese nur begrenzt aufgespart werden können. So ist zum Beispiel denkbar, dass eine Arbeitsgruppe mit zehnprozentigem Kontingent an Rechenleistung einen Monat nichts und im nächsten Monat dafür 20 % benutzt. Bei mehreren Arbeitsgruppen werden sich diese Abweichungen im Mittel ausgleichen. Problematisch wäre es allerdings, wenn es möglich wäre, dass die Arbeitsgruppe durch Nichtbenutzung kontinuierlich Rechenleistung ansparen könnte, beispielsweise die ersten zehn Monate des Jahres 0 %, und dann im elften Monat den Hochleistungsrechner im Bedarfsfall exklusiv erhält,[7] weil alle anderen Nutzer aufgrund ihres schlechteren Faireshare-Wertes ausgeschlossen werden. Insofern wird bei „flüchtigen" Ressourcen eine „Verfallsfunktion" für angesparte Rechenleistung anzusetzen sein, um damit einerseits einen Anreiz zu schaffen, das System kontinuierlich auszulasten und andererseits die Blockade durch Exklusivnutzung zu verhindern.

3.2 Feste und flexible Reservierungen

Prinzipiell besteht für eine Arbeitsgruppe die Möglichkeit, Ressourcen vorab zu reservieren, wenn bereits bekannt ist, dass diese zu einem bestimmten Zeitpunkt benötigt werden. Das entspricht in etwa einer Reservierung, die man auch für andere wissenschaftliche Geräte, wie beispielsweise Mikroskope oder MRT-Geräte, machen müsste. Die Zeit, für welche die Ressource reserviert wird, muss dann natürlich erfasst werden und wirkt sich auf den Faireshare-Wert der Arbeitsgruppe aus. Falls die Ressource wider Erwarten zu diesem Zeitpunkt nicht genutzt werden kann, muss die Reservierung storniert werden. Ansonsten würde die Rechenzeit so gebucht werden, als wäre gerechnet worden, da die Rechenzeit niemand anderem zur Verfügung gestellt werden konnte.

Eine Arbeitsgruppe, die Nutzungsanteile erworben hat, muss dafür eine bevorzugte Behandlung erfahren. Dies kann einerseits durch ein entsprechend erhöhtes Nutzungskontingent geschehen. Es besteht aber auch ein grundsätzliches Interesse, „so schnell wie möglich" die erworbenen Ressourcen bei Bedarf zur Verfügung zu haben. Dem kann durch „flexible Reservierungen", beziehungsweise „rollback reservations" Rechnung getragen werden. Dabei wird bei der Verteilung der Ressourcen berücksichtigt, dass in einem festgelegten Zeitfenster für die Arbeitsgruppe immer ein bestimmter Anteil an den Ressourcen zur Verfügung steht. So könnte man beispielsweise definieren, dass einer Arbeitsgruppe mit einem Anteil von zwanzig Rechenknoten diese zeitlich gestaffelt garantiert zur Verfügung gestellt werden können: Zwei Knoten innerhalb von einer Stunde, zehn Knoten innerhalb von 24 Stunden und alle zwanzig Knoten innerhalb von 48 Stunden.

Der Vorteil von flexibler Reservierung ist, dass die Rechenressourcen im Falle der zeitweisen Nichtauslastung durch die eigentlich bevorzugt berechtigte Arbeitsgruppe den anderen Arbeitsgruppen zur Verfügung stehen und nicht brachliegen.

3.3 Opportunistisches Scheduling

Ein weiterer Mechanismus, mit dem im „Centre de Calcul de l'Université de Strasbourg" (vgl. David u. Boero, Regional HPC Center in Strasbourg: governance and

7 Besteht ein tatsächlicher Bedarf dieser Größenordnung, sieht das bwHPC-Konzept eine Unterstützung dieser Gruppe beim Umstieg auf eine höhere Tier-Ebene vor.

cooperation, im gleichen Band), Kooperationspartner des bwForClusters in Straßburg, bereits positive Erfahrungen gesammelt worden sind, ist das opportunistische Scheduling. Wenn für eine Hochleistungsrechenressource Zusagen bezüglich schneller Verfügbarkeit oder Reservierungen gemacht werden, dann schränkt das die Flexibilität beim Scheduling zwangsläufig ein. In der Konsequenz ist eine 100%ige Auslastung des Systems theoretisch nur noch dann möglich, wenn die für die jeweiligen Arbeitsgruppen reservierten Ressourcen auch kontinuierlich belegt sind und die Bedarfsvorhersagen exakt zutreffen.

In der Praxis wird es aber Schwankungen im Bedarf geben, das heißt es werden Lücken entstehen, in denen zugesagte Ressourcen nicht unmittelbar benötigt werden. Andererseits können diese Ressourcen nicht beliebig anderweitig verteilt werden, da der Bedarf zeitnah auftreten könnte. Wenn der Benutzer die Leistung in Form eines eigenen Rechenclusters gekauft hätte, würde sie ihm nämlich jederzeit uneingeschränkt zur Verfügung stehen. Diese unmittelbare Verfügbarkeit ist Benutzern oftmals so wichtig, dass sie dafür die für sie zusätzlich entstehenden Kosten für die Anschaffung und den Betrieb eines eigenen Clusters in Kauf nehmen.

Zur Auflösung dieser scheinbar widersprüchlichen Anforderungen bietet es sich an, die brachliegenden Rechenressourcen in den entstandenen Bedarfslücken anderen Benutzern opportunistisch zur Verfügung zu stellen, das heißt ohne eine Gewährleistung, dass die Ressourcen auch tatsächlich für die angeforderte Laufzeit abrufbar sind. Dies kann technisch beispielsweise durch eine spezielle „präemptive Queue" realisiert werden, die allen Benutzern zur Verfügung steht, allerdings explizit durch den Benutzer zur Ausführung seiner Jobs ausgewählt werden muss. Salopp formuliert handelt es sich hierbei um eine Art „Resterampe" ohne Garantie oder Gewähr. Der Vorteil entsteht dadurch, dass die Ressourcen ansonsten komplett verloren wären. Der Nachteil besteht darin, dass den Benutzern dieser Queue klar kommuniziert werden muss, dass es in ihrer eigenen Verantwortung liegt, mit nicht abgeschlossenen oder nur teilweise berechneten Jobs zurechtzukommen.[8]

3.4 Quality-of-Service

Bei der Bearbeitung von Nutzeranfragen zeigt sich häufig, dass die Zufriedenheit der Anwender nicht unbedingt mit dem objektiv messbaren quantitativen Anteil an den Rechenressourcen zusammenhängt, sondern vielmehr mit der subjektiv wahrgenommenen Qualität des Dienstes. Entsprechende Kennzahlen sind hier die Länge der Warteschlange, die Position des Benutzerjobs in der Warteschlange und die Zeit bis zum Start des (ersten) Jobs. Zunächst ist hier das Betreibergremium gefordert, einen fairen Ausgleich zwischen den Interessen der Beteiligten zu erreichen: Langlaufende Jobs mit großem Ressourcenbedarf dürfen den Hochleistungs-

8 Ein weiterer gewisser Nachteil liegt in der Energieaufwendung später abgebrochener Jobs.

rechner nicht für andere Benutzer blockieren. High-Throughput-Jobs, beispielsweise in Form von Job-Arrays, dürfen die Ausführung von massiv parallelen Jobs nicht behindern. Nutzungskontingente beziehungsweise Fairshare-Mechanismen alleine reichen dafür allerdings nicht aus. Solange die Ressourcen verfügbar sind, dürfte jede Arbeitsgruppe unabhängig von ihrem Fairshare sämtliche Ressourcen belegen, im Zweifelsfall also das gesamte Cluster bis zur maximal zulässigen Laufzeit für Jobs, die je nach Policy, die mit den Communities vereinbart wird, mindestens 24 Stunden, mehrere Tage oder sogar Wochen betragen kann. Um dieses Szenario zu verhindern, können geeignete Qualitätsklassen für Jobs definiert werden, die wiederum vom Scheduler garantiert werden.

Für Anwender, die sich finanziell am Hochleistungsrechner beteiligen wollen, entsteht oft die Problematik, dass sie gegenüber dem Geldgeber eine Investition nachweisen und rechtfertigen müssen. Dies ließe sich auch durch die Einordnung in Qualitätsklassen gewährleisten, indem der Anwender eine seiner Investition entsprechende Anzahl von Knoten in der besten Qualitätsklasse erhält. Bei Nichtnutzung würden diese Knoten anderen Anwendern in einer niedrigen Qualitätsklasse zur Verfügung gestellt werden können.

4 Cluster-Governance

Die Leitung bwForCluster NEMO am Standort Freiburg sieht sich als Dienstleister der drei Fach-Communities und greift hierfür auf deren Beratung und Vorschläge zurück. Aufgrund der hohen Anzahl an Beteiligten aus den ENM-Communities wird ein zweistufiges Konzept mit großer Benutzerversammlung (breite Vertretung und Information) und kleinem Cluster-Beirat (hohe Arbeitssfähigkeit mit kurzfristigen Beratungstreffen) vorgeschlagen. Es wird ein konsensorientiertes Verfahren auf beiden Ebenen angestrebt. Die Nutzerversammlung sollte sich, so nicht ein anderer Turnus durch die Mitglieder beschlossen wird, einmal im Semester zusammenfinden. Hier erfolgen die Berichte durch die NEMO-Betriebsmannschaft, die Abstimmung der ENM-Communities untereinander und die Vorstellung anstehender Entwicklungen. Die Treffen des Cluster-Beirates orientieren sich am tatsächlichen Diskussionsbedarf, so dass die Frequenz dynamisch angepasst werden sollte. Sie sollten mindestens so häufig wie die der Nutzerversammlung angesetzt werden.

4.1 Nutzerversammlung

Die beiden wesentlichen Funktionen der Nutzerversammlung liegen zum einen in der umfassenden und regelmäßigen Information der wissenschaftlichen Fach-Communities und zum anderen bei der Entscheidungsfindung in Fragestellungen, die einen breiten Konsens erfordern. In der Nutzerversammlung sollen alle relevanten

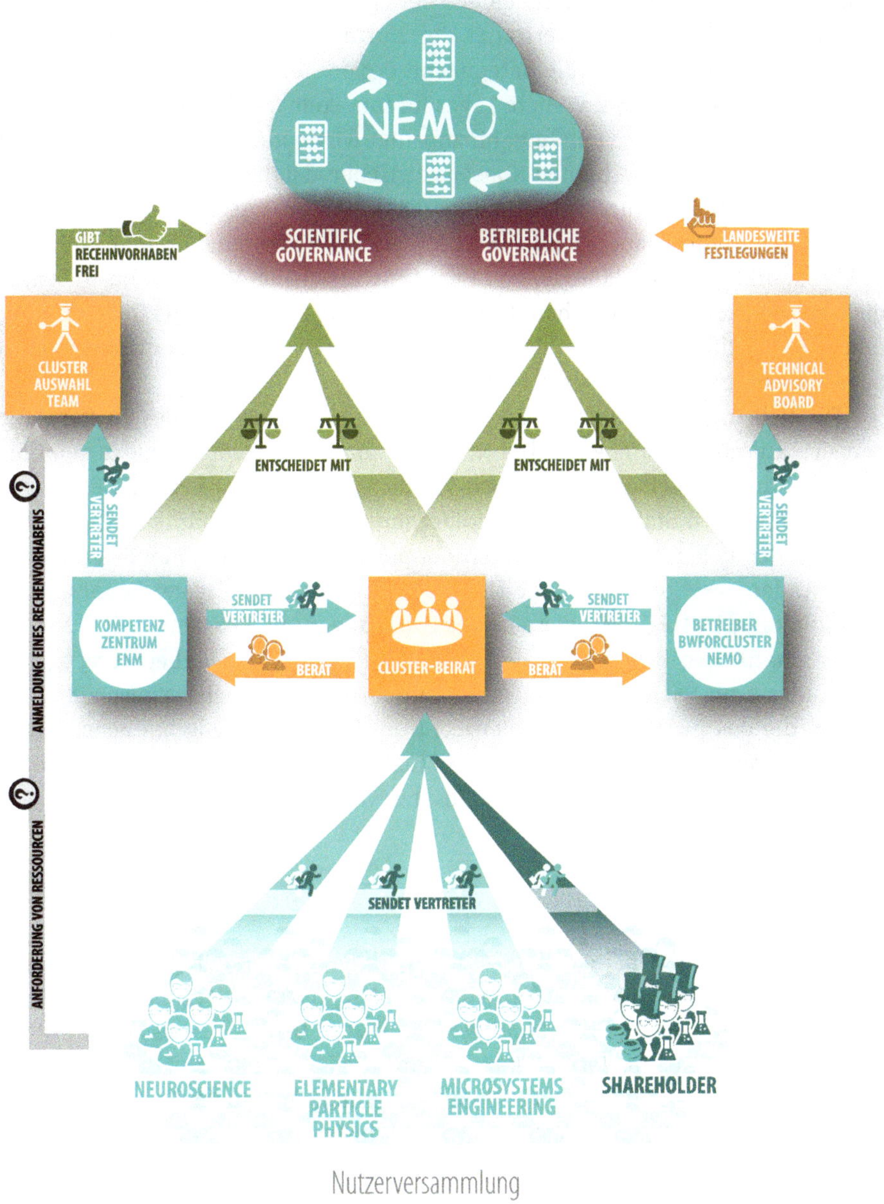

Abb. 1: Strukturvorschlag für Governance des bwForClusters NEMO.

Gruppen (Stakeholder und Shareholder)[9] der ENM-Communities vertreten sein. Die Leitung bwForCluster NEMO erstattet der Nutzerversammlung Bericht (geplant: einmal pro Semester) über die vergangene Periode und gibt einen Ausblick auf zukünftige Entwicklungen. Weitere Tagesordnungspunkte können auf Wunsch der Mitglieder der Nutzerversammlung hinzugefügt werden. Anstehende Entscheidungen, die einen möglichst breiten Konsens zwischen den beteiligten Partnern erfordern, werden in der Nutzerversammlung diskutiert, um ausreichend Feedback zu erhalten. Es werden hauptsächlich Fragen der Qualitätsevaluation und -sicherung sowie zukünftige Entwicklungen und Benutzerwünsche im Vordergrund stehen, da die betriebliche Governance hauptsächlich durch das TAB und die lokale Leitung und die Scientific-Governance über die Gremien des bwHPC-Lenkungskreises und des Landesnutzerausschusses geregelt werden.

Die Ziele und der Beitrag der Nutzerversammlung zum Erfolg des Clusters ergeben sich auf mehreren Ebenen. Die Nutzerversammlung berät einerseits den Cluster-Beirat und die Leitung des Clusters fachlich und stimmt hierzu die Positionen der verschiedenen Stake- und Shareholder miteinander ab. Dadurch wird die Einbindung der Belange aller relevanten Gruppen der ENM-Communities sichergestellt. Andererseits unterstützt die Nutzerversammlung den Cluster-Beirat und die Projektleitung bwHPC bei externen Begutachtungen, der Zusammenstellung der wissenschaftlichen Berichte an die Geldgeber sowie bei der Vorbereitung von Erweiterungs- und Nachfolgeanträgen. Weiterhin schlägt sie fachspezifische Gutachter vor, die das bwHPC-C5 Kompetenzzentrum ENM in wissenschaftlichen Fragestellungen beraten, und unterstützt das Cluster-Auswahl-Team bei fachlichen Zuordnungen von Rechenvorhaben und Zusatzinvestitionen Dritter.[10]

4.2 Cluster-Beirat

Mitglieder des *Cluster-Beirats* sind Vertreter/-innen der aktuell rechnenden Gruppen der ENM-Communities, ein Vertreter des LNA, Vertreter der Shareholder sowie zusätzliche Experten bei Bedarf und die Leitung des bwForClusters NEMO in beratender Funktion. Der Cluster-Beirat unterstützt die Leitung des bwForCluster NEMO in Belangen des Berichtswesens und der Steuerung. Der Cluster-Beirat unterstützt zudem die ENM-Teilgruppe des Cluster-Auswahl-Teams (CAT) und das bwHPC-C5 Kompetenzzentrum ENM.

Der Cluster-Beirat diskutiert wichtige Entscheidungen im bwForClusters NEMO, wie anstehende Erweiterungen, die Aufnahme und Verwendung von neuen

9 Stakeholder sind die Autoren der wissenschaftlichen Rechenvorhaben aus dem DFG-Antrag für das bwForCluster ENM sowie Gruppen aus den ENM-Communities, die beabsichtigen, zukünftig Rechenvorhaben auf dem bwForCluster NEMO anzumelden. Shareholder sind Gruppen aus den ENM-Communities mit eigenem Investitionsanteil.

10 Sie erfüllt damit Aufgaben der Scientific-Governance.

Mitteln sowie die Planung von zukünftigen technologischen Entwicklungen des Clusters mit dem Ziel eines gemeinsamen Konsenses. Er trifft sich nach Bedarf und kann von jedem Mitglied einberufen werden.

Der Cluster-Beirat trägt an mehreren Punkten zum Erfolg bei, indem er im Kontext des bwForClusters NEMO alle wichtigen Entscheidungen mit dem Ziel der Konsenserzielung bezüglich Inhalten, Ressourcen, Terminen und Finanzierung im Rahmen der festgelegten bwHPC-Strukturen sowie zur Verwendung von zusätzlichen Ressourcen und langfristiger Weiterentwicklung diskutiert. Er sorgt für die notwendigen Abstimmungen mit dem bwHPC-Lenkungskreis, dem Landesnutzerausschuss und der Nutzerversammlung. Sofern sich aus den Entwicklungen in bwHPC eine sinnvolle oder notwendige Änderung der regulären Ablauforganisation ergibt, initiiert der Cluster-Beirat die notwendigen Entscheidungsprozesse bei den zuständigen Gremien oder Entscheidern. Der Cluster-Beirat bestätigt und koordiniert gegebenenfalls wichtige Entscheidungen der Leitung des bwForClusters NEMO, die notwendigerweise zwischen den Sitzungsterminen des Cluster-Beirates getroffen wurden. In allen Punkten erfolgt keine Entscheidungsverlagerung aus originär zuständigen Gremien von bwHPC in den Cluster-Beirat.

4.3 Entwurf einer Geschäftsordnung

Die Nutzerversammlung erhält den Bericht der Leitung des bwForClusters NEMO. Sie gibt den Teilnehmern der erweiterten Nutzerversammlung Gelegenheit, ihre Kenntnisse und Erfahrungen in Betrieb und Weiterentwicklung der Ressource bwForCluster NEMO einzubringen. Die Leitung beruft einmal im Semester die Nutzerversammlung ein. Um die Terminbelastung der Beteiligten möglichst gering zu halten, wird angestrebt, die Nutzerversammlung, wenn möglich, mit anderen Veranstaltungen zu koppeln. Dafür in Frage käme beispielsweise das einmal jährlich stattfindende bwHPC-Symposium. Die Leitung verschickt mit der Einladung eine Tagesordnung und leitet die Sitzung. Ein Viertel der Teilnahmeberechtigten kann die Einberufung unter Angabe von Gründen verlangen. Die Nutzerversammlung wählt auf der ersten Versammlung im Jahr die Mitglieder des Cluster-Beirats und bestimmt die Ansprechpartner des CATs für die jeweilige Fach-Community. Die Nutzerversammlung gibt einen Überblick über abgeschlossene, laufende und geplante Rechen- und Forschungsvorhaben. Diese Information bildet die Grundlage für Berichte und Publikationslisten an den bwHPC-Lenkungskreis.

Der Cluster-Beirat berät die Leitung des bwForClusters NEMO. Sie erörtert dessen Bericht und kann allgemeine Grundsätze für die Arbeit und die Weiterentwicklung der Community-spezifischen Belange des Clusters empfehlen. Sie führt einen Erfahrungsaustausch unter den Mitgliedern herbei und regt mögliche Weiterentwicklungen der Ressource an.

Erster Ansprechpartner der Nutzer für alle Angelegenheiten, den bwForCluster NEMO betreffend, ist die Leitung. Diese legt den Sachverhalt je nach Fragestellung der Nutzerversammlung vor, diskutiert sie im Cluster-Beirat oder leitet sie im zweiten Schritt auf höhere Ebenen, wie Landesnutzerausschuss oder HPC-Lenkungskreis, weiter.

5 Ausblick

Die vorgeschlagenen Strukturen folgen den üblichen Gepflogenheiten der Satzungen von Instituten in Forschungseinrichtungen. Sie werden sich in den nächsten Jahren in der Anwendung auf den konsensorientierten Betrieb einer großen Infrastrukturressource bewähren müssen. Die zentrale Zielvorgabe ist, dass sich keine Gruppen übergangen und sich die beteiligten Communities ausreichend repräsentiert fühlen. Entscheidungswege könnten sich verlängern, da Nutzerversammlung und Cluster-Beirat einbezogen werden. Dem stehen jedoch die Vorteile einer breiteren Verankerung der ENM-Communities in bwHPC gegenüber.

Die ersten Arbeitsschwerpunkte von Nutzerversammlung und Cluster-Beirat sollen die Verwendung der strategischen Reserve und die Festlegung von geeigneten FairShare-Modellen im bwForCluster NEMO sein. Weitere Aufgaben liegen in der Begleitung externer Begutachtung, der Erstellung von Berichten an die Geldgeber sowie der Vorbereitung von Erweiterungs- und Nachfolgeanträgen.

Literatur

Hartenstein et al. 2012. *Umsetzungskonzept der Universitäten des Landes Baden-Württemberg für das Hochleistungsrechnen.* [online] mwk.baden-wuerttemberg.de/fileadmin/redaktion/m-mwk/intern/dateien/pdf/Forschung/Umsetzungskonzept_bwHPC.pdf.

Hartenstein, Hannes, Thomas Walter und Peter Castellaz. 2013. *Aktuelle Umsetzungskonzepte der Universitäten des Landes Baden-Württemberg für Hochleistungsrechnen und datenintensive Dienste. PIK – Praxis der Informationsverarbeitung und Kommunikation* 36(2): 99–108.

Teil 4: **Festkolloquium „G’schichten aus dem Rechnerwald“**

Hans-Joachim Bungartz

G'schichten aus dem Rechnerwald: Ja, wo netzeln sie denn?

Wer kennt sie nicht, die „G'schichten aus dem Wienerwald", in irgendeiner Ausprägung zumindest – den Strauß-Walzer (der, aus dem man die Zither liebt ... neben dem Dritten Mann natürlich), das Theaterstück von von Horváth, einen der Filme (Hans Moser, Maximilian Schell, ...) oder, relativ neu noch, die Oper? (Falls jemand bei „Wienerwald" in Richtung „Grillhähnchen-Blog" gedacht haben sollte, also schnell umschalten!) Von dem Ansinnen getrieben, einige Aspekte des Wirkens Gerhard Schneiders passend zu umreißen, haben sich die drei Vortragenden am Festkolloquium anlässlich seines 60. Geburtstags einen gemeinsamen Rahmen gegeben – „G'schichten aus dem Rechnerwald" eben. Ich gehe jetzt einfach mal davon aus, dass die Leserinnen und Leser dieses Beitrags von dieser Analogie genauso begeistert sind wie besagte Vortragende ... Hier nun also quasi eine kurze Nachlese des ersten Akts, oder der ersten Geschichte, die sich mit dem DFN-Verein und seinem Wissenschaftsnetz befasst – und damit fraglos einem Bereich, in dem Gerhard Schneider mehr als Fußspuren hinterlassen hat, oder, um es mit den Worten des Jubilars zu sagen, „in denen ich Chaos verbreitet habe".

Die Key-Facts zum DFN-Verein sind schnell gesagt: Der DFN ... wurde 1984 gegründet als Initiative der Wissenschaft, natürlich – wie sich das in Deutschland

Abb. 1: Gerhard Schneider bei einer seiner Lieblingsbeschäftigungen – Chaos verbreiten.

Hans-Joachim Bungartz, Technische Universität München

DOI:10.1515/9783110459753-030

gehört – als eingetragener Verein; ... ist gemeinnützig und agiert ohne Gewinnabsicht; ... wird gelenkt von den gewählten und ehrenamtlich agierenden Vertretern seiner gegenwärtig gut 330 institutionellen Mitglieder; ... arbeitet operativ mittels einer atemberaubend gut funktionierenden Geschäftsstelle mit Sitz in Berlin und weiterem Standort in Stuttgart; ... organisiert das Wissenschaftsnetz in Deutschland sowie eine Vielzahl netznaher Kommunikationsdienste; ... ist ein Key-Player auf dem europäischen Parkett und im weltweiten Verbund der Wissenschaftsnetze; ... ist ein bzw. wird genutzt als Sprachrohr seiner Mitglieder auf vielen Ebenen. Wer bei der Vereinsform an Kaninchenzüchter et al. denkt und zu spontanem Stirnrunzeln neigt, dem sei gesagt, dass sich genau diese Organisationsstruktur hervorragend bewährt hat und in der Wissenschaftslandschaft – in Deutschland und darüber hinaus – inzwischen Modellcharakter hat. Da kommt es schon mal vor, dass Unternehmensberater anrufen und fragen: „Wie macht ihr das eigentlich, dass bei euch das Orchester auch nach sinfonischem Ensemble klingt, während sonst vielerorts eher Kakophonie angesagt ist?"

Hauptaufgabe des DFN ist und bleibt der Betrieb des Wissenschaftsnetzes (X-WiN), welches – entgegen mancher landläufiger Äußerungen – keinesfalls „einfach da ist", sondern als dynamische und hoch innovative Forschungsinfrastruktur gepflegt, überwacht, gewartet sowie regelmäßig geeignet erweitert werden muss. Zum Beispiel wird die optische Plattform immer wieder ausgebaut (wenn Kernnetzknoten wie in Frankfurt (Oder) und Dresden umziehen, wenn Kernnetzknoten wie auf dem Riedberg-Campus in Frankfurt (Main) dazukommen, oder wenn Kernnetzknoten wie in Augsburg in die Glasfaserstrecke Garching–Stuttgart eingeschleift werden – wodurch Augsburg endgültig die nur bedingt schmeichelhafte Charakterisierung „Das Beste an Augsburg ist die schnelle Verbindung nach München" abstreifen kann ...). Auch das System aus lokalen USVs bzw. Ersatzstromversorgungen bedarf der kontinuierlichen Verbesserung – bekanntlich sind Stromausfälle immer noch einer der Hauptfeinde eines stabilen Netzbetriebs; und schließlich wird auch an der IP-Plattform permanent gewerkelt – aktuell z. B. wird der Ausbau des Super-Cores vorbereitet. Apropos IP-Plattform – schaut man sich den Verkehr im Wissenschaftsnetz etwas genauer an, so wird, trotz aller Bedeutung der Konnektivität nach „draußen" (europäische und globale Forschungsnetze, kommerzielle Netze), schnell klar, dass die Forscherinnen und Forscher im DFN am liebsten resp. häufigsten untereinander Daten austauschen. Ein Charakteristikum des Wissenschaftsnetzes ist sicher seine Verfügbarkeit: Zahlen wie in „Über 97 % der Nutzer haben eine Verfügbarkeit von über 99,9 %" erinnern fast schon an vergangene Tage der Wahlen zum Politbüro o. Ä.

Mit seinem neuen „Rahmenprogramm der Entwicklungsaktivitäten des DFN-Vereins" hat der DFN 2013 den Startschuss für die Erprobung und Implementierung föderierter Dienste, kurz: zur DFN-Cloud,gegeben (siehe www.dfn.de/dfn-cloud). Das Prinzip ist einfach: Forschungspartner im DFN-Verein bieten einen Dienst an, den Erprobungspartner im DFN nutzen, d. h. bei sich im Produktionsbetrieb einset-

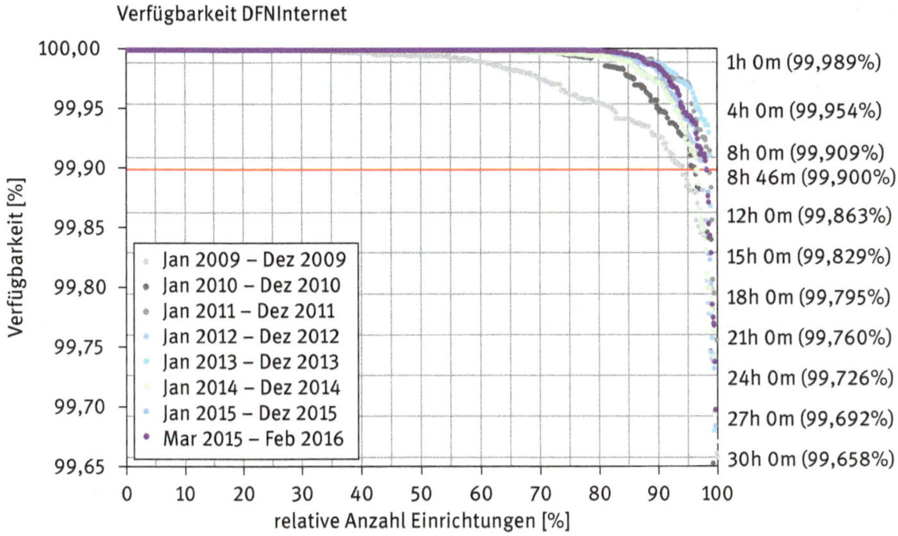

Abb. 2: Verfügbarkeit des Basisdienstes DFNInternet.

zen – Mitglieder für Mitglieder also, im Rahmen einer gemeinschaftlichen Entwicklungsaktivität. Vorreiter sind Sync&Share-ähnliche Speicherdienste, als aktuelle Forschungspartner (vulgo: Anbieter von Cloud-Services) agieren die GWDG in Göttingen, die TU Berlin, die Universität der Bundeswehr in München sowie das Steinbuch Centre for Computing des KIT in Karlsruhe. Die Zahl der Erprobungspartner (vulgo: Nutzer von Cloud-Services) wächst stetig – aktuell liegen 19 Verträge unterzeichnet vor. An diesem Beispiel kann man sich schön das Ablaufen von Meinungsbildungsprozessen im DFN veranschaulichen: Auf eine „Brüll-Phase" (der Ruf nach einem Angebot des DFN aus der Mitgliedschaft wird lauter – „Macht mal, es brennt, wir brauchen das!") und die sich anschließende Umsetzung folgt eine „Abtauch-Phase" (alle gehen auf Tauchstation – auch die lautesten Brüller wollen nicht die tapferen Ersten sein – und fahren ihr Sehrohr aus, um eifrig zu beobachten, ob es Kinderkrankheiten gibt und wie heftig diese ausfallen), an die sich dann – nach beruhigenden Berichten von den Spähern am Sehrohr – die „Ich-will-auch-Phase" anschließt. Die nächsten Dienste für die DFN-Cloud lassen sich schon erkennen – es wird weitergehen mit der DFN-Cloud!

Der Großteil der vom DFN-Verein via Beiträge und Entgelte eingesammelten Mittel fließt in die Vergabe von Teilleistungen für das Wissenschaftsnetz an Dritte. Vergabeverfahren, auch größere, sind somit eine laufende Aktivität des Vereins und seiner Geschäftsstelle. 2012 ging es um die neue DWDM-Technik – ein auch politisch heißeres Thema, da man hinter der Schaltungstechnik aus bestimmten Herkunftsländern oft auch Begehrlichkeiten in Sachen Mithören vermutet .... Aktuell läuft die Ausschreibung zum Zugangsnetz – das immerhin rund ein Drittel der Gesamtkosten im DFN ausmacht. Zuletzt gab es hierzu 2007 ein Vergabeverfahren, und man kann sich leicht vorstellen, dass angesichts veränderter Bedarfe, sich entwickelnder Märkte, einer größeren Menge potenzieller Anbieter sowie angesichts rasanter Fortschritte im technologischen Bereich hier ein neuer Wettbewerb nach acht Jahren nicht schaden kann. Zum geänderten Bedarf nur ein Beispiel: Es gibt immer mehr wissenschaftliche Einrichtungen „j. w. d.", quasi am Ende der Welt. Mal ist das sachlich bedingt (große Teleskope werden sinnvollerweise meistens sehr hoch und einsam platziert, manche Messdaten wie Umwelt und Klima lassen sich eben auf der Hallig Hooge oder auf dem Wendelstein besser als am Alexanderplatz erheben), mal ist es mehr eine strukturpolitische Entscheidung – wenn Bayern z. B. alle seine Forschungseinrichtungen etc. in den Ballungsräumen konzentrierte, so käme dies in manch entlegenerem Wahlkreis nicht so gut an; also ... Egal welche Motivation auch vorliegt, im Ergebnis wird mehr Konnektivität in der Fläche gebraucht. Auch in Deutschland allerdings gibt es in besagter „Fläche" noch erstaunlich viele weiße Bereiche ohne zeitgemäße Infrastruktur. Die kommerziellen Anbieter zeigen eine hohe Risikoaversion und nennen Mondpreise. Der DFN kann solchen Anbietern hier über seine Ausschreibung ein Stück Planungssicherheit bieten, ihnen die Erschließung weißer Flächen unter Beteiligung der Wissenschaft ermöglichen – in einem kompetitiven Verfahren.

Kommen wir zu einem weiteren Thema, das eng mit Netzen und Diensten verwoben ist und die Gemüter immer wieder bewegt und erregt: Sicherheit. Hier arbeitet der DFN eng mit der DFN-CERT Services GmbH zusammen – ein Spin-off des DFN-Vereins, der diesen nach wie vor als „Anker-Kunden" hat, der aber auch direkt für wissenschaftliche Einrichtungen, Behörden (z. B. das Bundesamt für Sicherheit in der Informationstechnik) oder auch die Industrie (z. B. Airbus) tätig ist. Die organisatorische Trennung ist sinnvoll und ermöglicht der GmbH ein flexibleres Agieren. Nicht weniger sinnvoll ist allerdings das enge Zusammenwirken, profitiert doch der DFN-Verein nicht unerheblich vom vielfältigen Erfahrungsschatz der DFN-CERT GmbH. Zu den expliziten Dienstleistungen der DFN-CERT GmbH an den DFN-Verein zählen das Incident-Response-Team (IRT), die Public-Key-Infrastructure (PKI), die Weiterentwicklung der Tools zur Erkennung und Abwehr von DDOS-Angriffen, verschiedene Beratungsleistungen, z. B. im Vorfeld von und begleitend zu Auditierungen sowie die Durchführung von Informations- und Schulungsveranstaltungen. Wer beim IRT an eine schnelle Eingreiftruppe denkt, die im Falle des Falles eiligst herangedüst kommt und schon durch betont martialisch-zackiges Auftreten böse Angreifer einzuschüchtern versucht, der liegt schon ein Stück weit daneben – so falsch aber auch wieder nicht ... Denn das IRT alarmiert natürlich potenziell Betroffene bei vermuteten Sicherheitsvorfällen, und es reagiert auch auf diese durch angemessene Gegenmaßnahmen. Es gibt aber auch weniger Spektakuläres im IRT-Portfolio, das freilich nicht weniger wichtig ist: Beratung zu Sicherheitslücken, Unterstützung bei der Prüfung auf Sicherheitslücken oder die Vertretung des DFN in nationalen und internationalen Gremien.

Zu einem Sicherheitsthema vielleicht ein Wort mehr – das Werkzeug NeMo für die Erkennung von DDOS-Angriffen. NeMo wird von der DFN-CERT GmbH für den

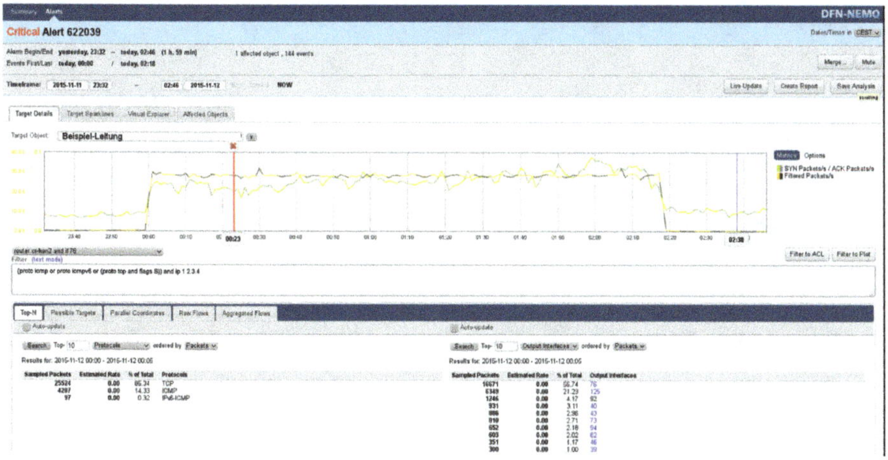

Abb. 3: NeMo im Einsatz beim Aufspüren und Bewerten von Anomalien.

DFN-Verein entwickelt und soll erstens Anomalien im Datenverkehr über das X-WiN erkennen, zweitens geeignete Alarmierungen vornehmen und drittens die Betroffenen bei der Bearbeitung des Vorfalls unterstützen. Schon das erste Ziel hat es in sich: Natürlich sind Angriffe auf Komponenten des X-WiN oder auf Anwender im X-WiN ebenso wie Angriffe von Anwendern im X-WiN ganz typische Ursachen von Anomalien im Datenverkehr. Allerdings führen eben keinesfalls alle Angriffe zu erkennbaren Anomalien, und solche erkennbaren Anomalien können natürlich auch andere Ursachen als Angriffe haben. D. h., NeMo muss überwachen (streng datenschutzkonform selbstverständlich), analysieren und lernen können. Und da die ersten (und zweiten ...) Feldversuche sehr positiv verliefen, wird NeMo aktuell in interne Betriebsprozesse integriert. Für einen „echt" produktiven Einsatz müssen dann noch die Mechanismen der Weitergabe von Informationen an die Anwender geklärt werden – aber dann kann's losgehen. Und auch ein Einsatz auf europäischer Bühne wird bereits intensiv diskutiert.

Europa – ein weiteres Themenfeld von hoher Relevanz und mit vielfältigen Aktivitäten für den DFN. Nicht alles ist dabei technisch – nicht ganz untypisch für Europa spielen auch strukturell-organisatorische Aspekte eine große Rolle. Grobe Kenner der Szene wussten, dass es da GÉANT, DANTE und TERENA gab. Nur den echten Insidern allerdings war Einsicht gegönnt, wer genau für was zuständig und wie organisiert und finanziert war. Nach einer Bereinigung gibt es jetzt nur noch die GÉANT Association und die GÉANT Limited. Wer jetzt spontan denkt, dass er/sie da wieder nur als Insider durchblickt, der hat vielleicht nicht ganz unrecht. Aber egal – aus drei Institutionen wurden zwei, die Leitungsgremien wurden irgendwie verknuddelt (immer alle möglichen Proporz-Aspekte im Hinterkopfe behaltend), und von ursprünglich drei Akronymen hat nur eins überlebt. Der Fortschritt ist unaufhaltsam – und wir sind vorne mit dabei!

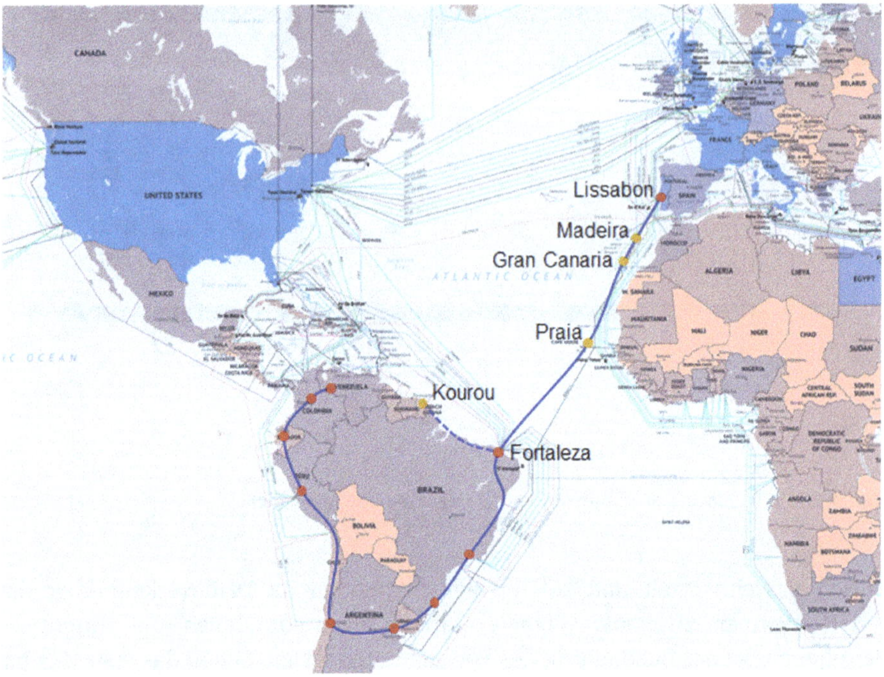

Abb. 4: BELLA – bestehende und geplante Vernetzung über den Südatlantik (Karte von www.telegeography.com unter Lizenz CC BY-NC-ND 3.0).

Erfreulicherweise gibt es nicht nur Strukturen, sondern auch vielfältigste Projektaktivitäten. Zwischen der Europäischen Kommission und den nationalen Forschungsnetzen (NRENs) wurde ein Framework-Partnership-Agreement geschlossen – eine Kooperationsvereinbarung, die sich über den maximalen Horizon2020-Zeitraum (2015–2022) erstreckt und in deren Rahmen zukünftige Projektförderung in Form von Specific-Grant-Agreements erfolgen wird – bzw. hoffentlich zum Zeitpunkt der Fertigstellung dieses Tagungsbandes bereits erfolgt.

Schließlich als Schmankerl noch ein kurzer Einblick in ein konkretes Projektvorhaben mit dem wohlklingenden Namen BELLA – Building a Europe Link to Latin America. Ausgangspunkt: das Ansinnen der lateinamerikanischen NRENs in Brasilien, Argentinien, Chile, Peru, Ecuador, Kolumbien und Venezuela, ein neues Unterseekabel zwischen Fortaleza (spätestens seit der Fußball-WM 2014 müssen jede und jeder in Deutschland wissen, wo das liegt ...) und Lissabon, unter Miteinbeziehung einiger Inselgruppen auf dem Weg. Denn: Man fühlt sich zunehmend unwohl, dass nahezu der gesamte Datenverkehr zwischen Lateinamerika und Europa über den Hub in Miami läuft (ein Schelm, wer Böses dabei denkt). Die Idee: Die EU co-finanziert das Vorhaben und erhält dafür dauerhaft einen signifikanten Anteil der Bandbreite für Forschung und Entwicklung. Eigentlich ist alles geklärt, jetzt müssen sich die diversen beteiligten Generaldirektorate nur noch irgendwie

Abb. 5: Gerhard & the Gang beim Bewerten von IT-Infrastruktur in Tucson, AZ.
Übrigens: Sie sehen hier eines der weltweit ersten 14-Pro{c/f}essor-Boards ...

orchestrieren, dann wird's auch mit der Umsetzung klappen. Und wahrscheinlich werden diverse Agencies schon Mini-U-Boote in Planung haben, um das Mithören auch in Zukunft zu ermöglichen ...

Man sieht: Ja, das Netz – genauer das X-WiN – ist da, und das ist fraglos sehr, sehr gut so. Aber es gab, gibt und wird immer viel zu tun geben, damit das so bleibt. Der DFN-Verein mit seinen Mitgliedern und Strukturen ist ein Garant dafür. Unser Geburtstagskind Gerhard Schneider hat den DFN-Verein und das Wissenschaftsnetz über viele Jahre aktiv begleitet und mit viel Herzblut und Leidenschaft mitgestaltet – im DFN-Verwaltungsrat, in seinem Arbeitskreis Recht und Sicherheit und bei vielen anderen Gelegenheiten. Dafür gebührt ihm unser aller herzlicher Dank! Möge ihm stets eine einsichtige Obrigkeit vergönnt sein, die verinnerlicht hat, dass der Rechnerwald nicht alles ist, aber dass heutzutage alles nichts ist ohne den Rechnerwald, inklusive eines tüchtigen Oberförsters (oder einer tüchtigen Oberförsterin, natürlich). Und damit endet die erste Geschichte aus dem Rechnerwald.

Gudrun Oevel

G'schichten aus dem Rechnerwald: Sieben auf einen Streich

1 Motivation

Zu dem Titel dieses Beitrags kann man sich fragen, was die „Sieben“ bedeuten soll, und ob es statt um Geschichten aus dem Rechnerwald vielleicht doch eher um Geschichten aus den Märchenwald geht? Das ist nicht der Fall: Weder wird auf „Schneewittchen und die sieben Zwerge“ noch auf den „Wolf und die sieben Geißlein“ eingegangen. Die „Sieben“ ist aber im Folgenden dennoch von Bedeutung, und der Untertitel spielt tatsächlich auf ein Märchen an, nämlich das Märchen vom „tapferen Schneiderlein“.

„Das tapfere Schneiderlein“ ist von Beruf Schneider – im Gegensatz zu Gerhard Schneider, der zwar den Hausnamen Schneider trägt, sich aber anderweitig verdingt. Das Schneiderlein aus dem Märchenwald saß eines Tages bei der Arbeit und ärgerte sich über die Fliegen, die es sich auf seinem Brot mit Mus gemütlich machten. Es schlug nach ihnen und erwischte „Sieben auf einen Streich“.

Das Ergebnis machte es so stolz, dass es „Sieben auf einen Streich“ zu seinem Wahlspruch machte und in die weite Welt zog. Was uns im Weiteren interessiert, ist die Tatsache, dass das Schneiderlein nach einigen Abenteuern die Königstochter heiratet und so zum König eines Königreiches wird. Dieser Wandel beziehungsweise diese Transformation soll Motivation und Motto des Beitrags sein, näher betrachtet sowohl im Märchenwald als auch am Fuße des Schwarzwalds und eben auch im Rechnerwald. Im Märchenwald geht es um die Transformation des tapferen Schneiderleins. Am Fuße des Schwarzwaldes steht die zeitliche Transformation von Gerhard Schneider im Mittelpunkt. Last but not least soll der Wandel in den Hochschulen und deren Einrichtungen beleuchtet werden, der sich aus der sogenannten digitalen Transformation ergibt und je nach Anwendungsgebiet als E-Learning, E-Science oder E-Humanities bezeichnet wird.

Der Vergleich passt natürlich nicht ganz, sondern hinkt etwas:

- Der Transformationsprozess im Märchen ist abgeschlossen. Mehr als die Position des zukünftigen Königs zu erlangen, ist im Märchen kaum möglich. So lautet auch das Ende: „Also war und blieb das Schneiderlein sein Lebtag ein König.“
- Hingegen sind persönliche Transformationsprozesse niemals abgeschlossen, solange die Bezugsperson existiert.

Gudrun Oevel, Universität Paderborn

DOI:10.1515/9783110459753-031

- Digitale Transformationsprozesse sind an technologische Fortschritte geknüpft. Hier ist kein Entwicklungsstopp abzusehen, die Transformation wird – genau wie die Zeit – immer weiter voranschreiten.

Um das Motto noch etwas zu verdeutlichen, soll zunächst noch einmal kurz auf das Märchen und die dortigen Abenteuer Bezug genommen werden.

2 Die Transformation des tapferen Schneiderleins

Die Transformation des tapferen Schneiderleins kann an den unterschiedlichen Stationen und den dazugehörigen Bewährungsproben festgemacht werden. Der Protagonist traf zunächst einen Riesen, mit dem er sich messen musste. Er sollte das Wasser aus einem Stein quetschen und täuschte dies vor, indem er Wasser aus einem Käse presste. Er sollte helfen, einen Baumstamm zu tragen, und ließ sich selbst darauf tragen, um zum Schluss ganz munter den Riesen zu fragen, ob dieser etwa schon erschöpft sei. Außerdem sollte er einen Stein höher werfen, als der Riese es konnte, und nahm anstelle des Steins einen Vogel aus seiner Tasche. Nachdem er so den Riesen überlistet hatte, ging er zum König und bot seine Dienste an, die der König gern annahm. Er gab jedoch Neider, die ihn beim König anschwärzten, so dass der König ihm drei Aufgaben (nicht etwa sieben!) stellte. Für deren Lösung bekam er die Königstochter versprochen. Die Aufgaben beinhalteten wiederum das Überwinden von Riesen, das Fangen eines Einhorns und eines Wildschweins. Mit List, Witz und Mut löste das Schneiderlein auch diese Aufgaben und wurde so zum Ehemann der Königstochter und zukünftigen Erben des Königreichs.

2.1 Zum Transformationsprozess von Gerhard Schneider

Kurz sollen wesentliche Stationen von Gerhard Schneider und Anknüpfungspunkte zur Autorin dargestellt werden. Die angegebenen Zeiträume sind der Erinnerung sowie frei verfügbaren Daten entnommen. Sie werden nur grob umrissen und dienen keinesfalls einem genauen Nachweis.

Sicher ist, dass es sieben wesentliche wissenschaftliche Stationen von Gerhard Schneider auf dem Weg zur Professur und Leitung des Rechenzentrums in Freiburg gibt: 1. das Studium in Erlangen, 2. den Master of Science in Oxford, 3. die Promotion und Habilitation in Essen, 4. eine Lehrstuhlvertretung in Paderborn, Professuren in 5. Karlsruhe, 6. Göttingen und 7. Freiburg. Die diversen und bedeutenden Auslandsaufenthalte konnten von der Autorin nicht ermittelt werden, genauso wenig wie die unterschiedlichen und vielfältigen Funktionen, die Gerhard Schneider im Laufe seiner Karriere übernommen hatte. Es sind aber auf jeden Fall deutlich mehr als sieben.

Betont werden soll hier das Engagement von Gerhard Schneider in den Jahren 1998 bis 2005 im Ausschuss für Wissenschaftliche Bibliotheken und Informationssysteme (AWBI) der Deutschen Forschungsgemeinschaft (DFG). In den letzten beiden Jahren seiner dortigen Amtszeit hat er zusätzlich den Unterausschuss Informationsmanagement geleitet. Auf den AWBI und seine Aufgaben wird später im Beitrag noch Bezug genommen.

Die Autorin hat Gerhard Schneider 1992 in Paderborn im Institut für Mathematik kennengelernt, als er dort die „Diskrete Mathematik" vertrat. 10 Jahre später haben beide die Leitung eines Hochschulrechenzentrums angetreten und sich in Ulm auf dem preOSCA-Workshop („Vor-Entwürfe für einen Open-Source-CAmpus") wiedergetroffen. Dort diskutierten wir damals als einen Aspekt des digitalen Wandels die Herausforderungen aus der zunehmenden Mobilität von Studentinnen und Studenten sowie Wissenschaftlerinnen und Wissenschaftlern. Das war die Zeit der BMBF-Ausschreibung „Notebook-University", und ein in Ulm kontrovers diskutierter Punkt war, ob die Universitäten flächendeckende Funknetze (WLANs) aufbauen müssen oder ob Hotspots an neuralgischen Punkten bspw. in der Bibliothek ausreichen würden.

Die Frage nach einem flächendeckenden WLAN hatte Gerhard Schneider, damals noch in Göttingen, ohnehin schon für sich beantwortet. Er war maßgeblich daran beteiligt, dass die Universität Göttingen bereits damals an einem Stadtnetz beteiligt gewesen ist – zu einer Zeit, als privates Internet noch langsam und teuer war. Wohnungsgesuche Göttinger Studierender enthielten damals oft Sätze wie „Suche Zimmer mit Blick auf den Blauen Turm", auf dem es einen weit strahlenden Access-Point gab.

Die Abb. 1 zeigt die Idee der sogenannten Dienste-Infrastruktur, wie wir sie uns damals vor 13 Jahren vorgestellt haben. Wichtig war es Gerhard Schneider schon damals, dass sich Service-Orientierung nicht nur in der Architektur der Dienste eines Rechenzentrums, sondern auch im Verhalten der Mitarbeitenden ausdrückt.

Heute wissen wir, dass nicht die IuK-Infrastruktur die bedeutendste Rolle beim digitalen Wandel spielt, sondern die unterschiedlichen Überbauten und die Einbettung in eine Gesamtsicht wichtig sind. Dies beinhaltet Konzepte und Strategien der Weiterentwicklung der IuK-Infrastrukturen, die dazugehörigen Umsetzungsprojekte, Veränderung der Organisation und last but not least Veränderung der Arbeitsprozesse. Abb. 2 zeigt exemplarisch die Entwicklung an der Universität Paderborn im zeitlichen Wandel.

Abb. 3 zeigt dagegen die weiterentwickelte Vorstellung der Dienste-Infrastruktur von heute. Es steht nicht nur überall „E" als Synonym für „elektronisch unterstützt" oder „enhanced" davor: Tatsächlich haben sich Hochschulen in den letzten Jahren definitiv in allen Bereichen weiterentwickelt.

Im Bereich E-Administration wurden Campus-Management-Systeme eingeführt, und die Buchhaltung wurde automatisiert. Auch die Personalverwaltung (neudeutsch: Human-Resource-Management) setzt verstärkt SAP oder andere Systeme ein.

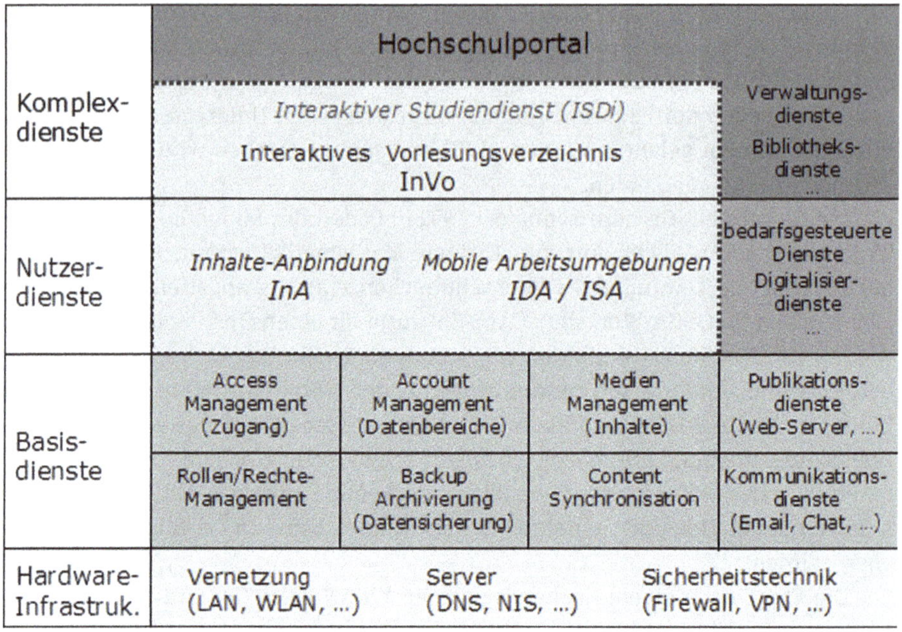

Abb. 1: Eine aus mehreren Ebenen zusammengesetzte Dienste-Infrastruktur (BMBF-Projekt pre-OSCA – Konzeption multimedialer Infrastrukturdienste für Präsenzuniversitäten auf der Basis von Open-Source-Entwicklungen. Paderborn und Ulm 2002, FKZ: 08 NM 171).

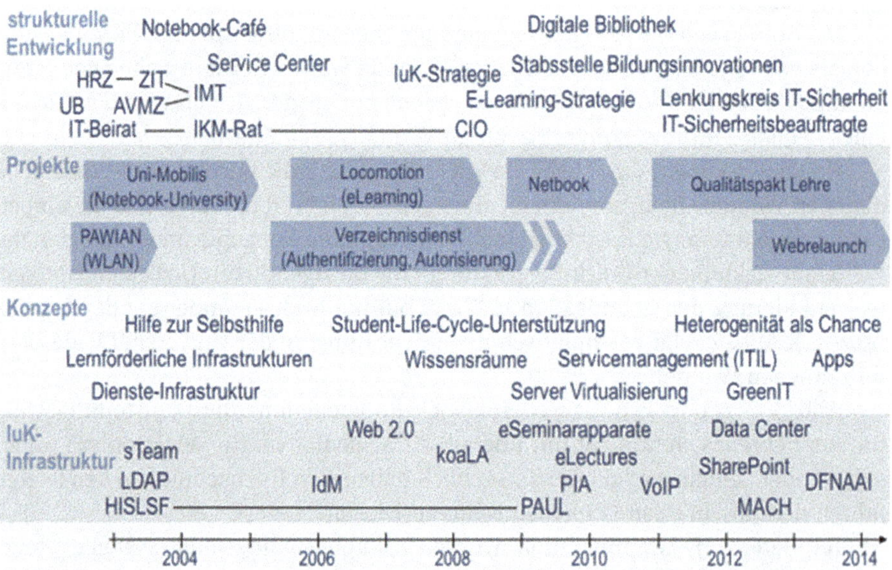

Abb. 2: Überblick über die digitale Entwicklung der Universität Paderborn (Projekt InnoVersity – Innovationsmanagement als Element der Digitalisierungsstrategie der Universität Paderborn. 2014).

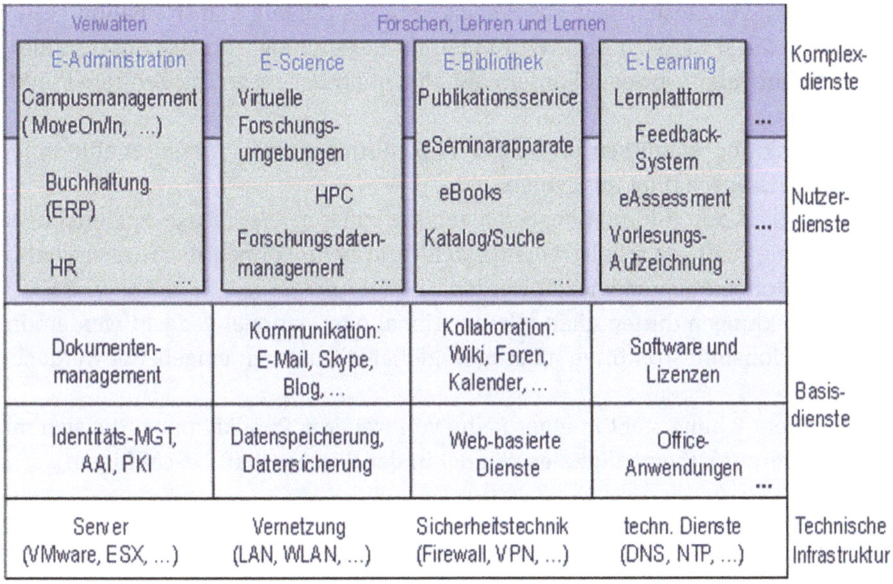

Abb. 3: „enhanced“ Infrastruktur (Digitale Strategie der Universität Paderborn. 2013).

Im Bereich E-Learning gehören Lernplattformen zum festen Angebot der Hochschulen, und Bibliotheken sind ohne E-Services nicht mehr denkbar. Auch die Wissenschaft fordert zunehmend mehr technische Unterstützung, beispielsweise durch virtuelle Forschungsumgebungen, und profiliert sich damit als E-Science oder E-Humanities.

Soweit der erste Bogen von 2002 bis heute aus Sicht eines Rechenzentrums. Nun aber nochmals zurück an einem anderen Anknüpfungspunkt des Transformationsprozesses von Gerhard Schneider und dem Wissenschaftsbereich, dem AWBI und das Thema E-Science.

2.2 Der Ausschuss für Wissenschaftliche Bibliotheken und Informationssysteme

Gerhard Schneider war, wie bereits erwähnt, bis 2005 Mitglied des damaligen Bibliotheksausschusses der DFG sowie Vorsitzender der Unterausschüsse für Informationsmanagement und für elektronische Publikation und hat dort die Digitalisierung der Literaturversorgung an Hochschulen maßgeblich begleitet.

Mittlerweile berät der neu bezeichnete Ausschuss für Wissenschaftliche Bibliotheken und Informationssysteme (AWBI) als Unterausschuss des Hauptausschusses bei allen Vorhaben und Maßnahmen zur Entwicklung und Förderung des wissenschaftlichen Bibliotheks- und Informationswesens. Dort ist die Autorin seit 2014 wissenschaftliches Mitglied – wieder etwas Verbindendes.

Mit dem 2012 erschienen Positionspapier „Die digitale Transformation gestalten“ (DFG 2012) hat sich der AWBI einen Strategierahmen für die Ausgestaltung der von ihm verantworteten Fördermaßnahmen ab 2015 gegeben. Zentrale Punkte sind darin:

- Entwicklungen müssen sich an den Bedürfnissen der Wissenschaftlerinnen und Wissenschaftler ausrichten.
- Zusätzlich zur Informationsbereitstellung müssen Werkzeuge zur effektiven Nutzung digitaler Inhalte bereitgestellt und neue Formen der wissenschaftlichen Kooperation entwickelt werden.
- Entwicklungen dürfen nicht allein regional oder national gedacht werden. Informationsinfrastrukturen müssen in globale Strukturen eingebettet werden.

Die Veröffentlichung steht in einer Reihe von weiteren Publikationen, die sich mit dem Schwerpunktthema digitaler Wandel in der Wissenschaft beschäftigen.

2.3 Überblick zu den wesentlichen Entwicklungen im Bereich E-Science

Aus den nachfolgend zitierten Publikationen und Entwicklungen hat die Autorin aus subjektiver Sicht und ohne Anspruch auf Vollständigkeit für die aktuelle Diskussion im Bereich E-Science drei Hauptanliegen extrahiert:

- Sicherung der *Transparenz* und der *Nachvollziehbarkeit* von (digital erzeugten) Ergebnissen (gute wissenschaftliche Praxis, (digitale) Aufbewahrung von Primärdaten, Zwischenergebnissen, Metadatensätzen, ...);
- Sicherung des *Zugangs* und der *Nachhaltigkeit* von Ergebnissen (Publikationen, Daten, Software) für die Wissenschaft (Forschungsdaten, Open Access, Literaturversorgung, ...);
- Diskussion und Bewertung von *neuen Forschungsparadigmen* in der datengetriebenen (digitalen) Wissenschaft (Big Data, E-Science, E-Humanities, E-Research, ...).

In den Jahren 1998 bis etwa 2010 sind als wesentliche Entwicklungen in diesem Zusammenhang zu nennen:

1998 hat die DFG ihre Regeln guter wissenschaftlicher Praxis (DFG 1998) veröffentlicht, wo es in der Empfehlung 7 (!) um die Sicherung und Aufbewahrung von Forschungsprimärdaten geht. Michael Nentwich hat 1999 in einem viel beachteten Papier zu Cyberscience u. a. die Aufgaben der Bibliotheken der Zukunft beschrieben und bereits auf die anstehenden qualitativen Veränderungen der Wissenschaften hingewiesen (Nentwich 1999). 2002 wurde die Deutsche Initiative für Netzwerkinformation (DINI e. V.) gegründet, „um die Verbesserung der Informations- und Kommunikationsdienstleistungen und die dafür notwendige Entwicklung der Informationsinfrastrukturen an den Hochschulen sowie regional und überregional zu fördern" (DINI 2015). 2003 wurde die Berliner Erklärung zu Open Access veröffentlicht (MPG 2003). Es folgte die Göttinger Erklärung (2004) des Urheberrechtsbündnisses zum Urheberrecht für Bildung und Wissenschaft. Beide zeigten die Notwendigkeit, die Prozesse der Publikation und Literaturversorgung sowie den dazugehörigen Rechtsrahmen zu modernisieren. Tony Hey und andere haben des Weiteren 2009 die Datenanalyse als völlig neue Form des wissenschaftlichen Arbeitens neben empirischer und theoretischer Forschung sowie Simulation dargestellt (Hey et al. 2009).

In den Jahren 2010 bis 2012 wurde das Thema Digitalisierung von wissenschaftspolitischen Organisationen und Förderern aufgenommen, und es wurden Empfehlungen und Handlungsoptionen definiert, u. a. von der Europäischen Union (EU 2010), der Allianz der Wissenschaftsorganisationen (2010), der GWK-Kommission und Wissenschaftsrat (2011) und schließlich vom bereits erwähnten AWBI (2012).

In den letzten beiden Jahren sind die Themen zunehmend auch in der Politik angekommen und werden dort diskutiert und in Fördermaßnahmen umgesetzt. Beispielhaft seien genannt:

- Digitale Agenda der Bundesregierung: Abschnitt V. Bildung, Forschung, Wissenschaft, Kultur und Medien (2014);
- Hochschulrektorenkonferenz: Management von Forschungsdaten (HRK, 2014);
- Konstituierung des Rates für Informationsinfrastrukturen mit erstem Themenschwerpunkt Forschungsdaten (2014);
- MWK Baden-Württemberg, Fachkonzept zur Weiterentwicklung der wissenschaftlichen Infrastruktur (2014) sowie Ausschreibung E-Science (2015);
- BMBF, Nationaler Roadmap-Prozess für Forschungsinfrastrukturen und IT-Gipfel-Plattform Digitaler Wandel in Bildung und Wissenschaft (2015);
- Förderangebote der DFG durch die Gruppe Wissenschaftliche Literaturversorgungs- und Informationssysteme (LIS).

Die Themen im Bereich E-Science umfassen dabei Nationale Lizenzierungen bzw. Lizenzierung elektronischer Informationsmedien, Open Access, Kulturelles Erbe bzw. Digitalisierung, Forschungsprimärdaten bzw. Forschungsdatenmanagement, Virtuelle Forschungsumgebungen, Nationale Hosting-Strategie und Langzeitarchivierung, Nichttextuelle Materialien, Informationskompetenz und Ausbildung, rechtliche Rahmenbedingungen sowie den Kerndatensatz Forschung und Forschungsinformationssysteme.

2.4 Forschungsdatenmanagement – internationale und nationale Datenzentren

Als ein Zukunftsthema wird aktuell der nachhaltige Umgang mit Forschungsprimärdaten intensiv diskutiert. Hierbei entwickeln sich, getrieben durch die jeweilige Fach-Community, sogenannte Datenzentren, in denen der verteilte und langfristige Zugang sowie die Nachnutzbarkeit von Forschungsdaten für Bereiche mit vielen Daten gewährleistet werden sollen.

Als Beispiel eines bereits international funktionierenden Systems sei das World-Data-System zum Sammeln und Vorhalten von geophysischen Daten genannt (ICSU). National werden beispielsweise ein Forschungsdatenzentrum für Archäologie & Altertumswissenschaften (IANUS) oder die German Federation for Biological Data (GFBio) durch die DFG gefördert.

2.5 Forschungsdatenmanagement an Universitäten

Nicht alle Daten werden in nationalen oder internationalen Datenzentren zusammengeführt. Jede Universität muss sich mit ihren Forschungsgebieten vor Ort diesem Thema stellen. Konkret fallen bspw. für die Universität Paderborn Forschungsprimärdaten auf folgenden Ebenen an:

- Daten aus Digitalisierungsprojekten und den Digital Humanities;
- Daten aus Simulationen und Hochleistungsrechnen (HPC);
- empirische Labordaten und Messdaten von Apparaturen;
- empirische Daten aus Umfragen (u. a. Bildungs-, Geschlechterforschung);
- empirische Daten aus Untersuchungen (u. a. Sportmedizin).

Für die Speicherung und Verarbeitung der Daten müssen eine Vielzahl von Fragen geklärt und Lösungen gefunden werden:

- Klassifikation, Entwicklung von Standards zur Beschreibung, Ablage, Austausch, Langzeitverfügbarkeit und -zugänglichkeit;
- Heterogenität der Daten der Fach-Communities;
- Rechtsfragen: Urheberrecht, Datenschutz und Datensicherheit bei personenbezogenen Datensätzen, Lizenzfragen;
- Finanzierung und Verantwortlichkeiten (wer, allein oder kooperativ, ...);
- Sicherstellung der dauerhaften Verfügbarkeit von Softwarekomponenten zur Verarbeitung, Visualisierung, ...

Momentan gibt es noch mehr Herausforderungen als Lösungen, wodurch sich auch die Vielfalt der Akteure in diesem Feld erklären lässt.

2.6 Herausforderungen aus Sicht der Informatik

Manchmal wird die Frage diskutiert, ob die Herausforderungen der Digitalisierung von Hochschulen auch wissenschaftliche Themen des Faches Informatik sind oder ob diesen mit einer reinen Anwendung der Informatik begegnet werden kann. Die Autorin vertritt die Meinung, dass auch die Kerninformatik betroffen ist, und zwar mindestens an den folgenden Stellen:

Digitale Forschungsprimärdaten werden mit Computerprogrammen (Software) erzeugt, analysiert, weiterbearbeitet und abgespeichert. Dabei reicht es nicht aus, nur die Daten langfristig zu sichern. Wichtig ist der Aspekt der sogenannten funktionalen Langzeitarchivierung, d. h. auch die Beschreibung der Daten sowie Software zur Analyse und Bearbeitung müssen langfristig verfügbar sein. Hier gibt es unterschiedliche Ansätze; einer wird auch in Freiburg bei Gerhard Schneider erforscht, wo im Projekt „Functional Long-Term Archiving“ das Konzept „Emulation as a Service“ zur Bewahrung von Zugriffen erprobt wird (bwFLA). Riesige Datenmengen erfordern darüber hinaus neue effiziente Such- und Analyseverfahren, ebenfalls Kernthemen der Informatik.

Die Gesellschaft für Informatik (GI e. V.) hat nach einem längeren Auswahlprozess fünf (leider keine sieben!) sogenannte Grand Challenges der Informatik identifiziert, die sich dadurch auszeichnen, dass sie ein „grundsätzliches (fundamentales) Problem [sind], dessen Lösung (mit Informatik-Hilfsmitteln) einen deutlich spürbaren Fortschritt in ökonomischer, sozialer oder gesellschaftlicher Hinsicht für unser aller Leben bedeutet.“ In der Grand Challenge auf Platz eins geht es auch um die langfristige Verfügbarkeit digitaler Artefakte, sie lautet „Digitale Kultur: Wie bewahren wir digitale Informationen für unsere Nachwelt auf?“ (GI)

2.7 Erfolgsfaktoren von Transformationen

Die Diskussionen und die derzeitigen Aktivitäten zeigen, dass wir uns mitten im Prozess der digitalen Transformation befinden und es eine nicht unbedeutende Menge an komplexen Themen anzugehen und viele Herausforderungen zu meistern gilt. Zu den Erfolgsfaktoren gehören dabei nach Kotter (1996) (zitiert nach Hochschulforum Digitalisierung):

- ein Gefühl der Dringlichkeit erzeugen;
- eine Führungskoalition aufbauen (bspw. Verbündete suchen);
- Vision und Strategie entwickeln (bspw. klare Ziele formulieren);
- die Vision des Wandels kommunizieren;
- Mitarbeiter auf breiter Basis befähigen (bspw. an Personalentwicklung denken);
- schnelle Erfolge erzielen (bspw. handlungsorientiert arbeiten);
- Erfolge konsolidieren und weitere Veränderungen einleiten;

- neue Ansätze in der Kultur verankern (bspw. an Organisationsentwicklung denken).

Erfolgreiche Transformationsprojekte benötigen aber auch immer engagierte Menschen als Treiber und Kümmerer, sogenannte Transformatoren. Auch diese Personen haben bestimmte grundsätzliche Eigenschaften, die zum Abschluss des Beitrages in den Mittelpunkt gerückt werden sollen.

2.8 Sieben Eigenschaften erfolgreicher Transformatoren

Schauen wir zurück auf das tapfere Schneiderlein, so nennt Iring Fetcher (2000) folgende sechs Eigenschaften als essentiell für den Erfolg des tapferen Schneiderleins: Wille, Mut, Klugheit, List, Witz und Ausdauer. Aus meiner persönlichen Sicht kommt eine siebte Eigenschaft hinzu, für die mir der passende Name noch fehlt. Es ist die Eigenschaft, sich nicht bange machen zu lassen, die Ärmel hochzukrempeln und anzufangen, eine Mischung aus (positiver) Naivität gepaart mit Pragmatismus und Gelassenheit. Betrachtet man diese sieben Eigenschaften, so fällt mir als ein klassischer Vertreter Gerhard Schneider als erfolgreicher Transformator in Analogie zum tapferen Schneiderlein ein.

Ich wünsche Gerhard Schneider, dass er sich diese Eigenschaften weiterhin erhält und gemeinsam mit vielen der beim Festkolloquium Anwesenden noch viele weitere erfolgreiche Transformationsprozesse durchführt.

Literatur

Allianz der Wissenschaftsorganisationen. 2010. *Grundsätze zum Umgang mit Forschungsdaten*. Allianz der deutschen Wissenschaftsorganisationen. [online] www.allianzinitiative.de/de/handlungsfelder/forschungsdaten/grundsaetze [28. 10. 2015].

BMBF. 2015a. *Roadmap für Forschungsinfrastrukturen – Pilotprojekt des BMBF.* Bundesministerium für Bildung und Forschung. [online] www.bmbf.de/pub/Roadmap.pdf [28. 10. 2015].

BMBF. 2015b. *Digitalisierung in Bildung, Wissenschaft und Forschung gestalten*. Pressemitteilung 115/2015 des Bundesministeriums für Bildung und Forschung vom 09. 09. 2015. [online] www.bmbf.de/presse/digitalisierung-in-bildung-wissenschaft-und-forschung-gestalten-1245.html [28. 10. 2015].

(bwFLA). *Functional Long-Term Archiving – Emulation as a Service*. [online] bw-fla.uni-freiburg.de [28. 10. 2015].

DFG. 1998. *Sicherung guter wissenschaftlicher Praxis – Empfehlungen der Kommission „Selbstkontrolle in der Wissenschaft“*. Deutsche Forschungsgemeinschaft, (2013) ergänzte Auflage, Weinheim: WILEY-VCH Verlag GmbH & Co. KGaA . [online] www.dfg.de/download/pdf/dfg_im_profil/reden_stellungnahmen/download/empfehlung_wiss_praxis_1310.pdf [28. 10. 2015].

DFG. 2012. *Die digitale Transformation weiter gestalten* – Der Beitrag der Deutschen Forschungsgemeinschaft zu einer innovativen Informationsinfrastruktur für die Forschung

Online. Deutsche Forschungsgemeinschaft, Bonn. [online] www.dfg.de/download/pdf/foerderung/programme/lis/positionspapier_digitale_transformation.pdf [28. 10. 2015].

Digitale Agenda 2014–2017 der Bundesregierung Deutschland. Handlungsfeld V: Bildung, Forschung, Wissenschaft, Kultur und Medien. [online] www.digitale-agenda.de/Content/DE/_Anlagen/2014/08/2014-08-20-digitale-agenda.pdf [28. 10. 2015].

DINI. 2015. [online] www.dini.de/ueber-dini [28. 10. 2015].

EU. 2010. *Riding the wave – How Europe can gain from the rising tide of scientific data.* Final Report of the High level Expert Group on Scientific Data. A submission to the European Commission, October 2010. [online] cordis.europa.eu/fp7/ict/e-infrastructure/docs/hlg-sdi-report.pdf [28. 10. 2015].

Fetcher, I. 2000. *Wer hat Dornröschen wachgeküsst?* Komet-Verlag.

GFBio. *German Federation for Biological Data.* [online] www.gfbio.org [28. 10. 2015].

(GI). *Was sind Grand Challenges der Informatik?* [online] www.gi.de/themen/grand-challenges-der-informatik.html [28. 10. 2015].

Göttinger Erklärung. 2004. [online] www.urheberrechtsbuendnis.de/ge.html.de [28. 10. 2015].

GWK. 2011. *Gesamtkonzept für die Informationsinfrastruktur in Deutschland.* Empfehlungen der Kommission Zukunft der Informationsinfrastruktur im Auftrag der Gemeinsamen Wissenschaftskonferenz des Bundes und der Länder, April 2011. [online] www.leibniz-gemeinschaft.de/fileadmin/user_upload/downloads/Infrastruktur/KII_Gesamtkonzept.pdf [28. 10. 2015].

Hey, T., S. Tansley und K. Tolle (eds.). 2009. *The Fourth Paradigm -- Data-Intensive Scientific Discovery.* Redmond: Microsoft Research. [online] research.microsoft.com/en-us/collaboration/fourthparadigm [28. 10. 2015].

Hochschulforum Digitalisierung. *Die Verankerung von digitalen Bildungsformaten in deutschen Hochschulen – ein Großprojekt wie jedes andere?* [online] hochschulforumdigitalisierung.de/sites/default/files/downloads/Weimar-Publikation%2020150826.pdf [28. 10. 2015].

HRK. 2014. *Management von Forschungsdaten – eine zentrale strategische Herausforderung für Hochschulleitungen.* Empfehlung der 16. Mitgliederversammlung der Hochschulrektorenkonferenz am 13. 5. 2014. [online] www.hrk.de/positionen/gesamtliste-beschluesse/position/convention/management-von-forschungsdaten-eine-zentrale-strategische-herausforderung-fuer-hochschulleitungen [28. 10. 2015].

IANUS. *Forschungsdatenzentrum Archäologie & Altertumswissenschaften.* [online] www.ianus-fdz.de [28. 10. 2015].

ICSU. *Word Data System des International Council for Science.* [online] www.icsu-wds.org [28. 10. 2015].

Kotter, J. P. 1995. *Leading Change: Why Transformation Efforts Fail. Harvard Business Review OnPoint* March-April.

LIS. *Wissenschaftliche Literaturversorgungs- und Informationssysteme (LIS) – Förderangebote.* [online] www.dfg.de/foerderung/programme/infrastruktur/lis/lis_foerderangebote [28. 10. 2015].

MPG. 2003. *Berlin Declaration on Open Access to Knowledge in the Sciences and Humanities.* Max-Planck-Gesellschaft. [online] openaccess.mpg.de/Berliner-Erklaerung [28. 10. 2015].

MWK. 2014. *E-Science – Wissenschaft unter neuen Rahmenbedingungen.* Fachkonzept zur Weiterentwicklung der wissenschaftlichen Infrastruktur in Baden-Württemberg, Ministerium Für Wissenschaft, Forschung und Kunst Baden-Württemberg. [online] www.baden-wuerttemberg.de/fileadmin/redaktion/dateien/Remote/mwk/066_pm_anlage_e-science_web.pdf [28. 10. 2015].

MWK. 2015. *Förderprogramm E-Science Baden-Württemberg vom 10. März 2015.* Ministerium Für Wissenschaft, Forschung und Kunst Baden-Württemberg. [online] mwk.baden-wuerttemberg.de/fileadmin/redaktion/m-mwk/intern/dateien/pdf/Aktuelle_Ausschreibung/E-Science/E-Science_Ausschreibung_2015-endg.pdf [28. 10. 2015].

Nentwich, M. 1999. *Cyberscience – Die Zukunft der Wissenschaft im Zeitalter der Informations- und Kommunikationstechnologien. MPIfG Working Paper* 99/6, Österreichische Akademie der Wissenschaften; Institut für Technikfolgen-Abschätzung, Wien und Max-Planck-Institut für Gesellschaftsforschung, Köln.

Rat für Informationsinfrastrukturen. 2014. [online] www.rfii.de/de/index [28. 10. 2015].

WR. 2012. *Empfehlungen zur Weiterentwicklung der wissenschaftlichen Informationsinfrastrukturen in Deutschland bis 2020*. Wissenschaftsrat. [online] www.wissenschaftsrat.de/download/archiv/2359–12.pdf [28. 10. 2015].

Teil 5: **Offene Fragen**

Jan Leendertse, Dirk von Suchodoletz und Janne Chr. Schulz

Ausblick

Das Zustandekommen dieses Tagungsbandes ist ein Beispiel für Kooperation. Mehr als 40 Autoren haben ihren Teil dazu beigetragen, dieses Werk abzuschließen. Wie schon in der Einleitung dargestellt, haben die Herausgeber keine formale Geschlossenheit angestrebt, an deren Ende die Frage nach „Governance in Kooperationen" abschließend beantwortet ist. Ihnen war es wichtiger, viel praktische Erfahrung aus dem Betrieb von Rechenzentren an Hochschulen zusammenzubringen und eine Diskussion anzustoßen, die nicht im luftleeren Raum stattfindet, sondern sich auf Machbares und Nachhaltiges konzentriert. Das Buch beschreibt daher eher einen Suchprozess, als dass es konkrete „Bauanleitungen" für das nächste Projekt oder die Ausgestaltung einer Kooperationsvereinbarung liefert.

Aus den Darstellungen im Buch und den Diskussionen speziell im Workshop lässt sich eine Spannbreite von Aggregatzuständen in Kooperationen herausdestillieren. An einem Ende des Spektrums findet sich die feste juristische beziehungsweise organisatorische Struktur, die finanzielle und steuerungsrelevante Regelungen bereits inkorporiert. Ein Aspekt der Formalisierung durch die Wahl einer juristischen Hülle ist die Schaffung von Mechanismen für Aufsicht, Controlling und Reporting. Solche Strukturen entstehen typischerweise beim Vorliegen eines langfristigen, klaren Ziels. Häufig erfreuen sie sich bei ihrer Gründung der politischen Unterstützung. Prominente Beispiele sind der DFN als großer eingetragener Verein, das Wissenschaftsnetz BelWü in Baden-Württemberg, die Strukturen des Zweckverbands des KIVBF im Südwesten, die GWDG als gemeinnützige GmbH zur Versorgung der Universität Göttingen und der Max-Planck-Institute oder die jüngst in eine eingetragene Genossenschaft umgewandelte HIS. Für DARIAH-DE wird ebenfalls das Vereinsmodell als langfristig wirkende und ordnende Struktur angestrebt. Es bietet ein aktuelles Beispiel, wie aus einem übergreifenden Kooperationsprojekt langfristige Strukturen mit übergreifender Governance entstehen können.

Am anderen Ende dieses Spektrums stehen Betriebsprojekte[1] mit Infrastrukturziel. Hier existieren noch keine Strukturen für die Zeit nach Beendigung des Projektes. Es fehlen Ablaufpläne, Konzepte oder Instrumente in den Rechenzentren, um hier eine glatte Transition vom Projekt- in den Tagesbetrieb zu erreichen. Das Bild ist jedoch nicht einheitlich. Projekte mit ganz klarem Auftrag der Förderer und Projektnehmer, wie beispielsweise beim IBS|BW oder beim Hochschulrechnungs-

1 Vgl. „Anforderungen an Governance von Projekten".

Jan Leendertse, Albert-Ludwigs-Universität Freiburg
Dirk von Suchodoletz, Albert-Ludwigs-Universität Freiburg
Janne Chr. Schulz, Universität Mannheim

DOI:10.1515/9783110459753-032

wesen – auch wenn hier die Zahl der Partner für den Produktivbetrieb höher angestrebt war – mit dem Ziel der Etablierung eines zentralen Dienstes schaffen den Übergang eher als Projekte mit höherem Forschungs- und Entwicklungscharakter, wie sich das bei bwEKlausuren oder bwCloud beobachten lässt. Das macht Übergänge teilweise holprig und erreicht nicht zwingend den nachhaltigen Betrieb. Insbesondere das zu Beginn noch fehlende langfristige Vertrauen oder das Einlassen auf Verbindlichkeit lassen Projektpartner oder Dienstnehmer zwischen Teilnahme und Distanz oszillieren. Der Start eines Landesdienstes, der auf eine gewisse finanzielle und personelle Grundausstattung angewiesen ist, wird so erschwert. Einer kleinen Gruppe auf der Anbieterseite steht in diesen Beispielen oft einer abwartenden großen Gruppe potenzieller Dienstnehmer gegenüber. Diese Situation kann in eher förderierten Verbünden entschärfter sein. Mehr Partner sind sowohl als Anbieter als auch Dienstnehmer involviert. Dieses gilt beispielsweise für die großen HPC-Strukturen oder die eher kleineren Strukturen in bwIDM oder den regionalen Backup-Verbünden, wie in NRW vorgeführt. In diesen Strukturen sind die Gemeinsamkeiten größer oder die Herausforderungen mit großzügiger finanzieller Unterstützung abgefedert. Letzteres hilft auch eher unkooperativen Vertretern des Modells „Beutegemeinschaft“ sich zu beteiligen. Trotzdem müssen insbesondere in Großverbünden wie dem baden-württembergischen HPC verschiedene Governance-Ebenen verabschiedet werden, um einen fairen Ausgleich zwischen den sehr verschiedenen Parteien zu erreichen, die als Anwender oder Provider auftreten können.

Um faire Partnerschaften oder Geschäftsbeziehungen herzustellen, werden rechtliche Instrumente benötigt. Dafür gibt es kaum Vorbilder oder Schablonen. Selbst größere Häuser sind damit überfordert, vielschichtige Kooperationsverträge und -formen zu entwickeln und auszugestalten, da sie üblicherweise nicht über das geeignete juristische oder ökonomische Fachpersonal verfügen. Die Personalfragen setzen sich nach unten fort. Wie können einerseits Projekte so geführt werden, dass sie bei betrieblichen Zielen auch durch das betriebliche Personal mitbetreut werden? Andererseits ändert sich die betriebliche Realität durch Technologiewechsel zunehmend schneller, worauf sich das Personal einstellen muss beziehungsweise sich darauf vorbereiten sollte, beispielsweise durch Weiterbildung.

Das Projektgeschäft wird gerne als Zusatzbelastung empfunden, die zusätzlich zur Grundauslastung zu leisten ist, zu der die Rechenzentren verpflichtet sind. Weil sich schon die grundlegenden Ressourcen kaum beziffern lassen und die Moderation der Grundauslastung schwierig bleibt, ist eine zusätzliche quantitative und zeitliche Projektsteuerung noch weniger zu leisten, die für eine kontrollierte Abwicklung notwendig wäre. Die Rationalisierung des Projektgeschäfts würde Rechenzentren in die Lage versetzen, erfolgreiche Projekte zu verstetigen und nachhaltige Strukturen zu entwickeln. Dies würde eine Brücke schlagen zwischen der Kurzfristigkeit von Projekten, die die Funktionsfähigkeit von Modellen zeigen, aber nicht den Weg in die Nachhaltigkeit finden, und der Etablierung langfristiger Strukturen, die die Gefahr bergen, an den wirklichen Bedarfen vorbeigeplant zu sein. Wie wichtig die Orientierung an den Bedürfnissen der Nutzer ist, zeigt Jakobs in seinem Beitrag über das CERN, das funktioniert, obwohl die Planungszyklen in Jahrzehnten gemessen werden.

Die Herausbildung betriebswirtschaftlicher Steuerungsinstrumente sowie die Nutzung der Elemente von ITSM würde Rechenzentren generell unterstützen, sich auf eine zunehmende Zahl von Kooperationen einzustellen. Honigberger, Dräxler und Münchenberg haben in diesem Tagungsband auf die Entwicklung zur Spezialisierung und Fokussierung hingewiesen, bei der Rechenzentren sich auf Kernfelder konzentrieren und andere Dienste, die innerhalb der eigenen Hochschule weiterhin zu erbringen sind, sich von anderer Stelle zuliefern lassen. Der beste Mechanismus dafür ist das Zusammenbringen von Angebot und Nachfrage über einen Markt. Und dafür werden Instrumente benötigt wie Kostenerfassung, Preisbildung und Buchführung. Die Rechenzentren müssen dabei mit den Schwierigkeiten zurechtkommen, auf die Paal und Rüder als auch Richter in ihrem Beitrag beziehungsweise Vortrag verweisen. Als Betriebseinheit einer Hochschule haben sie keine eigenständige Rechtspersönlichkeit, und ihre Legitimationskette ist auf den Rektor bezogen. Wenn Rechenzentren rechtlich verbindlich agieren, darf diese Kette nicht unterbrochen werden. Daraus ergeben sich einige wichtige Folgerungen bei der Ausgestaltung von Verträgen und Kooperationen. Weitere wichtige Fragen sind die Regelung von Haftungen und die Vergabe von Aufträgen.

Paal und Rüder entwickeln einige Modelle, wie diesen Schwierigkeiten begegnet werden kann. Ein für alle Situationen passendes Modell gibt es nicht, es muss die jeweilige Situation analysiert werden, um die beste Annäherung zu finden. Die Gründung privatrechtlicher Organisationen ist ein Weg, um beispielsweise Flexibilität bei der Auftragsvergabe zu gewinnen und Mechanismen für Aufsicht, Controlling und Reporting zu etablieren, die nicht den universitären Mustern entsprechen. Es sollte aber auch bedacht werden, dass viele Dienste, die von Rechenzentren erbracht werden, als genuin öffentliche Aufgabe angesehen werden können, die nicht privatisiert und damit einer öffentlichen Legitimation entzogen werden sollten.

Es ist zu beobachten, dass diesen Entwicklungen in den Rechenzentren die Hochschulpolitik auf Landes- und Bundesebene entgegenwächst, inzwischen massiv ergänzt durch die EU. Beispielsweise sieht die Kommission für IT-Infrastruktur der DFG Kooperationen als Standardbestandteil zukünftiger IT-Strategien (DFG 2016). Protostrukturen von Kooperationen zwischen den Hochschulen sind wichtig, um politische Initiativen oder Vorgaben aufzunehmen und in konkrete Projekte umzusetzen. Der Workshop zeigte einige Versuche in dieser Richtung auf. So kommen einige Aktivitäten aus den Projekten selbst; bwCloud und bwEKlausuren sind Beispiele, die eigene Arbeitspakete diesem Thema gewidmet haben. Ebenso existieren Verbünde und Kooperationen in Nordrhein-Westfalen, Hessen oder Rheinland-Pfalz, welche sich erfolgreich in den letzten 20 Jahren etabliert haben.

In Antwort auf die Herausforderungen seitens der insbesondere nordamerikanischen Technologietreiber sollten wissenschaftliche Rechenzentren den Blick nach vorne richten, dabei jedoch nicht den Fehler machen, nur noch in komparativen Kostenvorteilen zu denken. Die Forschung verlangt nach eigenen Arten von Diensten und langjähriger Zuverlässigkeit, die im kommerziellen Umfeld nur bei direkter Wirtschaftlichkeit gegeben ist. Die Wissenschaft hat andersartige Verpflichtungen, die langfristige Verfügbarkeit und Nachnutzbarkeit von Daten und Methoden erfordern. Hier können Rechenzentren mit Konzepten zu Forschungsdatenmanagement und passenden Forschungsinfrastrukturen punkten, die im kommerziellen Umfeld nicht angeboten werden.

Die Herausgeber wollten mit diesem Tagungsband die Diskussionen um *Governance in Kooperationen*, die an vielen Stellen schon lange laufen, zusammenführen und ihr neue Anstöße geben. Wenn diese Absicht erreicht wurde, hat der Tagungsband seinen Zweck nicht verfehlt.

Literatur

DFG (Hrsg.). 2016. *Informationsverarbeitung an Hochschulen – Organisation, Dienste und Systeme*. Stellungnahme der Kommission für IT-Infrastruktur für 2016–2020, DFG 2016, 10. [online] www.dfg.de/download/pdf/foerderung/programme/wgi/kfr_stellungnahme_2016_2020.pdf [13. 05. 2016].

Register

www.ingramcontent.com/pod-product-compliance
Lightning Source LLC
LaVergne TN
LVHW080805011026
849160LV00015B/1536